アジア子会社管理
実務ハンドブック

SCS-Invictus［編］

中央経済社

はじめに——実務家から実務家へ向けた情報発信を

　本書は，アジア各国の現地・現場で我々実務家が見てきたものを，同じくアジアで奮闘する企業実務を担う方々に届けたいという想いから始まりました。

　世にあるアジアビジネスに関わる書籍は，各国の法律や税制その他諸制度をまとめた「制度解説の本」，政治経済やビジネスを解説する「教養の本」，個人のビジネスの成功や失敗体験等をまとめた「経験談の本」などが存在します。

　我々SCS-Invictusグループが20余年にわたるアジアでの経験を書籍として世の中に届けるにあたっては，「実務の本」を目指しました。アジアビジネスに向き合う方々にとっては，各国の制度を理解することや，ニュースで得られる一般的情報を入手すること，あるいは個人の経験談を参考にすることも有益ですが，それでも埋まらない「隙間」があります。それは，その国々に現実として存在する「現地・現場の実務」だと我々は考えています。

　アジアでのビジネスに関わる会話の中では，しばしば「グレー」という言葉が登場します。これは「制度の隙間（Institutional Void）」と言い換えることもできます。市場経済がスムーズに回るためには以下のような制度的裏付けが必要となりますが，アジアでのビジネスにおいてはこれらのどこかに「隙間」が見られることが間々あります。

- 信用の裏付けを行う制度（例：各種認定機関，監査法人）
- 情報分析とアドバイスを行う制度（例：経済誌，信用情報機関，調査会社）
- 集約と流通を担う制度（例：大規模小売店，投資信託，農協，中間流通業者）
- 取引支援の制度（例：証券取引所，卸売市場，クレジットカード会社）
- 仲裁・審判を行う制度（例：裁判所，調停機関，業界団体）
- 規制する制度（例：規制当局，公的機関，各種委員会）

　「隙間」や「グレー」という言葉は，「制度的にグレーな領域が多いから投資見送り」「もう少し制度が整備されてグレーゾーンがなくなってから…」とい

うようにネガティブな文脈で使われることが多いですが，こういった話になるとき我々は往々にして"日本目線で"アジアを見ています。

　他方，現地・現場目線で同じ事実を見ると，「隙間」や「グレーゾーン」とはつまり，ビジネス環境の未整備という「解決すべき課題」に他ならず，捉え方を変えればビジネスチャンスとして浮かび上がることもあります。さらに誤解を恐れずに言いますと，「隙間」の存在こそが，完成された先進国市場と開発途上国市場の差異そのものであり，それを否定してしまっては先進国一択のビジネスしか成り立たないことになってしまいます。

　たしかにアジアでのビジネスは，日本人が日本でビジネスをする場合に比べるとリスクは高いかもしれません。特に日本では，グレーゾーンに飛び込んでいこうとすると，法律的にアウトかセーフか分からない何やら怪しいことをやる，といったイメージで捉えられがちです。

　しかし，制度がないイコール法律を犯す，ということではありません。先進国でのビジネス経験からして当然あるべきと思われている制度，仕組み，社会的なハード・ソフトのインフラ等がない場合でも思考停止になることなく，それらをいったん受け入れ，ビジネスを見出しつつリスクをマネージすることが現地・現場で戦うビジネスパーソンには求められています。

　世界中を飛び回っているビジネスパーソンであれば，タクシー配車サービスのUber（ウーバー）やGrab（グラブ）の登場で各国での移動の利便性が格別に上がったという実感をお持ちではないでしょうか。旅行が好きな方は空き家や空き部屋を短期旅行者に貸し出すAirbnb（エアビーアンドビー）を利用したこともあるかもしれません。これら近年の国際的なスタートアップは世界各地でその地域の法規制や業界団体と戦い，「隙間」で事業を展開しながら事実を積み重ね，ロビー活動を積極的に展開し，規制当局と交渉を重ね，関係者への根回しを行い，さらに世論を醸成するための取り組みを進めてきました。これは，いま存在する制度は所与のものとしていったん受け入れるものの，それを未来永劫の前提とするのではなく積極的に変革していこうという意志に基づくものです。

　技術進歩や社会の変化により，過去には必要とされたすでに確立された制度も，ときに刷新が必要となります。この本を手に取られた読者の方々は，各国での「隙間」や「グレーゾーン」に頭を悩ませているかもしれません。しかしそれは同時に刷新の可能性と伸びしろがある部分ともいえます。

本書は，一貫して，海外子会社をマネジメントする方々の「現地・現場の実務」で役に立つことを目指し，海外14ヶ国（インド，インドネシア，オーストラリア，カンボジア，シンガポール，タイ，フィリピン，ベトナム，マレーシア，ミャンマー，韓国，香港，台湾，中国）に常駐する専門家の声を集約しました。本書が，読者の方々の挑戦の一助になることを願ってやみません。

　最後に，本書の刊行にあたり，企画時から担当してくださり，書名から構成面に至るまでご尽力いただいた，株式会社中央経済社の露本敦氏にあらためて御礼を申し上げます。

　2024年7月

著　者

目　次

はじめに——実務家から実務家へ向けた情報発信を　I

序章　海外子会社を知り，そして，活かすマネジメントへ　1

第1節　日本にとってのアジア ……………………………………… 1
- Ⅰ　アジア進出の黎明期　1
- Ⅱ　日本とアジア諸国との関係性の変化　1

第2節　海外子会社に対して真のマネジメントが必要な時代へ ……… 3
- Ⅰ　工場管理から海外子会社マネジメントへ　3
- Ⅱ　そもそも「海外子会社マネジメント」とは何なのか　3
- Ⅲ　海外子会社マネジメントのスタイルは本社次第　5
- Ⅳ　海外子会社マネジメントのスタイルは
  海外進出の形態（段階）にも依存する　6
- Ⅴ　日系企業の海外子会社でよくみられるパターン　7

第3節　実効性のある海外子会社マネジメントに向けて ……………… 10
- Ⅰ　理想的な状態を意識し，本社からのマネジメントの全体像を設計する　10
- Ⅱ　2つのメカニズムを理解し実践する
  ——コントロール vs コーディネーション　14
- Ⅲ　3ラインモデルを参考にリスクマネジメント体制をデザインする　15
- Ⅳ　時代の変化に対応した人的資源マネジメントを　17
- Ⅴ　本書の活かし方　18

第1章　海外子会社管理の基礎
——経営環境・全社統制・人的資源管理　23

第1節　はじめに ……………………………………………………… 23
第2節　企業文化と子会社管理 ……………………………………… 25
- Ⅰ　海外子会社管理と企業風土　25
- Ⅱ　海外子会社の人的資源管理　34
第3節　各国商習慣への対応と自社方針とのすり合わせ …………… 54

Ⅰ　海外子会社と本社との実務上のギャップ　54

第4節　拠点管理と駐在員 …………………………………………………… 67
Ⅰ　海外子会社とのコミュニケーション・海外子会社内の社内共通言語　67
Ⅱ　各国のハードシップについて　72

第5節　第1章のまとめとして ………………………………………………… 79

第2章　海外子会社の設立・再編・清算
81

第1節　総論 ……………………………………………………………………… 81
Ⅰ　立ち上げ期　81
Ⅱ　発展期　82
Ⅲ　衰退期　83

第2節　設立 ……………………………………………………………………… 85
Ⅰ　現地法人設立における本社サイドの留意点　85
Ⅱ　就労ビザに関する規制　106
Ⅲ　短期出張時のビザの要否，滞在可能期間　113

第3節　再編 …………………………………………………………………… 118
Ⅰ　計画Phase　118
Ⅱ　準備Phase　121
Ⅲ　実行Phase　122

第4節　株式（持分）譲渡・取得 ……………………………………………… 123
Ⅰ　株式（持分）譲渡・取得検討時の本社サイドの留意事項　123

第5節　清算・解散 …………………………………………………………… 140
Ⅰ　現地法人清算検討時の本社サイドでの留意事項　140

第3章　コーポレートガバナンス・リスク管理・コンプライアンス
161

第1節　アジアのリスクとリスク管理 ………………………………………… 161
Ⅰ　はじめに　161
Ⅱ　アジアでリスク管理の対象となるリスク　162
Ⅲ　日系企業のアジアリスク管理・ガバナンス体制パターン　182
Ⅳ　個別のリスク管理体制　184
Ⅴ　主要な業務プロセス（販売プロセス，購買・在庫管理プロセス）におけ

目　次　　iii

　　　　るリスク管理体制　202
　第2節　アジアの不正と汚職 ……………………………………………… 223
　　Ⅰ　アジアの不正と汚職　223
　　Ⅱ　不正行為者　224
　　Ⅲ　不正の手口・発覚の経緯　224
　　Ⅳ　内部通報の利用状況の特性，設計事例　225
　　Ⅴ　警察・司法の信頼性　226
　　Ⅵ　調査・資産回収の制約　226
　　Ⅶ　各国の不正・汚職　227

第4章　会計及び監査　　251

　第1節　はじめに …………………………………………………………… 251
　第2節　会計 ………………………………………………………………… 253
　　Ⅰ　会計基準の相違　253
　　Ⅱ　会計処理の留意事項　269
　　Ⅲ　会計処理についての国別の留意事項　275
　　Ⅳ　財務諸表（計算書類）の特徴　295
　第3節　会計監査 …………………………………………………………… 306
　　Ⅰ　監査と監査要件　306
　　Ⅱ　財務諸表（計算書類）の法定期限　316
　　Ⅲ　連結パッケージ　328
　　Ⅳ　監査業務の水準　333
　第4節　現地の会計システム ……………………………………………… 342
　　Ⅰ　概説　342
　　Ⅱ　国別の留意事項　344
　第5節　バックオフィス業務 ……………………………………………… 349
　　Ⅰ　概説　349
　　Ⅱ　国別の留意事項　351

第5章　税務　　357

　第1節　総論 ………………………………………………………………… 357
　　Ⅰ　本社によるグローバルタックスマネジメントの重要性　359
　　Ⅱ　日本本社から海外子会社へのアプローチ　360

Ⅲ　日本本社の税務担当者が確認すべき論点　362

第2節　各国税制の概要 ……………………………………………… 373

Ⅰ　概要　373

Ⅱ　現地における参考情報　374

Ⅲ　税制改正　378

Ⅳ　税務調査　381

第3節　法人税 …………………………………………………………… 394

Ⅰ　概要　394

Ⅱ　申告納付　398

Ⅲ　優遇税制　411

Ⅳ　実務上頻出の税務調整項目　421

Ⅴ　PE認定　432

Ⅵ　移転価格税制　435

第4節　源泉税 …………………………………………………………… 444

Ⅰ　概要　444

Ⅱ　各国の源泉徴収税率　448

Ⅲ　申告納付　460

Ⅳ　租税条約の手続き　464

第5節　付加価値税 ……………………………………………………… 471

Ⅰ　概要　471

Ⅱ　申告納付　478

Ⅲ　インボイス制度　486

Ⅳ　輸出免税　492

Ⅴ　サービス輸入（デジタルサービス）　496

第6節　個人所得税 ……………………………………………………… 501

Ⅰ　概要　501

Ⅱ　申告納付　503

Ⅲ　給与の源泉等に係る雇用主の義務　507

Ⅳ　居住者判定　511

Ⅴ　現物給与の範囲　517

Ⅵ　非居住者である取締役・従業員への報酬・給与の取扱い　521

序章

海外子会社を知り，そして，活かすマネジメントへ

第1節　日本にとってのアジア

I　アジア進出の黎明期

　日本とアジア諸国は地理的にも近く，日系企業の海外ビジネスを考えるうえで，重要性が高い地域であるということに異を唱える読者はいないでしょう。

　日系企業は，1985年のプラザ合意以降の急激な円高を背景に生産拠点のアジア移管を進めてきました。大手の自動車メーカーや電機メーカーのアジア進出は，下請け企業，そのまた下請け（孫請け）企業を伴うものが多く，いわば日本の産業コミュニティをそのまま場所をアジアに変えて再現してきました。それは，相対的な人件費の安さからアジアの国々に「日本の工場」たる役割を求めてきたともいえます。

　我々，SCS-Invictusグループがアジアの日系企業の支援を始めた20余年前はまさに日系企業のアジア進出はこの形が主流でした。そして，このようなサプライチェーンを固定化，安定化させたうえでの海外進出によってマネジメント上の論点が絞られ，海外ビジネスに不慣れな企業であっても比較的容易にマネジメント体制が築けてきたともいえます。

II　日本とアジア諸国との関係性の変化

　さて，現在に視点を戻すとどうでしょうか。今さら言うまでもなく，日本の「失われた30年」と対照的に，アジア諸国は著しい経済成長を遂げました。停滞し続けた日本と，ダイナミックに変化を遂げてきたアジア。もはやアジア諸国は日本の工場という役割以上に世界経済において重要な位置を占めています。

　日系企業とアジアを取り巻く大きな動きとしては2000年代前半，中国の反日

運動などを契機とする政治リスク回避のための「チャイナ・プラスワン」，2008年のリーマンショック，2011年の東日本大震災，タイ大洪水をきっかけとする「タイ・プラスワン」などが挙げられますが，とりわけタイ・プラスワンはアジアの産業構造の転換のターニングポイントといえるでしょう。

　日系企業の視点でいうと，日本で起きた東日本大震災とタイで発生した大洪水の結果，事業継続計画（BCP：Business Continuity Plan）の整備が進み，系列下請け関係を基礎とする伝統的なサプライチェーンの見直しを図ったということになりますが，注目すべきは，実はタイ政府が積極的に政策としてタイ・プラスワンを支援していたということでしょう。タイ政府はあえてそのタイミングで法定賃金を引き上げることで，従来より多くの雇用を生み出し，技術を移転し，税収をもたらす等，タイにもメリットの大きかったはずの一部産業の隣国移管を促しました。これはつまり2011年当時すでに一人当たりGDPがUSD5,000を超えていたタイが「中進国の罠」を克服するためには，労働集約的な産業と高付加価値産業の二兎追いはすべきではないと判断し新陳代謝を図った試みだと理解できます。日本とアジアの関係上，日本の工場一辺倒からの卒業宣言，「脱日本化」ともいえる象徴的な動きだといえます。

第2節 海外子会社に対して真のマネジメントが 必要な時代へ

Ⅰ 工場管理から海外子会社マネジメントへ

　ここまで日本とアジアの関係性が時代とともに変化してきたことを述べてきましたが，その理由は，それらが本書のテーマである海外子会社マネジメントにも大きく影響を及ぼすからです。

　前述したように，アジア諸国が日本の工場の役割を積極的に担っていた時代は，現地従業員管理等，労務を中心とした固有の論点はあるものの，海外子会社マネジメントは，日本での「工場管理」の応用編と呼べるものでした。しかし，脱日本化が進んだ今，日本本社と海外子会社の関係性は多様化しています。両社の力関係としても，海外子会社側の自律性が増すなど単純に日本組織の一部分として扱うだけでは上手くいかない場面も多くみられ，本社からのマネジメントの必要性が高まっているといえます。

Ⅱ そもそも「海外子会社マネジメント」とは何なのか

　日本本社と海外子会社は法人格も別であり，海外子会社に経営陣もいるにもかかわらず，"本社が"海外子会社をマネジメントするとはどういうことなのでしょうか。少々迂遠なアプローチになるかもしれませんが，そもそも本社とは何なのか，というところから始めてみましょう。もともと，最もシンプルな組織では，本社と事業部門が分化しておらず，経営活動全体がイコール本社の活動そのものでした。製造業の会社だとすれば，工場と本社は未分化で，あえて本社とは何かということは問われませんし，"本社が""工場を"管理するといった概念もありません。ところが経営活動が進展するとともに，工場や事業部門の数がおのずと増え，地理的にも分散し，現場に直接携わる部門（ライン）とそれらを管理する部門（スタッフ）という組織上の区分けが生じ，それらを全体として指揮命令するのがトップマネジメント，つまり本社ということになったのです。

　今日のグローバル企業は，このような組織的な拡張が日本国内にとどまらず国境を越えて広がっています。上下の階層，専門分野，プロジェクト，製品市場分野ごと，かつ地理的に様々な役割や組織の下位単位が分化しています。そ

れは環境の違いや多様性に対処するための必要な分化ですが，一方で，分化すればするほど，分化した下位単位の間に「組織の壁」が生まれますので，それを統合し企業としての一貫性を保つメカニズムが必要になります。これが本社によるマネジメントの役割です。

では，具体的に本社は何をすべきなのでしょうか。ここでは，企業グループに存在する機能面から考えてみたいと思います。どんな企業にも3つの機能が存在します。それは，①事業を推進する機能，②事業を管理する機能，そして，③事業を支援する機能です。事業を推進する機能とはつまり事業（ライン）部門です。事業を管理する機能とは，経営企画，財務，人事，システム，経営管理等を司る部門（スタッフ部門）をイメージしていただくと良いでしょう。③事業を支援する機能は，企業によって形は様々ですが，例えば国際事業本部といった形で，海外事業のサポート（本社と海外事業とのブリッジ）を担っているような部門が該当します。

機能面から見ますと本社が海外子会社マネジメントとして何をすべきかは実は非常にシンプルで，企業グループ内での海外子会社の位置づけ（役割），その現状や将来計画に応じて，上記の3つの機能のうち本社が果たすべき部分に本社資源を投入していくということになります。

分かりやすい例を挙げますと，海外子会社は「守り」，つまりは上記3機能で言うと②事業を管理する機能に難があることが間々みられます。一般的には事業部門出身者が現地に駐在員（＝現地子会社の役員等）として赴任することが多く，専門である「攻め」を中心に行うため「守り」に時間が割けないのは致し方ないこととともいえます。海外子会社に「守り」の弱さが見られる場合，本社で事業を管理する機能を担っている方が現地に足を運んでみることをお勧めします。本社や，管理が上手くいっている他の子会社の「管理の型」を参考にしながら，現地スタッフとコミュニケーションをすると，そこから外れる状況（ミスや不備）が発見されるのが通常です。まずはそれを緊急処置的に是正しなければいけませんが，同時に，「そもそも本社がお膳立て（事前にグループのベストプラクティスを教えておく等）をしておけばこんなことにならなかった」ということに気付くでしょう。つまり，無理に海外子会社側に苦手なことをさせているという「無駄」（グループ経営上は資源配分の失敗）があるといえますので，本社はこういった部分に資源を投入してマネジメントすべきということになります。

Ⅲ 海外子会社マネジメントのスタイルは本社次第

　本社が海外子会社をマネジメントする必要性があるとしても，その関与程度ややり方は本社が海外子会社に対して，どのような経営志向性を持っているかによっても変わってきます。ここでは，EPRGモデル＊をご紹介します。我々の経験上も非常に納得感の高い類型であるため，ぜひ読者の方々も自社本社のスタンスがどの類型に当てはまるのかを考えていただきたいと思います。分類すること自体に意味があるわけではなく，その類型に応じたマネジメントを考え，実践することでマネジメントスタイルの一貫性が確保できるものと思います。

　＊　EPRGモデルとは，D. A. ヒーナンとH. V. パールミュッターが提唱した，企業のグローバルな発展段階を示すモデル。

（1）Ethnocentric（本社志向型）

　基本的に，本社主導で主要な意思決定が行われ，海外子会社は重要な役割が与えられず，本社から指示されたことを実行することが役割となります。自由裁量の範囲は極めて狭く，本社のやり方，管理基準を海外にも適用し，海外子会社の主要ポストは本社からの駐在員で占められます。

（2）Polycentric（現地志向型）

　現地のマネジメントは現地スタッフに任せるという考え方がベースにあり，日常的，オペレーショナルな意思決定は現地子会社に権限移譲されます。海外子会社の主要ポジションには現地スタッフを登用するなど，比較的現地の独立性を維持しようとします。一方，財務，研究開発といった重要な意思決定は本社主導が基本となります。

（3）Regiocentric（地域志向型）

　グローバル規模での経営と，各国規模での経営の中間に位置するリージョン（地域）規模での経営志向を意味します。特に地理的に近い国々（ASEANなど）では各国単位で捉えるよりも近隣諸国を束ねたリージョン単位で考えたほうが効率的な場合も多いため，リージョン単位で，生産拠点，人材登用，戦略策定等を実施します。地域統括会社を設立し，リージョン単位の経営について

は権限委譲を行います。

（4）Geocentric（世界志向型）

　経営資源をグローバルに共有するように努め，人材登用に関しても自国の社員を優遇することなく，世界中からベストな人材を起用するという姿勢を採ります。真のグローバル企業といえるでしょう。

Ⅳ　海外子会社マネジメントのスタイルは　　海外進出の形態（段階）にも依存する

　もう1つ，海外子会社マネジメントのスタイルに影響を与えることとしては，海外進出の形態（段階）があります。常識的な事柄も含みますが，整理して自社の現在地を理解しておくことは有益と思われます。海外進出の形態は，一般的には，①間接輸出，②直接輸出（海外での自社販路の開拓，現地販売会社設立），③現地生産，④地域・グローバル統合という発展段階を辿るといわれています。それぞれの段階で適切な度合いで本社として関与することが必要となります。

（1）間接輸出

　海外子会社を設立する以前の段階，最も初期の海外進出形態です。手数料を払って輸出業者に任せることができますが，海外ビジネスの経験も知識も蓄積されません。

（2）直接輸出（海外での自社販路の開拓，現地販売会社設立）

　海外現地に販売会社を設立し，自社製品を本国から輸入します。当該製品のセールス部門から現地子会社への駐在員が選ばれるケースが多いと思われます。その場合，駐在員のバックグラウンドからすると，現地コンプライアンスのための業務（現地法全般の把握，会計・税務・監査等の諸制度への対応，労働ビザ関係など）が手薄になりがちであるため，本社からの広範かつ細やかなマネジメントが必要となるケースがほとんどです。

（3）現地生産

　海外に自社工場を設立し生産活動を行う段階であり，現地の管理体制は，通

常，本社のコントロール下で行われます。現地従業員の管理を含む海外拠点の運営は，本社の意向を反映させるため本社から派遣された駐在員があたることが多いです。この段階の現地生産拠点においては以下のような所有形態がありますが，これは経営方式に深く関わってきます。

① 完全所有子会社

海外現地に完全所有（100％株式所有）の子会社を持ち，生産活動を行うパターンです。進出企業が自らの出資でリスクを負って挑戦できるため，経営も自社の方針で行うことが可能です。一般的に，製造業が海外で生産工場を作る場合には，その強みである生産技術の移転，日本式の経営方式を貫くことができるため，この形態が好まれます。一から自前で現地法人を設立するケース（新しい緑の大地である更地に工場を建設するという意味で，"Green Field"と呼ばれます）もありますし，現地企業を買収するケースもあります。

② 合弁会社

一般的に，現地のレギュレーションの問題（e.g. 許容される外資比率が決まっている）をクリアするためや，現地でのオペレーション上のメリットがある場合に，複数企業での合弁会社を設立することがあります。現地企業と組むことで，地の利が得られる一方で，自社の技術の管理の一部を相手に委ねてしまうリスクや，マネジメント全般のコントロールの自由度が下がるリスクも孕んでいます。

（4）地域・グローバル統合

この段階は，海外現地で単に生産のみを行うのではなく全世界最適化を目指して，より高付加価値な活動を国境を越えて行うことになります。マネジメントをする本社とマネジメントをされる海外子会社といった1対1の概念を超越している状態にあり，現実的には，真のグローバル企業のみが行きつく状態といえます。

Ⅴ 日系企業の海外子会社でよくみられるパターン

本節Ⅲ，Ⅳで見てきたように，海外子会社マネジメントは，本社の海外子会社に対するスタンスや海外進出の形態等によって様々な関与の仕方が考えられ

ます。企業ごとに最適なやり方を考え，かつ常にアップデートしていく必要が
あります。

　アジアで日系企業を支援してきた我々としても日系企業が海外子会社マネジ
メントに課題感を持っているケースを多くみてきました。全く同じケースはあ
りませんが，様々な企業の特徴をあえてまとめますと，以下の2パターンが代
表的なものとなります。

A：日本本社が過度に関与するパターン

　海外子会社は，法的には日本本社とは別の法人格ですが，実のところ，日本
本社の事業部門との結び付きが強いということが特徴としてみられます。これ
は，主に日系企業の完全子会社でみられる特徴です。前述Ⅲの類型で言います
と，（1）Ethnocentric（本社志向型）に近いといえるでしょう。

　具体的には，海外子会社における重要な意思決定は日本本社の取締役海外事
業本部長の決裁事項であったり，海外市場での投資，撤退等の決定は日本本社
の取締役会の決議事項であることも多々あります。

　一般的に，在日本の会社が海外子会社を直接コントロールすることは難しい
といえますが，日系企業は，中央集権的に，かつ日本本社の事業本部に直接ぶ
ら下げるような発想で海外子会社をコントロールしようとする傾向がみられま
す。

　このような体制は，各事業本部からの業務上の指示・命令等が海外子会社に
迅速，正確に伝わりやすいというメリットがありますが，海外子会社での現地
法への対応が不十分になったり，現地の文化に対して不寛容になりやすく（現
地コンプライアンスや現地の文化的背景を飛び越えて日本本社の指示・命令が
優先される），責任の所在も曖昧になりやすいというデメリットも孕んでいま
す。

B：日本本社がほとんど関与せず放置するパターン

　Aと真逆のパターン，つまり日本本社の海外子会社の経営に対しての関与度
合いが著しく低いということも，特徴として間々みられます。これは現地企業
との合弁会社として海外子会社を設立した場合に多くみられる特徴です。

　合弁会社設立の段階で，双方の出資比率や取締役の人数などは基本的なガバ
ナンス体制として検討されているはずですが，その後，もともと現地ビジネス
の知見を有する合弁パートナーへの気兼ねや，日本側の人材不足，経験不足等
が相まって，どんどん関与度合いが下がり，最終的には，年次の決算の報告を

受けているだけという状態になることもよくみられます。

　前述Ⅲの類型でいいますと，一見，（2）Polycentric（現地志向型）に近いようにもみえますが，意図的，戦略的に現地志向を進め権限移譲をしているわけではなく，人材不足，経験不足等によってズルズルとUncontrollable な状態に陥っています。

　ＡとＢとでは，日本本社の関与度合いの高低が真逆ですが，どちらも両極端で，現地への権限委譲と本社からのコントロールのバランスがとれておらずコンプライアンスリスクが高まりやすいという意味では望ましい状態とはいえません。このような状態から脱却し，本社目線と海外子会社目線の絶妙なバランスを追求することが，海外子会社マネジメントの要諦となります。

第3節　実効性のある海外子会社マネジメントに向けて

Ⅰ　理想的な状態を意識し，本社からのマネジメントの全体像を設計する

　企業によってマネジメントの手法は様々ですが，どの企業にも共通して当てはまる海外子会社マネジメント上の理想的な状態は，「任せるが検証する」ということでしょう。日本本社がグローバル本社として主導的にグローバルグループ全体に共通するマネジメントの要素を組織的に導入し，それを海外子会社に主体的に運用してもらい，その運用が実際に機能しているかは本社がモニタリングするということです。ここで重要になるのは，日本本社と子会社の役割と責任の明確化です。日本本社目線で言うと，本社のやるべき事項を優先順位とともに明確に理解し，かつ，どこからを子会社主導にするべきかという線引きを持っていることが重要です。

　新規の海外子会社へのマネジメントを設計するには，（1）企業理念→（2）経営戦略→（3）組織・トップマネジメント→（4）規程・制度→（5）業務プロセス→（6）従業員の順番で検討していくことをお勧めします。また既存の海外子会社について，マネジメントに何らかの問題があるという認識はありつつも何から手を付けてよいか分からないときも（1）～（6）を再点検することをお勧めします。

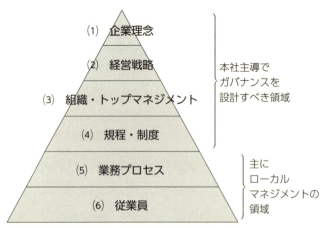

特に（1）～（4）が本社主導でガバナンスを設計すべき部分で，（5）～（6）はどちらかというと海外子会社内のローカルマネジメントに近い領域です。基本的には，（5）～（6）は子会社が主導することを目指すべきですが，必要に応じて（海外子会社側の経験値，能力に応じて），本社からの支援を行うべきでしょう。

（1）企業理念

　企業理念とは，「我が社は何のために存在するのか，事業を通じて誰に，どのように貢献するのか」といったことを社内外に明らかにするために短い言葉で表現したものです。最近はミッション，バリューといったカタカナで語られることも多いですが，日本でも昔から「社是」「社訓」といった名前で存在しています。国境を越えたグループ経営の場合でも，企業理念は，国を越えてグループに属する全員が共有すべき憲法のような役割を果たします。

　企業理念は，企業経営における扇の要です。企業経営上の判断軸でもありますし，リスクマネジメント上は，"守るべき軸"として機能します。現場に個別具体的な規程やルールのみを求めても，目先の煩雑さゆえに無視したり，「規程・ルールに書いていないことは禁止事項ではない」と自分勝手に解釈する者も出てきたりしますが，企業理念として「軸」を示すことで，"譲れない一線"があることを伝えることができます。

　しかし，実際のところ，海外子会社へ企業理念を浸透させることは容易ではありません。日本語では機微のある秀逸な表現であっても，英訳・現地語訳して海外子会社の壁に飾ったとたんに，ただの文字と化し何も伝わってこない，という経験はないでしょうか。もともとの経営理念の表現があまりに日本語的な場合，そのニュアンスを他国で伝えることは想像以上に難しいことです。例えばですが，日本人の言う「和」は調和や協調性を示す言葉として「harmony」という訳語をつけることはできますが，その国々の文化的背景や労働慣習上，ピンとこない（行動レベルの軸となり得ない）ということもあるでしょう。さらに言うと，日本人は「和」と言いつつ，言外に「和して同ぜず」という姿までを期待している場合もあり，そのニュアンスを他の文化圏の人間が読み取ることは困難です。

　このように訳語が実質的に意味をなさない場合は，単純に翻訳して使おうとすることはやめ，各国・地域の外国人責任者とも真剣に議論をし，各国言語の

ニュアンスも含めグローバル視点から本社で決定し直し，グループ共通理念として展開し直すということも検討すべきでしょう。

（2）経営戦略

　経営戦略について本社目線で確認すべきことは，グループ全体戦略と整合する形で海外子会社が動いてくれるよう落とし込みをすることであるといえるでしょう。グループ経営における最大の難しさは，各社への権限委譲と日本本社からのコントロールのバランスです。本社が，海外現地での特定の事業の個別戦略や戦術に細かく介入する必要はないものの，各社がバラバラに行動した結果の個別最適がグループ全体最適につながらなければ，グループ経営としては失敗です。グループ内で唯一全体を俯瞰できる本社が全体最適のためのシナリオを持ち，子会社ごとの役割をしっかりと定義することが重要です。

（3）組織・トップマネジメント

　ガバナンス上，最初に決めるポイントかつ最重要ポイントとなるのは，トップマネジメントを海外現地の人間とするか，本社からの派遣人材（駐在員）とするかでしょう。海外子会社の役割が，製造や販売といった経営上の一部の機能を担う場合や，本社との密な関係性が最重要と判断される場合は，日本人駐在員が適任でしょう。一方，海外子会社の役割がより広範で，現地での素早い意思決定と運営上の機動性が求められる場合には，現地の人間を執行のトップに置く必要性が高まります。

　経営の現地化のために，トップ及び執行機関の多くを現地の人間とした場合でも，本社としては「人によるガバナンス」を効かせることを諦めるべきではありません。例えば，社長が現地の人間，副社長が日本人駐在員という体制も考えられます。ただし，重要なのは肩書ではなく，ガバナンスを効かせるのに十分な情報が確保できるかどうかです。現地のトップマネジメントとしては（個人差はありますが），隠蔽の意図はなくとも，余分な情報開示をして日本本社からの干渉の機会を増やしたくないという心理があり，本当に全ての情報を部下である副社長（現地でのポジション上は"部下"であるが，日本本社の意を受けたお目付け役）に開示するとも限りません。経営の全体観を把握しつつ，情報へのアクセス性を確保するという意味では，CFO（最高財務責任者）のポジションを日本人駐在員とするのも一案でしょう。

（4）規程・制度

　海外子会社個社の部分最適がグループ全体最適につながる体制を考える場合，グループ全体像から落とし込まれた「日本本社と子会社の役割と責任の明確化」が必要になります。

　具体的にはまず日本本社と子会社の間の"決めごと"を文書化すること，つまり規程や制度の設計となります。最も基本的かつ最重要な決めごとは，権限移譲の範囲でしょう。一般的には，A.親会社の決裁（事前承認）事項，B.子会社の取締役会の決裁事項，C.子会社トップの決裁事項（単独可），D.親会社への報告事項，E.子会社が規程整備により自主管理できる事項，を含む決裁権限規程の作成が必要となります。

　レポーティングラインの明確化も重要です。日本的な経営では，稟議書の表紙が判子で埋めつくされるくらい多くの人に回覧（決裁者以外へも情報共有するという意味での回覧）したり，メールのCC欄に入っている人の数が異常に多いというように，レポーティングが複雑化しがちです。純粋な"報告する対象の人"に加えて，"とりあえず情報共有しておく人"の範囲が非常に広いのです。しかし，海外子会社のレポーティングラインを決める際には，明確性が重要です。特に，海外で言うレポーティングラインは，指揮命令系統と一致しなければ混乱をきたします。例えば，海外子会社の日本人副社長が本社の事業部門（自分がもともと属していた部門）の上司に報告義務があるとしても，海外子会社内のレポーティングラインは，副社長→社長（現地人材）である以上，社長を飛ばして本社報告をするといったことがあると，混乱や関係性悪化の原因となる可能性があります。

（5）業務プロセス

　業務プロセスは，人手（マニュアル）によるものとITによるものがあります。基本的にローカルマネジメントの領域ですが，子会社ごとに分かれた経理や資金管理などを標準化し集約する（クラウド上のプラットフォーム導入，シェアードサービスセンターの設置など）といったことは子会社単独の発想・権限を越えるものであり，本社が主導することになります。

（6）従業員

　基本的にローカルマネジメントの領域であり，本社からマネジメントできる

ことは限られますが，後述（**Ⅳ**参照）のように従業員マネジメントの複雑性が増している昨今では，本社人事部など専門部署からの支援が必要なケースも増えていると考えられます。

Ⅱ 2つのメカニズムを理解し実践する──コントロール vs コーディネーション

　マネジメントというと，「管理する」「コントロールする」という意識が強く働くことが多いでしょう。しかし，海外子会社はそれ自体が自律的に動く1つの組織体であり，コントロール一辺倒では上手くいかないこともあります。マネジメント実践の過程で明確に意識し使い分けることが有益な2つのメカニズムがあります。

　1つは，公式（フォーマル）なコントロールメカニズム，もう1つは非公式（インフォーマル）なコーディネーションメカニズムと呼ばれるものです。

　公式なコントロールメカニズムとは，オペレーションの標準化（Standardization），形式化（Formalization）といった，いわゆるはっきりとしたルールの策定とマニュアルによるルーティン化を用いてコントロールをしようとするものです。一方，非公式なコーディネーションメカニズムとは，社会化（Socialization）とも呼ばれ，人的ネットワークや文化的メカニズムを通じて，理念や価値観の共有を促し，行動をコントロールしなくても企業として望ましい結果を生むことを目指します。

　公式なコントロールメカニズムは，目に見える取り組みで分かりやすいため，一定のルールを海外子会社にきちんと守らせること（e.g. 定期的な数値の報告）がイコール海外子会社マネジメントと思われがちです。もちろんそれもマネジメントであり重要なことですが，本社からのそのようなコントロールが確立されていても，駐在員社長の交代などによって海外子会社の士気が変わったり，業績が大きく上下したり，不正が頻発したり（あるいはパタリと無くなったり）ということはあります。これは，駐在員自身が人的・文化的連結点となり非公式なコーディネーションメカニズムとして機能しているからです。つまり，海外子会社の適切な運営のためには，両方のメカニズムに配慮したアプローチ（本社からの働きかけ）が必要となってきます。

　オペレーションの標準化等を通して本社としても安心できるレベル感を作り上げるとともに，本社から見えない現地・現場の事柄は直接的に行動をコント

ロールしなくても「本社と駐在員」、「駐在員と現地従業員」といった人的関係の連鎖によって共有された理念や価値観をベースに動いていく、という状態が理想的といえます。

	コントロール	コーディネーション
基本的発想	明示的なルールを設定し、ルールへの準拠性を問う	理念や価値観の共有により、個々人の望ましい行動を促す
典型的な手法	・オペレーションの標準化 ・ルール、マニュアルの策定 ・定期的な報告／検証の仕組み	・経営理念を分かりやすい行動指針に落とし込み浸透させる ・望ましい文化の醸成のため、経営層から価値観の共有を繰り返し行う

Ⅲ　3ラインモデルを参考にリスクマネジメント体制をデザインする

（1）基本となる理解

　内部監査人協会（IIA）による3ラインモデル（「The IIA's Three Lines Model」）は、海外子会社のリスクマネジメントを考えるうえでも参考になります。3ラインモデルにおいて、第1ラインと、第2ラインは、マネジメントの管轄下でそれぞれ「顧客に対する製品やサービスの提供とリスク管理」、「リスクに関連する事項について専門知識、支援、モニタリングの提供と異議申立て」を担います。第3ラインは「目標の達成に関する全ての事項について独立した客観的なアシュアランスと助言」を担います。

　これを、海外子会社マネジメントに当てはめて考えますと、第1ラインが海外子会社の日々のオペレーション、第2ラインが海外子会社の管理部門＋本社からの管理機能、第3ラインが内部監査部門による海外子会社監査ということになります。

　ただし、こと海外子会社に関しては、誤解を恐れずに言えば、第3ラインたる内部監査部門には「期待しすぎてはいけない」といえます。企業のグローバル展開が進んでいる昨今の経営環境の中でも、内部監査部門の人員は人件費予算等の制約上、急激に増やすことは難しいのが現実であり、日本内部監査協会の『2017年監査白書』でも内部監査部門の人員が3人以下という組織体が52.4％にも上るとの調査結果があります。つまり、限られたリソースで監査に

あたっている状況の下，物理的に距離のある海外子会社が後回しになるということが考えられます（"リスクあるところに監査あり"という監査の原則からすると，国内子会社よりもリスクが低いという合理的根拠がない（むしろ一般的には，国内子会社に比べて，進出国の法令や社会情勢，国民感情・意識等含め「分からないこと，知らないこと」が多いこと自体を「リスク高」だと判断すべきでしょう）以上は優先度を上げるべきですが，実際にはそうなっていません）。

　そこで，海外子会社マネジメント上は，3ラインにこだわらず，本社が管理機能を発揮して，第2ラインの前線（海外子会社の管理部門）と，第1ラインを強化することがより重要になってきます。

（2）第2ラインの強化

　リスク管理上，第2ラインは，第1ラインのリスク管理への支援だけでなく，そのモニタリングや必要に応じて第1ラインの業務執行に異議を唱える役割，第1ラインのリスクマネジメントの妥当性と有効性に関する分析とレポートを提供する役割を担うべきですが，実際には，海外子会社の管理部門がこれを主導的に実行することは難しいことが多いと考えられます。そこで本社の管理部門が第2ラインの番人として，子会社管理部門を指導する，あるいは，子会社管理部門が強化されるまで，直接的関与を強めるといったことが重要と考えられます。

（3）第1ラインの強化

　第1ラインとは海外子会社の日常的な事業オペレーションですので，この強化とはつまり，CSA（Control Self-Assessment）を上手く組み込むことに他なりません。CSAは，その名のとおりコントロールの自己評価のことであり，内部監査部門等の第三者的立場ではなく，業務を行う部門が自らの内部統制の有効性を検証し評価するプロセスをいいます。上述のとおり，内部監査部門のリソース不足を考えますと，海外子会社では第1ラインでのCSA活用が非常に重要になってきます。CSAを導入し自己評価する項目を増やしていくことで，海外子会社自ら主体的にリスクを管理する意識も高まるため，本社の意図する内部統制やガバナンスの効率的運用も期待できます。特にアジア諸国では業務を属人化したがる（自分の仕事は自分しかできない状態を維持したい）傾向が

ありますので，Transparency（透明性），Accountability（説明責任），Traceability（追跡・再現可能性）の3点を確保することが良いことであるという意識を植え付けていくことが重要です。

しかし，初めから全て自己評価に任せたのでは，コントロール不全になりかねないため，第2ラインもしくは第3ラインが少なくともファシリテーターやアドバイザーの形で関与すべきと考えられます。

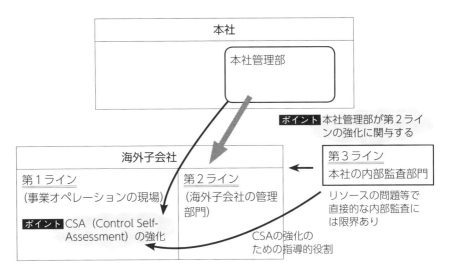

Ⅳ 時代の変化に対応した人的資源マネジメントを

伝統的な日系企業の海外子会社における人的資源モデルは「日本人支配体制」と呼ばれます。海外子会社における，中核人材としての経営管理者は日本人駐在員がなり，一般事務などの補助労働者は現地採用スタッフが担う体制を指します。これは，「日本の工場」としてのアジア子会社時代の流れであると思われます。日系企業がアジアに工場を設立し，現地でブルーワーカーを雇用した際に求めていたのは高度なナレッジワークではなく，部品の組立，生産・設計・製品組立といった単純労働を低賃金でミスなくこなす効率的労働者であったためです。日本国内生産と比べると低賃金とはいえ，労働者を大切に扱う日系企業はその当時は労働者とwin-winな関係を築けていました。

しかし，時は流れアジア諸国の経済発展が進むにつれ，日系企業の現地での

採用競争力の低下が顕著にみられるようになっています。日系企業に就職しても大した仕事をやらせてもらえない，幹部は日本人が占めているので出世はある程度以上は望めない，地場大手企業や他の外資企業のほうが待遇面やキャリアパス面で上，といったことで，労働者にとっての日系企業の魅力が相対的に低下しています。

　背景としては，これまで企業の中核を担ってきた世代からミレニアル世代（1980〜1990年代に生まれた世代）と呼ばれる世代が中核を担う状況にシフトするにつれて，従業員が企業に求める価値観が大きく変わってきていることもあると考えられます。世代間の価値観の違いを調査したMind the gaps The 2015 Deloitte Millennial surveyによると，世代間で最も異なる価値観は，従業員の「自己実現」（Employee's well-being）でした。今，従業員エンゲージメントを考慮した複雑性の高いマネジメントがアジア諸国でも求められていると考えるべきでしょう。

　採用力の低下は，ボディブローのように企業の地力に響いてきます。高度人材を雇用できるだけの待遇面の工夫（業績変動，ストックオプション等）も必要と思われますし，本社の指令のもとで働く日本人支配体制下では実力を発揮できないのではないかといったイメージを払拭する具体的取り組みも重要な課題となるでしょう。

V 本書の活かし方

　ここまで，本社が海外子会社マネジメントを行う必要性，その際のマネジメントスタイル，現に日系企業にみられるマネジメントの課題パターン，実効性あるマネジメントに向けての視点などを見てきました。いくつかのフレームワークと我々の経験を交えながら，海外子会社マネジメントの実態や方向性を考えてきました。

　ここまで少々理論的な内容にも触れましたが，「はじめに」でも触れましたように，本書は「実務家から実務家へ向けたアジア本」です。我々が，日々海外子会社を相手に奮闘される方々に本書を通して貢献できることは，海外子会社の存する国の理解に資する情報をお届けすること，これだけ情報化した社会でもインターネット検索では見聞きできない現地・現場の実務をお届けすることだと思っています。

　第1章では，言語，文化，商慣習，制度の違い等，海外子会社マネジメント

が難しいとされる根本的な要因に触れていきます。そのような違いを尊重したうえで，企業グループとしてマネジメントの一貫性を保つことは非常に難しい命題です。まずは，各国の文化や商慣習などに対する理解を本章で深めていただければと思います。

　日本で働く日本人同士でも世代間で大きく価値観が異なることもありますので，「この国はこうだ」と過度な一般化は避けるべきですが，各国の特徴を掴んでおくことはマネジメント上有益です。例えば，海外から見たときの日本人あるいは日系企業は「時間を守る」「年功序列が根強い」「企業としての意思決定が遅い」といったことが特徴として認識されているそうです。これらは全ての人，全ての会社に当てはまるわけではありませんが，そういった傾向があることはたしかでしょう。そのような視点で活用していただければと思います。

　第2章では，海外子会社の事業のスタート段階から，成長，成熟，衰退といったいわゆる企業のライフサイクルの各ステージの実務論点を取り上げています。海外子会社の設立，再編，株式の譲渡・取得，清算・解散などを立案するのは通常，現地法人ではなく，日本本社の経営企画部や海外子会社管理に関する部署だと思われますので，そのような立場の方には必読の章となります。まずは，各国共通の留意事項を把握し，その後，検討すべき国の制度や実務を深掘りする形で読み進めていただくのが良いでしょう。

　企業再編にあたっては，各国法規に則り手続きを進めることはもちろんですが，多くのケースで解雇を含む人員の異動を伴い，退職金や補償金の問題，あるいは労働組合との協定の終了協議等，「人」に絡む交渉事が多く発生することも心構えが必要な部分です。

　第3章では，アジアでのガバナンス，リスク管理，コンプライアンス，不正，贈収賄・汚職といったアジア駐在経験者なら誰しも身に染みて感じている諸問題を取り上げています。本章は特にその性質上，我々の経験の積み重ねから得た知見で構成されており，必ずしも本章の記載がその国の全てだと言うことはできませんが，人それぞれに経験が違う（例えば，役所に問い合わせても人によって（あるいは日によって）回答が違う）ということも「現地・現場の実務」であり，それも含めてリアルな情報に触れていただけるものと思います。また，現地の商習慣などを理解することは重要であるものの，「理解する」ことと，「無批判に全て受け入れる」ことの区別をつけることがマネジメント上必要となります。過度な現地迎合は，実は上手く丸め込まれているだけ，とい

うことも往々にしてありますので，適切なバランス感覚を掴んでいただく一助となれば幸いです。

第4章では，会計及び会計監査を紹介します。アジア各国の会計基準はIFRSへの収斂が進んでいますが，実際のところ，日系企業のアジア子会社であれば非上場企業や中小企業向けの簡易な会計基準の適用が許されていることが多く，その場合には，当該基準とIFRS（国際財務報告基準）との差異の把握が重要となります。また，会計監査は各国で法定監査要件及び監査免除規定が定められていますので，本社から海外子会社マネジメントを担っている担当者としては，すべからく把握しておくべきでしょう。財務諸表の法定期日超過は罰則の対象となる国もありますので，その点も確実に押さえておきたいところです。

第5章では，近年グローバルタックスマネジメントの重要性が高まる中，日本本社の税務担当者にとって有益な情報の提供を意図しています。本書では紙面の都合上，各国の詳細な税法の解説は他の媒体に譲ることとし，日系企業の日本本社の担当者が海外子会社を管理するにあたって，最低限行うべきコンプライアンスはどのようなものがあるのか，税務申告納付等のスケジュールの確認，また典型的に注意してみるべき管理上の留意点はあるか，といった一般的な論点を広く国ごとにまとめて確認できることを目的としています。また，これらの確認にあたって，最低限理解しなければならない各国の税法や手続きについても概要を記載しています。

これまで現地会計事務所等に任せっきりで現地税務実務の全体像が見えていなかったという本社管理部門のご担当者の方が，本書を読んでいただくことによって，これまで検討できていなかった典型的な論点を洗い出して現地会計事務所に問い合わせることや，申告納付のスケジュール管理や納税資金管理等を積極的に現地に働きかける一助となれば幸いです。

第1章から順番に読むと，商慣習等も含めた各国への理解が増すと思われますが，例えば，本社からアジア各国の子会社決算をみる責任がある方は，4章，5章から読むという使い方も可能です。また，「来年からベトナム駐在に行くことが決まった」という方は，各章の総論に加え各章のベトナムに関する記述がある部分を拾い読みしていただくという使い方も有益かもしれません。本社からアジア事業を統括している方には，ぜひ通読をお勧めします。

【本書をお勧めする読者（例）】
◇日本本社勤務でアジア各国事業への関与をしている方，統括している方
◇日本本社経理部の連結決算実務担当で，アジア各国の子会社からのレポーティングが常に遅延，現地担当者とのやり取りにストレスを感じている方
◇日本本社からアジア各国のリスク管理をせよと命を受けている立場にあるが，現地の税制等基本的なルールや現地の税務署のレベル感が分からない方
◇統括会社駐在で，アジア各国の管理責任がある方
◇アジア諸国への駐在が決まった方

なお，本書のご利用の前提として以下の点を申し添えます。

- 本書で触れている各国の法令，基準，指針などに関しては，2024年6月30日時点で有効なものを前提にしています（同日以降，本書の出版日までに生じた重要な変動は考慮しています）。
- 本書では，本社がマネジメントすべき対象を便宜上「海外子会社」と表現しています。厳密には各国税法等で異なる定義が定められている場合があります。
- 各国の通貨表記は，ISO 4217で定められた3桁英文字表記を使用しています（インドルピー：INR，シンガポールドル：SGDなど）。
- 数値の略称として以下を仕様しています。

  1兆：T，10億：B，1百万：M，1千：K

第1章

海外子会社管理の基礎
——経営環境・全社統制・人的資源管理

第1節　はじめに

　「A氏は某日系企業の海外事業部に所属するメンバーで，日々海外拠点との連絡や情報収集，業績情報の取りまとめなどの業務に対応しています。A氏の勤める某株式会社では中国や東南アジアを中心に数ヶ所の海外拠点を展開していますが，日本本社では年々海外勤務希望者（特に有望な若手）が減少傾向にあり，また2020年に発生した新型コロナウイルス感染症の蔓延により拠点間の往来も分断され，各現地法人の実際の状況が本社から見えにくくなってしまいました。オンライン会議などのプラットフォームはコロナ禍において進化し現地法人との会議の数は増えましたが，一方で現地法人の所在する各国の状況も目まぐるしく変化する中でコミュニケーションは現地法人の駐在員頼みとなってしまい，その駐在員も現地での業務に忙殺されているため，増えた会議が双方の重荷になってしまっています。言語や制度的な問題で現地の情報へのアクセスが限られる中，日々発生する問題への対応について，ひたすら情報収集に追われ時間が奪われていきます…。」

　上記は架空のシチュエーションですが，このような状況を経験されていた方は相当数いらっしゃったのだと思います。日系企業において，海外の子会社管理は常に難しい問題となっています。これには以下のような要因があると考えられます。

- ■　言語の問題：そもそもほぼ単一言語で外国語に触れる機会の少ない日本人にとって，海外の拠点からの情報収集が難しく，駐在員に頼りきりになってしまう。
- ■　文化的な差異：各国の民族的バックグラウンド・宗教観・価値観・習慣等の相違があるが，日本本社の価値観やルールと異なっており，対応に苦慮する。

24　第1章　海外子会社管理の基礎──経営環境・全社統制・人的資源管理

> ■　制度的な差異：社会制度・税制・外貨管理制度の差異により，日本では当た
> り前にできていることが現地法人所在地では実行不能という状況がある。

　様々な課題を抱える海外子会社管理について考える際には，まず「海外子会社が所在する各国の事情を少しでも理解しようとする」ことが最初の一歩となります。すでに海外子会社所在の各国について相当の情報を収集しストックしている企業もあれば，これまであまり現地の事情が分からず「何から手を付けていいか分からない」という企業もあるかと思います。本章では具体的な会計・税制といった規則の違いを論ずる前に，海外子会社の管理において知っておいて損はない（または知っておくべき）各国の特徴的な考え方，価値観，生活，仕事観等に触れながら，海外子会社管理の基礎となる考え方について紹介します。

第2節　企業文化と子会社管理

I　海外子会社管理と企業風土

（1）概説

　日本では従業員が自分から積極的に業務範囲を拡大し，暗黙のうちにお互いがフォローし合って仕事を進めることが多いと思います。日本では「自分から仕事を探せ」とよくいわれますが，一方で海外拠点に赴任すると，現地法人の現地人メンバーは自分に割り当てられた業務以外には全く関心を払わず，定時に向けて片づけを開始し定時になると一瞬でいなくなり，他人のフォローや業務範囲の拡大といった考え方が全く存在しないという状況は，海外赴任経験者であれば1度は経験するシチュエーションかと思います。最終的に駐在員が尻拭いをする羽目になり，ただでさえ積み重なっている業務がさらに増えるという状況をよく目にします。

　ではこのような現地法人において，所属するメンバーは仕事を軽視しているのでしょうか。駐在員からすると「あいつら仕事しねえなあ！」と思わず愚痴ってしまいがちですが，彼らの考え方を掘り下げてみると，必ずしも仕事を軽視しているわけではなく，現地の価値観や習慣の違いから見え方としての仕事の進め方が異なるというケースが多いように思います。むしろ場合によっては自身に割り当てられた仕事に対する責任感は日本人の一般的な感覚よりも強いというケースがあります。海外子会社を管理するうえで，様々な管理手法やツールを導入する前に，まずはこのような違いがどこにあるのかということを少しでも理解しようとする姿勢が重要です。

（2）国別の留意事項

　以下に，各国現地人の特徴的な価値観や現地法人内で見られる雰囲気などについて紹介します。

①　インド

　インドは旧来より多文化社会であり，ヒンドゥー教以外にもシク教やイスラム教など，複数の宗教が混在しています。食生活に関しても，世界的に見てイ

ンドはラクト・ベジタリアンの比率が高く，個々人の文化や価値観が大切にされています。

そのため，巷で語られるようなインド人に対する固定観念に支配されず，日系企業はインド現地に根差したインド人材を育成し自らの観点で会社施策を実行することが望まれます。また，政策的な観点で言えばインドの法律や税務は複雑かつ度々改正が行われるため，信頼できる自社インド人マネージャーと外部パートナーとのつながりが重要となります。

製造業系の企業に関してポイントとなる点は，労働法による工場勤務労働者の雇用保護が手厚い点が挙げられます。1度ワーカーを採用した後は，解雇が非常に厳しいため慎重な採用が推奨されます。

② インドネシア

インドネシアは人口の約9割がイスラム教徒であり，毎日の祈祷や断食といった習慣を重視しています。会社側は，イスラム教徒の従業員には朝から夕方の1日5回の祈祷時間を与えなければならず，従業員がメッカ巡礼に参加し勤務ができない場合でもその期間は賃金を支払わなければなりません。

またインドネシアの会社の特徴として，レバラン（イスラム教断食明け大祭日）前にイスラム教徒の従業員へ，給与月額1ヶ月分の賞与を支払うことが義務付けられています。

インドネシア人は基本的に明るく温厚，また和を重んじる人が多いといわれており，多くの日系企業においても日本人と良好な関係を築き，業務でも概ね協力的です。しかし，おおらかな性格の人が多いこともあり，時間にルーズであったり，期日管理や仕事の段取りを組むことが苦手な人も多いため，日本人の管理やサポートが必要と考えられます。

③ オーストラリア

オーストラリアの企業風土で挙げられるのは，以下のようなものです。
- ワークライフバランス：オーストラリアの企業は従業員のワークライフバランスを尊重し，フレキシブルな勤務時間やリモートワークの導入などを取り入れている企業が多くみられます。特に日本のように仕事後に会社全体で行われるようなノミニケーションは少なく，ランチ時間など勤務時間内にコミュニケーション機会が設けられることが多いです。

- 平等主義：オーストラリアは多国籍国家であるためか，性別，人種，宗教などの差別をせずに従業員は平等に扱われます。
- 稟議：日本のような段階的な稟議はあまりみられず，取締役や責任者による単独／少人数による承認制度が多くみられます。判断のスピード感が速いように思われます。
- 実力主義：日本のような年功序列を採用している企業はほとんどみられず，個人の能力や実力によりポジションを確立していくことが多いように思われます。

④　カンボジア

カンボジアの国教は仏教（上座部仏教）ですが，イスラム教などの信者も少数ながら存在します。日本と同じ仏教国であることや日本からのインフラや法整備を含む多くの支援の経緯があるからか，基本的に日本人に対して友好的で礼儀正しい人材が多いのが特徴です。そのため日系企業にとっては良い関係性を構築しやすい風土があると思われます。

また協調性が高く，分からないことはチーム内で相談して仕事を進めようとする姿勢は日本人よりも高いように見受けられます。懐事情から，生まれた子どもを実家に預け自身は離れて都市部で働くということもあるものの，基本的には家族との時間を大切にする文化があります。一方で他国に比べて教育への投資を行う財源が十分とはいえず労働生産性に課題を感じることが多いのも事実です。

⑤　シンガポール

シンガポール国民及び永住権を保有する者の民族構成は，中華系，マレー系，インド系等の多民族国家で，外国人が人口の約3分の1の人口構成となっています。個人を尊重する企業文化が根付いています。

家族や友人との時間を大切にし，有給休暇は消化し，ワークライフバランスを重視する傾向があります。

求人の際には，職務範囲を明確にし，雇用契約書で給与，昼食時間，有給や病気休暇，退職時の通知期間等の条件を取り決め，雇用者と求職者で合意して，勤務開始となります。

基本的に，会社の業績，個人の能力や成果を総合的に考慮のうえ，人事評価

が行われる場合が多いです。

　日系企業に在籍する現地従業員は，チームワークや雇用の安定といった，日本的経営の良い面を重視して日系企業を選んでいるという側面が強いように思われます。

　一方で，人材の流動性の高いこのシンガポールでは，優秀な人材ほど，欧米系，ローカル系を含めた他社で勤務した場合の昇進の可能性や成長を視野に入れて，現行給与より高い仕事があれば転職することが通常です。この点は，優秀なローカル人材を採用し引き留めるうえでの課題として留意すべきポイントの1つといえます。

⑥　タイ

　日本に比べると，仕事の内容そのものよりも職場の人間関係を重視する度合いが高い傾向がみられます。日系企業は比較的日本流の経営の仕組み（詳細な事前承認手続や報連相を重視する点など）を導入していることも多いのですが，タイ人にとっては非効率的に見えることもあるようでそのような仕組みを好まないタイ人には敬遠されることもあります。

　基本的には社内の部門を跨ぐような人事ローテーションが行われることは少なく，特定の業務分野においてキャリアを考える傾向にあります。

⑦　フィリピン

　会社の規模にもよりますが，会社または部門単位で家族的な関係性を好み，従業員個人のワークライフバランスが尊重される傾向にあります。残業や休日出勤に対しては消極的であることが多いでしょう。

　フィリピンでは給与水準が高くないため，大学でのHRMコース（ホテル・レストランマネジメント）やTESDA（職業訓練校），看護師，船員，など手に職をつけることが望まれており，個人でスキルを有している場合には，高い賃金を求めて海外での就労を目指すことがあります。

⑧　ベトナム

　メンバーシップ型雇用や，正社員であれば言われたことは何でも対応します，といった一般的な日本企業の価値観とは異なり，ベトナムでは人材募集をかける時や採用時からジョブディスクリプション（業務記述書）を提示することが

一般的です。従業員としても，自身のその企業における役割の明確化を望み，その役割を担うことで自身のキャリアアップがどのように展開されていくかをイメージすることが重要と考える人が多いでしょう。

　会社と従業員との関係性如何では，ジョブディスクリプションに記載していない業務を指示しても問題なく対応してくれるベトナム人も多くいますが，なかには，「記載していないため，やりません。やる必要がある場合には，ジョブディスクリプションを改定して給与を上げてください」と強い交渉をしてくる従業員もいます。そのため，少なくとも日本のように「とりあえず採用し，業務内容は入社後に指示します」といった明示的な業務記載を避ける採用が難しいことは，予め理解しておく必要があります。

⑨　マレーシア

　マレーシアは大きくマレー系，中華系，インド系の各民族から構成される多民族国家であり，各民族によって価値観が異なるところはあるものの，総じて家庭や家族（一族）を大事にする文化が根付いています。また，日本では時代の変化や価値観の多様化により，社員旅行や忘年会といった社内イベントは少なくなりましたが，マレーシアではAnnual Dinnerと呼ばれる年に１度の全社的な会食イベントや社員旅行を楽しみにしている従業員は多く，会社に家族的な価値観を見出す文化も存在しているように感じられます。

　一方で，仕事に対する姿勢や企業カルチャーなどは，例えばマレー系の比率が多い政府機関や政府系企業と，中華系の比率が多い民間企業とでは大きく異なるといわれています。中華系マレーシア人の価値観は日本人と似ているといわれ，日本人にとっては一緒に仕事のしやすい相手である一方，その他の民族を相手に仕事をすることは，たとえ相手が政府機関であっても骨の折れる場合が少なくないでしょう。

⑩　ミャンマー

　ミャンマー人の特徴として，年功序列の意識が高いことと（日本と比較して）人見知りの人が少ないことが挙げられます。非常に勤勉な国民性で上司（個人）に対するリスペクトもある点はマネジメントのしやすさにつながっていますが，一方で会社自体に対する忠誠心が高いとはいえず，それ以上にキャリアアップ（出世）や給与水準のアップに対するモチベーションが高いことか

ら，転職することに対する抵抗が低い点も特徴的です。

その他の特徴として，与えられた業務・指示に対しては真面目に責任感を持って取り組むことができる一方で，「一を聞いて十を知る」といった能力や思考を持つ人や，言われたこと以上のパフォーマンスを発揮できる人は少ない傾向にあります。

⑪　韓国

歴史ある企業では，いまだに儒教的価値観が強く垂直的な職位観念が残っていますが，ICT系企業やベンチャー企業では，MZ世代（ミレニアルとZ世代）の影響を強く受け，水平的な組織で自由な社風をもつところが多い傾向にあります。なお，どの世代においても，パリパリ（早く早くという意味）文化が根付いており，意思決定や取引にもスピード感が求められるのが特徴です。

メジャーな宗教は仏教，キリスト教ですが，最近は，宗教を持たない人も少なくありません。日本と比べると相対的に政治に関心がある傾向があり，アメリカのように右と左が極端的な対立をする場合が多いですが中道も多くみられます。選挙では結局，中道がどちらを支持するかによって結果が大きく変わり，政権が右から左へ，また右へ交代することが従来よりみられます。ただし，右と左は様々なトピックスや事象でぶつかることが多いため，職場ではあまり自分の政治傾向を現さないことが望ましいでしょう。他民族や他国民に対してかなり排他的な態度を露骨に現す人も稀にみられますが，外資系で勤務している人の中では日本やアメリカ（またはヨーロッパ）が大好きだとか憧れていることを率直に表現する人も少なくありません。

一時的には反日感情が激しくなった時期もありましたが，日韓の民間交流がどんどん広がり，最近はそういった感情は薄らいでいると感じられます。特に若年層は顕著で，アイドルグループのメンバーに日本人が属していることも自然に感じ，日本歌手の来韓公演チケットが即完売することも最近ではそれほど話題にならないほど自然なことになっています。

⑫　香港

日常生活において，車両が左側通行である点，水道水が軟水である点，漢字を使用している点等，日本との類似点は枚挙にいとまがない状況です。また，中国大陸とは相違し，GoogleやLineがVPN無しで利用可能な点も日本との親

和性が高いと感じられます。日本との時差は1時間であり，また，街では，日本専門店・レストラン等，平仮名やカタカナを含め多くの日本語も確認することができ，非常に親日である点も，日系企業のビジネス環境としてメリットを感じられる点が多いでしょう。

香港人に中国人と言うとムッとされることがあります。日本でも，日本人であることに誇りを持たれている方が少なくないように，香港人にとっても同様で，中国返還後20数年経た現在でも，体制上は中国の一部であることが事実なのだとしても，内心上抵抗感がある方もおられます。典型的な事例を挙げると，現在，香港学校教育の教科書は，中国大陸の普通語が使用されていますが，日常生活は広東語が使用されています。日本で教科書やテレビニュースは標準語が使われていても，日常生活は訛りも含めた方言使用（e.g.関西弁）となるのと同様で，広東語を使用することで，親近感や同胞感が醸生されているともいえます。こういった文化的背景の一端を見ることで想像できると思いますが，日系企業としては，知らない間に社内軋轢が生じていた，という事態を回避するためにも，様々な相違点・環境を理解して現地企業運営を進めることが重要です。

⑬ 台湾

歴史的背景や地理的な背景から，台湾は世界でも有数の親日国として知られており，日本語を理解する，話せる人口の割合は他のアジア諸国と比べても非常に高く，それにより日系企業が台湾企業相手にビジネスを行う際にも良い関係性を比較的構築しやすい環境であると感じられます。

一方で，国民の96.4％は漢民族で構成されており，自分たちは台湾人だという意識を持って物事にあたる方が多くいる一方で，いわゆる中国的な考え方であたる方も多い，という側面もあります。また，中国語（北京語）がメインの言語ではありますが，台湾固有の言語である台湾語も使用されていたり，東南アジア諸国からの移民を含めた，台湾にルーツを持たない人口が累計で60万人に近い数字になっていたりと，同じ台湾人といっても，その考え方やルーツは様々であるのも確かです。

どの国においても同じであるとは思いますが，企業運営をする際には，ひとえに台湾人だからこうだろう，という意識で臨むのではなく，従業員，取引先担当者個々の価値観やルーツ等をできるだけ理解，尊重したうえで接する意識

32　第1章　海外子会社管理の基礎——経営環境・全社統制・人的資源管理

が重要です。

⑭　中国

　「近くて遠い国」といわれる中国ですが，隣国であるにもかかわらず情報が少なく，正しい情報があまり日本に伝わっていない印象があります。中国人は非常に合理的な思考をしており，無駄を嫌います。したがって日本的な社内での意思決定プロセスや段取りについて面倒であると感じたり，多少のリスクを取ってもトライ・アンド・エラーでスピード感重視でビジネスを進める傾向があります。一方で，目まぐるしく変わる状況に常に対応できる余地を残しながら進めようとするため，「白黒はっきりさせない」という傾向もあります。日本人からすると分かりにくい点ではありますが，これは中国のお国事情に合わせて形成された処世術なのかもしれません。人間関係においても同様で，婉曲表現が豊富であり，直截な物言いを避けるケースが多くみられます。

　生活においてはSNSの利用が高度に発達しており，友人・家族との連絡のみならず，社内連絡，社交の場においてもWeChat（微信）が広く使われています。社内では部門，班やプロジェクトごとにグループチャットが立ち上がり，社交の場では名刺交換代わりに友達申請をするなど，生活・ビジネスともにWeChatが深く浸透しています。

　仕事においては個人差はありますが自身の成長を重視しており，「発展空間（成長の余地）」を常に意識しています。自身のジョブディスクリプションに忠実であり責任感は強い傾向にありますが，逆に言えば自身の業務範囲外の事項を自発的にフォローするような雰囲気には乏しいでしょう。ただし，最近は日本に長く住み，日本企業での勤務経験のある中国人も増えていることで，「日本的な」考え方や仕事の進め方に理解を示す人もそれなりにいます。

（3）実務上の留意点

　前記（2）でご覧いただいたとおり，各国現地の価値観や企業内の雰囲気にはこれだけの差異があります。もちろん日本と異なる点はこれだけではなく，研究すれば1つの学問には収まらないだけの違いがあるのですが，上記の例が今後皆様が海外子会社の管理にあたり各国の状況に興味を持っていただく1つのきっかけになればと考えています。

　では，これだけ差異のある各国現地法人を企業グループとしてどのように管

理していけばいいのでしょうか。その最も基本的なツールは，「親会社の企業文化・風土」です。企業文化・風土は，例えば業界での自社のポジショニング・キャラクター，顧客獲得のための営業活動の進め方，製品品質と価格のバランス，契約条件の考え方，各種リスクをどのように評価しどう対応するかなど，企業活動の最も基本的な方向性を決定づけるものであり，これを共有することは，価値観の異なる国・地域に跨るグローバル企業集団を一体として管理する前提といえます。

　では企業文化・風土とはどのように具現化されているのでしょうか。これは具体的には会社の「経営方針」「ビジョン」「社是」「スローガン」「創業者・社長からの言葉」などとして表現されています。日本の親会社にずっと居続けると，これらを強く意識するということはあまりないかもしれません。なぜなら，日本本社に入社したメンバーは新卒入社時から徹底的にこれらの考え方を叩き込まれるため，意識するまでもなく身体に染みついているからです。しかしながら海外子会社ではどうでしょうか。今でこそ様々なWeb会議プラットフォームやSNS，コミュニケーションツールが発展しましたが，それまでは駐在員を介した現地とのやり取りや，英語ないしは日本語のできるごく一部の現地メンバーと本社が直接やり取りする程度のコミュニケーションであったと思います。様々なツールがある現在でさえ，本社へ直接アクセスできる現地法人メンバーは極めて限られています。こうなると，本社の社風や考え方・ビジョンなどをきちんと理解する現地メンバーは非常に少なくなります。

　そこで現在利用されている様々なプラットフォームやツールを有効に使い，コミュニケーションを円滑にすることで，本社の企業文化・風土を海外子会社に浸透させることが必要不可欠となります。内部統制の理論においても，企業文化・風土は内部統制の基礎をなす「統制環境」を構成する重要な要素となっています（もちろんその企業文化・風土の内容や方向性も非常に重要ですが，詳しい理論的背景の説明はここでは割愛します）。企業文化・風土の浸透のさせ方には様々な方法がありますが，以下に例を挙げてみます。

- ■　社是やビジョン，経営方針を分かりやすく社内に掲示・周知する。
- ■　海外子会社の現地メンバー向けに経営方針やビジョンなどを記載した冊子を配布する。
- ■　本社のトップマネジメント層が定期的に全拠点向けにメッセージ（動画やWeb実況を駆使した従業員大会，メール，各国の言語に翻訳したニュースレ

ター等）を配信する。
- 可能であれば一定層以上の経営メンバーが定期的に現地法人を訪問し交流を図る。
- 新人研修や定期研修において経営方針・ビジョン・価値観の共有を図る。
- 上記とセットでSNS等で内外に向け企業メッセージを発信する，会社ロゴ入りのグッズなどを配布してブランド意識を定着させる。

　文字にすると一見泥臭い取り組みにもみえますが，内部統制監査でも海外子会社においてどのように企業文化・風土を浸透させているかは重要なチェック項目であり，このような取り組みの実施状況が検証対象になっています。企業文化・風土の共有は，それを実施したからといってすぐに何かが変わったり収益につながるというものではありませんが，それを行うことで言語・文化・習慣・価値観の異なる人々を結び付け，様々な差異を越えて中長期的に見て海外子会社の企業活動の方向を決定づける極めて重要な要素であるということを念頭に置いて海外子会社の管理を考えていくことが必要です。

Ⅱ 　海外子会社の人的資源管理

（1）概要

　現在では様々なプラットフォームにてグローバルな会社管理をサポートするツールが日々進化し利用されていますが，会社経営の最も重要な資源は何といっても「人」です。優秀な人材の確保と育成は日本でも大きな課題ですが，一方で日本では伝統的には労働力の流動性が低いことから，海外拠点を立ち上げてみるとあまりに速いスピードで転職してしまう現地の労働事情に驚くことも多々あろうかと思います。

　これは日本における新卒採用のような，職務を決めずに採用し適性をみて配置していく雇用制度とは異なり，職務内容や範囲を明確に定めたうえで雇用契約を結ぶジョブ型雇用が主流であることに一因があると考えられます。海外子会社においても専門性のある人材の育成，生産性の向上や業務効率化が期待される反面，そのような雇用環境下では企業の都合で別部署へ配置転換する柔軟な組織運営やゼネラリストとしてのスキル育成にとっては難しい面があるといえます。

　海外子会社所在地の雇用環境について理解しておくことも，子会社管理にお

いては非常に重要であるといえます。以下，人的資源管理の概要について紹介します。

（2）国別の留意事項
①　インド

インドではジョブ型雇用が一般的であり，労働契約において従業員の職務内容が明記される形式となります。基本的には従業員は各々特定の分野でキャリアを築いていき，キャリアアップを目的とした転職が活発な労働市場です。よって，日系企業で広く採用されているジョブローテーション制度は一般的ではありません。

採用活動を行ううえで特に焦点となる給与額については，インフレに伴い年々上昇する傾向にあります。インド国内の日系企業に関しては，2023年度の賃金上昇率は10％程度，CPI（消費者物価指数）は年々上昇傾向にあり，現地従業員のマネジメントの際は，業界や経済的な給与スタンダードに注意を払い，毎年度適切に調整を行う必要があります。インド全体においても，2023年度国家予算案では非課税枠の拡大や，超過累進課税スキームの改定が行われており，これは2024年度インド総選挙でのモディ政権の再選を狙った政策という一面はあるものの，中間層の拡大に伴う税制改正と考えられます。

従業員マネジメントにおいてまず考慮すべきは各州の労働法及び関連法規です。インドでは中央政府に加え州政府にも労働関連法規の立法権限が付与されているため，自社拠点が置かれている州が制定している法規を確認する必要があります。実務的には，各州の労働基準は，日本人にとって分かりやすい水準で体系的に情報開示されておらず，自社拠点が所在する地域のリーガルアドバイザー等のサポートを受ける必要があります。

また，インドの労働法における従業員は主にワークマンと非ワークマンに大別され，ワークマンは法律によって手厚く保護されており解雇は非常に難しいと考えて差し支えありません。雇用契約書上で解雇事由を設け，同事由に該当するとしてワークマンを解雇したとしても，最終的に現地労働関連法規がストッパーとなり企業側が敗訴するケースも存在します。

②　インドネシア

インドネシアの労働法は労働者保護の傾向が強い内容となっています。特に

従業員の解雇は難しく，労働法上に定められた適切な解雇理由があったうえで，警告書発行などの手続きを踏んで行う必要があります。会社と従業員間で協議がまとまらない状態で従業員を解雇する場合には労働裁判所の決定が必要となることもあるため，実務上，従業員との十分な話合いに基づき金銭的な解決を図ることが通常です。

会社は，労働法に基づき雇用契約書や就業規則を作成する義務があるとされています。退職金については，労働法に示された解雇事由及び勤続年数に応じた退職金等を支払う必要があります。しかし，実際には適切な退職金等を払っておらず，退職をした従業員により労働局に通報されるケースが散見されます。

労働市場に関しては，工場労働者の採用は容易ですが，幹部人材，高度人材は市場に少ないため採用が難しくなります。また，経済成長率とインフレ率を根拠に，州ごとに最低賃金額が毎年公表されるため，会社は更新された最低賃金額への対応を行う必要があります。

全体的にインドネシア人は楽観的でポジティブな性格の人が多く，また相互扶助の意識が強いです。ただし，自分自身への誇りの高い人も多く，また人前で叱責をされることに慣れていないため，特に従業員に対しては人前で叱責せず，別室など1対1で話をする必要があります。

また，年功序列の考え方が重視されているため，成果主義に基づいて，能力や仕事の成果に応じて若い従業員に役職を付けると，勤続年数の長い従業員からの反発が生じることがあります。また，従業員同士で給与額が共有される傾向があるため，従業員が自身の給与額について会社に不服を申し立てたり，またはそれを理由に離職するケースがあります。

③　オーストラリア

オーストラリア人の転職に関する考え方は，国の文化や経済状況，労働市場の特性などに影響を受けています。以下は，オーストラリア人の転職に関する一般的な考え方や傾向です。

- キャリアの多様性：オーストラリアでは，1つの企業に長く勤務することよりも，異なる企業で様々な経験を積むことがキャリアの経験として評価されることが多いです。そのため，転職を通じて多様な経験を積むことは，キャリアの成長やスキルの拡充としてポジティブに捉えられることが多いといえます。

- ワークライフバランスの追求：オーストラリア人はワークライフバランスを重視する傾向があり，そのための転職を選択する人も少なくありません。家族やプライベートの時間を大切にする文化が背景にあると思われます。
- 給与や待遇の向上：給与や待遇の向上を目指して転職を考える人も多いです。特に，経済状況や労働市場の動向に応じて，転職を通じてより良い条件を求める動きがみられることがあります。
- 自己実現の追求：自分の価値観や目標に合わせてキャリアをデザインしたいと考えるオーストラリア人も多いです。そのため，自己実現やキャリアの方向性を追求するための転職も一般的です。

　オーストラリアでの従業員の権利は法律で強く守られており，従業員の不当解雇や，最低賃金未満の給与支払はFair works Ombusman という政府機関によって監視されています。従業員から同機関への通告を基に監査が入り，のちに多額の罰金や未払額に係る金利などを支払うといったケースも多くみられます。よって雇用契約書に従業員の権利，雇用主の義務などをできるだけ細かく明記しておくことが大切です。例えばカジュアル雇用（シフトワーカー）の雇用契約書に勤怠表（ロスター）に沿って支払いがなされるといった記載がない場合，タイムカードを使用している会社などは勤務開始時の打刻，出勤打刻をもとに給与を支払うべきとされる可能性があります（出勤打刻後すぐに勤務していない場合でも支払義務が発生する可能性があります）。

　小規模会社などでよくみられるのが，最初に雇用契約書のひな型を弁護士に作成してもらったものを数年間にわたり全従業員に対して使用しているものの，従業員への仕事内容や最低賃金などが実態に伴っていないため，後になって数年分の未払賃金の支払いを行う必要が発生するケースです。また従業員の仕事内容は，原則雇用契約書の仕事内容に記載されているものをベースとして雇用されているため，それ以外の仕事を求める場合には雇用契約書をアップデートし給与へ反映させることが必要になることが多いです。

　オーストラリアでは有給休暇などを長期でとることが多いです。特にロングサービスリーブ（長期雇用有給休暇）は10年勤務すると2ヶ月程度の有給休暇が与えられるため2ヶ月まとめて有給休暇を取る場合もあります。よって，その従業員が不在でも運営に影響のないように人材を確保しておくことが重要です。

　また，オーストラリアでは有給休暇は永久的に繰り越され，最終的に退職す

る際の「時給×未消化有給休暇時間」で買い取りを行う必要があります。よって，年々最低賃金が上昇しているオーストラリアでは毎年有給休暇をいかに消化させるかも経営を行っていくうえで非常に重要な点といえます。その他にも，ロングサービスリーブも退職時に未消化のものに関しては買い取りが必要になるため，これらを踏まえたうえで雇用，労務管理を行う必要があります。

④　カンボジア

　日本と比較して転職率は高くなっています。目上の人を敬う国民性からか，自身の不安や不満を上司に伝えることを良しとしない側面もあり，マネジメントの立場からは明確な退職理由が見えづらいことも多いという印象です。都市部では転職市場は活発で転職自体特に珍しいものではなくジョブホッピングにより給与水準を上げることが目的と思われる転職も散見されます。それはカンボジアの経済環境として最低賃金が低く他国に比べて賃金水準が相対的に低いことに起因するところもあると思われます。一方で，決して金銭的な理由のみで転職を行う人材ばかりではありません。単純なものでは同僚の前で上司に叱られたことを理由に退職するといったこともありますが，新しい経験を求めて転職を手段として選択する優秀層も一定数存在します。全体的な定着率が高いとはいえませんが，マネジメントから信頼を得て重要な役割を任されている責任感のある人材については比較的長く勤務していることが多いでしょう。いずれにしてもマネジメントの立場からは優秀な人材の定着率を上げる場合，新しい経験や学習機会，賃金，快適な職場環境など，どういった価値を従業員に付与できるかを検討することは日本と変わりません。

　なお，最低賃金は2024年6月末現在で月額USD204（試用期間中はUSD202）となっています。最低賃金が適用される業種は縫製・製靴・旅行用品店・製鞄業ですが，他業種もならって適用されるのが通例となっています。実務上この最低賃金は工場労働者に適用されていることが多いですが，特にプノンペンの管理系の従業員の人件費相場はもっと高い水準にあります。しかしながら，他国と比べると給与額に対する労働生産性が高いとはいえず，人件費が低いという認識で進出すると思いのほか人件費が高くなり戸惑うこともあり得ます。また，日本では人事評価と給与テーブルに従い昇給が検討されますが，カンボジアでは人材の能力や給与にバラつきがあるため，一律の給与テーブルに当てはめて昇給を検討することは難しくなります。したがって，一人ひとりの従業員

との交渉により給与額が定められているケースが多くなります。

⑤　シンガポール

　工場，工事現場を中心に外国人労働者への依存度が高いですが，就労ビザ取得の要件は年々厳しくなっています。特に，飲食店やショップの店員について，シンガポール人の採用が難しいことに加えてビザの枠が狭められているため人手不足が深刻となっており，事業継続が難しくなっているケースも多くみられます。

　政府はシンガポール人の雇用を優先することを求めており，就労ビザ取得の際には先に2週間の求人広告を出すことが求められています。また，その手続きが十分にされていない場合は罰則の対象となります。駐在員が就労ビザを取得するにあたって，45歳以上の場合，月額給与が最低SGD10,500必要となります（30歳代でもSGD8,000以上必要）。雇用契約上は，1〜3ヶ月の事前通知で補償金なしで解雇ができるような内容になっているのが一般的です。しかし，労働局の指導により，会社の事業縮小，閉鎖に伴う解雇については解雇補償金の支払いが必要とされており，解雇理由が何かによって補償金の支払要否が変わります。よって，もめる可能性がある場合は何らかの補償金が支払われるケースが多くなります。人手不足が課題になっているため，どちらかというと労働紛争は稀です。

　キャリアアップを目的に若い人ほど転職の頻度が高く，職種ごとの最低賃金モデルの導入が段階的に進んでいます。毎年，少なくともインフレ率程度の昇給がなければ退職の要因となり得ます。

　コロナ禍終了後もリモートワークは一定程度継続されており，週2〜3日の出勤等の制度を設けている会社が多いのは，リモートワークを導入しないと退職要因となり得ることも背景にはあると思われます。

　日本人から見ると，20〜30代くらいのシンガポール人は会社に対する忠誠心が低く，良い給料の会社があるとすぐに退職通知をし，数年ごとに，簡単に転職をしていくと考えられています。特に，ボーナスが支払われる時期（12月〜中華系の旧正月のある1月や2月頃）は要注意です。シンガポール人にとって給与額というのは，おそらく日本人以上に重要な要素であると思われ，シンガポール人も日本人と同じくやりがいを感じて業務を行いますが，そういったところと給与面を総合的に考えてより良い職場があれば転職を行っていると思わ

れます。40代以上で管理職になると，若い世代と比べて忠誠心が高くなり，落ち着いて長い年数勤務している場合が多くなります。

⑥　タイ

　タイでは職種を決めて雇用するのが一般的なため，人事ローテーションにより従来の業務との関連性が薄い部門に異動させるケースは少ないでしょう。日本に比べると，社内の人間関係が良好かどうかという点も職場を選ぶ際に重要なポイントと考える人が多いように見受けられます。

　仕事内容や待遇，人間関係などに満足できない場合すぐに転職するのは一般的です。また，特に20〜30代くらいの世代は短期間で転職していくこともよくあります。一方で，40代以上になると離職率はかなり下がります。タイでは定年退職は会社都合解雇と同様の扱いとなるため，労働法上定年退職時には勤続年数に応じた解雇補償金がもらえることも影響しているかもしれません。昇給に関して従業員側から給与交渉をしてくることもあり得ます。

　2024年1月1日以降，最低賃金は県別で日額THB330〜370となっています。実際にはタイ人従業員を最低賃金水準で採用することは容易ではなく，工場の一般ワーカーや建設作業員，警備員といった職種では近隣国（ミャンマー，カンボジア，ラオス）から来ている，タイ人より人件費水準の低い人材を多数活用しているケースもみられます。

　労働者保護法により従業員の権利は比較的強く守られています。また，労働裁判の制度は利用しやすいようで，雇用主が正当な理由のある解雇だと考えていても不当解雇として元従業員から訴えられるケースも少なくありません。日系企業はタイ企業や日系以外の外資系企業と比べると（形式的な）職務規律が厳しい傾向にありますが，これはタイ人から見ると好みが分かれるように見受けられます。

⑦　フィリピン

　2024年5月の失業率は4.1％と過去最低記録に近い水準で推移しており，労働者に有利な市場になっています。特に製造業関連の経営者からは中間層の転職に伴う退職が増えているとよく耳にします。2024年6月には最低日給がPHP645（マニラ首都圏）に上昇しており，日本と比べると安価ではあるものの上昇基調となっています。また，過去よりマネージャー以上の幹部人材は，

ニーズが一致しない，希望賃金と合わない等の理由により簡単には採用が進まず，長い期間を使って社内で育てる会社が多いように思われます。

　社会保険は3種類（PhilHealth，SSS，HDMF）あり，国民皆保険，年金，住宅基金の役割を果たしています。積立金額については年次ベースで引き上げられているものの，金額負担は大きくはありません。なお，PhilHealthについては，入院しない限り使用できない等，実質的に大きな役割を果たしているとはいえず，会社が提供する任意保険が重宝されているのが実情です。

　また，就労ビザの取得要件は難しくないものの，取得に2〜3ヶ月要することが一般的であるため，申請者の負担は小さくありません。

　会社は，正社員として雇用すると特殊な事情を除き解雇できないとされています。そのため，就業規則により，例えば遅刻5回／月でレターを発行（レターが10枚／年溜まったら解雇が可能となります）等，別途規定を設けることが望ましいでしょう。また，適切に解雇を行った場合でも，従業員が労働雇用省（DOLE）に相談に行くと当局は労働者寄りの立場をとるため，常に注意を払う必要があります。フィリピンにおいて一部の大手企業を除いて労働組合は設置されていないものの，従業員一人ひとりが納得しない場合はDOLEに相談に行くため，上記と同様常に注意を払う必要があります。

　就業時間管理は就業規則に基づいて厳格になされており，タイムカードやバイオメトリックス（指紋認証）等を用いた勤怠管理を実施している企業が多いように思われます。

　国民性としては，おおらかでゆったりとしているため時として時間を守ることへの意識が欠如していたり，几帳面さに欠ける面がありますが，連帯意識は高く職場でチームとして一丸となって取り組む姿が見られます。また，一部の専門職を除き，好奇心，成長意欲からジョブローテーションを受け入れることがあります。定着率は会社が能力に見合った報酬を支給している場合には低くないといえます。ただし，国の産業が成長過程であり意欲の高い労働者はより良い労働機会を求めて転職に動く場合があります。

　従業員が仕事でミスをした場合でも，他の従業員の目の前で怒鳴ってはいけない等の留意は必要です。また，日系現地子会社では，駐在員が管理するケースが多いものの，なかにはフィリピン人をトップマネジメントに据える企業もあり，職階を問わず権限の委譲は好意的に受け止められることがあります。

⑧ ベトナム

　ベトナムでは，最低賃金は全国統一ではなく，４つの地域別に規定されています。地域１はホーチミンやハノイの中心部等であり，地域２，３，４となるにつれ，より郊外や過疎地域となります。2024年現在の地域１の最低賃金は月給VND4,960K（約USD200）です。

　2010年と比較すると，最低賃金は全ての地域で３倍以上に増加していますが，2024年現在も諸外国と比較して依然として低いといえます。しかしながら，実際の雇用にあたっては日系企業やその他外資系企業が最低賃金で雇用しているケースはほとんどありません。ホーチミン市内の会社であれば，新卒採用であっても月給USD300程度で採用されています。郊外の製造業のワーカーの採用にあたっても，最低賃金＋α（10～20％超）で採用されているケースが大半です。

　高度人材に関しては需要過多の状況であり，低い給与で採用することは非常に困難になっています。特に，日系企業の場合は本社にも英語人材が乏しいことから，日本語能力のある人材を欲しがる傾向にあります。日本語能力だけでなく，プラスして現場経験，営業経験，経理経験などを求めるとより希少価値が高い人材になり，給与額を高くしないと採用ができない売り手市場です。

　そもそも終身雇用といった価値観がないことに加えて，急速な経済発展に伴いどんどん外資系企業も進出しており，求人市場が拡大し雇用機会も増大していることから，自社の中での出世だけでなく好条件の会社にキャリアチェンジする傾向にあります。また，個人の専門性を強めたり，専門分野でない分野へもチャレンジしたりする自己成長意欲が高い国民が多く，いろいろな会社での就業経験を積むことを重視している人も多いです。

⑨ マレーシア

　日本のような終身雇用やメンバーシップ型雇用は一般的ではなく，ジョブ型雇用が一般的です。失業率はコロナ禍の時期を除き３％台で安定しており，毎年の昇給率は概ね４～５％程度，最低賃金は直近10年でMYR900～1,500に上昇しています。マレーシア人はいわゆる3K労働を嫌うため，外国人ワーカーが代わりを担っています。

　マレーシアにおける社会保険制度については，年金制度であるEPF（Employees' Provident Fund），労災制度であるSOCSO（Social Security Organization）及び雇用保険制度であるEIS（Employment Insurance Scheme）から成ります。日本の健康保険制度に該当する制度はありませんが，公立病院に対し政府の補助金が投入されており，国民は安価で医療サービスを受けることができます。

　日系企業においては，社会保険に関するコンプライアンス違反はほぼ発生しないものの，社歴の古い企業が会社清算を行う際に当局に対してクリアランス申請を行ったところ，かなり昔の未納を指摘され会社としても記録が残っていないことから指摘通りに納付せざるを得なかったという事例が散見されます。

　遅刻や無断欠勤を繰り返すような比較的軽微な就業規則違反から，横領といった事件まで，日系企業においても労務管理上の問題はよく見受けられます。一方で転職市場は悪い状況ではないため，軽い就業規則違反で会社から注意を受けた場合，人事評価への影響を考えて，たとえ処分が軽くても従業員側から自主的に退職を申し出るようなケースが多くあります。

　なお，いわゆるリストラに伴う指名解雇などを行う場合は，労働法及びガイドラインに沿った形での対応を行うことが推奨されます。労働法及びガイドラインに沿った形での対応を行っていない場合は，従業員が労働局に対して申立てを行い，労働紛争に陥るケースが見受けられます。特に，企業側が一般的な水準の解雇手当等の支払いを行わずに従業員を解雇したケースにおいては，労働紛争に陥る可能性が高くなります。

　転職によるキャリアアップや，給与が高い会社に転職する志向，傾向は一般的にあるものの，求めるものは人種や世代によっても異なります。

　工場などの製造業や飲食業などにおいてはタイムカードを使用して時間管理を行うところが多い一方で，オフィスワークの場合は厳密な時間管理を行っている企業は多くないように見受けられます。背景として，2022年まで適用されていた旧雇用法において，月給MYR2,000を超える労働者はそもそも雇用法の規制の対象とされておらず，法律上は残業代を支払わなくてもよいとされていたことが大きく影響しています。

　人事・労務管理においては，上記に加え，多人種国家であるため，人種間の文化，風習，宗教，性格が異なることや，勤労意欲，Punctuality（時間，期限厳守）の意識，コンプライアンスに対する意識が日本とは異なることにも留意すべきです。

⑩　ミャンマー

　ミャンマーの最低賃金はMinimum Wage Law（最低賃金法）によって定められており，少なくとも2年に1度の見直しが行われることとされていますが，2018年5月の改定以降は5年以上も見直しが行われていませんでした。2023年10月に国家委員会によって最低賃金の改定が実施され，2023年10月1日以降の最低賃金は日給MMK5,800（改定前は日給MMK4,800）になりました。

　人材紹介会社を通して候補者の採用面接を実施するのが主流ですが，近年の新型コロナウイルス感染症やクーデター等の影響もあり，日系の人材紹介会社の多くはミャンマー事業からの撤退や事業規模縮小を選択する傾向にあります。

　日本語を学習するミャンマー人は多く，通訳担当者を採用する日系企業も多いものの，2021年のクーデター以降，特に英語や日本語などの外国語能力が高い人材がミャンマー国外への転職を希望する傾向が顕著であり，ミャンマー国内で優秀な人材を確保するハードルが高まっています。また，スキルアップや給与水準アップに対するモチベーションが高く転職することに対する抵抗は非常に低いため，定着率は高いとはいえません。

　現在，実際に運用されている社会保険制度は，（a）健康及び社会医療基金，（b）労災保険基金の2つです。従業員数が5人以上の会社は加入が必須で，5人未満は任意加入とされているものの，実務上，5人未満の会社が任意加入しようとしても加入を拒否されることも少なくありません。また，制度自体がしっかりと整備されていない（十分な保障があまり期待できない）ことや，手取りの給与支給額が減ることを理由に加入したがらないミャンマー人も多いです。

　従業員の解雇を制限する規制はなく会社都合による解雇は容易ですが，解雇する場合には雇用期間に応じて定められている補償金（月額賃金に所定の倍数を乗じた金額）を支払わなければなりません。また，従業員を解雇する場合，少なくとも1ヶ月前に通知する必要があります。

　企業が30人以上の労働者を雇用している場合，職場調整委員会を設置する義務があり，職場調整委員会の任期は2年とされています。雇用する労働者が30人未満の場合，労働者からの苦情には使用者である企業が対応しなければならず，苦情の申立てから7日以内（公休日は含まない）に解決しなければなりません。

　国民の約9割が仏教徒であり，仏教の特徴でもある「徳を積む」という考え

を持っており，「温和」「素直」「親切」「勤勉」「目上の方を敬う」「身勝手な自己主張をせず貢献意識が強い」という特徴がみられます。「目上の方を敬う」という特徴から会社内でも年功序列の意識は高く，採用時だけでなく採用後の給与水準や職務の決定（昇給／昇格）に気を遣う企業は多くあります。また，日系企業の駐在員と現地スタッフの所得水準の差が大きいことが多く，駐在員の所得情報が現地スタッフの目に触れないように気を遣う企業も多くあります（e.g. 駐在員の個人所得税申告は会計事務所に外注する）。

　雇用契約書や就業規則の定めに従業員が違反した場合，懲戒解雇ではなく一時的な減給を行う場合もありますが，雇用契約書の違反を理由として減給する場合には，減給の上限が月額給与の50％であることが賃金支払法によって規定されています。

　従業員が退職する（使用者による解雇を含む）場合の未消化の有給休暇について，退職，解雇の直前30日間の賃金または給与の平均日給により計算した賃金または給与を，退職日または解雇日から2日以内に支払う必要があります。この未消化の有給休暇に対する支払いを行っていない（制度を知らない）点を指摘されるケースが見受けられます。

⑪　韓国

　メンバーシップ型雇用が一般的であり，大企業，中堅企業の場合，人事ローテーション制度がありますが，中小企業にそのようなローテーション制度はあまりみられません。最低賃金は毎年政府主導で労働者・事業者・政府の三者協議により決定されますが，ベースアップ率は諸般の事情を考慮して決定されます。人材採用自体はそれほど難しくないものの，会計・税務分野では，当該業務に精通し，かつ外国語が堪能な人材の採用は容易ではないでしょう。

　韓国の社会保険制度は大枠で日本と類似しています。社会保険に関しては社会保険公団（4大保険公団）において厳格に管理されているため，法人レベルではコンプライアンスが比較的守られているといえます。

　韓国の労働法（勤労基準法）上，正当な事由のない解雇は禁止されており，正当な事由があるという立証責任は使用者（会社）にあるため，実務上解雇を実行することは非常に困難です。懲戒解雇を行おうとする場合は，その事由が勤労契約，就業規則，団体協約等に定められた懲戒解雇事由に該当しなければなりません。経営上の理由でやむを得ず解雇することは可能であるものの，こ

46　第1章　海外子会社管理の基礎——経営環境・全社統制・人的資源管理

れについても要件は厳格に定められています（常時労働者5人未満の事業所は除きます）。解雇事由に該当した者を解雇するためには，30日前までに書面で解雇予告通知をしなければならず，それを行わなかった場合は30日分の賃金を支払わなければなりません。これは常時労働者5人未満の事業所でも例外とはならないとされています。また，勤続1年以上の労働者に対しては退職金支給義務が発生します。

　中小企業では労働紛争が頻繁に起こるわけではありませんが，上級労組団体である韓国労働組合総連盟（韓国労総）や全国民主労働組合総連盟（民主労総）に属した労働組合が会社内に設立されている場合，強硬的に制度や勤労条件の改善を要求したり，政治的なイシューでストライキに参加したりする場合があります。労働組合との紛争が生じる場合，弁護士や労務士の助力を得て法に従って対応するのが一般的です。

　外資系企業に勤める職員の大半は，大学卒かつ日本語や英語が堪能です。価値観は世代によって異なりますが，一般的に若い世代は日本と同様に個人的な価値観を重視し，会社に対する忠誠心がそれほど強くない傾向にあります。一般的には規則を遵守し誠実な職員が多い印象です。また，自らの専攻・専門分野で経験を積み重ねるべきだという考えを持った人が多く，特に中小企業においてはゼネラリストを育成するためのジョブローテーション制度を導入しているところはほとんど見当たりません。

　韓国では姓に職位をつけて呼称する文化があるため，職位を重要視する傾向にありますが，最近では伝統的な職位の呼称（社員，代理，課長，部長，理事等）からプロ，責任等のカジュアルな職位で呼称する企業が大企業を中心に増えてきています。

　使用者は勤労契約の締結及び更新の際，賃金，所定労働時間，休日及び年次休暇に関する事項が明示された書面（通常，勤労契約書，年俸契約書という）を労働者に交付しなければならないとされています。従来は労働者の要求がある場合に限り書面を交付する義務がありましたが，法律の改正により，労働者の要求がない場合でも使用者は労働者に書面を交付しなくてはならなくなりました。ただし，労働条件のみ変更となる場合には，労働者の要求がある場合のみ書面を交付すれば足ります。

　2000年以降，転職に対する考え方に変化が現れ，拒否感を示す人は減少してきています。特にIT系や専門職の転職は活発に行われていますが，伝統的な

企業では転職に対していまだに否定的なイメージをもつ人もいます。

⑫　香港

2024年6月現在，香港の失業率は3％程度で推移しており，比較的労働市場の流動性も高く，日系企業における従業員確保も経営課題の1つになっています。

採用時においては，日本同様に雇用契約書を交わすことが通例となります。労働時間や有給休暇（労働法上，一般的な労働者は最低7日），就労時・退職時の取り決め等，書面合意が前提となる点，日本と大きな差異はありません。雇用契約内容の詳細については，別途就業規則に定める例も多くみられます。

また，香港にはMPF（Mandatory Provident Fund）という退職金積立制度が整備されており，従業員はこれに加入します。投資地域やアクティブ，パッシブ等ファンドの種類を自身で選択できる仕組みとなっており，基本的には給与の5％ずつを労使折半で毎月積み立て，65歳定年になると受給できる仕組みとなっています。中途入社者の場合は，前職までの積立金の移行手続も必要となります。なお，会社負担分積立金については，従業員の受給確定後，会社には還付を請求する権利が付されていますが，当該権利は2025年から廃止される見込みです。

雇用契約に沿って業務を行っていくにあたり，香港では「ダブルペイ」という労働慣習が存在します。一般的に，年末または旧正月前辺りに，月額給与のXX月分を支給するといったものになります。労働法上義務ではないものの，従業員採用にあたりダブルペイの有無で入社意思が変わることも多々あり，多くの日系企業で採用されています。当ダブルペイの支給条件（算定期間や支給日の公表日等）も雇用契約書に記載されることが通例です。

会社都合による従業員退職については留意が必要です。勤務年数によって呼称は異なるものの，会社が負担すべき費用が発生します。5年以上勤務した従業員に関しては，健康上の理由で退職する場合，65歳定年で退職する場合等，会社都合でなくとも補償金の権利が発生するため，解散・清算時も含めて検討に時間を要する項目になります（自己都合退職の場合は，労働法上の会社が負担すべき追加コストはなく，雇用契約に従います）。なお，会社都合退職であっても，自己都合退職であっても，退職手続として税務局への申告が必要です。

日本でも同様ですが，会社都合退職の場合は従業員とのコミュニケーションが非常に重要となります。労働環境整備は経営側の責任であるといえますが，実務慣習を踏まえた柔軟な対応が必要となる局面も多くあります。日系企業では，グループ組織再編等で駐在員，従業員と労働環境，手続等について協議する場面も増加しており，今後も労務実務の理解は非常に重要になると考えられます。

⑬　台湾

労働基準法により従業員の権利は強く守られているため，解雇手当や残業代の未払い，未消化有給休暇日数の買い取りの未実施等が労働検査により指摘され，罰金が科せられるケースが散見されます。

また，就業規則や社内規程を策定しているものの，日本本社で採用している規則を流用しそのまま中国語訳にしただけ，というケースも実務上よく見受けられます。当然のことですが，台湾子会社で採用するべき就業規則は台湾の労働基準法に準拠したものである必要があるため，日本の就業規則を全面的に採用すると，どこかで労働基準法違反となるリスクが否定できません。したがって，台湾の法律に準拠した就業規則，社内規程，雇用契約書等の書類の整備，ならびに出退勤の実績を可視化できるシステムや体制の構築は台湾子会社として必須の対応事項といえます。

また，従業員が30人を超えた企業は，労働局に就業規則を提出し承認を得ることが義務付けられています。会社の従業員数が多くなるにつれ，労使会議の定期的な開催，セクシュアルハラスメント防止法，男女雇用機会均等法等の関連法律の適切な対応がなされているかどうかという点も労働局によるチェックの対象となる可能性が高く，どのような法制となっているのか，会社としてどのような対応が必要となるのか，という点の理解は労務マネジメントをしていくうえで非常に重要なポイントとなります。

日本とは異なり新卒採用という概念は一般的ではなく，また特に男性については兵役期間がある関係で，卒業後すぐには仕事を始めないケースも頻繁に見受けられます。そのため，大学を卒業したばかりの未経験者でも経験者と同じ土俵で競争をすることが通常であり，未経験者には不利な状況が見受けられます。したがって，転職を前提でまずは入社をするという考え方が広く浸透しており，結果として人材の定着率は比較的低くなっています。少し古いものとな

りますが2020年から2022年までの統計では卒業後の初年度に会社に入社し，1年以内に転職を行った人数の割合はおよそ40%前後で推移しています。そのため，現在の人材はいずれ辞める可能性が高いということを念頭に置いたうえで組織体制の構築を行うことも必要となります。

⑭　中国

　中国ではジョブ型雇用が一般的であり，労働契約書において職務内容，就業場所，給与が明記されています。したがって日本のように各担当者の垣根を越えた職務範囲の拡大を個々人に期待するのは難しい状況にあります。

　人事制度においては，現地企業は比較的インセンティブが強い傾向にあり，業績による従業員間の差が日系企業より明確な傾向があります。また，中国では「発展空間」（その環境における個人の成長の余地）という言葉があり，自身の能力をどう発展させていくのかに強い興味を持っています。しかし雇用体系はジョブ型が中心であることから，自身の能力を拡大させていくために，仕事を転々と変えながらステップアップしていく傾向がみられます。したがって，1つの職場に長い期間従業員をとどめておくことは一般的に難しい状況です。一方で，働き方がマイルドな日系企業の職場を好む人々も一定数存在します。

　中国では，労働契約法により従業員の権利が強力に守られており，会社が一方的に従業員を解雇することには一定のハードルがあります。労働紛争も比較的多く，解雇の妥当性・正当性及び退職金（会社都合による労働契約の終了時には経済補償金という退職金に相当する金銭を支払う必要がある）をめぐる紛争が多発しています。日系企業が労働仲裁となった場合，従業員側の主張が通るケースがほとんどです。会社側の対策としては，就業規則を整備し懲戒条件などを明確にすることが挙げられ，これにより従業員とのトラブルの際に明確な基準で判断することが可能となります。

　中国の労働市場は非常に流動的であり，3〜5年のサイクルで転職を繰り返すことが一般的です。日本と異なり新卒一括採用という概念がないため，新卒で何とか入社できた会社でそれなりの経験なりスキルを身につけたら，より高い給与・より良い待遇を求めて次の就職先を探します。また，日本人とは異なり給与交渉をしてくるケースもよくあります。

　前述の「発展空間」が無いと分かったとたん辞めるというケースもあります。日系企業からすると優秀な人材をとどめておくことが難しく，仕事を覚えても

すぐに辞めてしまうため，ノウハウの蓄積が難しくなっています。ただし，会社に対して非常にドライというわけではなく，社内交流イベントや社員旅行といったイベント事に対し積極的に参加する姿勢もみられます。

　一方で，中国人にとって日系企業は「仕事がマイルドで長期・安定的に勤務できる」緩い職場という認識があり，給与が高い一方で激務を強いられるローカル企業を避けて日系企業を志向する中国人が一定数存在しています。それゆえ，設立から20年程度の日系現地法人では，設立当時から在籍し続けてなかなか辞めない（能力の低い）メンバーが悩みの種になっているケースが散見されます。会社都合退職の場合には勤務年数（12年を上限）×平均月収の経済補償金支払義務があるため，長期に勤務する従業員を安易に解雇できないという背景があります。

　人事ローテーションについては，中国ではあまり一般的ではありません。中国人は自身の専門性を活かして会社内で能力を発揮していきたいという気持ちが強くあることから，ジョブローテーションにより今まで経験したことのない業務に従事させられることに対して抵抗感を示すケースが多くみられます。また，日本のように職位により賃金が同列になっているわけではなく職務内容により賃金が決定される傾向があるため，この点においても中国ではジョブローテーションが難しくなっています。

　最低賃金については2015年まで主要都市で二桁台の伸び率を示していましたが，以降近年までは 一桁台の伸び率で推移しています。省によって最低賃金は異なり，上海の最低賃金がCNY2,690（2024年現在）で最高となっています。長期・継続的に賃金が上昇していることから，最近では中国現地法人のローカルメンバーの給与が，同位のポストの日本本社メンバーの給与を上回るという現象も起きています。

　また，社会保険料の過少納付が内部監査，会計監査等でよく指摘されています。中国の社会保険料計算基数は前年度の月額給与の平均に基づきますが，この基数を最低賃金にするなどして社会保険料を過少に計算し納付する事例がローカル企業において散見されます。

（3）実務上の留意点

　ここまで各国の状況をみてきましたが，かつては終身雇用制を前提に，いわゆる「メンバーシップ型雇用」を全面的に採用していた日本とは事情がかなり

違い，むしろ日本が特殊な雇用環境であるように見受けられます。転職に対し寛容であり，労働力の流動性が高い国においては，ノウハウの定着と経営幹部の育成が大きな問題となります。従業員の定着率を高めるための手っ取り早い方法は他社よりも高い給与を支払うことですが，これにも限界があります。徒な人件費の高騰を防ぎ，優秀な人材を長期的に確保するためには，メリハリのある人事制度や給与制度を導入することが必要です。海外子会社の人事・給与制度を考えるうえでよく問題となるのは以下の点です。

> ■　成果を残したメンバーに対し金銭的な見返りを与えたいが，インセンティブの強い給与体系や評価制度が本社の人事制度とマッチせず，海外子会社単体では導入しづらい。

　日本と比較して，各国では特に営業職等において成績に応じたインセンティブを支払う傾向があり，日本本社のインセンティブ基準を超えているケースがみられます。強すぎるインセンティブは不正を生みやすくする原因にもなるものの，一方で横並びの評価が不満で日系企業を去る現地メンバーも少なくありません。業務内容のモニタリング体制整備や計数管理の強化とセットで，各地の事情に合わせたインセンティブ制度の構築を検討することが有用と考えられます。

> ■　現地法人所在地の物価水準や給与水準が急速に上昇し，一部または全部の役職で本社の同クラスの役職の給与を超えてしまうため海外子会社独自の給与体系を導入できず，人材採用力が失われる。

　近年物価は上昇傾向にあるものの日本では長く物価や給与水準が横ばいになっていますが，現地法人所在各国では直近10～20年間での経済成長により物価や給与水準が大幅に上昇しているところが少なくありません。優秀な人材や重要なポストに関しては日本本社の給与体系に縛られることなく，地元企業に遜色ないレベルの給与を設定することを検討する必要があります。

> ■　現地化を推進したいが，不正の横行やガバナンスなどが不安である。

　近年において海外子会社の現地化がよく話題になりますが，現地化が必要と考える背景には以下のようなケースがあります。
- 現地法人の経営層（高級管理職）が日本からの駐在員で占められており，

52　第1章　海外子会社管理の基礎——経営環境・全社統制・人的資源管理

　　　現地メンバーの昇進に限界があることから，モチベーション向上のために
　　　高級職のポストを現地メンバーのために用意したい。
● 海外の物価上昇等により駐在員関連費用の負担が年々上昇していることか
　ら，コスト削減のために駐在員を減らして現地化したい。
● 日本から派遣した駐在員では現地のビジネスに入っていくことが（言語や
　商習慣などから）難しく，現地メンバーにマネジメントさせたほうが経営
　効率が高まると考えられる。

　海外子会社の現地化は，上記のような動機が絡み合ったまま語られることが
多いですが，いったい何を目指して現地化を進める必要があるのか，今一度明
確に整理することが重要です。例えば昇進ポストの用意のために現地化を考え
るというケースがあります。日本では企業が数十年，長い会社では百年以上続
くという前提があり，新卒で入社し1つひとつステップを積み重ねて昇進し最
後はトップマネジメントを目指すことができるという背景があるため，「現地
メンバーにも同じようにトップマネジメントを目指せる環境を作るべきではな
いか」と発想してしまいがちです。しかしながら一部の国では市場経済が未成
熟で，多くの企業が創業第一世代のオーナー企業という状況では，トップマネ
ジメントはオーナーのみであり，平社員で入社したメンバーが同じ会社のトッ
プマネジメントになれる可能性はゼロに近いのが当たり前という状況がありま
す。
　また多くのローカル企業のトップマネジメントは事業承継を本気で考える年
齢に達しておらず，一部の大企業を除いて従業員は「トップがいなくなったら
この会社は終わり」と考えていることも少なくありません。このような状況で
外資系企業が現地メンバーに対して海外子会社のトップマネジメントになる道
を用意することが果たして良いのかという点には，議論の余地があると考えら
れます。
　また現地ビジネスの理解という点においては駐在員は現地メンバーに及ばな
いのは当然ですが，だからといって会社全体のマネジメントまで現地メンバー
に任せる必要があるのかという疑問もあります。したがって，現地化を考える
うえでは，給与体系や評価制度とセットで，どのレベルまで現地化するのが適
切なのかを各社の事情に照らして慎重に検討する必要があります。
　また現地化においては，海外子会社のモニタリング体制／内部統制の整備が

不可欠になります。現地メンバーをトップに据えてから重要な不正が発生したというケースは非常に多く，これが現地化をためらう大きな原因の1つとなっています。駐在員は本社において本来のポジションがあるため，たとえ海外子会社において経営層のポジションに就いたとしても，「本社の一従業員」という意識を持ったまま業務にあたりますが，現地メンバーからすると現地法人のマネジメント層は強大な権限を持った特別なポジションであると認識されるのが一般的です。ひとたびこのような権限を手にすると，自己の権限を利用し利益を得ようとする誘惑にかられ，駐在員や本社が思いもしないような不正が発生するという事態に陥りがちです。したがって，管理ルール及びレポーティングラインを明確にし，経営幹部層を含めた業務のモニタリングを適切に実施することが必要不可欠です。

　評価制度・給与体系のみならず，海外子会社の現地メンバー定着においては教育研修制度も重要な役割を果たします。会社への忠誠心・適合性と潜在能力が評価対象となる日本と異なり，ジョブ型雇用が一般的な国においてはスキル（ここでは職業的スキルを指します）を身につけることで業務範囲を拡大し，ステップアップを図ります。意欲的なメンバーは，会社に自身を発展させる余地がないと判断したらすぐに転職活動を始めますので，社内において様々なスキルを身につけるための教育研修制度を展開し，身につけたスキルに見合った業務（及び待遇）を与えることで，中長期的な人材育成が可能になると考えられます。

　また逆に，マイルドで長期安定的な日系企業を好み，成長しなくていいから長期的に在籍していたいという現地メンバーもいます。本人は業務範囲を拡大せず，長期にわたり同じような作業を繰り返しますが，人事制度が現地事情を踏まえた設計になっていないためにこれらのメンバーを有効に活用したり入れ替えたりすることができないというケースも散見されます。海外子会社の現地メンバーの定着率を高め，優秀な人材を確保するためには，人事制度は本社に倣え，ではなく，現地の事情を加味したうえで現地メンバーを上手くモチベートできるよう，常に工夫していく必要があります。

第3節　各国商習慣への対応と自社方針との すり合わせ

I 海外子会社と本社との実務上のギャップ

（1）概要

　海外子会社を管理するうえで，現地の特徴的な商習慣や取引慣行も本社側として理解しておく必要がある事項の１つです。以下の点において，慣行が異なるためにトラブルになったり，本社が現地に何度も確認したりという状況が散見されます。

> ■　契約慣行が異なる（e.g. 法体系の違い，契約書文言の厳密さ，解釈の違い，関連法規の細かさ，傾向）。
> ■　決済慣行が異なる（e.g. 分割払い，支払留保）。
> ■　年間スケジュールが異なる（e.g. 長期の国定休暇，それに伴う繁忙期の差異）。
> ■　制度が異なる（e.g. 外貨管理や税制などにより，日本で可能なことが現地では不可であるケース）。

　これらの差異については海外子会社主体で詳細な情報を収集して本社に報告し，本社サイドでは引継ぎ可能な形でこれらの情報を管理していくことが有用です。そして入手した情報に基づき，各国別の対応をカスタマイズし，全社的なスケジュールや方針を調整することが必要となります。以下で，各国の特徴について紹介します。日本本社目線で言うと，少々理解しがたい，受け入れがたいということもあるかもしれませんが，それらを事前に把握しておくことも有用と思われます。

（2）国別の留意事項

① インド

【契約慣行，決済慣行，制度等】

　インドは契約社会であり，契約書を精査し，自社の権利を担保しておく必要があります。例えば，万が一相手企業と裁判を行う場合を想定すると，インドでの裁判は長期化する傾向にあるため，シンガポール等の仲裁裁判所を合意管

轄に定めておくことが挙げられます。

　他には，インドでは非公開会社を含む全ての法人が法定監査を受ける義務を負っており，毎年度監査済み財務諸表をインド企業省に提出しています。よって，ビジネスパートナーの選定の際に重要な指標となる過年度財務諸表を，インド企業省のWebサイトから入手することができるため，事前のリスクヘッジや与信管理に活用することができます。

【その他，日本本社が知っておくべき特徴】

　インド企業がビジネスプランを立てる際の傾向として，当初から綿密な計画は立てず，事業を実際に進めながら都度調整するというスタンスをとることがあります。そのため，事業開始後に都度計画が変更されるなどし，パートナーである日系企業との軋轢を生むことがあります。この場合，インド企業に対し，自社の見解について，ロジカルかつ積極的に意見を述べる必要が出てきます。各種契約書や株主間協定書に記載される情報開示に係る権利など，法的に認められる権利を活用することが考えられます。

② 　インドネシア

【契約慣行，決済慣行，制度等】

　以前は小切手による決済も多くありましたが，現在はインターネットバンキング，または窓口での銀行振込による決済が一般的となっています。またインドネシアでは通貨法があり，規定上，現金決済・非現金決済を問わず，インドネシア国内において行われる全ての決済取引に関する契約についてはIDR建てで締結する必要があり，また，それらの決済もIDRで行う必要があります。ただし，インドネシア国外との輸出入取引及び金融取引，銀行への外貨預金といった一定の取引に関しては適用除外とされています。

【その他，日本本社が知っておくべき特徴】

　売上先のローカル会社が支払いまでの期間をできる限り延ばそうとする傾向が一部にみられます。

　インドネシアでは法規制が以前よりも整備されてきているものの，各省庁の現場においては未だ担当官の裁量が大きいこと，また省庁独自の内部指針が存在することから，規定上と実務上の取扱いが異なる場合が間々みられます。また担当官個人によって見解の相違が生じることも多く，事前に関連省庁に確認を行ったうえで法手続を進めた場合でも，他の担当官が認めない，といった

ケースも発生します。

③ オーストラリア

【契約慣行，決済慣行，制度等】

　オーストラリアでは少額で簡単に会社設立ができるため，個人で運営される小規模会社なども多く存在し，契約を行う際には，その会社がどういった会社かリスクヘッジや与信管理が必要になります。ATO（Australian Taxation Office）に登録されているABN（オーストラリアビジネス番号）や会社名をもとに，消費税の登録有無（年間売上がAUD7.5K以上の場合は登録義務）や，ASIC（Australian Securities and Investments Commition）ではその会社の情報，また大規模非公開会社など決算書の提出義務がある会社の決算書の閲覧など，ある程度の会社情報の入手が可能となっています。その情報から事前に取引先の情報を把握しておくことが重要です。決済に関しては年々小切手の使用率は低くなっており，銀行送金が主な決済方法となり，決済のデジタル化は進んでいます。最近では労災（ニュー・サウス・ウェールズ州）での小切手の還付の廃止や，法人税，消費税などの還付も原則登録された銀行へ送金されます。

【その他，日本本社が知っておくべき特徴】

　オーストラリアではビジネスを行ううえで当局に登録を要する事項として，DIN（Director Identification Number）やABN など様々なものがありますが，DINはオーストラリア企業Directorが取得する必要がある番号として，2022年11月から新たに施行された法律です。オーストラリアではこのような新しい法律が施行された際，必要書類など大まかなガイドラインは決められるものの，担当者個々の理解が違うことがあり，担当者によっては，必要以上に提出資料を求められることもあります。また施行当初は申請書，提出資料の紛失などが多くみられます。最近では担当者の知見もついたのか，申請後の処理時間も大幅に改善され，紛失等も減少しているものの，申請する際は追跡可能な方法で書類を郵送するなど，注意が必要です。

　また，駐在員事務所設置の際に登録するWPN（Withholding Payer Number）の登録などは申請自体の数が少ないと考えられ，多くの担当者が必要なものを理解していないこともあり，申請後そのまま放置されるような事態も発生しています。本来は紙の申請書を郵送する必要がありますが，タックスエージェントなどを通して参照番号が発行される方法で申請を行い，都度申請状況

の確認をすることが肝要です。このようにオーストラリアでは「当局へ申請さえすれば取得できる」ということではなく，その都度確認をするなど追加での仕事，時間がかかるということは覚悟しておくべきです。

オーストラリアでは過去インフレにより毎年賃金が上昇しており，また法律上従業員の権利が強く守られていることから賃金水準が高くなっています。日本本社からみるとオーストラリア子会社が支払う給与額などは非常に高く感じることがあります。

④　カンボジア

【契約慣行，決済慣行，制度等】

カンボジアでは流通現金の90％超が米国ドルで高度にドル化した経済といわれています。カンボジア国民の中でも自国通貨であるリエルへの信用は高いとはいえず，通常の決済でも米国ドルが使用されることが多くなっています。経済的な観点からはこの高度なドル経済下においてはカンボジア中央銀行が景気や物価調整を図る施策が限られるため，自国通貨の流通量の増加を図る必要性があるとは認識しています。そのため他国に先駆けて中央銀行がデジタル通貨を導入するなどの施策を行い，以前よりはリエルの存在感が増していますが，まだまだ時間がかかるものと考えられています。一方で日系企業を含む多くの外資企業にとっては米国ドルで投資を行うことができる点は安心材料の1つとして捉えられています。

決済慣行としても企業間取引の決済は米国ドルで行われることが圧倒的に多く，法人口座についても米国ドル口座のみを有する企業が多数を占めます。また近年ではインターネットバンキングやフィンテックも進歩しており，数年前までは現金や小切手で決済されていたものが現在ではインターネットバンキングでの決済に置き換わっています。海外送金についても問題になることは少なく，銀行から送金内容に関する書類を求められることもありますが，結果的に海外送金が問題なく実行されることが多いことは良い点といえます。

【その他，日本本社が知っておくべき特徴】

例えば地方で事業活動を行っており手書きの領収書しか手に入らない場合に税務の根拠資料として不適当であるものとされ税務上否認される事例も発生しています。

多くの日系企業は税務登録を行い事業活動を行っているものの，カンボジア

の現地企業など税務登録を行っていない事業者も多く存在します。税務登録をしていない者へのサービス料や賃借料の支払い等は源泉税の対象となり支払者側の追加的な負担として納税が行われることが多いため，思わぬところで税負担が増えることがあります。

　カンボジアは国際的な腐敗認識指数でも例年低位に位置しており身近なところでも賄賂に遭遇することがあります。特に関係省庁への許認可において職員側が賄賂を要求してくることもあります。昨今では行政手続のオンライン化が進んでおり賄賂を要求される機会が減少しているものの，対面で書類を提出しなければならない場合などでは余計に時間がかかり賄賂を要求されることもあります。

　会社の設備などを現地企業や他国からの輸入で購入するなどした場合にサイズ違いや色違い，スケジュールの遅延などは日本よりも多く発生し，なかなか物事が進捗しないといったケースは多く存在します。

⑤　シンガポール

【契約慣行，決済慣行，制度等】

　シンガポールは契約社会であり，企業間の取り決めにおいては，弁護士事務所に委託して契約書を作成して，契約当事者のサインを取り付けます。サインについては，不動産関連の取引など，特定の取引を除いて，電子サインが認められています。

　決済サイトは，月末締めで請求書を発行し翌月末払いや，請求書の日付から30日以内が支払期限の場合が多くみられます。現地通貨はシンガポールドルですが，米国ドルの口座開設も可能です。日系銀行では日本円の口座も開設でき，外貨規制による現地通貨の制限はありません。金額にもよりますが，支払方法は一括払いが一般的で，分割払いはあまり見られません。小切手の使用頻度は年々低くなっています。現在はインターネットバンキングを利用した銀行送金，銀行口座からの引き落とし，スマートフォンの銀行アプリを利用した決済が主流で，デジタルへの移行が急速に進んでいます。法人税及びGST（物品サービス税）の還付は，税務当局に登録している銀行口座に直接振り込まれ，小切手での還付は廃止されています。

【その他，日本本社が知っておくべき特徴】

　事務所や店舗の賃貸借契約の慣行は，日本と比較してかなりオーナーに有利

な傾向があります。特に，中途解約が全くできないケースや，オーナー側の都合で契約が延長できないケースは多く耳にするため，将来のビジネスプランと合った賃貸借契約を検討する必要があります。

　季節の挨拶として，中秋の名月の9月には月餅を，また，旧正月の1月頃には「ハンパー」と呼ばれる籠に縁起の良い食品（鮑の缶詰や燕の巣のデザートなど）を，取引先に送る習慣があります。

　商業上の利益を得る目的で賄賂を支払うことは，禁止行為とされており注意が必要です。シンガポールの汚職調査局は，「額や種類にかかわらず，あらゆる賄賂は許されない」としています。

⑥　タイ

【契約慣行，決済慣行，制度等】

　取引内容等によりますが，契約書はさほど重視されない傾向にあり，簡便的にしか作成されないケース，全く作成されないケース，いったん作成するがその後の条件変更は反映されていないケース，作成はしているが実務上はほとんど参照していないケースも見受けられます。

　銀行振込による決済が一般的ですが，小切手による支払いを多く利用している会社もあります。近年では特に個人口座からの振り込みにはスマートフォンの銀行アプリが手数料なしで利用できるため幅広く利用されており，経費を立替払いする際にも送金記録を残すことが容易となっています。

【その他，日本本社が知っておくべき特徴】

　政府当局の対応（必要書類等）が窓口担当者によって異なることが多いため，各種行政手続では「やってみないと分からない」ことがどうしても多く発生します。日系企業では，事前に手続きや必要書類を調査・確認し全て準備してから申請手続を行えば，手続きの途中で予定していない事象が発生することは想定しなくて済むだろうと考えることが多いのですが，タイでは上記の理由により，そもそも事前に万全の準備を行うこと自体が現実的でないことがあります。タイ人の気質としても，まずはやってみて，どこかで上手くいかなければその時に対応すれば良い，事前に準備しても想定通りにいかなければ無駄になる，という考え方をする傾向にあり，物事の進め方について日本本社と意見が合わないことも生じ得ます。

⑦ フィリピン

【契約慣行，決済慣行，制度等】

　フィリピンでは国民の大多数がキリスト教徒ですが，宗教面に紐づく商習慣の大きな差異は感じられません。また取引文書も原則英語で作成されるため日本人にとっても大きな違いを感じることはないと思われます。

【その他，日本本社が知っておくべき特徴】

　クリスマスを盛大に祝うフィリピンでは，11月下旬からクリスマスに向けての準備が始まり，公的機関，民間問わず担当者が休暇に入るため，新年に備えて年末まで仕事を行う日本のやり方と摩擦が生じる場合があります。また，年に数度，直前になって祝日が制定される場合があり，工場やレストランでは対応しきれないとの不満が聞かれます。

⑧ ベトナム

【契約慣行，決済慣行，制度等】

　小切手や手形による決済は一般的ではなく，小切手を使用している顧客がわずかにいる程度です。決済手段のメインは銀行送金，もしくは現金決済です。

　現金決済は，足がつきにくいために不正のスキームとして用いられることもあり，ベトナムではあまりにも多額かつ不透明な現金取引が多くの企業で発生していたことを鑑み，2014年以降は，VND20M以上（約12万円）の送金は銀行送金にて行われていなければ法人税法上の損金として認められないという規制が設けられました。そのため，現在では少額取引を除いた大半の取引は銀行送金による決済が一般的です。なお，2024年現在，このVND20Mという閾値も，さらに厳しくVND5M（約3万円）に引き下げようと政府内で検討がされています。

　市内のホワイトワーカーだと，公務員や銀行を除いて土曜日の半日出勤で勤務している会社はほとんどありませんが，製造業だと極めて一般的です。

【その他，日本本社が知っておくべき特徴】

　（a）少額の賄賂を要求される　　ちょっとした心付けレベルの数百米国ドル未満の非公式費用を渡すだけで，行政手続を有利に進められたり，理不尽な対応をされなくなったりする文化は現在でも無くなっておらず，コンプライアンスの観点から特に日本の上場企業は難しい対応を迫られます。本社側において「賄賂は一切禁止する」といったグループコンプライアンスポリシーを作成

し現地法人にも周知徹底はしているにもかかわらず，現地法人社長は実際には少額の賄賂を支払っており，特にそれが慣習上回避できないと正当化している人も見受けられます。非常に難しい問題ではありますが，業種によっては少額の賄賂があまりにも一般的すぎて，払わないと理不尽に手続きをストップされ，スピーディな業務実行に支障が出てしまい，競合他社に比べて競争力を失ってしまう，といったことがあり得るのも事実です。

（ｂ）スケジュール通りにいかないことが多い　特に行政手続にあたっては，法律上は「企業から申請を受け取ったら政府は15営業日以内に承認する」のように明確に政府側のアクションスピードを規定している手続きであっても，まるで法律など無視され，いろいろな理由（言い訳）を挙げて結局手続きが数ヶ月かかることも頻繁にあります。日本企業においては，ベトナムの行政手続（e.g. ライセンスに登記されている内容の変更）を進めるにあたっては，予め余裕を持ったスケジューリングが必須となります。

⑨　マレーシア

【契約慣行，決済慣行，制度等】

マレーシアは多民族国家であり，価値観も多様であるため，取引を開始するにあたっては事前に細かく取引条件，内容を契約によって取り決めることが一般的です。契約書には通常，双方の取締役による署名（場合によってはwitnessによる署名が必要）が求められます。また重要な契約については，取締役会議事録（Directors' Circular Resolution）によって署名者を指名し，その取締役会議事録の控えを相手側に提示する場合もあります。

決済サイトは，月末締めで請求書を発行し翌月末払いや，請求書の日付から30日以内が支払期限の場合が多くみられます。現地通貨はリンギットであり，マレーシア居住者間での決済は原則としてリンギットに限られます。グローバルサプライチェーンに関する他の居住者との国内取引の決済については外貨を使用できますが，リンギットを両替して得た外貨を用いることはできません。企業間の決済においては，しばしば小切手が使われるものの，使用頻度は年々低くなっており，インターネットバンキングによる銀行送金が主流となってきています。またコロナ禍により現金を使用する機会はますます減っており，小さな商店や町の屋台でもスマートフォンのアプリを利用した決済（二次元コード決済）が多く用いられるようになってきています。また税務当局への納税や

社会保険料（EPFやSOCSO）の納付についても，原則的に全てオンラインでの対応が求められるようになっています。

【その他，日本本社が知っておくべき特徴】

　現在は解消されていますが，2016年12月に導入された為替管理制度においては，貨物の輸出により得た外貨のうち75％はリンギット転する必要があるとされたため，商流をマレーシアからシンガポール等の他国を経由する形に変更した事例が多くみられました。現在でも上記のように国内取引における外貨決済は一部規制が残っています。

　マレーシアは世界でも祝日が多い国とされ，かつ，州独自の祝日も存在します。これは各民族によって異なる祝祭日（マレー系はハリラヤ，中華系は旧正月，インド系はディパバリなど）全てを祝日としていることが大きな理由です。このような祝祭日の前後は日本の年末年始のように会社を休業していることが多い一方，日本の稼働スケジュールとは異なるため，日本側との事前の調整が必要となります。またマレー系の人たちはハリラヤ前に約1ヶ月の断食（ラマダン）期間があり，その間はどうしても業務のペースがスローになりがちです。上記はいずれも民族的，宗教的な理由によるものであるため，そのような文化を尊重し，理解することが重要です。

⑩　ミャンマー

【契約慣行，決済慣行，制度等】

　ミャンマーはもともと金融インフラが脆弱であったため，現金取引が主流の時代が長く続きました。近年目覚ましい改善を見せているものの，今でも一定の現金取引に備えて各企業は金庫に現金を保有しているのが通常です。金融インフラの整備及びIT環境の改善に伴い，インターネットバンキングや電子決済の利用が急速に進んでおり，現在では各種税金の納付もオンライン納税が主流となっています。

　2022年4月以降，為替管理が大幅に強化され多くの企業の商取引や資金管理に大きな影響が及んでいます。①ミャンマー国内での他社への米国ドル送金ができない。②ミャンマー国外への送金には当局認可が必要（申請から認可まで1〜2ヶ月を要する）。③米国ドル預金の現金引き出しが非常に困難。④原則，ミャンマー国内取引は現地通貨であるミャンマーチャットでの決済が義務付けられている。⑤公定レートとマーケットレート（市場実勢レート）の乖離が進

第3節　各国商習慣への対応と自社方針とのすり合わせ　　63

んでいるといった状況にあります。

【その他，日本本社が知っておくべき特徴】

　毎年4月中旬にミャンマー旧正月の公休日が10日程度あり，企業もショッピングモールなども一斉にクローズします。ミャンマーでは決算期を選択することができず全ての会社が3月決算であり，決算繁忙期と当該連休が被るため，決算スケジュールの管理が非常に難しくなります。従業員や外部監査人に当該連休中の休日出勤を強いることは，ほぼ不可能と考えるのが無難です。

⑪　韓国

【契約慣行，決済慣行，制度等】

　事業者間取引では電子税金計算書（オンラインの請求書兼領収書）の授受が必須となっており，ペーパーレス化が浸透しています。消費者との取引では，主にクレジットカードで決済されるため，ほぼキャッシュレス社会が実現しています。また最近ではフランチャイズ店舗のみならず個人商店においてもキオスク（無人自動注文レジ）を導入する傾向にあり，人件費の削減を図っています。また，インターネットバンキング，出前，当日翌日配送のネットスーパー等のアプリケーションやサービスが非常に発達しています。

【その他，日本本社が知っておくべき特徴】

　韓国特有の住宅賃貸借取引としてチョンセという制度があります。これは住宅価格の50〜70％程度の保証金を賃貸人に一括で差し入れることで，月額賃借料を支払わずに居住することができる制度です（退去時に保証金は全額返金されます）。オフィスの賃貸借においてもこのチョンセ制度は利用されており，貸借対照表上の保証金金額が他国に比べて多額になります。

　外資系企業としては韓国法律上で特に問題なければ本社の方針をそのまま受容することが一般的といえます。例えば日系企業には日本本社式の方針を，欧米系企業は欧米系本社の方針が反映され，社風もその影響を受けているところが多くあります。

⑫　香港

【契約慣行，決済慣行，制度等】

　香港はコモンロー（慣習法）を前提とした社会であるため，法令上詳細まで規定が無いことも多々あります。日本のように，詳細説明があり，事例があり，

フォーマットが準備されている，ということが無いこともしばしばみられます。その結果，現地経営管理としては，モデルケースやお手本が無いケースも多く，まずは日本本社の方法をそのまま輸入してしまう場合もあります。従業員は定時で帰宅するのが当たり前，会議の開始5分前に集合するといった習慣もあまり馴染みはありません。

【その他，日本本社が知っておくべき特徴】

Try & Error気質の人が多いため，事前計画や全体最適が必要な事項については，日本本社の方針に沿って説明を行い，従業員の理解を得る必要があります。典型的な例として，事前に決算スケジュールを合意しても，目の前の他の業務を優先する場面も多く見受けられるため，遅延回避のために，都度声掛けすることも重要となります。

⑬　台湾

【契約慣行，決済慣行，制度等】

日系企業が台湾に進出する際，最初の銀行口座を日系メガバンクの台湾支店にて開設されるケースが一般的であり，通常の商取引の支払いについてはインターネットバンキングでの決済が可能です。しかしながら，日常的に発生する社会保険料や，法人税，営業税，源泉所得税等の各種税金の納付については日系メガバンクの台湾支店ではオンラインでの支払いができないため（2024年現在），銀行窓口での支払手続をするケースが非常に多く見受けられます。

銀行窓口での支払手続は，主に言語面の観点からローカルの経理担当者が対応することがほとんどであり，一時的とはいえ銀行通帳や銀行届出印を担当者に預けて手続きを行う運用となることから，管理上は横領や持ち逃げのリスクを伴います。そのため，現地での支払代行手続を会計事務所に委託し，横領のリスクを低減する施策は比較的よく見受けられます。

【その他，日本本社が知っておくべき特徴】

台湾では農歴と呼ばれる旧暦に沿い，祝日が決定されます。祝日は毎年変動することになりますが，春節（旧正月）は毎年1月後半～2月中旬，清明節は毎年4月月初となり，日系企業の台湾子会社の多くが12月決算あるいは3月決算であることを考えると，決算による繁忙期に連休が重なります。監査手続も含めた毎年の決算スケジュールの策定及び管理については，関係者間で事前に確認を取っておくことが重要です。

⑭　中国
【契約慣行，決済慣行，制度等】
　（a）税務に引っ張られる取引慣行　　中国では以前から流通税（増値税）
について発票と呼ばれるインボイス制度が導入されており，発票が決済タイミ
ングに大きな影響を与えるケースが散見されます。代金の支払いが発票と引き
換えになるケースが多い一方，発票には毎月の発行限度があるため，枠を使い
切ってしまった場合には発票が発行できず代金回収が遅れるということもあり
ます。また国営企業への販売などでは先方が発票の発行タイミングを先延ばし
するよう指示することもあり，長期にわたり売上が計上できないというケース
もみられます。なお発票を発行しない個人業者や小規模企業などはこれらの収
入を簿外収入として脱税していることがあるため，発票の無い取引は要注意で
す。
　（b）分割払い　　大型設備や工事，プロジェクトものの取引において，代
金の10％程度を保証金として支払留保し，一定期間（1〜2年）経過後何ごと
もなければ支払うという取引が散見されます。この場合，留保部分が長期滞留
債権として認識され，売掛金の回転期間長期化の原因となっています。
　（c）伝統に基づく習慣　　中秋節（旧暦8月15日）に月餅を贈り合ったり，
春節（旧正月）で紅包（お年玉に相当）を贈る習慣があります。特に中秋節で
は会社に方々からお中元が届くことになります。よく問題となるのが，税務局
や公安，消防，市場監督管理局などでコンタクトのある公務員にこれらの品を
送っていいのかという点です。一般的には社会通念上季節の挨拶の範囲を出な
いものであれば賄賂には相当しないとされますが，先方が腐敗防止の取り締ま
りを恐れて受け取らないというケースも近年では目にするため，各社で判断が
必要となります。
【その他，日本本社が知っておくべき特徴】
　以前は公務員に対する賄賂が横行していましたが，現在では公務員の腐敗防
止運動が展開され，また公務員への賄賂を取り締まる法も厳格に整備されたこ
とから，賄賂の授受は以前より目立たなくなりました。とはいえ，いまだに暗
に賄賂を要求してくるケースもあります。
　国慶節（建国記念日）及び春節は1週間の国定休暇となります。この間は現
地では従業員が実家に帰ったり旅行に行ったりと基本的に連絡が取れなくなる
ため注意が必要です。特に国慶節は10月1日を含む1週間程度が休みとなるこ

とから，本社への決算報告スケジュールに影響があります。また春節は毎年時期が移動するため，事前に確認が必要です。

（3）実務上の留意点

　各国で特徴的な習慣や制度について概要を紹介しましたが，特に以下の点には注意が必要です。

> ■　外貨管理制度の違いにより，海外子会社への資金注入がタイムリーに実施できなかったり，子会社からの資金吸い上げがスムーズに実施できないケースがある。子会社の資金繰りが一刻を争うような状況にもかかわらず親会社からの貸付や増資がタイムリーに行えないといった状況も想定されるため，各国における資金注入・還流のリードタイム，外貨管理制度の特徴的なポイント，外貨決済可能性などは一覧できる情報としてまとめておくことが有用である。
> ■　国定の長期祝日スケジュールが，本社決算に影響を与えるケースがある。クリスマス・春節といった長期休暇においては，当該期間中に現地メンバーと全く連絡が取れなくなるだけでなく，前後の期間においても稼働が低下したり主要メンバーが祝日前後に休暇を追加するなどして長期間不在になるなどの状況が散見される。各国のカレンダー上の祝日のみならず，前後の日程における各国子会社の状況を聴取し主要メンバーの予定を事前に確認しておくと良いだろう。
> ■　現地での習慣が本社のコンプライアンス上問題となるケースがある。例えば現地の習慣で特定の季節や祝日に挨拶の品を贈るといったことがあるが，これが官公庁職員が相手になった場合には悩ましいケースかと思われる。賄賂など明確にコンプライアンス上アウトなものもあるが，現地の生活習慣上ごく普通に行われている社交上の挨拶行為の一環のケースもあるため，現地習慣を聴取し，本社のコンプライアンス基準と照らして贈答や接待などが含まれる習慣的行為についてどこまで許容できるか，線引きをしておく必要がある。

　上記以外にも様々な生活・商習慣，取引慣行などの違いがありますが，現地のみならず本社においてもこれらの情報を入手した際には記録しておき，海外子会社管理に関連する部門やメンバーにおいて情報を共有し，更新しながら引き継いでいくと有用な情報資源となるはずです。

第4節　拠点管理と駐在員

　海外子会社の管理において特に重要な役割を果たすのが，現地に派遣された駐在員です。昨今では日本において海外への赴任を希望する人が減少しているといった報道もありますが，やはり海外子会社を立ち上げ現地ビジネスを開拓するには優秀な駐在員を現地に派遣することが不可欠です。本社としては，各国の駐在員を取り巻く環境を理解することで，どのような人材が最適であるかを判断し，派遣された各国駐在員とのコミュニケーションを活性化させることが可能となります。

I 海外子会社とのコミュニケーション・海外子会社内の社内共通言語

　本社と海外子会社とのコミュニケーションは日本人駐在員がメインの窓口となることが多いと思います。週次や月次の会議，日常的な電話やWebミーティングなどは駐在員と日本語で行うことが可能ですが，一方で駐在員の海外子会社内のコミュニケーションとしては，以下のようなケースに分けられます。

- ■ 社内公用語（会話）は現地語としつつ，駐在員は英語で現地メンバーとコミュニケーションする（文書は英語や日本語。以下同じ）。
- ■ 社内公用語は現地語としつつ，日本語ができる通訳を雇い，通訳を介しコミュニケーションする。
- ■ 社内公用語を英語にし，全員が英語でコミュニケーションする。
- ■ 駐在員が現地語を学習し，社内で現地語でコミュニケーションする。

　上記のうち，現地メンバー目線からすると，駐在員が現地語を解し現地語でコミュニケーションすることが意思疎通において最も良い選択肢になりますが，一般的には現地語をマスターするハードルは高いことから，やはり英語が最も使いやすいという結論になりがちです。ただし，各国にも現地固有の言語事情があり，英語や日本語への親和性や使用頻度に大きな差があります。以下に，各国の公用語や社内使用言語の状況をまとめています。

① インド

　法的資料を含め，インドでは英語が準公用語として使用されており，基本的なオペレーションは英語で行えます。一方で，例えば工場のワーカークラスには，ごく簡単な英単語のみ話すことができる従業員も多数勤務しています。さらに，インドは世界有数の多言語国家であり，地域が異なれば，現地語が異なる環境となっています。

② インドネシア

　社内のインドネシア人スタッフ同士はインドネシア語を使用します。日本人との会話における使用言語は職場によって様々です。オフィスワーカーの場合，英語が話せるインドネシア人スタッフを雇用することはそれほど難しくはありません。日本語を話せるインドネシア人スタッフは多くないものの，人材紹介会社などを通じて探すことは可能です。

③ オーストラリア

　日本人もオーストラリア人も英語を使用します。

④ カンボジア

　特に社内公用語を設定している企業は少ないですが，カンボジア人スタッフの共通言語は母国語であるクメール語となります。駐在員がクメール語を習得する難易度は高く感じられるため，従業員とのコミュニケーションは英語，もしくは日本語人材を雇用し日本語での会話となることが一般的です。都市部では，若い世代のカンボジア人の英語のスピーキング力は低くなく，英語話者の人材を探すのはそれほど難しくはありません。日本語人材についても日本語学校や大学での日本語学科があることから一定数は存在し，日本語能力試験のN3レベル（カタコトのレベル）であれば比較的見つけやすいといえます。英語ができる人材についてはその能力が給与に反映されることはあまりありませんが，日系企業においては日本語能力が評価に影響し給与額が上がる，ひいては日本語人材の給与相場が相対的に高い傾向にあるといえます。

⑤ シンガポール

　英語メインで，現地社員同士は，会話は母語（中華系は中国語，マレー系は

マレー語，インド系は，ヒンディー語等）のこともあります。日本文化や日本語に興味を持っているシンガポール人は多く，日本は旅行先としても人気があります。日本語を学習している社員もいますが，日本語能力試験 N2以上のレベルの人材確保は難しい状況で，N2以上に合格していると，日本語能力が評価され，給与を増額する日系企業が多いようです。

⑥　タイ

　タイ人スタッフの共通言語はタイ語となります。都市部のタイ人は英語が得意なケースもありますが，全体的・平均的にはタイ人の英語能力は日本にいる日本人と同等か若干上回る程度といえるでしょう。日本人社員がタイ語・英語を話せない場合は，日本語を話せるタイ人を雇うか，日本語・タイ語の通訳を別途置くことになります。日本人社員が英語を話せる場合にはタイ人スタッフとは英語でコミュニケーションすることもあります。

　結果的に，タイ語，日本語，英語が混在することが多いですが，どの言語をメインとしているかは会社により異なります。なお，他国と比べると現地語（タイ語）を話せる日本人（元駐在員など）は比較的多く，そのような人材を現地経営陣に加えている日系企業も多いようです。

⑦　フィリピン

　社内では現地語も用いられていますが，駐在員等の外国人とは英語でのコミュニケーションが問題なくとられています。他のアジア諸国と異なり，日本語はあまり普及していません。

⑧　ベトナム

　外資系企業の中には，英語が社内公用語の会社もありますが（Grab等の多国籍に展開している企業），大多数の企業では母国語のベトナム語が公用語となります。英語力は日本より低いとされていますが，特に大都市圏のワーカーであれば，日本人よりも喋れる人が多いです。

　日系企業は日本語しか喋れない駐在員も多く，通訳者をつけるか，日本語可の現地スタッフを雇用している会社も多くあります。日本語の資格（N1.2.3）を取得することで手当を増額する日系企業も多いです。

⑨ マレーシア

　マレーシアではマレー語，英語，中国語，タミル語が使用されていますが，国語はマレー語です。英語も広く使われていますが，政府の公表資料にはマレー語しか無いものもあり，また地方においては民族ごとの言語が使われる度合いが強くなります。

　一方でルックイーストポリシーにより日本への留学が奨励されたことや，古くから日系企業の進出が進んでいたこともあり，日本語スピーカーは比較的多くいます。

⑩ ミャンマー

　英国の旧植民地であったこともあり英語でのコミュニケーションは比較的容易な国といえます。日本人とミャンマー人のコミュニケーションは英語，ミャンマー人スタッフ同士のコミュニケーションはミャンマー語であることが一般的です。

　日本語を学べるスクールは多く日本語検定試験も定期的に実施されているため，日本語を学習しているミャンマー人は多く，日系企業では通訳として日本語を使えるミャンマー人を採用している会社も多いです。

　ただし，日本語を使えるミャンマー人会計人材はほとんどみられません。またミャンマー語を使いこなせる日本人も非常に少ないです。

⑪ 韓国

　日系企業においても，社内では韓国語が使用されていることがほとんどですが，経理財務部や営業部等には駐在員と日本語でコミュニケーションをとることのできる人材を配置するケースが多いです。地理的に日本と近いこともあり，日本語が話せる人材は他国に比べると豊富です。

⑫ 香港

　現在，香港学校教育の教科書は，中国大陸の普通語が使用されていますが，日常生活では広東語が使用されています。日本人も，教科書やテレビニュースは標準語が使われていても，日常生活は訛りも含めた方言使用（例えば，関西弁）となるのと同様の状況といえます。広東語を使用することで，親近感や同胞感が醸生されているともいえるでしょう。各行政手続等を含め，公用語は英

語・中国語となっており，日本企業内では英語を共通語として仕事をすることがほとんどです。

⑬　台湾

　台湾は他のアジア諸国と比較しても日本語が理解できる人材の割合が多い地域であるといえます。しかしながら，社内での共通言語は中国語がメインである場合がほとんどであり，会社の方針によっては英語を共通語としている場合もあります。

　本社とのコミュニケーションに支障がないレベルで日本語ができる会計人材，経理人材は非常に重宝され，採用市場でも非常に人気が高くなっています。

⑭　中国

　中国人同士では中国語が話されますが，地域によっては上海語や広東語といった方言を，社内公用語ではないにせよ仕事中の個人間の会話で使用するケースがみられます。

　ホワイトカラー人材では英語を話せる人材も多く，発音や文法の観点から日本人よりも英語を上手に使える人が多くいます。また大都市では日本語学習者も相当数存在しており日本語バイリンガル人材の確保が比較的容易ですが，地方都市では難しくなります。

　傾向としては，やはり各国で英語は使いやすい言語として共通して挙げられていますが，英語が公用語となっておらず母国語が存在する国（アジアでは大部分が該当します）については過去の植民地経験で英語への親和性に差があるように見受けられます。いずれにせよ，現地語での片言のコミュニケーションでも現地では喜ばれたり，会話のネタになりますので，現地駐在員のみならず，内部監査や子会社視察などの短期出張でも，アイスブレイクのきっかけとして現地語の挨拶程度をチェックしておくことが良いかもしれません。また日本語環境がほとんどない国もありますので，そのような国に進出する場合には本社や駐在員もそれなりの覚悟と準備が必要です。

72　第1章　海外子会社管理の基礎——経営環境・全社統制・人的資源管理

Ⅱ　各国のハードシップについて

（1）概説

　駐在員や出張者を海外子会社に派遣する場合，現地のハードシップ（生活面等の困難さ）を事前に把握しておくことは非常に重要です。ハードシップに見合った報酬を設定するという観点からも重要ですが，それ以上に駐在員・出張者の身の安全を守り，仕事を十分に行える環境をいかに確保するかは，派遣される当人の問題のみならず，派遣する企業側にも非常に大きな責任があります。折しも2020年からのコロナ禍により世界各国の往来が分断されるという未曽有の事態に直面し，長期間にわたり帰国できなかった方々もいると思いますが，定期的な帰国が前提となっている駐在先においては，帰国できない状況において，これまでのハードシップに対する認識を見直すということもあろうかと考えます。

（2）国別の留意事項

　多くの日系企業が製造拠点や市場開拓を求めて広くアジアに展開し相応の期間が経過していますが，直近の各国のハードシップについて概観します。

①　インド

　前提として，インドは広大な国家であり，都市圏や一部地域，州によって差異が発生し得る点が挙げられます。デリーやグルガオン，バンガロール等の主要地域であれば在留邦人も多く，日本の物資の入手も容易です。一方で特定の地域や在留邦人が少ない州では選択肢は限られます。

　また特殊なケースとしては，複数の日系企業が拠点を置くグジャラート州は原則的に禁酒州であり，他州に比べてアルコール類の入手が難しいといった事情も存在します。

②　インドネシア

　衛生面ではまだまだ日本に劣るものの，日本人の住環境は年々良くなっており，日本食レストランも多く，イオンモールなど日本の食品を扱っているスーパーマーケットもあるため，不自由を感じることはありません。しかしながら，医療レベルが低い点ではまだ不安も多く，インドネシア国外にて治療を行う外

国人（またはインドネシア人）も多くなっています。

　ジャカルタに関して言うと，以前よりも比較的治安は良くなってきていますが，日本人がスリやひったくりに遭遇するケースもあり，夜間の一人歩きは避け，車で移動することが望ましいとされています。

③　オーストラリア

　オーストラリアの駐在は他国に比べると費用が高いところ以外はとても良い環境であると考えられます。

　大きな町ではなくとも，日本人が多く集まる街もあり，日本の物資も多く売られています。時差もなく，自動車の運転も右ハンドル・左走行と日本と同様です。日本人学校もあるため，生活をしていくうえで特に不自由になることはありません。治安も比較的良く，日本人が巻き込まれるような強盗，スリなどもあまりみられません。ただ他国と比べ，日本からの大手飲食企業は割と少ないため，日本の食に関しては当地なりの日本食を食べることが多くなります。シドニー，メルボルンをはじめとする各州の主要都市に多くの駐在員が住んでいます。

④　カンボジア

　カンボジア都市部であるプノンペンではイオンモールが進出していることやコンビニエンスストアも多数出店しており日常生活にあたって物資に困窮することはありません。外資規制が比較的緩いということもあり日本食レストランだけでなくイタリアンやフレンチといった様々な国のレストランがみられることも生活のハードシップを下げる要因になっているものと思われます。

　カンボジアは新興国ということもあり物価が安いイメージがあるかと思いますが，日本の物資など日本人が好むものは日本とそれほど変わらない，もしくは関税等で高くなっているものが多く，電気代も高いため日本と同様の生活をする場合生活コストが日本と比べて劇的に下がるというわけではありません。

　不動産賃貸については安い物件から高い物件まで様々あるため選択の自由度は高く，一般的に日本人駐在員の方はUSD1,000〜3,000程度の月額賃料のアパートメントに住むケースが多い印象ですが，外国人が居住する典型的なエリアを少し外れるとUSD300程度の月額賃料のアパートメントも見つかります。また，日本人学校もあり子どもを通学させている家庭からの評価は高いように

見受けられます。

　治安については殺人などの重大犯罪は多くはないものの，ひったくりや詐欺などの軽犯罪については多く発生しています。日本と比べると治安が良いとはいえませんが，少なくとも外国人が多く居住するエリアではトラブルに巻き込まれる事例はそれほど多くはないでしょう。ただ道路事情としては交通渋滞や交通ルールを守らない荒い運転者も多く十分に気を付ける必要があります。

⑤　シンガポール

　一般的に日系企業の駐在員はコンドミニアムに住むことが多いですが，家賃が高く，この3年ほどで30〜50%以上値上がりしています。家賃相場としては，月額，単身でSGD3,000〜6,000程度，家族連れでSGD4,000〜8,000程度が一般的です。日系スーパーは主要な地下鉄の駅に隣接するモールにあり，地元のスーパーでも日本食コーナーがあるなど，日本食は入手しやすいですが，価格は日本のスーパーの2倍程度となります。

　日本人学校は，公立の小学校と中学校，私立の高校まであります。

　車を購入するにあたっては，権利証を購入する必要があり，車体価格は，消費税にあたるGSTのほか，物品税，追加車両登録税が徴収されるため，購入代金も高額となります。また，車の購入価格が高騰しており，地下鉄とバスでも十分ということもあり，最近は日系企業が社用車を購入するケースは多くはありません。タクシーの利用については，GrabやComfort Cabなどのスマートフォンの配車アプリが普及しています。

⑥　タイ

　タイは昔から日本企業の進出が多く，駐在員以外も含め非常に多くの日本人が居住しています。特に日本人居住者が多いのは首都バンコクと東部の製造業拠点に近いシラチャです。

　一般的な物価水準は日本よりは安い傾向にありますが，近年の円安の進行により円換算した場合の割安感はかなり薄まっています。日本食レストラン及びスーパーの日本食材は豊富にあるものの，日本よりも割高になることもあります。バンコクには各国料理のレストランも多数あり，デパート，モール等の商業施設も多数存在するため，生活必需品や輸入品の入手は容易です。住居の立地，家賃，広さ，設備については物件ごとにまちまちであるため，状況・予算

に応じて選定することになるでしょう。

　バンコクとシラチャには日本人学校があり，インターナショナルスクールも多数あります。バンコク等の都市部には大きな総合病院もあり医療水準は比較的高いですが，医療費は高額になりがちであるため医療保険がないと十分な医療が受けられない可能性もあります。なお，バンコクでは道路渋滞が酷く電車の駅付近以外の地域への移動には長時間を要することがあります。また，日本に比べるとバイクが多く交通事故には気を付ける必要があります。一般的な生活圏に関しては治安状況は良好です。

⑦　フィリピン

　リトル東京と呼ばれる日本人街があり，また日本との距離も遠くないため，日本の物資は入手しやすいです。日本人学校や日本人病院もありコミュニティは確立されています。一方，少し改善されていますが，引き続き貧困による治安の懸念は続いています。

　また，他国と比べ公共交通機関が未発達のため，車移動が前提となりますが，1日中渋滞が酷く，移動には時間がかかります。

⑧　ベトナム

　ホーチミンやハノイという大都市であれば，利便性という観点では，生活に不便を感じることはほとんどありません。中心地などは，日本の東京よりも利便性が高いと感じることもあります。特にホーチミンには，リトルトーキョーといわれる大きな日本食街兼歓楽街もあり，飲食・娯楽・知人との集い・買い物等様々なことがそのエリアだけで完結可能です。

　ハノイにも日本食街はありますが，ホーチミンと比べて小規模かつ分散しています。その他の郊外や地方都市は，日系の飲食店が進出していないところもまだまだ多くあるため，そういったエリアに駐在される場合には，ハードシップは高いと思われます。

　また，空港のロケーションに関しても，日本の成田空港は都心から特急列車で1時間以上かかる不便な場所に位置していますが，ホーチミンは中心地からタクシーで約30分，ハノイは約40分の距離に国際空港があります。

　日本人学校はホーチミンとハノイにあります（当然インターナショナルスクールもあります）。住環境は，サービスアパートはもともと多く，また近年

は50階を超える高層のコンドミニアムの開発が積極的に進められており，駐在員が住む場所がなくて困るといった話はまずありません。ただし，年々不動産賃貸の価格は上がっており，日本人の駐在員の家賃は，単身であればUSD800〜2,000，家族帯同であればUSD1,200〜3,000程度です。

⑨　マレーシア

　クアラルンプール，ペナンなどの都市圏では日本食レストランも多く，日本の物資も入手しやすい状況にあります。医療環境も政府として医療ツーリズムを推進しているほどで，比較的高水準とされます。物価は高騰しているものの，近隣国に比べ，特に家賃が低く抑えられており（クアラルンプール市内の日本人駐在員の家賃は家族帯同でもUSD900〜2,500程度），総合的な生活コストは高くないため，駐在員が住みやすい国ランキングでも上位に位置しています。

　また東南アジアの中では道路事情や交通環境が比較的良く，大半の日本人駐在員が自分で自動車を運転しています。日本人学校はクアラルンプール，ペナン，ジョホールバルの主要都市のほか，東マレーシアボルネオ島のコタキナバルの合計4校が設置されており，英語圏としてはインターナショナルスクールの学費が比較的安いことから日本からの教育移住先として取り上げられることもあります。

　一方でマレー半島東海岸のエリアはイスラム教徒が多く暮らしているため，アルコールや豚肉を提供する飲食店も少なく，日本食レストランも限られています。またボルネオ島に位置するサバ州，サラワク州では日系企業の進出も多くはなくマレー半島側とは大きく状況は異なります。クアラルンプール，ペナンといった都市圏と比較してこういった地方に居住することになる場合は，ハードシップは一気に高くなります。

⑩　ミャンマー

　日本人を含む外国人向けのサービスアパートの数は多くはなく他国と比べて家賃が非常に高い（高かった）点が特徴的です。10年前と比べると価格を抑えたサービスアパートも増えてきているものの「日本クオリティー」の物件はまだ多くありません。日系大手企業による駐在員向けのサービスアパート建設が複数進められていましたが，そのほとんどが2021年のクーデターを機に建設が中断しています。

また，日本人向け飲食店の撤退も年々増えてきています。他国と比べると医療水準は高いとはいえず，家族帯同で駐在する方は多くはありません。最近では政情不安による治安悪化もあって現地常駐の駐在員を置かずに短期出張のスタイルに切り替える日系企業も増えてきています。

⑪　韓国

日本とは距離的に非常に近く，歴史的に昔から人の往来が盛んであったため日本人にとっては住みやすい国であるといえます。駐在員は日本人学校の近くに住居を置く傾向にあり，日本の物資の入手も非常に容易です。

⑫　香港

日本人学校2校の近くには，多くの日本人が居住しています。親日であることも寄与して，日本食レストランも多く，日本物資も容易に入手可能で，日本とほぼ変わらない生活環境がありますが，価格は日本円換算すると2〜3倍程度高額となります。

⑬　台湾

台北における日本人駐在員及びその家族が多く居住するエリアとしては，中山エリア及び，日本人学校が所在する天母エリアが挙げられ，どちらのエリアにも多くの日本人駐在員及びその家族が在住しています。

また，街中にある百貨店には日本発のブランドや飲食店が多く入っており，スーパーで購入できる食材なども日本と同様のものが入手可能です。台中，台南，高雄などにも大型の日系ショッピングモールが開店，あるいは開店が予定されており，総じて台湾駐在におけるハードシップは低く，日本とあまり変わらない生活が送れる環境が整っているといえます。

⑭　中国

中国の大都市でも上海は日本人の住みやすさという点では別格となっており，物価の高さを除けば日本とほとんど変わらない暮らしができると考えられます。

また北京，広州，大連，青島，蘇州などの日系企業が多い沿岸地域においては上海ほどではないものの，日本の物資を入手やすい和食店が数多く展開している，日本人学校があるなど，日本人には比較的暮らしやすい環境があります

（以上の都市はいずれも日本人学校あり）。

　一方で地方都市には外国人が極端に少ない地域もあり，食べ物や生活習慣も他の地域と大きく異なるといった状況もみられます。製造拠点等でこれらの地方都市へ赴任・訪問する場合には，大都市のような日本人にフレンドリーな環境は期待できません。ただし，電子マネーやSNSといったツールに関しては中国全土に広がっており，その点での不便はあまりありません。

　なお，2022年にはゼロコロナ政策の一環として上海において大規模ロックダウンが2ヶ月にわたり実施され，その他の地域でも散発的に地域封鎖が発生しました。そのような状況下では，特に中国語があまり話せない駐在員やその家族は大変な困難に直面していました。政府・党の判断で突然自由が制限されるという可能性があるという点では，中国のハードシップは以前と比較して増している可能性もあります。

第 5 節　第 1 章のまとめとして

　本章では海外子会社所在地の価値観・雇用環境・商習慣・駐在員を取り巻く環境について，極めて限定的な情報ではありますが概観してみました。ご覧いただいたとおり，各国の状況は日本と大きく異なっており，また国ごとにもかなり大きな差異が存在しています。そして距離的・文化的に大きく異なる地域を跨いで，「日系企業」グループとして海外子会社を一体的に管理していくための基本的な要素として，以下の点が重要であることを紹介しました。

> ■　「社風」や「ビジョン」といった企業風土を共有すること。
> ■　会社を形作っていくのは何といっても「人」なので，各地の価値観や環境の違いを踏まえながら従業員をモチベートし長期的な信頼関係が築けるような人事制度について日々考察していくこと。
> ■　現地とのコミュニケーションを駐在員頼みにせず，本社メンバーも現地を視察し現地メンバーと交流しながら双方の理解を深めていくこと。

　ここであえて「日系企業」としたのは，仕組みとポジションの責任・結果により管理する傾向が強い欧米系の海外子会社の管理方式と区別するためです。日系企業は良くも悪くも「人に頼る管理」を重視してきましたが，その結果としてコロナ蔓延による世界の分断により人による管理（現地にすぐ飛び，直接管理するというようなやり方）が行えず，損失の発生やガバナンスの弱体化を招いた会社が少なくありません。その反省から現地化が加速するといった状況も生まれていますが，現地化するにせよ，距離を問題としないコミュニケーションツールや管理ツールを導入するにせよ，企業風土や人的資源管理を含む「統制環境」が海外子会社管理の最も基礎的で重要な要素であることを理解しておく必要があります。ここがないがしろになってしまっては，業務フローにおいてスキのない内部統制を構築しても，素晴らしい社内規程を整備しても，また多額の投資をして最新のビジネスツールを導入しても，その価値を100％活かして変化の激しい環境に適応しながらグローバルのビジネスを成功させることは不可能でしょう。掴みどころが無く，難しいテーマではありますが，それが故に企業が存続する限り考え続ける必要があるテーマです。

第2章

海外子会社の設立・再編・清算

第1節　総　論

　企業のライフサイクルとは，企業が設立から成長，成熟，そして衰退までの一連の段階を経るプロセスを指します。海外子会社にもライフサイクルが存在しており，本書では立ち上げ期，発展期，衰退期の3つのフェーズに分けています。それぞれの期において特有のハードルや検討事項が存在していることから，各局面の特性を理解し，子会社の成長に応じた施策を実行する必要があります。

I　立ち上げ期

　立ち上げ期とは，海外子会社設立検討段階から開業〜本格的な事業活動が軌道に乗るまでの期間を指します。事業内容にもよりますが，この時期は法人のセットアップ，資金投入，人員確保，設備投資など短期間に対応すべきことが多くなります。

（1）設立手続と法規制の遵守

　立ち上げ期において最初に直面するのは，現地の法規制に従った設立手続です。これには，会社の登録，必要なライセンスの取得，現地の会社法，労働法規や税法の理解が含まれます。現地の法律や規制は日本とは大きく異なる場合が多いことから，現地の法律専門家やコンサルタントを利用することが推奨されます。

（2）資金調達と財務管理

　初期投資や運転資金の確保も重要な課題です。親会社からの初期投資規模や

親子ローンによる資金調達，現地金融機関からの借入，または現地パートナーからの投資受入を検討します。立ち上げ期は特に多額の設備投資や人材確保のための費用等で支出が多くなることから，初期コストの予測と管理，資金繰りの予実管理など財務管理が重要になります。

Ⅱ 発展期

　発展期では，基本的な事業活動が軌道に乗り，更なる拡大のために人員の増員，資金調達，設備投資を実行するなど，活発な企業活動が展開します。一方で不正の防止や効率的な事業運営のため，ガバナンスを強化する必要性も生じます。またこの時期には，急速な拡大を目指したM&Aや，事業資源最適化のためのグループ内再編等も検討されます。

（1）人材確保・育成と権限移譲

　発展期には，現地での優秀な人材の確保と育成が重要です。現地スタッフに対する研修プログラムやキャリアパスを提供し，企業文化を浸透させることが求められます。また子会社ガバナンスの成熟度に応じた権限移譲を行い，自律的な運営が行えるよう環境を整備することが肝要です。

（2）業務プロセスの最適化

　業務プロセスの効率化や生産性向上を図るため，現地の業務プロセスを見直し，改善を進めます。企業規模の拡大局面においては，ITシステムや自動化技術の活用を通じたオペレーションの効率化や，管理部門業務の機能強化とスリム化を検討していく必要があります。

（3）コンプライアンスとガバナンスの強化

　現地の法規制やコンプライアンスの遵守を徹底します。これには，環境規制や労働法，消費者保護法などの遵守が含まれます。また最新法規を踏まえた社内規程を整備し，コンプライアンス遵守状況や内部統制の有効性に関する定期的なモニタリング（内部監査など）を実施します。

（4）M&Aと企業再編

　発展期において，M&Aや企業再編を活用することも重要な戦略の1つです。

現地企業とのM&Aにより，現地市場への迅速なアクセスやシナジー効果を期待できます。M&Aの成功には，適切なターゲット企業の選定，デューディリジェンス（Due Diligence）の徹底，ポスト・マージャー・インテグレーション（PMI）の計画と実行が必要です。また企業再編（持分譲渡，合併，分割など）を通じて，組織の効率化や経営資源の最適配置を図ります。

Ⅲ 衰退期

衰退期においては，取り扱う製品やサービスのライフサイクルの終焉，国内の経済状況や賃金上昇，サプライヤーや顧客の他国への移動，為替や地政学リスク等の国際情勢の変化に対応して，海外子会社の撤退等を検討します。

(1) 戦略的なEXIT計画

衰退期に入る際は，戦略的なEXIT計画を策定します。EXITの方法としては，現地パートナーへの売却，IPO（新規株式公開），清算による資金還流などが考えられます。最適なEXIT戦略を選択するためには，現地市場の状況や経済環境，法規制を十分に考慮する必要があります。

(2) ステークホルダーとのコミュニケーション

EXITプロセスにおいては，ステークホルダーとの円滑なコミュニケーションが重要です。従業員，取引先，株主など，関係者への情報提供と対応を適切に行い，混乱や不安を最小限に抑えます。

(3) 法的手続とコンプライアンスの確保

EXITに伴う法的手続やコンプライアンスの確保も重要です。法的リスクを回避するため，専門家のアドバイスを受けながら現地の法規制に従った手続きを進めていきます。特に清算に伴い従業員を解雇する場合には，現地労働法規において退職金支給などの特別の取り決めが存在するケースが多いため留意が必要です。

海外子会社の設立からEXITまでの各フェーズにおいて，上記のようにそれぞれ特有の留意点や考慮事項が存在します。海外子会社のライフサイクルにおいて成長を実現するとともに大きなトラブルを可能な限り回避するためには，

これらの要素に対し戦略的に対応することが求められます。本章では，子会社ライフサイクルの中でも各国で制度が異なり慎重な対応が必要な，子会社設立，再編，清算について取り上げます。

第2節 設 立

I 現地法人設立における本社サイドの留意点

海外での会社設立が必要なケースとしては，以下のような状況が考えられます。

- 新規の進出：事前知識に乏しく，ゼロからのスタートになる。
- 拠点の増加：すでに進出済みであり，さらに製造拠点や販売拠点を増やして積極展開を図りたい。
- 地域統括会社の設立：すでに複数拠点が当地に存在しており，経営スピードを増すため，地域統括会社を設立し傘下に子会社を集約させ，一定の権限を統括会社に与える。
- シェアードサービスセンター：当地の複数拠点の管理機能をまとめるため，シェアードサービスセンター（SSC：Shared Service Center）を設立し，バックオフィス機能を集約したい。
- 駐在員事務所：法人を設立するまでもないが拠点が必要なため，駐在員事務所を設立したい。

ケースごとに企業の置かれている状況は異なりますが，特に新規進出の場合には過去の経験が無いことから，事前の情報収集を手厚く行い，本社が主導的に行動していく必要があります。またすでに拠点がある場合でも，既存の拠点設立から長期間経過している場合には，立ち上げ当時のメンバーがすでに退職しており，また当地の制度にも変更があるなどして，現地での情報収集を再度しっかりと行う必要があるということも考えられます。

いずれのケースにせよ，海外子会社設立時の情報収集においては以下が重要な事前検討ポイントになると考えられます。

（1）当地の外資規制

自国の産業・貿易の保護／発展や，国益保護・安全の観点から，外資企業は現地企業と明確に分けられ，外資企業には特別な規制が設けられていることが多々あります。現地で展開するビジネスの内容と，当地の規制にコンフリクトが無いか，慎重に調査する必要があります。実際に，設立したものの外資企業

86　第2章　海外子会社の設立・再編・清算

の産業規制により想定していたビジネスが展開できないというケースがありえます)。

(2) 最低資本金と外貨規制

　会社設立の際に最低資本金の規制が設けられているケースがあります。もちろんこれをクリアしないと会社が設立できませんのでしっかりと確認する必要がありますが，一方で展開予定のビジネスの資金需要から計算される必要資金もあります。スモールスタートして必要になったら増資や貸付をしようと思っていても，手続上の制約や外貨管理制度などからタイムリーに送金できないケースもあるため，設立後の資金注入に支障がないか，リードタイムはどれくらいか等も合わせて把握しておく必要があります。

(3) 設立地

　設立地の選定にあたっては，ビジネスの必要性・利便性，駐在員のハードシップ，現地人員の募集のしやすさ，物流，インフラ等様々な要素を考慮する必要があります。場所によっては優遇制度があり，これを目当てに設立地を選択することもありますが，設立後のビジネスにおいて必ずしもその場所である必要はありません。交通や生活が不便になったりする場合は，実際の執務場所は設立登記場所と異なる地にする状況もしばしば見受けられます。

(4) スケジュール

　設立地の制度や規制により，設立に要する時間は様々です。特に設立から事業立ち上げまでの時間についてビジネス上の要求がある場合には，当地の実際のスケジュール感を綿密に調べておく必要があります。国や地域によっては，一度設立した会社を変更・清算することが困難な場合もあるため，設立後の想定違いを防ぐためにも，慎重な情報収集が必要です。
　情報収集には以下のようなソースが役に立ちます。
- 各国の投資誘致部門が公表している投資ガイド
- JETROの海外支援サービス
- コンサルティング会社等が出版している各国別の進出ガイド
- 各地コンサルタントへの直接問い合わせ

（5）国別の留意事項

以下に，各国での設立に関連する基本情報について紹介します。

〔各国の会社設立制度〕

国名	最低資本金の定め	所要期間の目安	取締役人数の要求 （居住取締役の要否含む）	株主人数の要求	その他留意事項
インド	なし	日本での書類手配含め2〜3ヶ月	取締役最低2人（うち1人はインド居住者）が必要	非公開会社の場合，株主最低2人が必要	払込資本金がINR100Mを超える場合には常勤の会社秘書役（Company Securetary）を雇用する必要がある。
インドネシア	IDR10B	準備期間を含め3ヶ月程度	取締役1人，監査役（コミサリス）1人が必要。居住者要件はないが，納税者番号取得の必要性から通常は取締役を居住者とする。	最低2人必要	KBLI（業種別ライセンス）ごとにIDR10Bの投資が必要
オーストラリア	なし	登録内容に問題がなければ申請即日登記完了	オーストラリア居住者の取締役が最低1人必要	最低1人	非居住者の取締役がいる場合，申請書類準備のために1ヶ月ほど必要
カンボジア	なし （2022年1月の会社法改正により最低資本金規制は撤廃）	書類に不備がなければ15営業日〜1ヶ月程度	最低1人。基本的に居住要件はない。	最低1人	当該登録事業所について固定資産税が適切に納付されている必要があり納付証書が求められる。

国名	最低資本金の定め	所要期間の目安	取締役人数の要求（居住取締役の要否含む）	株主人数の要求	その他留意事項
シンガポール	なし	登記自体は1日。必要な準備行為で2〜3週間程度	シンガポール居住の取締役を少なくとも1人選任必要	最低1人	特になし
タイ	THB 2 M（外資の場合）	準備期間（株主構成や取締役，登録住所の決定など）が1〜2ヶ月，行政手続が1〜2ヶ月程度	最低1人（居住要件，国籍要件はない）	最低2人	外資企業であるかどうかの判定（外資50％以上保有）に間接保有分は考慮しない。
フィリピン	外資比率が40％を超える場合，USD200K	4〜6ヶ月程度	一人会社制度を除き，最低2人の取締役が必要	一人会社制度を除き最低2人	―
ベトナム	最低資本金の定めはないが，当局からの要求により約USD10K〜30Kが「実務上の最低資本金」	3〜6ヶ月程度。ただしビジネスライセンスの種類により変動	法的代表者は1人でも複数名でも登記することができるが，少なくとも1人はベトナム居住者である必要がある。	有限会社の場合：最低1人 株式会社の場合：最低3人	事業内容によっては，会社設立後に，当該事業を実施する場合にのみ必要になる個別のライセンス（事業ライセンスやサブライセンスといわれる）の取得が必要になる。（例：小売業，飲食業，教育業）

国名	最低資本金の定め	所要期間の目安	取締役人数の要求 （居住取締役の要否含む）	株主人数の要求	その他留意事項
マレーシア	最低資本金はないが，必要となる事業ライセンスにおいて求められる最低資本金は存在する。	必要な準備期間を含め，1ヶ月程度	マレーシア居住の取締役を少なくとも1人選任必要	最低1人	建設業，観光業，運送業といった業種では外資規制あり。 地場銀行での口座開設はマネーロンダリング対策の影響で銀行により諸々要件あり。
ミャンマー	2018年に会社法改正で廃止	手続自体は早ければ即日完了。準備期間は会社の状況による。	取締役のうち1人以上がミャンマー居住者（年間183日超の滞在）	最低1人	
韓国	最低資本金の定めはないが，外国投資促進法上ではKRW100M以上でないと外国人投資企業として認められない。	提出書類の準備期間を除き最短2週間	最低1人（資本金KRW1B未満の場合）。非居住者でも構わない。	最低1人	銀行への事前投資申告と口座開設のために本社の筆頭株主の確認手続あり（株主が法人の場合，当該法人の株主名簿も確認し個人名が出るまで。当該個人の身分証の写し提出必要）。

90　第2章　海外子会社の設立・再編・清算

国名	最低資本金の定め	所要期間の目安	取締役人数の要求（居住取締役の要否含む）	株主人数の要求	その他留意事項
香港	HKD1から設立は可能だが，銀行対応で最低口座金額が要求されるのが通例	設立登記は約1ヶ月	最低1人	最低1人	マネーロンダリング防止のための銀行対応が厳しい。また会社秘書役の設置が必要
台湾	最低資本金の定めはないが，外国投資委員会による許可をスムーズに得るため，実務上はTWD500K以上が推奨	3ヶ月程度	通常は董事3人，監察人1人が必要。ただし，定款に人数を明記することで，董事の人数を1〜2人とし，董事会を設置しない会社とすることが可能。株主が単一法人の会社，つまり完全子会社の場合は監察人をゼロ名とすることも可能。なお，居住取締役は必須ではないため，全董事を非居住者とすることが可能。	最低1人	設立登記の前に外国投資委員会による外国投資許可(Foreign Investment Approval: FIA)を取得する必要がある。
中国	なし	準備期間含め3ヶ月程度	最低でも董事1人，監事1人（小規模会社の場合）。ただし全株主の同意により小規模会社に監事を設置しないことも可能。	最低1人	外貨資本金口座の資金使途に制限・チェックがある。

※　最低資本金の定めが「なし」の場合には，当地通貨1単位で設立可能であることを意味しています。

① インド

【設立に関する特徴的な規定】

インドでの会社設立において資本金額の規制はありませんが，非公開会社の場合，株主を最低2人持ち，取締役を最低2人任命することが定められています。取締役2人のうち1人はインド居住取締役（Resident Director）である必要があります。居住取締役とは前年度に182日以上インドに滞在した取締役を指し，国籍の制限はありません。特殊な法令としては，払込資本金がINR 100 Mを超えた場合，常勤の会社秘書役（Company Secretary）を雇用する必要があります。会社秘書役はインドにおける会社法専門家に位置する資格であり，各種会社法コンプラインスを取り仕切る立場です。

【概ねの所要期間】

日本での設立関連書類の手配を1ヶ月と見積った場合，法人登記までは合計で2〜3ヶ月を要します。設立時に株主が準備する一部書類は公証・アポスティーユを受ける必要があります。そのため，ハーグ条約非締約国を株主とする場合，アポスティーユに代わり領事認証を取得することとなります。一部の国では，日本でアポスティーユを取得する際に比べ時間を要する可能性があるため，株主の所在国については事前に担当のコンサルタントと相談することが推奨されます。

【現地企業との合弁の多募，外資企業の参入障壁】

インドに日系企業は増えつつあるものの，ライフスタイルや商習慣の違いから，インドマーケットでの展開は容易ではなく，既存のインド企業が持つ知見やネットワークを活用するためにジョイントベンチャーを設立することが有効な選択肢の1つとなります。一方で，信頼できるパートナーの選定は大きな課題です。この点に関しては，例えばインドでは各企業はインド企業省（MCA）に対し，財務諸表を含む様々な資料を提出しているため，企業省を通じて登記情報を含む様々なデータを取り寄せることが可能です。

他には，インド社会の傾向としては噂社会である点が挙げられ，その社会的特性を活かし，調査会社を通じてパートナー候補の信用度調査を行うことも選択肢となります。

② インドネシア

【設立に関する特徴的な規定】

外国投資家が1株でも投資をしている会社は外国資本投資会社（PMA会社）として扱われます。PMA会社の要件として「最低資本金額」及び「最低投資金額」の2つの規制があります。「最低資本金額」の規制では，株主からの払込資本金がIDR10B以上必要とされます。「最低投資金額」の規制では，PMA会社は原則，KBLI（Klasifikasi Baku Lapangan Usaha Indonesia：業種別ライセンス）の取得後に，KBLIごとにIDR10B超を投資（土地，建物を除く）しなければならないとされます。KBLIを取得する際にシステムを通じ省庁へ投資計画を報告，その後，四半期ごとに投資活動報告書（LKPM：Laporan Kegiatan Penanaman Modal）で投資活動を報告する必要があります。

つまり，日系企業がインドネシアで法人設立をする場合，資本金として最低IDR10Bを株主から調達する必要があり，さらに1つのKBLIごとにIDR10T超を固定資産（土地，建物除く）等や運転資本として投資をしなければなりません。

外資規制については，外国投資が禁止または制限されている事業リストが規定により定められています。

株主数は最低2人が必要であり，役員は最低，取締役1人，コミサリス（監査役）1人を選任する必要があります。取締役，コミサリスとも，非居住者で構わないとされていますが，税務申告時の署名者はインドネシアの納税者番号を取得している必要があるため，通常，取締役をインドネシアの居住者（駐在者）とします。

【概ねの所要期間】

法人の設立自体は準備期間を含め3ヶ月程度です。設立後に社会保険登録や税務署，労働局等への登録が必要です。さらに規定上，業種に応じて各関係省庁からの許認可が必要となるケースがあり，その場合，法人設立後，事業を開始できるまでさらに2～3ヶ月を要します。

【現地企業との合弁の多寡，外資企業の参入障壁】

業種によっては外資規制があり，最大外資比率が定められています。例えば小売業には営業床面積に応じた外資規制があり，卸売業には現地の卸売業を介して小売業者へ販売をすることが求められるといった参入障壁があります。

③ オーストラリア

【設立に関する特徴的な規定】

　会社は1株から設立可能であり，1株当たりの金額もAUD1から設定可能です。また，設立においてはその資本金の払い込みを当局に証明する必要がないため，実務的にはまずは最低限の資本金であるAUD1で会社を設立し，新会社の名義で銀行口座を開設してから必要な資金を親会社から払い込み，併せて増資手続または融資を行うという手順が採られることが多くなっています。

　株主は最低1人で，非公開会社の場合は株主が50人を超えてはならないという法律があります。取締役については，非公開会社は最低1人必要で，最低1人はオーストラリアに通常居住している者でなければならないとされています（公開会社は最低3人の取締役でうち2人はオーストラリアの通常居住者）。取締役は就任前に取締役識別番号（Director Identification Number）を取得していること，もし取得していない場合は取得申請をしていなければならないとされています。

【概ねの所要期間】

　行政手続そのものは，特に登録内容に問題が無ければ即日処理され登記も即日完了します。登記にあたっては書類の提出は不要で，会社名，株主，発行株数，1株当たり単価，住所，取締役の情報入力のみとなるため，これらの事項が決定している場合，準備に時間はかかりません。ただし，先述した取締役識別番号の取得をしていない非居住者の取締役がいる場合，申請に必要な書類準備（原本証明された英文の身分証明書）のために1ヶ月ほど時間が必要となるケースが多くなっています。

【現地企業との合弁の多寡，外資企業の参入障壁】

　オーストラリアは外資規制が少なく参入障壁は比較的低いとされています。ただし，オーストラリア不動産及び土地の購入に関しては外資規制があり，必ずしも外資規制が理由ではないものの，不動産関連事業者は現地企業との合弁により参入するケースが比較的多くみられます。

④ カンボジア

【設立に関する特徴的な規定】

　カンボジアで新規設立を行う場合，通常商業省での商業登記手続，租税総局での税務登録，労働職業訓練省での事業所登録，国家社会保障基金への事業者

登録が必要となります。このうち商業省，租税総局，労働職業訓練省での登録については2020年6月よりワンストップのオンラインシステムにより申請が可能となっています。商業省の手続きについてはまずカンボジアでの商号の予約を行います。カンボジアですでに類似する商号が使用されている場合など実務上希望する商号で登録できないケースも多くあります。そのため商号を検討する際には優先順位をつけて5つ程度は候補を考えておくことが望ましいでしょう。

【概ねの所要期間】

　オンラインシステムが導入される以前は商業省や租税総局，労働職業訓練省へは個別に申請を行う必要があり書類の準備期間を含めると半年ほど時間がかかることも多くありました。オンラインシステムの導入後は必要書類に不備がなければ8営業日以内に会社設立手続は完了するとされていますが，実務的には必要書類の提出後15営業日〜1ヶ月ほどかかることが多くなっています。

　必要書類には登録する事業所の土地の登記もしくは賃貸借契約書が，必要となり会社設立手続前には賃貸契約等を済ませておく必要があります。また当該登録事業所について固定資産税が適切に納付されている必要があり納付証書が求められるため賃貸契約等の検討の際には留意が必要です。

【現地企業との合弁の多寡，外資企業の参入障壁】

　カンボジアでは多くの場合100％外資で設立することが可能ですが，一部の業種においてはカンボジア現地資本の参加が要求されるため，自社のビジネスが該当する場合はカンボジア人パートナーを探す必要があります。

　また，土地を所有することができるのはカンボジア国籍を有する自然人またはカンボジア国籍の法人*であるため，土地を所有して事業を行う場合，現地パートナーとの合併を形成することが実務上多く行われています

　　＊　改正会社法上カンボジア国籍の法人の定義は以下の場合とされる。
　　　ａ．会社がカンボジア王国内に事業拠点及び登記上の事業所を有している。
　　　ｂ．商業省で登記された定款上，カンボジア国籍を有する自然人または法人が会社における51％以上の議決権付き株式を有している。

⑤　シンガポール

【設立に関する特徴的な規定】

　最初の株主が1株を引き受けて，資本金SGD 1で会社を設立し，設立後に銀行口座を開設し，その後で現金で増資を行うのが一般的な流れとなります。株

主は，居住地や国籍といった制限はなく，法人または個人のいずれでもよいとされています。したがって，日本法人が会社設立時から株主になることが可能です。

シンガポール居住の取締役を少なくとも1人選任しなければならないとされています。設立当初は居住取締役を用意できないため設立を委託する現地会計事務所等の従業員に代理で居住取締役を依頼するケースが多くなっています（シンガポール居住者とは，シンガポール国籍保有者，シンガポール永住権保有者及びシンガポールの就労ビザ（EP：Employment Pass）保有者で，シンガポールに居住住所をもつ者を言います。Sパスという種類の就労ビザ保持者は，取締役に就任することは認められていない点も留意が必要です）。

資本金の使途制限はありません。

【概ねの所要期間】

会社設立登記自体はオンライン登記申請後1日あれば手続きが完了するため，会社名の予約*に他の政府機関の照会が入ったり，設立必要書類の準備に手間取らなければ，必要情報の決定から2〜3週間程度で会社設立登記が完了できます。

> ＊　会社名の予約－ACRAサイトで確認・オンライン申請して使用可能であれば，申請後，即日予約可。

設立に際しての主な決定事項は会社名，事業内容，登記上の住所，株主，取締役，資本金の通貨です。

設立代行会社で準備する書類としては定款，第1回取締役会議事録，取締役就任宣誓書，株主代理人の選定書（発起人が個人なら不要）があり，会社で準備する主な書類としては取締役と最終受益者の身分証明（公証済みパスポート等），住所証明（公証済み運転免許証等），法人株主の公証済み登記簿謄本があります。

【現地企業との合弁の多寡，外資企業の参入障壁】

シンガポール政府は，外資資本に対して広く投資の間口を開き，投資を奨励しているため，軍事産業や電気・ガス等の一部の公益事業やメディア事業や取扱いを規制されている製造業等以外は，基本的に外資規制の対象外となっています。

⑥ タイ

【設立に関する特徴的な規定】

　タイでは外国人事業法により外国人・外資企業による事業運営が規制されています。製造業以外の業種は幅広く外資規制の対象となります。通常の株式会社に関しては，タイ国籍を有しない個人またはタイで登記されていない法人に株式の50％以上を保有されている場合には外国人事業法において外資規制の対象となる「外国人」に該当します。通常，外国人が外資規制対象事業を行うためには何らかの事業ライセンスを取得する必要があり，利用事例の多いライセンスは以下のとおりです。

- BOI：タイにおいて投資政策の策定，投資案件の認可や恩典の付与を担う投資誘致機関であるタイ投資委員会（Thailand Board of Investment）により認可・付与される事業ライセンス。認可対象業種や認可条件，付与される恩典などが投資奨励法に明記されているため，実施しようとしている事業内容が当該条件に該当することが明確である場合には比較的取得は容易。

- IEAT：タイにおいて工業団地の運営等を行っているタイ工業団地公社（Industrial Estate Authority of Thailand）により認可・付与される事業ライセンス。基本的には工業団地に立地する製造業やその関連事業向けのライセンス。

- FBL：タイにおいて外国人事業法を所管する商務省事業開発局（Ministry of Commerce, Department of Business Development）が発行する外国人事業許可（Foreign Business License）である。BOIと異なり認可対象となる事業や要件は明確になっておらず，許可の付与にあたっては当局が広範な裁量を有しているため，比較的許可取得事例の多い事業を除き，取得の難易度は高い。また，外国人事業法の例外規定により事業ライセンスを取得することなしに実施することができる事業（タイ国内のグループ企業に対する特定のサービス事業や貸付など）もある。

　タイの場合，外資企業であるかどうかの判定に間接保有分は考慮しないという特徴があり，その結果，外資規制対象事業を容易に行うため，外資外国企業に該当しないようにタイ法人を設立するための様々なスキームが利用されています。

　資本金に関しては，外資企業に該当しない場合には最低資本金に関する規制

はありません。外資企業の場合は最低資本金はTHB2Mとされています。ただし，この他に事業内容やライセンスによって別途最低資本金が定められるケースや外国人従業員の就労ビザ，就業許可の取得のための最低資本金が必要となるケースもあるため注意が必要です。

　一般的な非上場会社の場合は代表者（取締役）に人数や国籍，居住地の制約はありませんが，特定の事業を実施する際に必要となる事業ライセンスの取得に際してはそれらの事項に制約が課される場合があります。

【概ねの所要期間】

　現地法人の設立（通常事業開始前に必要となるVAT登録含む）の所要期間は準備期間（株主構成や取締役，登録住所の決定など）が1〜2ヶ月，行政手続が1〜2ヶ月程度。事業ライセンスの取得を行う場合はライセンスの種類等によりますがさらに3〜6ヶ月程度を要します。

【現地企業との合弁の多寡，外資企業の参入障壁】

　上述のとおり，「外国人」が外資規制対象事業を行うには事業ライセンスの取得が必要となります。

⑦　フィリピン

【設立に関する特徴的な規定】

　2019年の会社法改正より，改正前は最低5人必要だった取締役が，一人会社制度を除き，最低2人で法人設立が可能となりました。また，一部の例外を除き，外資比率が40％を超える場合，最低資本金USD200K相当の払い込みが求められます。

【概ねの所要期間】

　SEC法人登記，市役所からの営業許可書の取得までの当局の処理速度によることが大きいですが，通常は4〜6ヶ月程度で完了します。

【現地企業との合弁の多寡，外資企業の参入障壁】

　資本金要件（外資40％超は最低USD200K）を満たすことで外資100％の進出が可能となりますが，一部規制業種においてはネガティブリスト方式で資本比率の上限が定められています。

98　第2章　海外子会社の設立・再編・清算

⑧　ベトナム

【設立に関する特徴的な規定】

　中国同様，払込資本（いわゆる一般的な「資本金」）以外にも，「総投資額（Total Investment Capital）」を設定する必要があります。総投資額とは，事業を実施するために予定されている，投資家の全ての資金及び借入金枠を指し，ベトナム法人のIRC（Investment Registration Certificate：投資登録証明書）に登記されるものです。

　通常は「総投資額＝払込資本＋借入資本」で計算されます。

　総投資額に絡んだ規制は，長期借入金の限度額規制があります。資本金だけでは事業運営が成り立たず，追加で資金投入のため長期借入を行う場合「総投資額と資本金の差額」までしか認められません。例えば，払込資本がUSD100Kで，総投資額がUSD300Kの場合，長期借入金として最大でUSD200Kまで調達することが可能となります。しかし，もし設立時に何も考えずに，払込資本＝総投資額＝USD100Kとしてしまった場合，将来長期借入をしたくても，限度額が0のため枠がなく実行することができません。

　設立後にも総投資額を変更（拡充）することは可能ですが，設立のタイミングから将来の計画を立てて適切な金額で設定することが推奨されています。なお，設立時に総投資額を登録したとしても，その枠を使い切る必要性はないことから，余裕をもった設定をしておくことが望ましいでしょう。

　また，総投資額の上限については明確に法令で規定されているわけではないものの，青天井に設定することはできません。実務上は，業種にもよりますが，最低でも総投資額の10～30％程度は資本金として払い込むことが求められます。

【最低資本金について】

　法律上，一部の特別な業種（例：銀行業，証券業）を除いて，最低資本金の定めはなく，VND1から会社が設立できるとされています。しかしながら，実務上，特に外資系企業に対しては，資本金額が低い場合には当局から増額するよう要求を受けることが多いため，一般的には，最低でUSD10K～30Kが「実務上の最低資本金」だと考えられています。こちらは，業種によっても，また登記される地域によっても異なるため，具体的な案件ごとに現地専門家から最新の実務情報を入手することが必要となります。

【概ねの所要期間】

　本社にて，ベトナム現地法人の設立を正式に決定し，設立サポートを依頼す

る現地コンサル会社へ発注をしたタイミングから，実際に法人設立までのスケジュール概要は下記のとおりです。

- 準備（書類準備／署名押印等）：1ヶ月〜
- IRC（投資登録証明書）の申請⇒受領：1〜3ヶ月超
- ERC（企業登録証明書）の申請⇒受領（＝会社設立）：0.5〜1ヶ月超

【現地企業との合弁の多寡，外資企業の参入障壁】

そもそも外資企業の持分比率の上限が制限されている事業を行う場合には，現地パートナーとの合弁が必須になります。例えば，以下の業種があります。

- 旅客運送業等：外資保有上限49%
- 広告業：外資保有上限はないが，現地企業との合弁が求められる（保有上限がないため，実務上，外資99％／現地パートナー1％としている会社も多い）。

外資の持分比率に上限規制がなく法令上100％の持分を保有できる事業を行う場合には，法令通り100％出資で進めるケースが多いでしょう。

⑨ マレーシア

【設立に関する特徴的な規定】

法人設立自体の難易度は高くありません。居住取締役（マレーシア人，外国人を問わない）が1人必要ですが，資本金はMYR1から設立可能で，法人株主，個人株主とも認められています。また外資100％での設立も可能です。ただし，事業を運営するライセンスや，ビザを取得する際には上記以外の外資規制等が設けられていることもあるため留意が必要です。

【概ねの所要期間】

法人設立までの全体の所要期間は1ヶ月程度となります。法人設立には社名を決め，類似商号がないかどうか等の確認を行うため，登記当局（CCM：Companies Commission of Malaysia）に対してネームサーチを行います。ネームサーチは社名に問題がなければ通常，数日程度で承認が下ります。社名の承認が下りた後，手続書類を作成し，法人設立申請を行います。法人設立申請についても，問題が無ければ通常，数日程度で承認が下ります。

【現地企業との合弁の多寡，外資企業の参入障壁】

現在では一部の業種を除き，外資100％での参入が認められています。そのため，現地企業との合弁は多くはありません。一方で建設業，観光業，運送業

といった業種では外資規制が残っており，現地パートナー企業との合弁が必要となるケースもあります。

⑩　ミャンマー

【設立に関する特徴的な規定】

旧会社法では，外国企業が現地法人を設立する場合の最低資本金がUSD50K（製造業はUSD15K，支店形態の場合はUSD50K）と定められていましたが，2018年8月に施行された現在の会社法では，最低資本金の制度は廃止されています。

現地法人の取締役のうち1人以上がミャンマー居住者（年間183日超の滞在）でなければならないとされています。定款はミャンマー語での作成が必要となります（当局が公表するモデル定款を採用する企業が多く，自社独自の定款を作成した場合に当局から受理されないことがあるため，独自定款を作成するには法律事務所に依頼しないと難しい）。会社設立日から28日以降，6ヶ月以内に創立総会としての株主総会を開催する必要があります。

【概ねの所要期間】

① 準備時間：1週間〜数ヶ月

独資による設立の場合は，社内で基本的事項（資本金額，役員構成，登記住所，口座を開設する銀行の選定など）を決定するのみで，それほど手間はかかりません。

複数社による合弁企業を設立する場合に合弁契約を締結する場合や独自定款を作成する場合には，それらの準備に要する期間が必要となります。

② 設立申請手続：1〜2日

オンラインで申請後，早ければ同日に企業登記局が認可し設立手続が完了します。

【現地企業との合弁の多寡，外資企業の参入障壁】

2017年に施行されたミャンマー投資法に基づき，一定の投資規制が定められており，外国投資家による実施が禁止される業種やミャンマー資本との合弁が強制される業種が存在します。以下(1)〜(4)が大枠ですが，それぞれについてより詳細なリストがあります。

(1) 連邦政府のみが実施を許される投資事業

(2) 外国投資家による実施が禁止される投資事業

第2節　設　立　　101

- (3)　ミャンマー資本との合弁が強制される投資事業
- (4)　監督省庁の承認が要求される投資事業

⑪　韓国

【設立に関する特徴的な規定】

　特別な制限はなく，日本の会社法と類似した部分が多くなっています。許認可などが必要な特別な業種を除いて商法上での最低資本金はありませんが，外国人投資促進法上ではKRW100M以上でないと外国人投資企業として認められません。

【概ねの所要期間】

　許認可が必要な業種や企業結合申告が必要な大企業の場合を除いて，必要書類及び資本金の準備ができれば，最短2週間以内に設立が可能です。現地法人設立の一般的な流れは以下のとおりです。

- ①　事務所の確保・定款の確定：事情による
- ②　外国人投資（FDI）申告：1～3日
- ③　資本金の送金：2日
- ④　法人設立登記（商号の確定）：3～5日
- ⑤　事業者登録：3～5日
- ⑥　銀行口座開設及び共同認証書登録：銀行の事情による

【現地企業との合弁の多寡，外資企業の参入障壁】

　日本の本社が100％持分を有する現地法人が一般的であり，放送や電力会社等社会基礎インフラ業種を除き，外資系企業の参入制限はありません。

⑫　香港

【設立に関する特徴的な規定】

　設立時には「定款（Article of incorporation）」「設立証明（Certificate of establishment）」「商業登記証（Business Registration）」の登録が必要となります。資本金HKD1から設立は可能ですが，銀行口座開設上，最低口座金額が要求されることが通例であり，そのような実務も考え資本金設定をすることが必要となります。

　当登録情報を管轄するのは，香港登記局（Company Registry）であり，費用は必要となりますが，他社の登録情報も登記局のWebサイト等で確認が可

能です。香港の公用語は，中国語・英語ですが，日系企業の場合，英語登録が多数派です。

　会社の機関としては，取締役最低1人に加え，会社秘書役が必要となります。会社秘書役の主な設置目的は，登記等公的事項・書類等の取りまとめ，申告，保管，役会・株主総会等の取りまとめ，決議事項管理となりますが，日系企業の場合は，弁護士事務所や会計事務所等に委託するケースが多くなっています。

　また，香港法人は物理的な住所保有が必須となります。日系企業から見た場合，役員や従業員が常駐していなくても，物理的住所さえ存在すれば，香港で営業活動が可能とも解釈でき，実際に業として住所貸しを行っている事業者も多数存在します。ただし，この場合であっても，先述の会社秘書役設置は必要であり，日本税務上のペーパーカンパニーに該当する場合，タックスヘイブン税制に留意する必要もあります。

　住所貸しは，昨今の経営環境とも相まって，実務的には日系企業のニーズが高くなっています。背景としては「いざとなった時に，中国本土と併せて機動的に営業活動を開始・再開できる」「組織再編・清算を控えているため，香港拠点に係るコストを最小限に抑えておきたい」といったことがあります。

【概ねの所要期間】

　登録には，約1ヶ月程度必要となり，拠点営業目的等文書化が完了すれば，それほど難しくはありません。

【現地企業との合弁の多寡，外資企業の参入障壁】

　外資企業の参入にあたって，外資規制ではないものの実務的なハードルの存在を認識しておくべきこととしては「銀行口座開設」があります。

　日系銀行支店での口座開設・閉鎖の場合には，日本国内での対応も可能な銀行が多いと思われますが，地場銀行の場合，日本にいながらの対応は難しいでしょう。この点について，金融規制等に係る背景が異なることもあるため，概要について触れておきたいと思います。香港は国際金融競争力を示す「世界金融センター指数」で，毎回トップ5内に位置するいわゆる先進地域に当たりますが，その一方で，厳格なアンチマネーロンダリング規制，2018年の会社法改正等，本人確認を柱とした規制が存在します。金融機関にもよります。口座開設はもとより，名義変更や口座閉鎖においても，代表者が香港銀行窓口に出向かなければならないという実務が行われています。

⑬　台湾

【設立に関する特徴的な規定】

　台湾での現地法人設立手続においては，以下の点に留意する必要があります。

　（a）**外国投資委員会による外国投資許可**　　台湾域外の会社，個人が株主となり出資を行う場合，設立登記の前に外国投資委員会による外国投資許可（Foreign Investment Approval：FIA）を取得する必要があります。またFIAを取得した後，資本金振込用の準備口座を銀行で開設して資本金の送金を行い，台湾公認会計士による資本金の監査を受けた後，再度外国投資委員会により，投資金額（資本金額）の査定を受ける必要があります。外国投資委員会の資本金査定まで完了した後に，設立登記の申請を行うことができます。

　なお，会社法上では最低資本金の制限はなく，TWD1から設立が可能となっていますが，外国投資委員会による外国投資許可をスムーズに得ることを考えると，実務上TWD500K以上の資本金を設定することが推奨されます。

　また，設立した現地法人に駐在員を派遣する予定がある場合，「就労ビザに関する規制」に記載した，就労許可取得における会社要件の資本金額にも留意が必要となります。加えて，特定の許認可が必要な業種で設立登記を行う場合は，各許認可で規定される最低資本金額の要件も満たしている必要があります。

　（b）**銀行口座開設手続**　　上述のとおり，台湾では設立登記の前に銀行口座の開設手続が必要となる点が特徴的です。銀行口座の選択肢としては一般的に日系メガバンクの台湾支店，あるいは台湾地場銀行となりますが，マネーロンダリング防止法に伴う銀行口座開設時の審査が年々厳しくなっており，新規設立時においては台湾地場銀行での口座開設を拒否されてしまう場合もある点に留意が必要です。

　（c）**登記住所における営業可否の事前調査**　　会社の登記住所は設立登記手続までに確定する必要があり，また登記を行う営業項目の事業を行える住所であるかどうかの事前確認が必要な点にも留意が必要です。

　（d）**株券の発行**　　現行の会社法の規定では，会社の設立あるいは新株発行による登記手続が完了した後3ヶ月以内に株券を発行する必要がありますが，中央主管機関の定める一定額（2024年現在では払込資本金額がTWD500M）に達していない会社は，株券を発行しないことを選択でき，その旨を会社の定款に定めることが可能となっています。また，株券を発行する場合でも株券を印刷しないことを選択することができ，こちらについても会社の定款に定めるこ

とが可能です。

【概ねの所要期間】

　現地法人設立に係る必要手続のプロセス及び，各プロセスにおける行政手続期間は概ね以下のとおりです。

① 会社名称及び営業項目の事前審査：約5営業日
② 営業場所における営業項目の営業可否についての調査申請：約3～5営業日
③ 外国投資委員会への外国投資許可申請：約2～4週間
④ 資本金振込用の準備金口座の開設：約2週間
⑤ 資本金の送金：約1週間
⑥ 投資金額の査定申請：約2週間
⑦ 会社設立登記申請：約2週間
⑧ 会社の営業登記申請（国税局への申請）：約7～10日

　国税局への申請が完了すると，会社が営業税の課税事業者として登録され，正式に営業開始が可能となります。各プロセスでの準備期間を含めた正式に営業開始が可能となるまでの所要期間は，おおよそ3ヶ月程度です。

【現地企業との合弁の多寡，外資企業の参入障壁】

　外資企業の参入が禁止，あるいは制限されている業種，いわゆるネガティブリストは台湾においても存在し，公表されていますが，禁止されている業種は軍用の兵器や化学原料の製造関連，放送事業，公共バス事業等，他国でも一般的に外資企業が参入できない事業のみとなっており，外資企業の参入障壁は比較的低いといえます。

　また，現地企業との合弁による外資企業の台湾進出も実務上散見されますが，合弁会社では台湾現地法人の親会社が法人株主1社のみである場合は，董事（取締役），監察人（監査役）の双方に当該株主の代表者となる個人を派遣することが可能です。複数の法人株主である場合は，董事，監察人のいずれか一方にのみ代表者を派遣可能となります。つまり，複数株主の場合には，董事，監察人のいずれかに株主である法人を代表しない自然人を選任する必要が生じる点に留意が必要です。

　なお，外国資本額が45％未満の一般的な株式会社（股份有限公司）は，会社法の規定により新株発行時に，発行する新株式数の10～15％を従業員引き受けのために留保する必要があります。

ただし，上記はマカオ，香港及びその他外国からの投資に関するものであり，中国資本（中国籍企業あるいは個人）による投資に関しては非常に厳しい制限が課せられている点，留意が必要です。

⑭ 中国
【設立に関する特徴的な規定】

中国における外資企業設立は，かつては特別な法律（外資三法：「中外合弁経営企業法」「中外合作経営企業法」「外資企業法」）で管理されていましたが，2020年よりこれらが廃止され「外商投資法」に統合されました。外商投資法では，外資企業も中国の会社法に基づき管理され，経済の対外開放が進んでいますが，一方で実務上は外貨管理規制等に起因する制限に気を付ける必要があります。

最低資本金の定めはありませんが，外貨資本金の使途は経営範囲内の行為に限定されています。支出内容は銀行によるエビデンスチェックを受けることが一般的であり，資本金を制限なく自由に使用できるわけではありません。USD200Kを上限に手元資金として自由に利用が可能とされていますが，実務上はこれについても銀行が細かくチェックするケースが多く見受けられます。

資本金（または純資産）の規模により借入できる親子ローンの額が変わります。伝統的な投注差方式という考え方では，登録資本金（授権資本枠）の金額により「投資総額」（資本金と借入金の合計した，会社が運用できる資金の総額）が変わります。投資総額に占める登録資本金の割合の上限が決まっているため，登録資本金が決まった時点でおのずと投資総額が決まり，投資総額と登録資本金の差額が親会社やグループから借入可能な外貨の額になります。またマクロプルーデンス方式では純資産額の一定の倍数（2024年執筆時点では3倍）が外貨借入上限となっています。したがって，「資本金を少なくして親会社からの貸付で資金を賄おう」としても難しいことがあり，資本政策については事前に検討が必要になります。

また会社には法定代表人（会社の法的行為を代表する人物）を設定する必要がありますが，法定代表人は銀行手続（開設・閉鎖）での出頭を要請されたり，会社に何かあった場合には政府機関から呼び出され説明を求められることもあるため，全く中国に来られないようなポジションや状況のメンバーを法定代表人に設定すると，実務上不便なことが多々発生する可能性があるため，注意が

必要です。

【概ねの所要期間】

　設立の行政手続は市場監督管理局・税務局・銀行・社会保険局・税関などステップバイステップで手続きを進めていきます。最低でも2～3ヶ月程度の時間を見積って，余裕を持たせたスケジュールで進めることが望ましいでしょう。設立申請に関する提出書類も多岐にわたるため，本社での押印回付や書類準備，形式チェック・現地窓口での提出前確認等を考慮し，書類準備も1～1.5ヶ月程度の時間を見ておく必要があります。

【現地企業との合弁の多寡，外資企業の参入障壁】

　外資企業の中国市場参入についてはネガティブリスト（外商投資参入特別管理措置）で管理されています。かつては様々な産業において外資が規制されており，現地企業との合弁を強制されていましたが，最新のネガティブリスト（2021年版）においてはインフラ・農業・IT・教育・出版等の国益や思想教育に関連する産業以外については広く開放が進んでいます。

Ⅱ　就労ビザに関する規制

　就労ビザの取得は，海外子会社へ駐在員を派遣するうえで重要な要素です。昨今の日本企業では海外勤務を希望する若手が減少しているという傾向もありますが，それ以上に本社において人材が不足しており，主力となる年齢層のメンバーを海外子会社に出す余裕が無く，比較的年齢の高い海外経験者を再度派遣するというケースが散見されます。

　一方で各国には様々な就労ビザに対する規制があり，資格要件も年齢，給与，学歴，経験など多岐にわたっています。海外子会社の管理においては，駐在員派遣計画の前提として，各国で特徴的な就労ビザの取得要件（特に問題となりそうなポイントを集中的に）を押さえておくことが有用です。以下，各国の就労ビザ制度の特徴を紹介します。

①　インド

　インドの就労ビザに学歴や年齢などの制限はなく，一般的に駐在員はスムーズにビザの取得ができます。一方で，インド特有の留意点としては，インド赴任後2週間以内にFRRO（Foreigners Regional Register Office）と呼ばれる外国人登録を行う必要があります。

提出書類は基本的にビザ申請時と同じものが多いですが，赴任直後から対応を進める必要があることには，留意が必要です。

② インドネシア

外国人がインドネシアで就労するためには，就労ビザ（C312）及び滞在許可（ITAS：Izin Tinggal Terbatas）を取得する必要があります。滞在許可は就労ビザを取得する際に滞在期間（1〜12ヶ月の期間内）を指定することができます。

役職や滞在許可の期間によって要件は多少異なるものの，基本的に年齢が25歳以上であり，かつ職務経験が5年以上である場合にはC312の取得に支障はなく，最低給与額等の要件もありません。C312を発行するためには，技術や専門性の移転を行う相手となるインドネシア人を選任する必要があります。会社設立時には駐在員が就労ビザを取得する前にインドネシア人の雇用が必要となる点に留意が必要です。

③ オーストラリア

通常一般的に取得される長期労働ビザはSubclass 482となり，現在は2年もしくは4年の滞在が可能になります。特に年齢制限はなく，要件を満たしていれば取得ができます。

主な要件は以下のとおりです。

- スポンサーシップ：申請者は，承認されたオーストラリアの雇用主にスポンサーとして受け入れられる必要がある。
- 職種：提名された職種は，関連する技能職種リストに掲載されている必要がある。
- 技能評価：職種によっては，肯定的な技能評価が必要となる場合がある。
- 英語能力：申請者は，一定の英語能力要件を満たす必要がある。
- 一時滞在の真実性：申請者は，仕事のために一時的にオーストラリアに滞在する真の意図を持っている必要がある。

④ カンボジア

カンボジアに入国する外国人は何らかのビザを取得する必要があります。カンボジアで長期的に滞在し就労する場合ビジネスビザの取得が必要です。

ビジネスビザにはシングルビザとマルチプルビザがあり，シングルビザは1回のみ入国が可能なビザ，マルチプルビザは有効期限内は何回でも入国可能なビザとなっています。

マルチプルビザは有効期限内は何回でも入国は可能ですが，1回当たりのカンボジア滞在期間は30日間までとなっており30日を超えて滞在する場合は滞在延長ビザを別途取得する必要があります。この滞在延長ビザを取得せず有効期限を超えてカンボジアに滞在している場合1日当たりUSD10の罰金が科され罰金の支払いが出国条件となります。この滞在延長ビザの申請は見過ごされやすく実際に罰金を支払う事例も多く発生しているため注意が必要です。

外国人労働者については要件を満たせばカンボジアで就労することができます。特にカンボジアにすでに現地法人や支店，駐在員事務所を有しており駐在員として就労する場合，労働許可証の取得はそれほど問題となることはありません。

規定上外国人労働者数について規制がありカンボジア人労働者数の10%以下が基準となります，10%を超える場合であっても必要な許可手続を行えば労働許可証の取得は可能となっています。

⑤　シンガポール

シンガポール国内の企業で駐在員として勤務するためには2023年9月以降，新規Enployment Pass（EP）申請にはCOMPASS制度で合計40ポイント以上取得する必要があります。COMPASS制度は，有効期限が2024年9月以降のEP更新申請時にも適用されます。COMPASS制度の評価項目は，4つの基礎項目（給与，学歴，国籍の多様性，現地人材の雇用創出）と2つのボーナス項目（スキル，戦略的優先度）から構成されます。会社全体の専門職や管理職等の現地従業員と外国籍の合計の人数が25人未満の場合は，国籍の多様性と，現地人材の雇用創出のポイントがデフォルトでそれぞれ10ポイント付与され，学歴についてもEP申請者が学資相当資格を保持していれば10ポイントを獲得できます。

ただし，COMPASS制度は，EP申請者の月額給与額がSGD22.5K以上，1ヶ月未満の短期雇用等の場合は適用対象外となっています。また，EP申請の際は，COMPASS要件に加え，シンガポール労働省のオンライン自己評価ツールにより試算された最低月額給与を満たしている必要があります。

留意点としては，総従業員数10人以上の企業については，新EP申請を進め

る前に，現地人材向けの政府系求人サイトMyCareersFutureに最低14日間の求人広告を掲載することが義務付けられていることが挙げられます。ただし，この制度は10人未満の企業，月額給与額SGD22.5K以上の申請者，1ヶ月未満の短期雇用等の一定の申請には適用されません。

⑥　タイ

　タイ国内で「就労」をする場合には就労ビザと就労許可証（ワークパーミット）が必要となります。会議，セミナー，展示会，取締役会などへの出席については「就労」に該当しないとされていますが，顧客との打ち合わせなどへ出席する場合には就労とみなされる可能性があります。

　実務上，就労ビザの取得には手間がかかるとともに実際にはノービザでも入国はできるため，ノービザで短期出張する事例も見受けられます。ただし，制度上はノービザは観光ビザが免除されているというステータスであり，本来はノービザで入国した場合は仕事はできません。ノービザで頻繁に入国している場合などにはイミグレーションでトラブルになる可能性もあります。

⑦　フィリピン

　就労ビザは1〜3年の期間で取得しますが，現地法人の取締役に就任する場合，取締役の選任期間が1年のみとなっていることから，ビザの有効期限においても1年のみ付与されることとなり，更新手続が煩雑になる場合があります。

　年齢の制限はありませんが，フィリピン人では代替不可とされる職務に従事することが前提と考えられており，明示はなされていないものの，適切な給与水準，職位に基づいてビザ申請を行うことが求められています。

⑧　ベトナム

　労働許可証（現地の駐在員ですらよくビザと混同されていますが，これは外国人がベトナムで働くために必要な労働許可であり，滞在にあたって必要なビザとは別）については，頻繁に規制も変更され，実務上の取得難易度も大きく異なるため，常に最新の情報を取得することを心がける必要があります。

　コロナ禍以降，2023年9月までは，過去に例を見ないほど取得が困難になり，大学の卒業学部がベトナムで従事する仕事と無関係であると取得することができないなど，あまりにも厳しく理不尽な規制でした。外資系企業や各国の商工

会からの反発もあり，2023年9月以降，労働許可証申請者の高等教育・専攻分野と職務内容の関連要件が廃止されるなど一部の条件は緩和されました。

⑨　マレーシア

　マレーシアの就労ビザはEP（Employment Pass）と呼ばれます。EPはカテゴリー1からカテゴリー3まであG りますが，一般的な日本人駐在員の場合はカテゴリー1での申請，取得を行います。カテゴリー1での申請に必要な条件は月給MYR10K以上，かつ大卒の場合で実務経験3年以上，Diplomaの場合は実務経験5年以上，それ以外の場合は実務経験7年以上が要件となっています。年齢による制限はありませんが，その対象者がEPを申請する会社にとってなぜ必要となるのかという点につき合理的な説明が求められます。

　またEPを出入国管理局へ申請する前に，会社は業種に応じた事業ライセンス（またはそれに準ずるもの）を取得する必要があります。事業ライセンスの要件は業種によって様々ですが，取得までに半年以上かかるものもあり，留意が必要です。

⑩　ミャンマー

　実質的に，滞在許可証であるステイパーミットが，諸外国でいうところのワークパーミットに相当しています。ステイパーミットの取得・更新手続はビザの有効期限が切れる60日前までに申請しなければならず，初回申請は滞在可能期間が70日間のビジネスビザで入国後すぐに申請を開始しなければならない点に留意する必要があります。

⑪　韓国

　外国人投資企業として資本金KRW100M以上を投資した場合，原則としてD－8ビザ（投資ビザ）を1枚取得することができますが，駐在員本人の経歴や職位等についての審査を受ける必要があります。

⑫　香港

　商談や会議等短期活動における一般商用の場合は，ビザ無しで90日間香港滞在が可能です。

　通常，駐在員が申請する就労ビザについては，会社と駐在員本人が審査対象

となり，過去犯罪歴や専門性，香港人では代替が効かない，会社業績等の要件に照らして，香港イミグレーション部門が審査を行います。また，就労ビザについては，2年間ごとの更新が必要であり，有効なビザを保有して7年継続して香港に滞在すると，永住権（パーマネントビザ）の取得が可能となります。

⑬ 台湾

駐在員がビザを取得をする場合，以下の要件があります。台湾進出時には，これらの要件も考慮のうえ，資本金額や駐在員の候補者等を決定する必要があります。

会社要件：

a．台湾現地法人あるいは台湾支店の経理人としての就労許可

設立から1年以内：以下いずれかの要件を満たしていること

- 資本金（台湾支店の場合は「台湾域内営業所用資金」）がTWD500K以上
- 売上高がTWD3M以上
- 輸出実績総額がUSD500K以上
- 代理コミッション収入がUSD200K以上

設立から1年経過後：以下いずれかの要件を満たしていること

- 直近1年間または前3年間の平均売上高がTWD3M以上
- 直近1年間または前3年間の平均輸出実績総額がUSD500K以上
- 直近1年間または前3年間の平均代理コミッション収入がUSD200K以上

当該候補者を経理人として登記を行う必要があり，1人までが経理人としてB類工作許可と呼ばれる就労許可の申請を行うことが可能です。複数人を経理人として登記している場合，2人目の就労許可申請は一般従業員として申請を行う必要があります。

b．一般作業員としての就労許可

設立から1年以内：以下いずれかの要件を満たしていること

- 資本金（台湾支店の場合は「台湾域内営業所用資金」）がTWD5M以上
- 売上高がTWD10M以上
- 輸出実績総額がUSD1M以上
- 代理コミッション収入がUSD400K以上

設立から1年経過後：以下いずれかの要件を満たしていること

- 直近1年間または前3年間の平均売上高がUSD10M以上

－直近１年間または前３年間の平均輸出実績総額がUSD1M以上

－直近１年間または前３年間の平均代理コミッション収入がUSD400K以上

一般従業員としての就労許可申請はＡ類工作許可と呼ばれるものとなり，上記Ｂ類工作許可とは明確に区別されており，Ｂ類工作許可においては申請する個人の学歴，経験や最低給与額に対しての制限はありませんが，Ａ類工作許可においては学歴に応じた実務経験及び，TWD47,971以上の月額平均給与の支給が求められる等の違いがあります。

就労許可については，Ａ類Ｂ類共に最長３年の就労許可の申請が可能ですが，当局の判断により３年間の就労許可発行が認められない可能性があります。

また，設立初年度は上記資本金要件を満たしていれば就労許可の申請が可能ですが，設立初年度に就労許可を取得した駐在員が就労許可の更新を申請する際には，売上高，輸出実績総額，代理コミッションいずれかの要件を満たしている必要がある点は留意が必要です。

個人要件：

上述した会社としての要件に加え，就労許可を申請する個人の学歴，職歴，給与等について審査が行われます。

なお，上記はマカオ，香港及びその他の国の外国人に対する規定であり，現状，中国籍の人材は就労許可を取得することができず，別途「入出境許可証」の申請及び取得を行う必要がある点，留意が必要です。

⑭　**中国**

中国の2017年から施行されている就労ビザ制度においては，海外人材をＡ類，Ｂ類，Ｃ類に分類しており，このうち一般的な駐在員はＡ類ないしはＢ類に該当する必要があるとされています。

Ａ類は国家が認定した人材や，国際的な大企業の幹部，技術研究者などが対象であり，ポイント制（後述）では85点以上の人材が該当しています。

Ｂ類は一般的な駐在員の多くが該当するカテゴリーです。大学卒業及び２年の就業経験があり，多国籍企業が派遣する中堅以上の人材，外国企業の駐在代表機構の首席代表及び代表（→駐在員の多くが本要件を満たす可能性が高いと考えられ，その場合，ポイント点数はカウントする必要はありません）

Ｃ類は現行の外国人就業管理規定に合致する者，または臨時的，短期間（90日を超えない）の業務に従事する者とされており，実質的には日系企業の駐在

員には直接の関係がないカテゴリーであると考えられます。

　上記要件が当てはまらない場合にはポイント制が適用され，以下の基準でポイントを計算し，60点以上であればＢ類以上となり就労ビザの取得が可能となります。

- 学歴：博士号が20点，修士号が15点，学士が10点。
- 中国での年収：CNY450K以上が20点，CNY50K未満が 0 点など，年収の範囲に応じて点数が変わる。
- 関連業務経験年数： 2 年以上の経験で20点， 2 年未満の経験で 5 点。
- 中国での年間勤務日数： 9 ヶ月以上が15点， 3 ヶ月未満が 0 点。
- 中国語能力（HSK）：HSK 5 級以上が 5 点，HSK 1 級が 1 点など。
- 年齢：26〜45歳が15点，60歳以上が 0 点。
- 勤務地域：西部地区や東北地区など特定の地域で10点。
- 特別な背景：世界ランキング100以内の大学卒業者やフォーチュングローバル500企業出身者には加点される。
- 地方経済発展への奨励性：最高10点の加点が可能。

　このポイント制は，中国での就労ビザの申請者がどれだけ中国経済や社会に貢献できるかを評価するためのものです。ポイント制に基づく評価は，中国の就労市場への外国人の参入を管理し，国の発展に貢献する高いスキルや経験を持つ外国人労働者を優先するために使用されています。

Ⅲ　短期出張時のビザの要否，滞在可能期間

（1）概説

　海外子会社管理における本社からの目線として，短期出張のアクセス性も重要な要素になります。日本は世界でも有数の各国に対するアクセス性を有する国ですが，先述のとおりコロナ禍においては各国の往来が分断され，これまで短期出張で対応してきた定期的な子会社監査やビジネス上の往来が一定の期間において全くできなくなりました。特に現地に駐在員を置かず，定期的な出張で現地法人管理を行っていた企業にとっては大きなダメージであったと思います。いまだにコロナ前のアクセス性を回復できていない国がありますが，本社の海外子会社管理部門としては，知識として自社の海外子会社所在地の短期出張に関連する制度を知っておくと便利かと思います（または事前に最新情報をチェックすべしと心に留めておくということでも良いでしょう）。

（2）国別の留意事項

① インド

インドに短期出張の場合にもビジネスビザの取得が必要となります。通常，ビジネスビザは，会社設立目的等の長期の商用滞在（B‐1），中小企業への訪問目的（B‐2）等の目的に応じて，分類されます。有効期限は，発給日から最大5年とされています。

multiple entry機能付きのビザの場合，有効期間中であれば，何度でも繰り返しインドへの出入国を行うことが可能です。最大滞在日数は180日とされており，180日を超える場合は，外国人登録（FRRO登録）が義務付けられています。

また，インド政府のビザ申請サイトでオンライン審査により発給されるビザ（e-VISA）も認められています。ただし，上述のビジネスビザと比べて，連続滞在日数や入国回数に制限があるため，留意が必要となります。

② インドネシア

現地スポンサーを不要とする，到着ビザと呼ばれるVoA（Visa on Arrival）にて，商談や会議，商品購入等の商用目的の入国が認められており，30日間の滞在が可能です。さらに現地スポンサーからの書類提示がある場合，シングルエントリービザ，マルチプルエントリービザの取得が可能であり，滞在日数は以下のとおりです。

- シングルエントリービザ（C2）：60日間まで
- マルチプルエントリービザ（D2）：1年に何度も入国が可能，1回の滞在は60日間まで

③ オーストラリア

オーストラリアへの短期出張の際に必要なビザや滞在可能期間は，出張の目的や内容，及び出張者の国籍により異なりますが，日本人であれば以下のようなビザがあります。

- ETA（Electronic Travel Authority）subclass 601
  滞在：最長3ヶ月
- Visitor Visa Subclass 600
  滞在：最長12ヶ月

第2節 設 立 115

④ カンボジア

　短期出張者であってもビジネスビザの取得は必要です（滞在延長ビザの取得がない場合入国1回当たりの滞在期間は30日間が限度）。実際には観光ビザで入国している例も見受けられますが制度として認められているわけではありません。短期出張者として短期間に何度もカンボジアに入国することが想定される場合，有効期間内であれば何度でも入国可能なマルチプルビザの取得が合理的です。

⑤ シンガポール

　商談や取引先，関連会社等の訪問等を目的とした短期出張時にはビザは不要で，その場合の滞在可能期間は観光ビザ有効期間の30日となります。ただし，建設現場や工場での作業を行う場合には，原則として，就労ビザ（EPまたはSパス）の取得が必要です。

　展示会への出店や新しい工場／運営／設備の設置等に係る一定のサービス提供については，Work Pass Exemptionという就労ビザの免除と特定の活動を申請し，認められれば，就労ビザなしで90日まで，認められた特定の活動を行えます。

⑥ タイ

　タイ国内で「仕事」をする場合には就労ビザ・ビジネスビザが必要です。それらのビザの取得には手間がかかるとともに実際にはノービザでも入国はできるため，ノービザで短期出張する事例も見受けられます。

　ただし，制度上はノービザは観光ビザが免除されているというステータスであり，本来はノービザで入国した場合は仕事はできません。ノービザで頻繁に入国している場合などにはイミグレーションでトラブルになる可能性もあります。なお，2024年1月1日から2026年12月31日までの時限措置として，日本人がビジネス目的でタイに30日以内滞在する場合にはビジネスビザが免除されます。適用対象や必要資料については日タイ大使館のWebサイトを参照してください。

⑦ フィリピン

　日本人は30日以内の滞在であれば，ビザの取得が不要です。30日以上滞在す

る場合でも，短期滞在者ビザを取得することにより，最大半年まで滞在が可能
となっています。

⑧　ベトナム

　現状，日本人に関しては45日以内のベトナム滞在であればビザは不要です
（2023年8月15日以前は最大15日でしたが，滞在可能日数が拡充されました）。
そのため，45日を超えた長期滞在となる場合にのみ，別途商用（3ヶ月）等を
取得する必要があります。

⑨　マレーシア

　日本国籍の場合，観光や商用目的での90日以内の滞在についてはビザは不要
です。ただし，日本の会社に籍を置いたまま，マレーシア国内で短期就労（建
設プロジェクトへの従事など）を行う場合はProfessional Visit Pass（PVP）
と呼ばれる短期滞在ビザを取得します。PVPは従事する業務内容や目的に応じ
て最長1年の滞在が認められます。

⑩　ミャンマー

　短期出張時はビジネスビザ（滞在可能期間は70日間）の取得が必須となりま
す。長期滞在者も初回は同様のビジネスビザで入国し，その後ミャンマー国内
で在留許可証（ステイパーミット）と長期滞在ビザを申請・取得する流れにな
ります。
　長期滞在ビザの最長期間は1年間とされています。また，3ヶ月以上滞在す
る場合には，入国管理局で外国人登録をしなければならず，年1回の更新手続
も必要になります。

⑪　韓国

　90日以内の短期滞在であればビザの取得が免除されています。

⑫　香港

　商談や会議等短期活動における一般商用の場合は，ビザ無しで90日間香港滞
在が可能です。

⑬　台湾

　本社の業務として取引先や台湾法人と打ち合わせを行う目的で台湾に短期出張を行う場合で，出張者の国籍が日本籍である場合，原則として別途のビザ取得は不要となり，パスポートによる入国を行い，90日間の滞在が可能です。

　ただし，以下のような業務を台湾で行う場合は，別途短期就労許可の申請を行う必要がある点，留意が必要です。

　　台湾で30日以上に及ぶ技術指導，機械設備の設置やメンテナンス，貨物の検品，研究開発等における業務行為

　なお，出張者がマカオ，香港あるいはその他外国籍ではなく中国籍の場合，2024年現在観光ビザによる渡航受付が停止されています。そのため，上述した台湾現地での業務行為を行う目的に限定して，入出境許可証と呼ばれる入国許可を申請，取得することが認められている状況です。

⑭　中国

　2019年までは，日本のパスポートを所持する人は，観光・商用・親族知人訪問あるいは通過の目的で中国へ入国する場合に15日間の滞在までビザが免除されていました。しかし新型コロナウイルス感染症の蔓延以降，日本から中国への入国が制限されており，本書執筆時点においては商用の中国訪問ではMビザを取得する必要があります。

　Mビザは1回のみの入国が許可されているシングルMビザと，複数回の入国が可能なマルチMビザがありますが，初回申請時は最大30日滞在可能なシングルMビザのみ申請が可能となっています。

第3節　再　編

　海外子会社の企業再編にあたっては，各国の会社法や税制が異なるため，本社としては進め方に悩むケースが多いかと思います。海外子会社の再編の典型的なケースには以下のようなものがあります。

- 日本本社で合併や事業統合が発生し，これに伴い海外のグループ子会社群を統合する必要がある。
- グループ内のグローバル生産体制を最適化するため，多すぎる拠点を統合・削減したい。
- 子会社管理コスト削減のため，特定地域の子会社群の数を減らしたい。
- 地域ごとの経営独立性を高めるため地域統括会社を設立し，子会社持分を統括会社の傘下に集約したい。
- 意思決定や経営スピードを速めるため，中間持株会社を廃止し親会社の直下に再編したい。
- コスト高になった地域から，より人件費の安い地域に製造拠点を移転したい。

　海外子会社の再編は，基本的には現地関連法規に則り粛々と手続きを進めていくことになりますが，実務においては様々な問題が発生し，完了までに長期間を要したり思わぬコストが発生したりといったトラブルや，最悪の場合には再編の目的が果たせないまま中断するというケースもみられます。そこで本節では，本社及び現地が構築すべき体制や基本的な留意点を，計画Phase，準備Phase，実行Phaseに整理して考察していきたいと思います。

Ⅰ　計画Phase

　海外子会社の再編を立案するのは，通常は現地法人ではなく本社の経営企画部や海外子会社管理に関連する部門であろうかと思います。まずは本社で海外子会社の再編に関する大きな絵が描かれ，社内での合意形成が一定程度進行した段階で，次は現地法人の駐在員や代表者に再編に関する情報がもたらされます。

　まずここで注意しなければならないのは情報の管理です。現地法人の再編の情報は機密事項として，特に初期段階では海外現地で情報が漏洩・拡散しないように細心の注意を払う必要があります。なぜかというと，企業再編は人員の

異動（元の会社から他のグループ会社への移籍）や解雇を伴うことが多く，制度によってはこれらの場合に退職金や補償金が発生するケースがあり，このような一時金をめぐって従業員とトラブルになりやすいからです。もし事前に情報が漏れてしまうと，従業員サイドではより多くの金銭を得られるよう，事前に会社の弱み（例えば会社との交渉を可能にするような会社側の不備であったり，会社の制度上取扱いが曖昧で未払いとなっている残業代や休日出勤手当等の支払いを要求する等）を握り会社に対して交渉を持ちかけたり，弁護士に相談し従業員賠償額のつり上げ対策を講じたり，集団でのストライキや団体行動の準備時間を与えることとなり，会社再編の目的達成自体が危うくなるリスクがあります。また株主の変更でも，会社の格や自身の待遇に不利な変化が生じるといった噂が蔓延すると，反対運動が発生するなどの可能性があります。したがって，特に再編を計画する初期段階においては保秘が非常に重要です。

　本社は現地駐在員を通じて現地法人の具体的な情報を集め，計画する再編が実行可能かどうかを検討していくことになります。以下に，各Phaseごとの検討手順及び重要な検討ポイントの例を紹介します。

　計画Phaseにおいては主に本社内のコンセンサス形成・意思決定のためにどのような情報が必要であり，意思決定プロセスにどの程度の時間を要するかを確認します。取締役会のスケジュールを踏まえ，再検討指示が出た場合の余裕も勘案します。

　準備Phaseでは現地での情報収集，資料準備，公表可能になるまでのスケジュールを検討します。情報収集では駐在員に負荷が掛かりがちですが，駐在員も一人では財務・人事に関する細かい情報へのアクセスができないことも多く，ごく限られた信頼のおける現地メンバー（キーメンバー，後述）を通じて実施するため，時間を要する可能性を踏まえる必要があります。場合によっては内部監査などを偽装して情報収集することもあります。

　実行Phaseでは再編行為の公表から人事対応，行政対応を含む実務全般に要する時間を見積ります。実行Phaseでは正式な社内意思決定が行われ，上場企業では影響に応じてプレスリリースされるため，公表のタイミングが再編にどのような影響を与えるかを事前に検討します。また行政手続に関しては制度上，各アクションごとの対応日数が決められているケースもあります（例えば資料提出から何日以内に政府が返答する，といった規定）が，多くの国では規定通りに物事が進まず遅延することも考慮に入れるべきです。また利用可能な社内

リソースを把握し，自社のみで実行可能かを判断する必要があります。

計画Phaseで吟味すべきポイントは以下のとおりです。

（1）再編コスト

再編行為に関連して発生する一時的な費用としては，手続きそのものにかかる政府費用，人事関連で発生する必要（退職金，補償金や奨励金などの一時金），税（株式譲渡や合併，事業譲渡などの再編行為で現地や本社サイドに課税されるもの），外部専門家に支払うコンサルティング費用などがあります。またこれ以外にも，工場であれば製造の一時停止に備えた増産に関する費用や，設備の撤去・工場建屋の処分費や新設費など設備関連費用，再編前後を比較して増加・減少するコスト等の試算なども必要となります。

（2）リスク要素の整理と吟味

スケジュール上のリスクやコストに関連するリスクのほか，人事上のリスク，レピュテーションリスク（評判），製造責任に関するリスク（欠品等が発生しないか），資金繰りリスク，現地政府との関係に関するリスクなど，リスクの種類ごとに分類し，その影響度を評価しておきます。

（3）再編手法の選択

企業目的を達成するための再編手法は，1つではない場合が多くみられます。現実的に考え得る再編手法を列挙し，スケジュール／コスト／リスクを勘案して優先順位を付けます。これはもちろん最良の方法を選ぶという目的もありますが，それ以外に第一案が何らかの事情で実行不能になった時の腹案とする目的もあります。

計画Phaseでの検討項目は多岐にわたりますが，本社と現地駐在員のリソースのみで現地制度や税制，再編時のリスク洗い出しなどが難しいこともあるため，計画段階から外部専門家をジョインさせて計画の精度を高めていくことが有用です。後続の準備段階や実行段階でリスクが顕在化した場合，取り返しがつかないケースも多々あることから，準備・実行段階の関与も見据えた外部専門家の起用を検討されることをお勧めします。

Ⅱ　準備Phase

　準備Phaseでは再編実行に向けた具体的な準備行為を現地にて進めていきますが，このPhaseで散見されるのは，再編準備や実行が現地任せになってしまうという状況です。もちろん再編行為自体は海外子会社の所在国で生じるものであり，本社が実行において実際に手を動かすということはありませんが，一方で現地駐在員にとっては日常業務に加えて再編の準備・実行を任されることから負荷が非常に大きくなり，プロジェクトマネジメントに十分な時間を割くことができないケースが多くあります。したがって，本社サイドでPMO（Project Management Office）やタスクフォースなど名前は何でも結構ですが，本件再編に時間を割いてプロジェクトを管理するメンバーを明確に定め，現地と一体となって再編を推し進めていくことが非常に重要です。これは外部コンサルタントを起用して再編を進める場合でも同様であり，全体の舵取りと現地での実務責任者を分けることでレポーティングラインを明確にし，現地サイドで実務に集中できる環境を整える必要があります。

　また準備Phaseではより詳細な財務データや人事データ，契約情報などを入手・整理する必要がありますが，先述のように駐在員のみではやり切れないことが多いため，準備Phaseにおいては信頼できる現地メンバーを再編プロジェクトに巻き込んでいく必要があります。キーメンバーやキーマンと呼ばれます。現地出身の管理部門の責任者がこの任に当たることが多いです。管理部門責任者であれば基本的に会社のあらゆるデータにアクセス可能であり，部長など責任者クラスであれば在籍年数もそれなりに長く，社内の事情にも精通していることが期待されるためです。再編が完了した際に特別ボーナスを支給する等を検討し，このようなメンバーの協力を得ることが肝要です。キーメンバーのみが事前に情報を得ていたことが他の従業員に知れた場合，キーメンバーが他の従業員から嫌がらせや危害を加えられるリスクもあるため，協力を得るために特別待遇を検討することが有用です。

　なお準備段階においては，申請書類フォームの入手，記入方法の確認，用意すべき資料の確認などで，再編行為申請先の政府機関へのアクセスも多くなります。自社リソースのみで遂行する場合には，慣れない行政手続で手戻りや書類の作り直しなども発生しがちであることから，事前に決めたスケジュールで実行可能かを見極めながら進めていく必要があります。

Ⅲ 実行Phase

　実行Phaseでは，再編行為に係る政府への申請手続や，人員の異動・リストラを伴う場合には人事対応が必要になります。

　政府への申請手続は，準備段階で事前に申請書類を作成しておけば，実行Phaseでは順次提出しながら粛々と行政手続を進めていくことになりますが，国や地域によっては行政手続が思うように進まないという現象もみられます。手続きがスタックした際の対応や代替案についても，可能な範囲で事前に検討しておくことが有用です。行政へのクレーム，さらに上級機関への陳情，コネクションを利用した個別交渉を実施することもあります。

　また人事対応については，再編行為について従業員の理解を得られればいいものの，反発がある場合にはストライキや暴動などに発展するケースもあり，場合によっては駐在員の身に危険が及ぶ場合もあるため注意が必要です。再編によって従業員に不利益が発生することが見込まれる場合（e.g. 解雇や，異動による待遇の低下）には，事前に従業員への説明の仕方，タイミングなどについて十分に検討しておく必要があります。

　再編の各段階ごとの推進体制や留意事項について触れてきましたが，本社には本社の方針・意思決定プロセスや株主等への説明責任等があり，現地には現地の実務上のボトルネックや問題が多々あることから，再編の各Phaseにおいて本社の海外子会社管理部門と現地法人の連携を強化し両者がコンフリクトなく進められるようにプロジェクトマネジメントを行うことが，スムーズな再編を成功させる重要な要素であると考えます。

第4節 株式(持分)譲渡・取得

Ⅰ 株式(持分)譲渡・取得検討時の本社サイドの留意事項

株式(持分)譲渡は以下のようなケースでの実施が想定されます。

- 現地企業の買収(一部 or 全部)
- 合弁会社株式の買い増し,または持分比率低下(or 合弁解消)のための売却
- 地域統括会社傘下への株式・持分の集約
- 撤退・EXITの際に他社へ全株式を売却

いずれのケースにおいても本社サイドは以下のような点に留意をしつつ案件を進めていく必要があります。

(1)価格

グループ外部への株式・持分譲渡でまず問題となるのが,取得・売却時の価格です。一般的には買い手側がDue Diligence(以下「DD」,調査のこと)を実施し,対象会社の問題点を洗い出してからValuation(以下「VAL」,企業価値評価のこと)を実施し,売り手に対して買取価格を交渉します。こちら側が買い手の場合には上記の流れになりますが,売り手の場合であっても,以下の点からDDやVALを実施しておくことが非常に有用です。

① 売却対象会社の弱点の把握

買い手のDDが実施された際に,売り手が想定していない不備や価値の毀損を指摘された場合,限られたディールの時間内での対応が困難となり売却価格が大幅に下がるリスクがあります。そのため,事前に売り手DDを実施し,事前の対応で修復可能な不備やディールブレイカー(それだけで取引が中止となってしまう大きな瑕疵)になりそうなポイントを洗い出しておけば,買い手DDが実施される前にこれらの不備を回復するための措置を取ることが可能になります。

② 売り手の価格目線の設定

　株式売却時には「これまでこれだけの投資をしたのだから，これくらいで売りたい」という売り手の願望がありますが，実際の状況は想像以上に価値が毀損しているということもあります。売り手サイドとして事前にシビアなVALを実施し，希望価格と現実的な価格のギャップを認識することで，買い手のアクションが始まる前に企業価値向上に向けた対策を検討することが可能になります。また合弁会社の自社持分の取得などでは，合弁会社の実態が意外と分かっていないケースが多いことから，すでに出資をしている会社であっても事前のDDは必須であると考えます。

　なお，上記は一般的なM&Aのプロセスを踏まえた提言ですが，撤退時の株式売却においては赤字の出血をいち早く止めるため，想定価格よりもずっと低い金額で譲渡するという戦略もあり得ます。

（2）税務

　株式・持分譲渡においては，一般的には譲渡益に課税されます。一部の国ではキャピタルゲイン（資産売却によって得られる収入）については非課税，免税となっていますが，大部分の国では課税対象です。外部売却の場合には第三者間の取引になるため，最終的な価格が税務上問題となることは多くはないと思いますが，グループ間取引では価格の適切性が税務上の問題となるケースが多く，価格の裏付けとしてのVALレポートの提出が求められる場合もあります。

　グループ間取引は，グループ内の持分構成の変更や，地域統括会社の傘下への再編等で発生することが多いと思います。最近では中間持株会社（例えば日本→香港→東アジア諸国という持分構成の場合の香港が該当）を廃して日本からの直接投資にするという取引も多くみられます。もちろん反対に，特定の国に地域統括会社を新設し傘下にアジア各国の持分を集約したり，特定の国内の複数拠点の持分を同じ国の持株会社に集約するという例もあります（e.g. 中国における投資性公司）。

　一定の条件を満たすグループ間取引の場合には，日本でいうところの「税制適格再編」のように課税を繰り延べることが可能になるという規定を定めている国が多いと思います。特に傘下再編など複数の子会社の株式を移動させる際には多額の税負担を防ぐために課税の繰延は必須となりますが，各国で要件が

異なるため慎重な検討が必要になります。

　なお，グループ間や特定の当事者間で，1円といった備忘価格や極端に低い価格で株式を譲渡しようとするケースがありますが，この場合は低廉譲渡として逆に課税の対象になるリスクもあるため注意が必要です。過去の事例では，「XXという事象が発生した場合，現株主は●●に対して株式の全てを1円で売却する」という覚書を締結していた例がありますが，実際にトリガーとなる事象が発生した際に帳簿価額が1円を大きく超える金額である場合には税務リスクが非常に高くなるため，このような条項は避けるべきです。

（3）スケジュール

　本社の決算スケジュールの都合から，決算期末や特定の四半期末までに取引損益を本社決算に取り込みたいというケースはよく目にします。しかしながら外部との取引の場合には相手がいる話であり，なかなかこちら側の思うように運ぶということはありません。またグループ内であっても各国の株式譲渡や株主変更の手続きに一定の時間を要するため，決算タイミングとの絡みが問題になる場合には，各国の株式・持分譲渡の行政手続について事前によく調べておくことが重要です。

　さらに，大規模な会社の場合には各国の独占禁止法が問題となるケースもあり，この場合は長期間の審査が必要となる場合もあります。自社の検討する取引が各国の法令に関連するかどうかも，取引金額や海外子会社・グループ全体の規模を踏まえて法務的な調査を実施する必要があります。

（4）国別の留意点

　以下に，各国での持分譲渡に関する基本的な状況を紹介します。税務については，第5章「税務」でも紹介していますので，そちらもご参照ください。

〔各国の持分譲渡制度〕

国名	キャピタルゲイン課税	備考
インド	長期キャピタルゲイン10% 短期キャピタルゲイン40%	間接持分譲渡課税の規定あり
インドネシア	譲渡者が非住居者である場合，株式譲渡価額に対し5%がみなし譲渡税として源泉徴収	買収取引（経営権移転）の場合には，株主総会や関係省庁への届出に加え，債権者保護を目的として新聞公告により買収計画の概要の公表が必要
オーストラリア	課税オーストラリア資産の譲渡に対して30%	株式譲渡を行うことによって累積損失が消滅する可能性
カンボジア	20%	2024年12月31日まで導入延期（2025年1月1日から導入予定）
シンガポール	株式売却前に最低24ヵ月以上にわたって，最低20%以上の株式保有率を維持している場合には，キャピタルゲインとして取り扱い，非課税	シンガポールに経済的実体のない事業者が，国外資産の売却によりシンガポールで受け取る利益に対して課税
タイ	外国法人がタイ法人の株式を他のタイ法人に譲渡する場合には，キャピタルゲインに対して15%の源泉税が課税。内国法人の譲渡益は法人税課税所得に含まれる。	外国法人がタイ法人の株式を他の外国法人に譲渡する場合には，タイでの課税はない。
フィリピン	キャピタルゲイン税（15%），寄附金税（6%），印紙税（0.75%）	フィリピン非居住者同士の持分譲渡であっても課税
ベトナム	20%（法人税率と同じ）の税率で課税	・現在改定に係る検討が行われており，2026年1月から新しい計算方法や税率に改定される可能性がある。 ・譲渡者が法人ではなく個人だった場合は，居住者か非居住者かで異なる個人所得税率が（資本譲渡益／株式譲渡益）課される。

第4節　株式（持分）譲渡・取得　**127**

国名	キャピタルゲイン課税	備考
マレーシア	2024年3月1日以降，非上場のマレーシア法人の株式及び資産の75％以上がマレーシアに所在する不動産で占められている外国法人の株式について，譲渡益の10％	マレーシア国外に所在する全ての資本的資産の譲渡でマレーシア国内に送金されたものについては，2024年1月1日以降の譲渡につき，課税対象となる法人に適用される法人税率（通常は24％）により課税
ミャンマー	10％の税率で課税	株式売却の譲渡対価の総額が，株式を売却した日の属する事業年度においてMMK10Mを超えない場合には免除
韓国	①譲渡価額×11％，②譲渡差益×22％のうち，いずれか少ない金額	譲渡契約が有効であるとみなされるためには譲渡代金が受領される必要あり（譲渡契約日が譲渡日とはならないことに注意）
香港	キャピタルゲイン非課税	株式配当の場合，香港拠点の定款に基づいた手続きが必要となる（記載が無ければ追記等手続が必要）。配当予定金額が香港拠点の利益剰余金を超えられない。
台湾	株式発行の場合は証券取引税（取引価格の0.3％）課税，株券不発行の場合は財産取引として法人税が課税	譲渡対価の支払前に，外国投資委員会への申請を行い，認可を得ておく必要がある。
中国	中国国内法人間の取引は譲渡益に法人税課税。日本国内の企業が中国法人の持分を売却した場合には日中租税条約適用で10％の課税が発生	グループ内再編の場合は，一定の要件を満たせば課税の繰り延べが可能（特殊性税務処理）

①　インド

【持分譲渡課税及び留意点】

　インドにおける株式譲渡に係る税制で特徴的なものとして，間接持分譲渡への課税が挙げられます。例えば，インド企業を子会社に持つ外国法人を買収する際に，特定の条件のもと，その外国法人の株式価値が実質的にインド国内に

存在する資産から発生している場合は，この株式譲渡から発生したキャピタルゲインはインドで課税対象となります。

　このような取引は，インド国内法に加え，各国の租税条約の影響を受けるため，最終的な課税関係を把握するためには，売主となる法人の所在国を確認する必要があります。

②　インドネシア

【持分譲渡課税及び留意点】

　譲渡者がインドネシア非居住者である場合には，インドネシアの国内法上，株式譲渡価額に対し5％がみなし譲渡税として源泉徴収されると規定されています。ただし，租税条約によっては減免されているため，該当の租税条約を確認する必要があります。

【持分譲渡時の行政手続に関する留意事項】

　インドネシアの会社法上，インドネシアの会社の経営権移転を伴う場合には「買収取引」とされ，そうでない場合には「非買収取引」とされます。買収取引の場合には，株主総会や関係省庁への届出に加え，債権者保護を目的とした新聞公告により買収計画の概要を公表する必要があります。

【持分譲渡関連手続の概ねの所要時間】

　書類の準備期間を含め，買収取引の場合には約3ヶ月，非買収取引の場合には1.5～2ヶ月程度です。

【その他留意事項】

　会社の支配権が移動することに起因して従業員が退職を申し出た場合，会社はその従業員に対し，通常の離職よりも多くの金額の退職金を支払う必要があります。

③　オーストラリア

【持分譲渡課税及び留意点】

　持分譲渡にあたっては税務の考慮が重要となります。特に，株式発行主体である企業に累積損失がある場合，株式譲渡を行うことによって累積損失が消滅する可能性もあるため留意が必要となります。海外企業がオーストラリア子会社の株式を譲渡する際は原則キャピタルゲイン税の免除になりますが，オーストラリア国内の不動産を保有，オーストラリア国内の恒久的施設がビジネス資

産を保有している場合はキャピタルゲイン税の適用となるため，オーストラリア国内に不動産を保有する企業の株式譲渡に関しては税務上留意が必要です。

　また，無償の譲渡の場合であっても，税務上は市場価格で販売されたとみなされるため，売却益が発生する可能性もあります。売却益については総合課税で取り扱われ，通常の法人税率が適用されます。

【持分譲渡関連手続の概ねの所要時間】

　持分譲渡に伴う登記の変更自体は届出後即日変更されます。その他書類の作成期間は買収取引か非買収取引かにより異なりますが，概ね1～3ヶ月程度で完了することが多くなっています。また，株主名簿の更新も必要となります。

【その他留意事項】

　持分譲渡される株式にオーストラリア不動産が含まれる場合，外資規制の対象となる可能性があるので留意が必要です。外資規制の対象となる場合，事前に当局の許可が必要となります。

　また印紙税は州税であるため，対象となる法人が所在する州の法律を確認する必要があります。いずれの州も持分譲渡に関する印紙税は廃止傾向にありますが，不動産などの固定資産が含まれる場合それらに対する印紙税が課税される可能性があるため留意が必要です。

④　カンボジア

【持分譲渡課税及び留意点】

　カンボジアでは2020年7月からキャピタルゲイン課税が導入される予定でしたが現状2024年末日まで延期されています＊。導入された場合でも，カンボジア居住者である法人が株式譲渡する場合の譲渡損益は法人税計算上の課税所得に含まれることとなり別途キャピタルゲインに直接的に課税されるものではありません。

　一方で居住者である個人もしくは非居住者である個人または法人が株式譲渡を行う場合に実際発生費用の控除の下，その譲渡差益に対してキャピタルゲイン税を納付しなければならないものとされています。

　＊　執筆時点では，2024年1月経済財政省発行の通知において不動産セクターのみ延期がなされるものと読み取れる内容となっています。しかし，現状キャピタルゲイン税の納付のための申告フォームがなく実務上は不動産セクターに限らず全てのセクターにおいてキャピタルゲイン課税が延期と

なっていると考えられますが，リスクがないとはいえないため該当する譲渡取引がある場合，キャピタルゲイン税の要否について税務署に確認することが望ましいでしょう。

【持分譲渡時の行政手続に関する留意事項】

キャピタルゲイン税とは別に株式を譲渡する場合，株式価値の0.1％を印紙税として納付する必要があります。この株式価値は市場価格であるものと定義されていますが，市場価格の詳細が示されていないため納税者側と税務署側で解釈の不一致が発生し最終的に税務署の主張に基づき納付することが多くなっています。

【持分譲渡関連手続の概ねの所要時間】

基本的に株式譲渡を行う場合，カンボジア商業省と税務署への申請手続が必要となります。特に書類に不備がなければ商業省では1〜1.5ヶ月程度，税務署では1.5〜2ヶ月程度で完了することが多くなっています。しかし，申請手続の中で当局職員から追加の資料を要求されることも多く，思いがけず手続きに時間がかかることもあります。

【その他留意事項】

カンボジアは外国資本の進出が比較的容易な国である一方で税務リスクが低いとはいえません。税務調査官が非合理的な指摘を行う事例や納税者側のカンボジア税法への理解の乏しさから指摘される事例が多くあります。他の企業を買収する際には買収先企業の税務リスクの有無を確認するためのDDを実施することが望ましいでしょう。

また，株式譲渡時点で買収対象会社に利益剰余金がある場合，持分譲渡割合の利益剰余金が配当されたものとして源泉税が課される場合があることにも留意が必要です。

⑤　シンガポール

【持分譲渡課税及び留意点】

資本取引に該当する株主譲渡益は非課税となります。資本取引の要件は，シンガポールの法人税法上，明確に定義されていないため，実務上は株主譲渡については売却理由や保有期間，売却頻度を総合的に勘案して判断されます。株式売却前に24ヶ月以上にわたって，最低20％以上の株式保有率を維持している場合には，キャピタルゲインとして取り扱い，非課税となるとされています。

これは，2027年12月31日までに譲渡された普通株式に適用されます。

2023年10月に，シンガポール国外資産の譲渡益に対する課税に係るシンガポール所得税法が改正されることが公表されました。改正法では，Section10Lが追加され，シンガポールに経済的実体のない事業者が，国外資産の売却によりシンガポールで受け取る利益に対して課税するという改正が含まれています。Section10Lは，2024年1月1日以降に発生する国外資産の売却または処分からの利益について適用されています。

【持分譲渡時の行政手続に関する留意事項】

株式の売買または無償譲渡に関する契約は，印紙税の対象で，売却価額，純資産価値のうち，いずれか高いほうの金額に対して0.2%の税率で印紙税が課せられます。ただし，グループ法人間での株式譲渡で一定の要件を満たす場合には，IRAS（Inland Revenue Authority of Singapore：税務当局）に免税措置を申請できます。なお，英語の譲渡契約書が必要となります。

【持分譲渡関連手続の概ねの所要時間】

印紙税の納付期限は，シンガポール国内で署名された契約書については，契約書の締結日から14日以内，シンガポール国外で署名された契約書については，シンガポールに持ち込まれてから30日以内となっています。

実務上は，法人で印紙税の納付が必要となるような取引を行う場合には，カンパニー・セクレタリーを通じて取締役会議事録の作成や株主譲渡のACRA（Accounting and Corporate Regulatory Authority）への登記を行うことになり，その際にカンパニー・セクレタリーが印紙税の納付の手続きをするケースが多数です。その場合，当該法人はカンパニー・セクレタリーからの請求に基づいて印紙税相当額を支払うことになります。

⑥ タイ

【持分譲渡課税及び留意点】

タイ法人が株式譲渡する場合の譲渡損益は法人税の課税所得に含まれます。キャピタルゲインに直接課税される仕組みはありません。ただし，多額の譲渡損が生じている場合は，税務当局からその妥当性を詳細に検討されるケースが多く，注意が必要です。

外国法人がタイ法人の株式を他のタイ法人に譲渡する場合には，キャピタルゲインに対して15%の源泉税が課税されます。実務上はタイ法人が株式代金か

ら当該源泉税を控除して納税することになります。外国法人がタイ法人の株式を他の外国法人に譲渡する場合には，タイでの課税はありません。

なお，いずれの場合も株式譲渡契約書は印紙税（譲渡価格または払込済み資本金額のいずれか大きいほうの0.1％）の課税対象となります（当該契約書の原本がタイ国内に持ち込まれない場合は除く）。

【持分譲渡時の行政手続に関する留意事項】

通常，非公開会社の株式譲渡時には以下の手続きが必要となります。

- 新たな株主リスト（BOJ5）の登記
- 株主名簿の更新
- 新株主への株券の発行

【持分譲渡関連手続の概ねの所要時間】

株主変更の登記手続の所要期間は3日〜1週間程度です。

印紙税の納付期限は株式譲渡契約書の作成から15日以内とされており，それを超えるとペナルティが科されます。

⑦ **フィリピン**

【持分譲渡課税及び留意点】

持分譲渡が発生すると税務上の手続きとして税務署（BIR），会社法上の手続きとしてSECに届出を行う必要があります。税金はキャピタルゲイン税（15％），寄附金税（6％），印紙税（0.75％）を納税する必要があり，フィリピン非居住者同士の持分譲渡であっても納税が発生します。また，納税をすることにより，税務クリアランス（CAR）が発行されます。

【持分譲渡時の行政手続に関する留意事項】

税務署（BIR）発行の税務クリアランスを取得してから，秘書役がGIS（General Information Sheet）を通じて株主変更をSECに届出を行う必要があります。

【持分譲渡関連手続の概ねの所要時間】

税務クリアランスの取得に2ヶ月程度要します。

⑧ **ベトナム**

【持分譲渡課税及び留意点】

ベトナムには，組織再編税制の概念はまだなく制度化されていないため，ベトナムの子会社や関連会社の株式（もしくは持分）を売却した場合には，ベト

ナムの税法に則りキャピタルゲイン課税（資本譲渡益課税）が行われます。

　しかしながら，日越租税条約でベトナムに課税権が生じる条件が明文化されており（下記参照），もしその条件を満たさない株式（もしくは持分）譲渡である場合には，ベトナム側では租税条約を適用することにより，課税は生じません。

<日越租税条約第13条第2項>

ベトナムで課税権が発生する条件

　1．譲渡者が保有しまたは所有する株式（当該譲渡者の特殊関係者が保有しまたは所有する株式で当該譲渡者が保有しまたは所有するものと合算されるものを含む）の数が，当該課税年度中のいずれかの時点において当該法人の発行済株式数の少なくとも25％であること。

　2．譲渡者及びその特殊関係者が当該課税年度中に譲渡した株式の総数が，当該法人の発行済株式の少なくとも5％であること。

　大半のケースは，日本親会社の子会社（50％超出資）としてのベトナム法人であり上記条件に抵触してしまうため，ベトナムでの課税は免れないことになります。しかしながら，日本での税務申告の際に，外国税額控除を適用することによって，二重課税を回避できる可能性は高いため，ベトナム現地及び日本の税務専門家と協働のうえタックスプランニングをする必要があります。

【持分譲渡時の行政手続に関する留意事項】

　（a）M&A承認　　本書執筆時点に適用されている法律（投資法（61/2020/QH14）26条2項）に基づくと，以下のいずれかのケースに該当する場合，M&A承認のプロセスが必要とされています。

　①　対象会社が条件付投資分野を事業登録しており，当該株式等の購入により，対象会社における外資の出資比率が増加する場合

　②　対象会社における外資の出資比率が50％を超える場合で，かつ外資の出資比率が増加する場合

　③　対象会社がベトナムの国防上や治安維持上の重要な区域の土地使用権証明書を有する場合

　上記の①②に該当するケースはよく見られますが，該当しない取引であったとしても，実務上は管轄地域により対応が異なり，結局M&A承認が要求されてしまうこともあるため，スケジュール策定の際には注意が必要です。

　（b）株式譲渡契約（SPA）の締結タイミング　　SPAの締結は，M&A承

認が下りた後に行う必要があります。「決算の関係で年度末までにはSPAを締結したい」といった内部の事情でSPA日付を早く確定させたい会社もしばしば見られますが，その場合は逆算して十分に前もって手続きを計画・進める必要があります。

（ｃ）資本譲渡税（キャピタルゲイン税）の申告納税タイミング　キャピタルゲインがない（譲渡損）場合でも申告自体は必要です。

資本譲渡税（キャピタルゲイン税）の申告納付期限に関する法律の文言は以下のとおりとなっています。

「管轄当局による譲渡の正式な承認日から，もしくは承認が不要な場合には，契約書により契約当事者が譲渡の合意に達した日から10日以内」

上記法律は不透明な作りとなっており，実務上解釈が分かれている部分ですが，近年ホーチミンやハノイの税務署の中で「SPA契約日付から10日以内」と解釈する上席担当官がいることが判明しており，保守的には「契約日から10日以内」で申告することが望ましいでしょう。SPA日付から10日以内という，かなりタイトな期限になっているため，SPA日付の設定は前もって慎重に準備をする必要があります。

なお，資本譲渡税（キャピタルゲイン税）は，売り手も買い手もベトナム国外の企業である場合は，対象会社であるベトナム企業が代理で申告・納税（立替）を進める必要があります。

【持分譲渡関連手続の概ねの所要時間】

準備期間も含めると，行政手続及び税務申告等も含めた全ての手続きを完了できるのは，最短で４ヶ月程度となります。以下のような理由で手続きが遅延することは多く見られます。

- 会社によっては（特に日本の大企業であればあるほど），書類の準備や申請書類への代表者の署名手配に時間がかかってしまう。
- 当局への申請後，法令では要求されていない追加的な補助的資料の依頼を受ける。

⑨　マレーシア

【持分譲渡課税及び留意点】

非上場のマレーシア法人株式の譲渡については，2024年３月１日からキャピタルゲイン課税が適用されます。具体的に課税対象となるのは，非上場のマ

レーシア法人の株式及び，資産の75％以上がマレーシアに所在する不動産で占められている外国法人の株式となります。

　課税対象者は法人，LLP，信託（Trust Body）であり，個人は対象外となります。税率は譲渡益（純利益）の10％ですが，課税対象資産の取得日が2024年3月1日より前の場合，純利益の10％または譲渡価額の2％のいずれかを選択することも可能となっています。納税期限は譲渡日から60日以内となります。課税が免除されるケースとして，グループ内組織再編に伴うもの，IPO（新規株式上場）等が予算案段階では挙げられていましたが，2024年6月現在においても制度の詳細は明らかになっていません。

　なお，上記のほか，マレーシア国外に所在する全ての資本的資産の譲渡でマレーシア国内に送金されたものについては，2024年1月1日以降の譲渡につき，課税対象となる法人に適用される法人税率（通常は24％）により課税されることとなります。

【持分譲渡時の行政手続に関する留意事項】

　株式譲渡が法的に有効とされるのは譲渡契約書に係る印紙税の納税が完了した時点とされています。そのため，印紙税の納税が完了するまでのスケジュールを考慮して手続きを進める必要があります。具体的には会社秘書役により取締役会議事録の作成，株式譲渡フォームの作成，印紙税の納税，株主変更登記，株主名簿への記入や株券の発行（必要な場合）が行われることになります。

【持分譲渡関連手続の概ねの所要時間】

　持分譲渡に際し，DDを必要とするかどうかによっても所要時間は変わってくるため一概には言えません。ただし，持分譲渡のみの手続きに関していえば，通常，1ヶ月以内に手続きは完了します。

⑩　ミャンマー

【持分譲渡課税及び留意点】

　株式の譲渡が行われた場合に発生したキャピタルゲインは10％の税率で課税され，株式の売却日から30日以内に，計算された納税額を申告・納付しなければならないとされています。ただし，株式売却の譲渡対価の総額が，株式を売却した日の属する事業年度においてMMK10Mを超えない場合には当該事業年度におけるキャピタルゲイン課税は免除されます。

【持分譲渡時の行政手続に関する留意事項】

　株式譲渡から21日以内に，Form C-3という所定フォームを使用してオンライン登録システムに入力することにより，DICA（Directorate of Investment and Company Administration：企業登記局）に対して報告する義務があります（新会社法86条）。

【持分譲渡関連手続の概ねの所要時間】

- 譲渡契約の締結：譲渡先がグループ内企業かグループ外企業かによって，1ヶ月〜数ヶ月（ミャンマー国内での契約書の印紙税納付手続は1日で完了する）。
- 登記変更手続：オンライン登録システムによる申請に1〜2日

【その他留意事項】

　一定の外資比率でミャンマー資本との合弁が強制される投資事業に該当する場合には，持分譲渡後も必要な外資比率が維持されなければならないとされています。

⑪　韓国

【持分譲渡課税及び留意点】

　日韓租税条約及び韓国法人税法に基づき発行株式総数の25％以上を保有し，譲渡株式総数が発行株式総数の5％以上である場合，株式譲渡所得に課税されることとなります。税額は①譲渡価額×11％，②譲渡差益×22％のうち，いずれか少ない金額で算定されます。

【持分譲渡時の行政手続に関する留意事項】

　譲渡契約書を作成する必要はありますが，持分譲渡それ自体は登記事項ではないため，外国為替取引法（または外国人投資企業促進法）と税務上の手続きで足ります。ただし，譲渡者及び譲受者がいずれも外国法人である場合は，譲受者が譲渡者から証券取引税を源泉徴収しなければならない点は留意が必要です。

【持分譲渡関連手続の概ねの所要時間】

　契約内容によって期間は異なりますが，企業結合申告対象の大手企業では3〜6ヶ月，一般企業は2〜3ヶ月程度を要しています。

【その他留意事項】

　譲渡契約が有効であるとみなされるためには譲渡代金が受領される必要があ

ります（譲渡契約日が譲渡日とはならないことに注意）。

⑫　香港

【持分譲渡課税及び留意点】

　香港では，株式取引を業として行わない限り，キャピタルゲインは非課税となります。ただし，キャピタルゲイン課税が生じない場合であっても，印紙税納付は必要となり，譲渡対価に税率を乗じた金額納付が必要となります（税率は各年変動，手続期限あり。香港内取引について課税）。つまり，当該株式をいくらで売買するのかについては，買い手・売り手双方合意にとっても重要となりますが，納税時にも，譲渡対価決定過程について，税務局への説明が必要となることを意味します。そのため，譲渡金額も含めた契約書締結は必須となります。

【持分譲渡時の行政手続に関する留意事項】

　まずは，既存の香港他拠点を買収して香港進出・再編を図るケースですが，「株式譲渡」「株式（現物）配当」の大きく２つの方法を検討される場合が多いです。前者についてはいわゆる売買契約，後者については，香港が持株会社の場合等に，保有株式についてグループ内配当を実施する場合に活用されます。株式配当の場合，香港拠点の定款に基づいた手続きが必要となる点（記載が無ければ追記等手続が必要），配当予定金額が香港拠点の利益剰余金を超えられない点等会社法上の制約は受けますが，金銭が動かない点において，グループ内取引としてメリットを感じられる日系企業が多いと思われます。

【持分譲渡関連手続の概ねの所要時間】

　株式譲渡完了後，買い手側は香港拠点を保有している状態になるため，公的には，定款や商業登記証等の更新，銀行のサイナー変更等手続が必要となります。これらの手続きは，１ヶ月程度を要することが通常です。

⑬　台湾

【持分譲渡課税及び留意点】

　株式譲渡時の課税については，実務上，株券が発行されている場合と発行されていない場合で取扱いが異なります。株券が発行されている場合は有価証券の売買として扱われ，売却益に課税はされず，証券取引税として取引価額の0.3％が課税されますが，株券が発行されていない場合は財産取引とみなされ，

売却益は法人税の課税対象となり，証券取引税は課税されません。

【持分譲渡時の行政手続に関する留意事項】

　台湾籍の会社を外資企業から外資企業に譲渡する場合，外資企業から台湾企業に譲渡する場合，台湾企業から外資企業に譲渡する場合，いずれのケースにおいても，譲渡対価の支払前に，外国投資委員会への申請を行い，認可を得ておく必要がある点は留意が必要です。

　また，外資企業が台湾籍の会社持分を取得するケースで，当該台湾籍の会社が台湾域内の別会社の株主であり，外資企業が台湾域内別会社の株式を間接的に3分の1以上保有する形となる場合は，外資企業が取得する台湾籍の会社から当該別会社への再投資に対しても，外国投資委員会の認可が必要となる点も留意が必要となります。

【持分譲渡関連手続の概ねの所要時間】

　上記のとおり，外資企業が関与する持分譲渡関連手続は，外国投資委員会による認可を経た後に譲渡対価を支払い，その後持分取得を行った会社の登記変更手続や，必要な場合に国税局での手続きを行う流れとなります。着手から完了までのおおよその所要期間は1～1.5ヶ月程度です。

⑭　中国

【持分譲渡課税及び留意点】

　持分譲渡（中国では一般的な有限公司では「持分」と呼び，株式有限公司の場合は「株式」と呼ぶ）の際に，投資原価（取得価額）と譲渡金額との差額に企業所得税が課税されますが，国外の取引であっても課税対象になる点に注意が必要です。例えば日本本社が中国の子会社を直接100％保有しているケースにおいて，この持分をシンガポールの子会社に譲渡する場合，取引自体は中国国外で行われますが，中国も課税権を有し，取引の対象となる中国子会社の所在する管轄税務局に納税する必要があります。日本国内の企業が中国法人の持分を売却する場合には，日中租税条約の適用により10％の企業所得税が課されます。

　グループ内取引の場合は，一定の要件を満たせば特殊性税務処理という課税繰り延べを適用することができます。詳細は第5章「税務」に記載していますが，適用に際しては原則的に持分譲渡の対価を持分で支払う必要があります（現金で対価の授受を行う場合には適用不可）。日本本社との関連では，日本本

社が保有する中国子会社持分を，日本本社が100％保有する他国の子会社または中国国内の別の子会社に譲渡する場合には，特殊性税務処理の適用の可能性があります（逆に子会社から親会社に中国子会社持分を譲渡する場合には，特殊性税務処理の要件を満たさず適用不可になるため注意が必要です）。

【持分譲渡時の行政手続に関する留意事項】

持分譲渡に伴う株主の変更は会社登記の変更事由となり，変更事由発生から30日以内に市場監督管理局に登記変更を申請する必要があります（市場主体登記管理条例第29条）。

【持分譲渡関連手続の概ねの所要時間】

上記のとおり登記変更事由発生から30日以内の登記変更申請の提出を求められています。また譲渡代金から企業所得税の源泉徴収が行われず非居民企業（日本本社など）が直接納税する場合には，登記変更完了後に納税を行うことになりますが，税務局とのやり取りから海外送金による納付完了までさらに1ヶ月程度の余裕を見ておく必要があります。

140　第2章　海外子会社の設立・再編・清算

第5節　清算・解散

I　現地法人清算検討時の本社サイドでの留意事項

海外子会社の清算・解散には以下のようなケースが考えられます。

- ■　多すぎる拠点を削減するため，複数拠点のうち一部を解散・清算する（清算会社の事業は他の拠点に移すか，または中止する）。
- ■　ビジネス上の理由で会社の中身を他の（新設）会社に移し，空になった会社を清算する。
- ■　長期間ペーパーカンパニーであり，存在意義がなくなったため清算する。
- ■　同地域から完全に撤退するために会社を解散・清算する。

　いずれのケースにおいても本社サイドは以下のような点に留意をしつつ案件を進めていく必要があります。

（1）人事

　会社清算で最も問題となるのは，清算する会社に勤めている従業員への対応です。もともとペーパーカンパニーであったり，清算決定時までにリストラを実施し実質的に従業員がいない状況であったりする場合にはあまり問題になりませんが，大きな問題になりがちなケースとしては，工場が納入先に対し製造責任を負っており，会社清算の公表直前まで製造を続けなければならない場合です。会社清算の情報が事前に従業員に漏れると，やる気をなくして従業員が離散し製造が続けられなくなったり，雇用の維持や退職金つり上げを求めて製造継続を人質に取りストライキや暴動が発生するなどのリスクがあります。そのため，清算の情報を厳に秘匿しつつ計画・準備を進める必要があり，現地駐在員の物理的・精神的負荷は相当高いものとなります。

　また一部の国では解雇の際に補償金を支払うことを義務付けられている場合があります。どのような算定方法なのか，また法定の金額以外に追加的に支払う習慣があるかなど，制度とともに実務上の慣習も把握しておくことが有用です。

（2）税務

会社の清算・解散時には税務調査が実施されることが一般的ですが，典型的に以下のような問題がみられます。

- 会社の内部管理が行き届いておらず，税務当局に提出すべき資料が完全ではなく（資料が揃っていない，見つからない，記録が不十分で過去の状況が不明瞭など），税務当局の要求や質問に対応できない。
- 過去に税金の未納や納付不足があり，延滞税とともに追徴課税される。
- 過去のグループ間取引価格が問題視され，移転価格の問題として追徴課税される。
- 過去の税務当局との口頭の取り決めが，税務調査時に否定され遡及的に課税される（例えば，担当官から口頭で一定金額の免除や税務上の処理が容認されていた場合など）
- 会社清算により，過去に受けた税務優遇を取り消され遡及的に課税される。

特に内部管理が原因で税務当局の要求に応えられないというケースは，清算時のみならず通常経営時の内部統制にも関わる事項であるため，現在清算を予定していない会社であっても自社の内部管理が適切であるか確認し，不備があれば早めに是正しておくことが肝要です。またすでに税務上の瑕疵を自社で認識している場合には，抱えるのではなく早めに税務専門家等に相談し，解決しておくことが重要です。清算時まで放置すると，巨額の延滞税などの懲罰的な課税が発生するリスクがあります。また，残余財産の回収においても課税が発生する可能性があるため注意が必要です。

（3）スケジュール

一部の国において，会社清算の完了まで長期間を要するケースがあります。これらの国では主に行政手続が原因で長期化する傾向にありますが，長期化することで以下のようなリスクが発生します。

- 清算完了まで訴訟等の対象になるリスクを抱え続ける。
- 海外子会社の代表者や幹部が清算完了まで責任を負い続ける。
- 会社に残った資金を本社や株主が回収できず，資金を長期間遊ばせること

142　第2章　海外子会社の設立・再編・清算

となる。

　したがって，海外子会社清算時には事前にスケジュールを綿密に見積るとともに，必要に応じて資金の事前吸い上げ，代表者や幹部の交代等を実施し，スケジュールが長期化したことで他の事業活動に影響が出ないよう準備しておくことが重要です。

（4）国別の留意事項

　以下では，各国での会社解散・清算に関する制度・実務のうち，特に問題となる所要期間及び従業員解雇時の退職金について概要を紹介します。

〔各国の現地法人清算〕

国名	所要期間の目安	従業員解雇時の退職金
インド	2年以上かかるケースもあり長期化傾向	インドの退職金は，退職金支払法（Payment of Gratuity Act, 1972）で規定されている。適用対象は，従業員数が10人以上の企業，施設や店舗等である。雇用主は5年以上勤務した従業員が退職する際に，退職金を支払うことが必要である。退職金額は，"最後に受け取った給与額（Last drawn salary*）×15/26×勤続年数"で算出される。 ＊Last drawn salary＝Basic salary＋ Dearness allowance
インドネシア	税務調査の対応に時間がかかり，清算手続全体で2〜3年程度の期間を要する	清算に起因する退職金支払について労働法で規定あり。
オーストラリア	当局に解散申請を行い，おおよそ2ヶ月で完了	事業の縮小や清算等に関する解雇の場合は，解雇補償金の支払いが必要。解雇補償金は金属年数にて変動。小規模会社（15人未満の従業員）は解雇保証金免除対象。
カンボジア	通常1年以上，長ければ3年ほどかかるケースも	労働法に集団的解雇の規定あり。退職金の取扱いは有期雇用か無期雇用かで扱いが異なる。

国名	所要期間の目安	従業員解雇時の退職金
シンガポール	一連の手続きに，通常，6〜12ヶ月程度	事業の縮小や清算等に関する解雇の場合は，解雇補償金の支払いが必要。
タイ	準備から決了まで2年程度を要するケースが多い。	法定の解雇補償金は勤続年数ごとに設定されており，最高で勤続年数が20年以上の場合で最終賃金の400日分。
フィリピン	税務署から取得する税務クリアランスの発行まで2〜3年程度要するため長期化傾向	1ヶ月分の給与額または勤続年数1年あたり2分の1ヶ月分の給与額のうち，いずれか高いほうの金額を支給。
ベトナム	通常1〜2年程度だが，コロナ禍後の実務では，2〜3年以上かかっている事例が増加	失業保険制度が始まる以前（2008年以前）から雇用が続いている従業員や，失業保険に加入していない期間（試用期間，産休期間等）のある従業員に対しては，会社から退職金の支払義務あり。
マレーシア	2年半〜3年程度	雇用法に規定があるが，実務的には勤続年数1年につき給与1ヶ月相当の解雇手当を支払うこともある。
ミャンマー	手続自体のリードタイムは数ヶ月だが，税務調査・査定に費やす時間次第で長期化する可能性あり	会社都合による解雇は雇用期間に応じた経済補償金の支払義務を負い，最高で雇用期間25年以上の場合に最終月額賃金の13ヶ月分。
韓国	通常2〜3ヶ月間程度で完了するが，口座廃止・残余財産の送金などの手続きは銀行によって所要期間が異なる。	退職金は勤続年数1年に対し，平均賃金の30日分以上。
香港	意思決定後，概ね1年から2年程度要する事例が多い。	香港労働法上，退職金算定式や最低補償額規定は存在するものの，会社都合退職となるため，勤務期間や勤務実態を踏まえて従業員ごとに設定する事例が多い。

国名	所要期間の目安	従業員解雇時の退職金
台湾	約1年～1年半程度は見込んでおくことが望ましい。	2005年7月1日を境に2つの退職金制度が併存しており、雇用開始時期により計算方法が異なるが、会社都合の解雇の場合は退職手当の給付が必要。
中国	スムーズなら1年以内、規模にもよるが準備を含めると2～3年のケースも存在	経済補償金（勤務年数1年に対し給与1ヶ月分）の支給義務。

① インド

【清算プロセスの所要時間の目安】

インドの会社清算は、清算（Liquidation）、自主清算（Voluntary Liquidation）、登録抹消（Strike Off）に大別されます。

会社清算手続は、2年以上の期間を要することもあり、上記の清算手続以外に、株式の譲受人を選定し、株式譲渡を行うことが選択肢に挙げられます。この場合は会社を残したまま、事実上、撤退の形式をとることとなります。株式譲渡の際はインドの中央銀行であるインド準備銀行が定めるガイドライン等に従い、手続きを行います。

② インドネシア

【清算プロセスの所要時間の目安】

債権者保護を目的とした新聞公告、税務調査の対応に時間がかかり、清算手続全体で2～3年程度の期間を要します。具体的な手続きは以下のとおりです。
① 清算開始、清算人選任の法務手続、新聞公告
資料の準備期間を含め約6ヶ月
② 納税者番号の抹消申請、税務調査
税務調査の実施を待つ期間を含め1～2年
③ 残余財産の分配、清算人解任の法務手続、新聞公告
最終的に事業体として抹消されるまで約6ヶ月

【清算時の税務問題】

インドネシアでは清算時に納税者番号を抹消するための税務調査が実施され

ます。通常，当該税務調査及び納税者番号の抹消は，会社の残余財産を分配する前に実施されます。税務調査が終了し，納税者番号が抹消されると清算法人に係る課税関係は終了しますが，規定上，残余財産の分配に係るみなし配当課税，資産債務の処分による課税が生じることを税務当局が確認した場合には，追徴できるものとされています。

【その他留意事項】

　清算に起因する退職金支払について労働法で定められているものの，労働組合によっては労働法に示されている金額以上の退職金を要求してくるケースもあります。

③　オーストラリア

【清算プロセスの所要時間の目安】

　オーストラリアの会社清算には大きく分けて，裁判所による強制清算と任意清算に分類されます。任意清算には株主による任意清算と債権者による任意清算があり，株主が任意で清算を行うには，会社の資産がAUD1,000未満であり，未払いの負債のない状態である必要があります。したがって，清算申請をする前に整理を行い資産をAUD1,000未満にすることで，清算をスムーズに行うことができます。これらに対する特別な税務調査はなく，清算直前に最後の法人税申告を行います。清算は，当局に清算申請を行い，おおよそ2ヶ月後に完了します。

　何らかの理由で資産・負債の整理ができない場合は，任意清算という手続きは行えず，強制清算という方法になります。この場合，清算人を任命し清算人を中心にその後の処理を進めていくことになります。清算人が中心的役割を担うことから，適切な清算人を任命することが重要となります。残余財産の分配にあたっては，清算人に対する報酬を含む清算に係る費用が最優先され，その後従業員に対する債務を含む有担保債権者，無担保債権者の順で資金の分配が行われます。従業員に対する債務については給与，年金拠出金，休暇手当，解雇手当が含まれ，その計算は清算人が行うことになります。

【清算時の税務問題】

　清算剰余金が発生する場合，資本取引となるため，それに対するみなし配当課税制度などの特別な課税制度はありません。通常のキャピタルゲインとして損金算入されます。ただし，清算剰余金とせず，配当金として払い出すことも

可能であり，その場合にはフランキングクレジットが付与されているかなど確認が必要です。

④　カンボジア

【清算プロセスの所要時間の目安】

　会社清算手続は通常1年以上，長ければ3年ほどかかるケースもあります。会社清算手続は通常まず租税総局及び関税総局に会社を清算する旨の通知を行います。期中に会社清算手続を行う場合，清算する基準日を設定し，その月までの月次申告手続及び当該事業年度の開始日から清算日までを対象とした年次申告（法人税申告）手続を上記通知の前に行う必要があります。

　租税総局及び関税総局への通知後，税務調査が入り最終的に税金清算証明書及び関税清算証明書を取得する必要があります。租税総局等での手続完了後商業省や労働職業訓練省，国家社会保険基金への通知を行い清算手続が完了します。その他の事業ライセンスを関係省庁から取得している場合や適格投資案件の指定を受けている場合は別途手続が必要となる場合があります。

【清算時の税務問題】

　清算プロセスが長期化する理由は租税総局の税務調査手続に時間がかかることがほとんどです。会社清算の通知後税務調査の開始までにまず数ヶ月経過することがある場合や税務調査が開始され必要書類を提出してからも税務調査官のほうで確認が進まないといったことが頻発しています。

【その他留意事項】

　2022年1月29日施行の改正会社法255条では新たな規定として清算会社に株主の決定による清算人の選定を義務付けており，当該清算人はACARより認可を受けた会計／監査事務所である必要があるとされています。執筆時点では当局からの清算人としての認可や清算人の権利義務の範囲等で不確かな点が多く運用面でも不明瞭な点が多いですが，実務上商業省での閉鎖申請手続の中で清算人により作成された清算報告書の提出が求められています。

⑤　シンガポール

【清算プロセスの所要時間の目安】

　株主による任意清算は，取締役会で支払能力宣誓書を作成し，ACRAに登記後，5週間以内に臨時株主総会の特別決議で任意清算の決議と清算人の選任を

決議し，清算開始となります。清算開始後，未申請分の法人税申告，債務の支払いを行います。資産と負債の清算及びタックスクリアランスの完了後，清算人が残余財産を株主に分配し，最終株主総会を開催し清算報告を行います。最終株主総会日から3ヶ月以内に，ACRA登記上の会社のステータスが会社解散に変更となります。清算開始後，一連の手続きには，通常，6ヶ月〜1年程度を要しています。

　株主による任意清算は，清算開始時点で債務超過ではなく，12ヶ月以内に債務の支払能力があることが要件となっています。効率的に清算手続を行うためには，清算開始前に可能な限り資産・債務を整理し，契約関係を解除しておくことが望ましいでしょう。

　実務上，休眠状態である場合や，設立後，事業を開始していない等，一定の要件を満たす場合には，ストライクオフという形で，ACRAに会社の登記抹消のオンライン申請を行うことが認められています。申請から登記抹消までの手続きは約4ヶ月を要しています。

【清算時の税務問題】

　株主への清算分配金の支払いは，資本取引のため非課税となります。

【その他留意事項】

　事業の縮小や清算等に関する解雇の場合は，解雇補償金の支払いが必要です。

　原則として解雇に理由は不要とされていますが，従業員への通知は雇用契約に規定がある期間に基づいて行わなければならず，雇用契約に定めがない場合で雇用法の適用がある従業員に対しては，その勤労期間に応じて期限までに通知しなければならないとされています。勤労期間が5年以上の場合，4週間前までに解雇の通知が必要となります。

⑥　タイ

【清算プロセスの所要時間の目安】

　会社の規模や運営年数の長さ，VATや源泉税の還付申請を行うかなどによりますが，清算の準備から清算結了まで少なくとも2年はかかるケースが多く，清算未完了のまま5年経過しているケースもあります。実際には会社清算時に実施される税務調査の所要期間に大きく左右されますが，税務調査のスケジュールをコントロールするのは非常に困難です。

【清算時の税務問題】

清算後の残余財産（利益剰余金部分）を外国株主に分配する際には15％の源泉税が課されます。株主が日本法人の場合は清算前に配当金として支払うと源泉税は10％で済むため，余剰資金がある場合には清算開始前に配当金として支払うことが有効です。

【その他留意事項】

通常，会社清算にあたり従業員を全員解雇することになりますが，人員整理とは異なり会社自体がなくなるため，従業員が解雇に同意せずトラブルになるといったことが生じるケースは少ないと思われます。

会社都合による解雇となるため，労働者保護法に定める解雇補償金の支払いが必要となります。法定の解雇補償金は勤続年数ごとに設定されており，最高で勤続年数が20年以上の場合で最終賃金の400日分の支払いを要します。実務上は法定の解雇補償金に加え任意の退職金を追加支給することがあります。

⑦　フィリピン

【清算プロセスの所要時間の目安】

各当局への登録抹消手続を進める必要がありますが，税務署から取得する税務クリアランスの発行まで2～3年程度要するため，清算が完了するまで長期間要する傾向にあります。

【清算時の税務問題】

清算時の資本配当は無税で行えるものの利益配当は通常の法人税率25％が課税されます。

【その他留意事項】

株主総会にて清算及び解散を決議し，当該決議書を基に従業員の解雇，資産の整理及び清算を行います。従業員の解雇には，労働法で定められている1ヶ月分の給与額又は勤続年数1年当たり2分の1ヶ月分の給与額のうち，いずれか高いほうの金額を支給する必要があります。

⑧　ベトナム

【清算プロセスの所要時間の目安】

2020年以前（コロナ禍前）であれば，およそ1～2年程度で完了していましたが，コロナ禍後の実務では，2～3年以上かかっている事例が増えてきてい

ます。背景としては，コロナ禍による業績悪化で清算申請を行った会社数が多く，税務署のマンパワーが足りず税務調査の順番待ちとなり，遅延することが常態化しているためと考えられます。すでに税務調査を受ける体制は整っている企業でも，税務署が1年近く対応をしてくれないといったケースも近年では多くみられます。

　その他，税務署としては調査するインセンティブが湧かない（優先度が低い）ということもあります。財政状態が悪く清算を予定している会社に税務調査を行うよりも，現在活動中で利益も多い会社に調査に行った方が追徴税額を取りやすいと考えられるため，どうしても清算会社向けの税務調査は後回しにされてしまっている現状があります。

【清算時の税務問題】

　清算時に特別に課されるような税制はありませんが，以下のような税務関連の処理が必要です。

　　①　控除できない仕入付加価値税（VAT）に係る還付手続
　　②　従業員の退職時点までの個人所得税（PIT）の確定申告
　　③　法人税（CIT）の確定申告

　上記の②及び③は，「清算決定日より45日以内」に完了する必要があります。なお，税関係ではないが，同様の期限（45日以内）で実施しなければいけないことの1つに，④清算決定日の財務諸表に対する最終会計監査（「清算監査」）もあります。清算が正式に決定されたら（もしくは，可能であればその前の段階で），監査法人にも連絡を行い，清算監査のアレンジをする必要があります。

　上記①～④までの税務申告や清算監査が終了したら，ベトナム税務署による最終の税務調査が行われることになります。

　また，ベトナムでは，会社清算を進める場合，最終の税務調査で多額かつ理不尽な追徴を受ける可能性があること，さらには清算手続の完了までは長期を要すること，清算のサポートを外注する際に生じるコストが比較的多額になる（手続きが煩雑かつ長期にわたるため）こと，等を鑑み，会社を畳む決定をしたときに，本当に「清算」が最善の選択肢なのか慎重に検討することも必要です。「清算」以外の採り得る選択肢としては「休眠会社」「持分（株式）譲渡」があります。

【その他留意事項】

　法令に基づき退職金の支払いが必要となる企業（多くは該当しない）であれ

ば，まずは法令に遵守した退職金額の支払いが必要です。そのうえで，実務上は，突然会社都合で職を失うことに対するお詫びの気持ちを含め，これまでの勤続期間や評価に応じて，任意で退職金を支給する会社も多くあります（最大で月給数ヶ月分の退職金が一般的と思われます）。

【法令で求められる退職金について】

　例えば，2015年以降に設立された会社であれば，企業に退職金支払義務は生じませんが，2008年12月より前に設立された会社で，当時の従業員を現在も引き続き雇用している会社は退職金支払義務が生じるケースがあります。

　ベトナムで失業保険制度が開始された2009年当時は従業員10人以上の企業に失業保険加入義務があり，その後2015年の制度変更により，全ての会社が強制加入となり，現在に至っています。つまり，失業保険制度が適用された2009年以降は，企業が従業員の失業保険に加入し，保険料を納付していれば，退職金（失業手当）の支払義務は企業ではなく政府にあると整理できます（失業保険に加入していない期間があればその期間に係る退職金（失業手当）の支払義務は企業にあります）。

⑨　マレーシア

【清算プロセスの所要時間の目安】

　株主による任意清算にて会社清算を行う場合，一般的には清算開始から完了まで概ね2.5～3年程度の時間を要します。株主による任意清算の場合の具体的な手続きは以下のとおりです。

　①　清算開始前の手続き

　　会計監査（場合によっては特別監査）の実施，債務超過でないことの宣誓，取締役会議事録，株主総会議事録の作成，清算人選任等の登記当局への届出：資料の準備期間を含め約4～5ヶ月

　②　清算中の手続き

　　清算期間中の法人税申告及びタックスクリアランスの申請，収支状況の登記当局への届出：税務調査が無い場合1～2年

　③　清算完了時の手続き

　　最終株主総会の開催，新聞公告，残余財産の分配，清算人退任の届出，登記抹消申請：最終的に登記抹消されるまで約4～5ヶ月

【清算時の税務問題】

会社法上，会社清算には任意清算と強制清算の2種類あり，日系企業が会社清算を行う場合は一般的に任意清算のうち株主による任意清算（Members' Voluntary Winding up）が用いられます。ただし，任意清算，強制清算のいずれの場合であっても会社清算自体に特別な課税制度はありません。会社清算開始後，税務当局から会社に税務債務がないことの証明を得る手続きとしてタックスクリアランス申請を行い，税務当局からクリアランスレターを入手することが清算手続において重要です。なお，株主への清算分配金の支払いは，資本取引のため非課税です。

【その他留意事項】

一般的に清算開始後は登記当局への届出やタックスクリアランス手続きなど，必要な手続きを粛々と進めるのみであり，タックスクリアランス申請に伴う税務調査が無い限りは大きなトラブルが発生することは少ないでしょう。また，最終的に残余資金を日本などへ送金する場合も特に制限は設けられていません。

一方で，清算開始までの段階においては，事業の停止や従業員の整理解雇など，労力を要することが多いため留意が必要です。

なお，従業員を整理解雇する場合，雇用法の適用対象になる従業員に対しては雇用法に基づく下記の解雇手当を支払う必要がありますが，実務的には全ての従業員に対し，勤続年数1年につき給与1ヶ月分相当の解雇手当を支払うことが目安となっています。

（雇用法に基づく解雇手当）
- 勤続年数が2年未満の場合は，勤続年数ごとに10日分の給与
- 勤続年数が2年以上5年未満の場合は，勤続年数ごとに15日分の給与
- 勤続年数が5年以上の場合は，勤続年数ごとに20日分の給与

⑩ ミャンマー

【清算プロセスの所要時間の目安】

会社清算時の行政手続プロセス及び各ステップにおける所要時間の目安は次のとおりです。

＜行政手続＞
① 取締役会による弁済宣言
② 株主総会招集（全株主の同意により招集手続は省略可能）

（＊　株主総会の21日前までに招集する。）

③　株主総会（任意的清算を行う旨の特別決議，清算人の選任）

　（＊　弁済宣言から３週間以内に開催する。）

④　DICA（企業登記局）に清算人選任に係る届出（弁済宣言の写しを添付）

　（＊　株主総会から２営業日以内）

⑤　清算事務手続（債務の弁済等）

⑥　清算手続完了後，最終株主総会で清算人による決算報告

⑦　DICAに最終決算報告に係る届出

　（＊　最終株主総会から１週間以内）

⑧　会社解散

　（＊　⑦の届出から３ヶ月後に，原則，会社解散となる。）

　また，清算事務手続の一環として行われる清算年度（期首〜清算日）の決算，会計監査，税務申告の所要時間の目安は以下のとおりです。

＜会計監査，税務申告手続＞

①　清算年度の決算作成：１ヶ月

②　会計監査：１〜３ヶ月

③　税務申告（税務署による査定）：３ヶ月〜１年（ケースバイケースであり予測は難しい）

【清算時の税務問題】

　ミャンマー子会社が会社を清算する場合の税務手続は，通常の年次申告プロセスと大きく異なることはなく，清算年度（期首〜清算日）の財務諸表を作成したのち，法人税と商業税の税務申告書類を税務署に提出し，要納付税額がある場合には納付手続を行います。留意点は，過年度から繰り越されている過払税金の扱いです。事業を継続している企業の場合，毎年度の確定申告時に過払税金の現金還付を受けるか次年度以降に繰り越すか選択することができますが，清算する企業の場合は当然現金還付を選択することになります。

　継続企業か清算企業かにかかわらず，過払税金の現金還付を申請した場合は高い確率で税務調査の対象として選定され，選定された場合には数ヶ月に及ぶ調査手続を受けることになります。税務調査への対応に負担を強いられることに加え，還付税額（清算完了後に株主に返還される残余財産）が大幅に減額されることも考えられます。

　設立年度から清算年度まで全ての年度における税務署による査定手続が完了

第5節　清算・解散　　153

するとTax Clearance Letterと呼ばれる証明書が発行され，全ての税務手続が完了します。

　清算にあたって保有する固定資産等を売却する場合には，法人税と商業税とは別にキャピタルゲインタックスの申告が必要になります。

　清算時に残っている親会社に対する未払金等の債務免除が行われた場合，発生する債務免除益は法人税の課税対象所得となりますが，清算手続完了後に株主に分配される残余財産（清算剰余金）に対する課税制度はありません。

【その他留意事項】

　退職金に関する制度や支払義務はないものの，清算時は会社都合で従業員を解雇することになるため，勤続年数に応じた解雇補償金を支払う必要があります。

⑪　韓国

【清算プロセスの所要時間の目安】

　現地法人の撤退の一般的な流れは以下のとおりです。順調に処理が進めば，最初の手続きから廃業まで通常2～3ヶ月間程度で完了しますが，銀行口座閉鎖・残余財産の送金などの手続きは銀行によって所要期間が異なります。

　　解散登記：1～3日

　　債権申告広告及び催告：60日

　　清算終結当期：1～3日

　　税務上の手続き：7～10日

　　外為法上の手続き：1～3日

【清算時の税務問題】

　解散までのみなし事業年度に対する法人税申告，解散から清算までの期間に対する法人税申告が必要であり，付加価値税及び源泉税，地方所得税に対する申告も必要となります。なお，清算の結果，解散した法人の株主が残余財産の分配により受けた金銭もしくはその他資産の価額が，当該株式を取得するのに所要した金額を超える金額は，みなし配当とされ，所得税または法人税が課されることになります。

【その他留意事項】

　従業員に関する以下の点は留意が必要となります。

① 清算に伴う勤労者と使用者間の雇用関係の終了通知（解雇予告通知）

使用者は勤労者を解雇しようとする場合には，原則，少なくとも30日前までにその予告をしなければならず，30日前までに予告しなかった場合には，30日分以上の通常賃金を支払わなければなりません。

② 賃金，退職金などの精算

賃金，退職金などの清算雇用関係が終了した場合，使用者はその終了日から14日以内に（勤労者と合意した場合，合意した期間まで）賃金や退職金等，雇用関係の下で勤労者に請求権がある一切の金品を支払わなければなりません。

退職金は勤続年数１年に対し「平均賃金」の30日分以上となります。ここでいう平均賃金とは退職の直前３ヶ月間に当該勤労者に対し支払われた月給，賞与，各種手当などの賃金総額を，その期間の総日数で除した金額を言います。退職金の代わりに退職年金制度（確定給付型，確定拠出型）を採択している会社は当該退職年金規約に基づいて精算します。

③ 社会保険の精算及び申告

付加価値税法上の廃業申告後，所轄税務署が発給した廃業証明願を添付して社会保険の消滅申告を行わなければなりません。また，雇用保険と産業災害補償保険は事業終了日までの賃金総額に対する保険料も精算しなければならないとされています。

⑫ 香港

【清算プロセスの所要時間の目安】

香港における解散・清算の手続きは会社法上定められており，取引規模や複雑性によるものの，意思決定後，概ね１～２年程度要する事例が多くあります。

手続上重要となるのは，清算監査，清算税務申告，従業員退職申告です。株主及び社内決議後は，基本的に事業停止した状態で清算監査を受け，その後，清算に係る税務申告を済ませる手順となります。任意清算の場合は，清算人による清算報告書も必要となります。

清算監査・清算税務申告が無事完了した場合，次に，税務局からの清算承認（過年度滞納，未払等の確認），約３ヶ月間の官報公示を通した登記局からの清算承認，の大きく２つのステップが必要となり，これらを経て反対意見が無ければ清算完了となります。

第三者対応として，実務上最も重要となるのは，商流・物流変更に係る販売

先，仕入先への説明です。実務事例を挙げますと，例えば，香港から中国本土への物流切替を行う際は，決済資金変更もさることながら，コスト増加につながるケースも見受けられます。香港では日本の消費税に該当する付加価値税等が存在しませんが，中国本土では，増値税や付加価値税納付が必要となるため，ビジネスや商材は何も変わっていないにもかかわらず，税負担が増加するケースが存在します。当増分コストは誰が負担するのか，販売先や仕入先との協議も必要となります。

　会社法上の清算手続は，任意清算（Voluntary liquidation）と，登記抹消（De-registration）の大きく2パターンがあります。前者は，清算人を選任・任命のうえ，主に株主保護の目的に沿って，残余財産確保に係る客観性・透明性を担保した手続きとなります。一方で，後者については，清算人の任命は不要，比較的簡易な手続きとなります。先述のとおり，いずれの手続きであっても，目的は第三者・社内を含むステークホルダーの反対意見の有無を確認することが目的となります。そのため，持分100％を日本本社またはグループ会社が保有する日系企業香港拠点の場合，実務上は，反対意見発生可能性が低いと想定し，後者を選択するケースが多いです。どちらの方法を選択したとしても，全資産・負債の整理方法が確定していることが重要です。当然ながら，負債未決済では，債権者から解散・清算同意を得るのは難しいでしょうし，株式や不動産等の資産が残ったまま解散・清算となれば，所有権は香港政府に自動移転されます。

【清算時の税務問題】

　清算時にはビジネスは終了しており，資産・負債の整理も終わっている前提となるため，清算所得課税の概念が必然的に発生しません。登記局の清算承認に先立つ税務局からの清算承認（過年度滞納，未払等の確認）が税務対応のハイライトです。

【その他留意事項】

- 労務関連では，駐在員・従業員の処遇判断については時間を要するため早めに着手すべきです。解散・清算に係る全体スケジュールを俯瞰のもと，帰任日・退職日をいつにすべきか，会社都合退職として，いつ通知し，退職金はどれだけ必要となるのか等，事前算定及び事前協議が必要です。労働法上，退職金算定式や最低補償額規定は存在するものの，会社都合退職となるため，勤務期間や勤務実態を踏まえて従業員ごとに設定する事例が

多いように見受けられます。

- 当面のキャッシュ・フロー計画を踏まえて，銀行口座の解約時期を決定します。
- 清算手続完了までは相応の時間を要するため，自社に適した清算関連業務内容・業務量の棚卸が重要であり，また，労働法令，就業規則上の手続きを経なければならない点にも留意が必要です。

⑬ 台湾

【清算プロセスの所要時間の目安】

清算については厳密には様々な方法がありますが，ここでは実務上よく取り扱う会社による任意清算に絞り内容を記載します。

清算手続においては，まず解散基準日を決定し，会社が解散する旨の登記申請を行うこととなります。この解散基準日がイコール清算開始日かつ清算人の就任日となります。解散基準日の承認後，外国投資委員会への投資撤退申請及び会社の解散登記申請を行い，解散基準日が承認された後，国税局に対し営業登記の抹消申請を行い，解散基準日までの営業税申告（解散基準日から15日以内）ならびに源泉徴収税の申告（解散基準日の認可から10日以内）を行う必要があります。その後，解散基準日の認可から45日以内に最終営業日（解散基準日の前日）までの法人税確定申告を行います。

清算期間が完了した際には，清算終了日から30日以内に最終の法人税確定申告を行い，当該申告の査定が完了すれば，清算に係る課税関係は完了することとなります。国税局による法人税の査定期間や裁判所による清算完了の査定の所要期間に大きく左右されますが，会社の登記抹消が完了し，残余財産の株主への返還が完了するまでの所要期間は約1〜1.5年程度は見込んでおくことが望ましいでしょう。

【清算時の税務問題】

実務上，清算時の要検討事項として挙げられるのは仮払営業税の還付申請です。台湾の付加価値税である営業税は2ヶ月ごとの申告ですが，仮受営業税より仮払営業税が多くなっている場合は，次回以降の申告時に控除可能な営業税が累積されていくことになります。この累積仮払営業税の還付は，原則として以下のものに限られています。

- ゼロ税率適用時の商品又はサービスの販売に関する仕入税額

第5節 清算・解散　157

- 固定資産購入時の仕入税額（小型自動車に関するものは除く）
- 合併，解散等の場合

　清算の決定をする場合は事業が上手くいっていないケースが多数で，累積仮払営業税が生じているケースが多くあります。このようなケースでは清算手続の一環として営業税の還付申請をすることとなりますが，営業税の還付申請の査定手続は比較的長くかかるものとなり，実務上では申請から1.5年程度かかったケースもあります。

　最終の残余財産の返還は営業税の還付が完了した後の手続きとなるため，営業税の還付申請を行うことにより，清算の完結までの所要期間がさらに延びる可能性がある点は留意が必要です。

【その他留意事項】

　一般的な任意清算においては清算手続に入る前の準備プロセスとして，従業員の解雇を行うケースが多く見受けられます。会社都合による解雇を行う場合，法令で規定される解雇通知期間を遵守のうえ，従業員に予告解雇の通知を行う必要があります。

　法令上の解雇通知期間は以下のとおりです。

- 勤続３ヶ月以上１年未満の従業員：解雇日の10日前までに通知が必要
- 勤続１年以上３年未満の従業員：解雇日の20日前までに通知が必要
- 勤続３年以上の従業員：解雇日の30日前までに通知が必要

　また，勤続年数に応じた解雇手当を支払う必要もあり，具体的には適用される退職金制度ごとに以下の内容で計算された金額を解雇手当として支給することになります。

- 旧退職金制度（労働基準法）を適用する従業員

　勤続年数満１年ごとに１ヶ月分の平均賃金を支給する必要があり，１年に満たない勤続年数については勤続月数で按分計算をする。

- 新退職金制度（労働者退職金条例）を適用する従業員

　勤続年数満１年ごとに0.5ヶ月分の平均賃金を支給する必要があり，１年に満たない勤続年数については勤続月数で按分計算をする。ただし，６ヶ月分の平均賃金の支給を上限額とする。

<退職金制度の併存>

　「労働者退職金条例」の施行により，台湾の退職金制度には「労働基準法」に基づくもの，「労働者退職金条例」に基づくものの双方が併存しています。

「労働者退職金条例」が施行された2005年7月1日以降に雇用が開始された労働者に対しては，全て「労働者退職金条例」が適用されますが，施行日前から継続して同一の会社に勤務する労働者は「労働基準法」，「労働者退職金条例」のいずれかに基づく退職金制度を選択適用することが可能となっています。慣習上，「労働基準法」に基づく退職金制度が「旧退職金制度」，「労働者退職金条例」に基づく退職金制度が「新退職金制度」と呼称されています。

<旧退職金制度>

労働基準法に基づき，会社は，旧退職金制度を適用する労働者の月給の2～15％に相当する金額を専門口座に積み立てる必要があります。

（a）同一の会社に勤続15年以上，かつ満55歳

（b）同一の会社に勤続25年以上

（c）同一の会社に勤続10年以上，かつ満60歳の労働者

上記条件のいずれかに該当する労働者は退職金を取得することが可能となります。ただし，旧退職金制度の退職金は会社単位の管理口座にあるため，労働者が退職して別の会社に就職した場合には，以前の会社での積立分については，原則として引き出すことができません。

退職金は勤続15年までは1年につき月給2ヶ月分，勤続15年超については1年につき月給1ヶ月分の金額が全額一括で支給されますが，45ヶ月分が上限となります。

<新退職金制度>

労働者退職金条例に基づき，会社は新退職金制度を適用する労働者の月給の6％を下回らない金額を拠出し，労働部労工保険局の個人別の退職金専用口座に預け入れる必要があります。なお，労働者個人は，その月給の6％以内の範囲で退職金の追加拠出をすることもできます。

（a）満60歳（実際に退職したかどうかを問わず）の労働者

（b）60歳未満で死亡した労働者の遺族

上記条件のいずれかに該当する労働者は積み立てられた退職金を取得することが可能となります。

また，新退職金制度の退職金は個人単位の管理口座にあるため，労働者が退職して別の会社に就職しても，以前の積立分はそのまま引き継がれます。

退職金は個人別退職金口座への拠出累計額の元利合計が支給されることとなり，月次支給，一括支給のいずれかの方法が選択可能となっています。

異なる退職金制度が併存している状況であるため，会社が従業員を雇用する際には，どちらの制度が適用されることになるのか，といった点も事前に確認することが推奨されます。

⑭ 中国

【清算プロセスの所要時間の目安】

中国の会社清算手続は税務登記抹消を中心に長期化する傾向があり，スムーズなケースでも清算の申請開始から1年程度を見ておく必要があります。従業員の対応や資産の処分などの時間を考慮すると，準備・実行を含め2～3年程度の時間がかかるケースも多くあります。

【清算時の税務問題】

中国の会社清算では，税務登記抹消時に過年度の納税状況について審査が行われます。税務局が何か問題を発見したり疑問点がある場合には関連する資料の提出を要請され，一定期間の審査の後に，問題ありと認定された場合には追徴課税が実施されます。

中国の税務では，これまで多くの事項において税務局の事前審査・認可を必要としていましたが，近年では税務局は事後的なチェックを主とし，税務関連の資料整備や説明責任は基本的に企業側にあるとしています。したがって，税務登記抹消時の税務審査において税務局の要求する資料が提出できない場合には問題視されますので，日ごろから社内の資料管理を適切に行うことが肝要となります。

清算残余財産については，残余財産として分配される金額のうち利益剰余金に相当額は配当所得として課税されます。残額のうち資本金相当額の超過分は，出資者である日本企業の投資譲渡所得として認識され企業所得税が源泉徴収されます。

【その他留意事項】

会社清算を含む会社都合での労働契約の解除は，従業員に対する経済補償金の支払事由となります。経済補償金は「勤務年数×過去1年の月収の平均」で計算されますが，月収の高いメンバーや勤務期間の長いメンバーが多い場合には経済補償金が高額になります。また法定の経済補償金を上回る金額を支給する実務もあり，追加分をどの程度支給するかが従業員との交渉になるケースが多くみられます。一般的には1～2ヶ月分程度を上乗せするケースが多いです

が，清算直前まで製造を継続しないといけないなど重い製造責任を負っているケースでは従業員側が有利に交渉を進め，経済補償金が高額になることもあります。ただし，あまりに高額な経済補償金は他の中国国内グループ会社や近隣の会社に悪影響を与える可能性があるため注意が必要です。

第3章

コーポレートガバナンス・リスク管理・コンプライアンス

第1節　アジアのリスクとリスク管理

ⅠＩ　はじめに

（1）アジアの日常

　過去30年間，日系企業の海外進出が最も多く進むアジアですが，「アジア事業の管理は難しい」，そんな言葉がよく聞かれます。一体，現地では何が起きているのでしょうか。少し笑ってしまったり，怒りが湧き上がってきたり，そうかと思ったら大爆笑したり，心がほっこりしたり，喜びが溢れたり。そんな場所がアジアです。想像してみてください。毎日のように同じ従業員が4回も昇給を本気で訴えてくること，停電が8時間続くこと，数日断水となってトイレも流せないこと，原材料の輸入時に理由なく止められ，賄賂を払わないとモノを動かせないと現地従業員に早急な判断を求められること，100メートルを車で進むのに3時間かかること，従業員が突然失踪すること，毎年のように洪水浸水し工場が当面全く稼働できなくなること，土地を購入したのにその土地で知らない老人が「ここは私の土地だ」と居座り工事が進まないこと，約束した期限を守ったことがない業者ばかりなこと，法律が発布されて即日施行となること，その法律が施行されたことを政府の窓口担当者が知らないこと，急遽高額紙幣が利用廃止になり，銀行へ取り付け騒ぎが起こること。

　これらは我々が20年以上アジアへの進出支援をしてきた日系企業が経験してきたほんの一部の出来事です。日本で仕事をしている中では考えられないことが起きるのです。日本人ビジネスマンにとっての非日常が日常。（日本人から見ると）トラブルが日常的に発生し，その対処に時間を取られ，気をもみ，疲弊します。毎日日本では経験したことがないようなことが起こり予定通りに前

に進めないトラブルを楽しめる方と，これがストレスで怒りになり，その国も
その国の人も大嫌いになりいち早く帰りたいと願う人がいます。アジアの経営
者，駐在者として適任なのはトラブルも楽しんでしまう前者でしょう。

（2）O（お前），K（こっち来て），Y（やってみろ）

新興国，途上国がひしめくアジアは経営管理，リスク管理が難しいという声
が多く聞かれます。これはアジア・オセアニア地域において数千以上の顧客の
進出支援を行ってきた全員が賛同します。日常的に何かと問題が頻繁に起きて
その対処に追われている企業は少なくありません。アジア事業の困難や課題に
ついての研究やアンケート調査，分析などは多くの専門家が発信しているため
ここで詳述しませんが「OKY」という言葉を紹介したいと思います。

この言葉はアジア事業の難しさをユニークに表現しており，アジア駐在経験
者ならば多くの方がご存じであろう言葉です。これはO（お前），K（こっち
来て），Y（やってみろ）の略語であり，アジア各国で日々奮闘する駐在員が，
快適な日本のオフィスで日本人と仕事をしている本社の担当者をユニークに皮
肉った言葉です。これは端的にアジア事業の困難さを表現しており，現地のオ
フィスや日本食屋さんではこの単語が飛び交っています。

ちなみにOKYは進化して「OKI」という言葉もあります。それはO（お前），
K（こっちに），I（いただろ）の略語で，現地の元駐在員が本社に戻って数
年が経ち本社の海外管理担当となった場合に現地でトラブルがあった場合など
で現地を叱責する際に現地側から出た言葉です。お前はこっちを知っているだ
ろうと，日本のように物事が進まない事情があるのを知っているだろう，元駐
在員のお前なら分かってくれるはずだろうという現地現役駐在員の叫びです。

ただし，これらの厳しい状況についても日系企業をはじめとする外資系企業
の進出とそれに伴う外国人駐在員の増加と関連サービスの拡がり等により，
年々改善されてきており，駐在に伴うハードシップは下がってきている国が多
いという点は各地の進出支援を長く行ってきたメンバーに共通した実感として
あります。

Ⅱ　アジアでリスク管理の対象となるリスク

それではアジア事業におけるリスク管理を考えた際に，注視すべき主なリス

クは何か，以下のリスクを取り上げ，その特徴を挙げます。いずれも自社においてリスクを認識，評価のうえ，適切な対処がなされているかの確認が肝要です。

　もちろんアジア事業のリスクはこれらだけに限りませんが，各国での実務の経験則から会社に損害が生じた事例として多く目にしてきたもの，アジア事業でのリスクが高いと思われるものを取り上げています。

　以下，アジア事業で注視すべき主なリスクを取り上げるとともに，それぞれのリスクについて，当該リスクが特に注視すべきリスクであると思われる国についてはその背景にも触れていきます。

1　データ（機密情報・個人情報）漏洩
2　与信
3　税務
4　人材関連
5　コンプライアンス
6　不正
7　贈収賄
8　その他，特定の国において特徴的なリスク

（1）データ（機密情報・個人情報）漏洩

　アジア各国に共通する事業環境の変化として急速なデジタル化が進んでいるという点が挙げられます。企業内部での紙媒体の管理からデジタル化への移行から，行政手続のデジタル化なども急速に進んでおり，これらは効率化や不正の防止など事業環境として良い影響が多く見られる一方，企業機密や個人情報の電子データの漏洩など新たな重大なリスクが高まっており企業のリスク管理の主要な課題の１つになってきています。アジア中の官民双方で，実際に多くのセキュリティ事故が発生しています。サイバーセキュリティ法や個人情報保護法などの整備も徐々に進んでいますが，現地ではその重要性についての認知がなかったり，専門家が十分に足りておらず，本社のIT部門や監査部門がしっかりと関与しなければ十分な対策をとれない領域といえるでしょう。

　以下，データ漏洩が当該国において特に重要であると考えられている国について，その背景とリスクについて記述します。

① カンボジア

　当局の職員もテレグラムを利用するなど情報管理に対する意識が先進国と比較して低いため情報漏洩リスクが高いと考え，対応する必要があります。

② タイ

　タイではLINEが幅広く利用されており，ビジネス上のやり取りに使われているケースも非常に多くなっています。LINEに限らずスマートフォン上のSNSアプリからの情報漏洩には注意が必要です。

③ マレーシア

　マレーシアにおいてはPDPA（Personal Data Protection Act）により個人情報が法律によっても守られるようになっていますが，個人情報の漏洩はしばしばニュースに取り上げられており，また世間的にも個人情報保護に対する意識が高い状況ではありません。またスタッフの転職による企業秘密や顧客情報の漏洩はしばしばトラブルになります。しかも，そういった企業秘密や顧客情報の漏洩により具体的に会社に損害を与えた場合でないと訴訟に持ち込むことが実務的には難しく，転職するスタッフからの情報漏洩については企業経営者が頭を悩ませているところです。

④ ミャンマー

　ミャンマーでは，個人情報や顧客情報を管理することの重要性どころか必要性すら認識されていないと感じさせられる場面が多く，商取引における外部への情報提供に留意するだけでなく，自社の従業員に対する指導・教育を十分に実施することが非常に重要です。

⑤ 韓国

　インターネットでの匿名性を重視している社会の雰囲気があるため，検閲などの問題は考え難いですが，ハッキングや日本でいう振り込め詐欺に相当するボイスフィッシングなどは十分留意する必要があります。

⑥ 香港

　買い物や決済，商談等スマートフォンで完結できてしまう環境であるため，

何を社内公式証憑とし，何を機密情報とするのか，またその定義が社内共通理解となっているのかが重要となります。

　例えば，顧客マスターファイルや従業員給与ファイルが，社内オンライン上で管理されている場合，社員が誰でも個人スマートフォンから接続可能な環境にあると社外情報流出のリスクが高まります。グループチャットで不特定多数に流出がされる等，事態が大きくなることもあります。

⑦　台湾

　SNSの業務利用が幅広く浸透しています。社内サーバーやEメール等からの情報漏洩リスクのみならず，SNS経由での情報漏洩リスクも留意する必要があります。

⑧　中国

　インターネットやSNSの書き込みなどの検閲といった問題もありますが，製造業では新製品が工場からの横流し品として正式発売前に市場に出回るといった形の漏洩もあります。

（2）与信

　「お金がなかなか入ってこないし，返ってこない，一度払ったらとりかえすのは相当に苦労する」それくらいの感覚でいたほうが正しいといえるほど，与信は十分にモニタリングしなければなりません。これは民間企業同士の商取引に限らず，政府を相手とする事業による債権，その他，例えば税金の還付金やもらえるはずの助成金や補助金，政府への債権についても長期にわたって何度も請求しているにもかかわらず数年返ってこないということも少なくありません。これは買与信も同様で，現地の会社と取引する際には，小さな企業だからと全額前払いを了承したにもかかわらず発注した仕様を全く満たさないものを納品され，クレームを出しても追加対応には追加の費用がかかると一点張りをされたり，前金を払った後，連絡が取れなくなったという事例もあります。

　一方で，リスクが高いと認識し，しっかり調べようとしても与信調査が困難である点も，アジア各国共通の事業環境であるといえるでしょう。社会的認知のある信用調査会社は，台湾，香港，ベトナム，マレーシア，中国等でありますが，その情報の信ぴょう性については疑問が残ります。タイやフィリピン，

インド, シンガポール, 香港, マレーシア等においては, 非公開企業であって
も, 全ての企業の決算開示義務があり, 政府が公表しているため, お金を出せ
ば誰でも非公開企業の決算書を取り寄せることができますが, 必ずしも信憑性
は高いものとはいえません。

　アジアの経営管理において, 与信管理は非常に重要なテーマであるため, 以
下, 国別の特徴, 留意点について記述します。

①　インド

　インド企業との取引においては, 期日通りに支払いが行われず, 債権回収が
問題となるケースが多くみられます。なかには請求書が届いていない等の難癖
をつけて支払いを延期させるケースもあります。これには, インドでは金利が
高いため, 債権の支払いを遅延させて, 利息収入を確保するほうが合理的と判
断する企業が存在することが背景にあります。

　債権回収のために必要な対策として, 新規の取引先の場合には, 契約段階で
請求額の50％を前払いにし, さらに遅延した場合には, 遅延利息を課すことを
合意させる方法が有効です。また, 取引開始後は, 取引先に請求書を確実に届
け, 回収期日後は, 催促状を送付する等, 代金回収までフォローを続けること
が重要となります。

　与信判断については, 日本の帝国データバンクのような組織はなく, データ
は入手できません。しかし, 全てのインド法人は会計監査を受ける義務があり,
監査を受けた決算書を年次でインド企業省 (Ministry of Corporate Affairs
(MCA)) に提出, 開示する必要があるため, 費用を払えば誰でも決算書を入
手することは可能です。

　ただし, 監査済みとはいえ, 信用のおける監査が行われているかは実務上
様々であり, 当該決算書の信憑性は高いとはいえない状況ではあります。

②　インドネシア

　インドネシアでは会社定款に登録された情報の一部を法務人権省 (Ministry
of Law and Human right) という当局に対し報告する義務があり, 取引先選
定にあたり法務人権省のシステムから株主構成, 役員等の一定の法務情報を取
得することが可能となっています。またインドネシアにおいても非上場会社の
財務データを有料で提供する信用調査会社がありますが, 対象会社が限定され,

情報も古く，有用な情報は多くはありません。

　また与信管理においては，インドネシアのローカル会社では支払担当者が支払いを延ばすことで評価が上がるといった慣習があり，債権回収に苦慮している日系企業も多く見受けられます。

③　オーストラリア

　与信管理の方法としては，与信額によるものの，与信側の企業が独自のチェックリストを作成し，それに基づき必要書類を取引先に依頼するという方法が一般的です。

　ほとんどの情報は取引先企業から直接入手することになりますが，財務情報については，通常その取引先を担当している外部の会計士・税理士に提出依頼をする場合が多く，そのことで一定レベルの情報の正確さを担保するという手法がとられています。

　また，与信を受ける取引先の取引先（レファレンス）に直接連絡し，その企業の支払状況について確認することも頻繁に行われています。

④　カンボジア

　カンボジア人のビジネスパートナーや従業員雇用時点でもそうですが，一般的に信用調査は困難であるといえます。

　カンボジアは外資規制が比較的緩くビザも取りやすい国であるため，取引相手が日本人であっても事業活動を行ううえで十分信用に足るか否かの判断が難しいケースも多くなっています。そのため安易に信用取引を行わず保守的な取引条件から開始することが望ましいといえます。

⑤　シンガポール

　シンガポールでは原則，全ての法人に会計監査を受ける義務があり，監査済みの決算書を会計企業規制庁（ACRA）に提出する必要があります。

　ACRAに提出された決算書は，誰でも購入可能のため，監査済みの決算書を用いて与信判断を行うことが可能です。

　ただ，そもそもシンガポールにおいては法体系が整備されて久しく，遵法精神が高いため，他のアジア諸国にみられるような回収不能リスクなどの与信リスクが問題になることはほとんど見受けられません。

⑥ タイ

期日通りに支払われない，督促しない限り支払われない（督促しても支払われない）といったことは多くはなく，他国と比べれば与信リスクは低いほうであると考えられます。

⑦ フィリピン

フィリピンにおいては，非公開企業であっても，全ての企業の決算開示義務があり，SEC（証券取引委員会）が公表しているため，お金を出せば誰でも非公開企業の決算書を取り寄せることができますが，必ずしも信憑性が高いとはいえない点は留意すべきです。

⑧ ベトナム

ベトナムの中央銀行（State Bank of Vietnam）の独立機関として設置された公的な信用調査センター（CIC：Credit Information Center）のほかに，現在では多くの民間のコンサルティング会社も信用調査を行っています。

しかし，そもそもローカルの企業は二重帳簿が存在する等，実態を表す正確な財務データをCICですら把握していないケースも多く，信用調査の結果そのものに疑義があるともいえます。

⑨ マレーシア

マレーシアにおいては全ての法人が会計監査を受けたうえで，監査済決算報告書を登記当局に提出する義務があります。提出された監査済決算報告書は誰でも入手することが可能となっていますが，登記当局に提出された監査済決算報告書が信頼性の高いものかどうかは疑問が残るところです。

また信用調査機関であるCTOSを利用して信用情報を入手することも可能であり，これらの決算報告書や信用情報により一定の与信情報が得られる環境にはあります。

一方で，ローカル企業との取引において債権回収に苦労するという話はよく耳にするところです。

表に出ている与信情報では内容が優良ではあるものの，実際の取引，債権回収の段階においては様々な理由を付けて支払いを先延ばししたり，何度も問い合わせを行っても一向に回答がない，といったトラブルに巻き込まれるケース

が実際にみられます。

⑩ ミャンマー

ミャンマーには日本の帝国データバンクのような信用調査会社は無く，また，数社存在するヤンゴン証券取引所上場企業を除いて，非公開企業には決算開示義務もないことから，事前に与信調査を実施することは非常に困難です。

ミャンマーの内資企業は，税務申告用に決算数値を調整（改ざん）した財務諸表を準備していることも珍しくなく，さらに調査対象の企業が質の低い現地の監査法人を選任している場合には，監査済みの財務諸表であっても信用力があるとはいえないのが実情です。

⑪ 韓国

一定規模以上の株式会社は韓国の制度上，会計監査を受け，財務諸表を金融監督当局の電子開示システム（DART）に開示しなければならないため，法定監査対象になる企業に関しては無料で財務情報を入手することができ，基本的には与信評価が可能です。

また，銀行からの借入金がある会社は，銀行によって異なりますが一般的には毎年当該銀行へ財務諸表の提出が求められます。このデータを収集し，有料で提供している民間の信用情報会社があるため，法定監査を受けていない企業に対してもこの情報を活用して与信リスクの管理はある程度可能となります。ただし，この情報は監査を受けていない決算書に基づいているため，利用の際には信用性につき注意しなければならないでしょう。

なお，小規模の取引先に対しては財務情報を確認する術がないため，与信管理は難しいといえます。

⑫ 香港

LSEG社等信用調査会社の利用は可能であり，会社登記局（Company Registry）も会社情報を有料提供しているため与信調査自体は可能です。ただし，社内の運用の問題として，どのような場合に，誰が調査するのか等，ルールが不明確であることに起因して与信管理が甘くなり，結果的に多額の貸倒れが発生したり，取引銀行が隔年実施するマネーロンダリング調査で指摘されるといったケースは見受けられます。

⑬ 台湾

　台湾における非上場会社は原則として決算情報の開示義務がないため，与信リスクの管理は悩ましい問題です。

　日本の帝国データバンクに相当する信用調査会社は存在しますが，現地企業では外部向けの財務データと内部向けの財務データの双方を管理，作成しているケースが散見されるため，信用調査会社が取得するデータにどこまで信頼がおけるかは疑問符が付きます。

⑭ 中国

　中国では「回収は早く，支払いはできるだけ遅く」実施できるのが優秀な財務担当といわれており，一般的に回収サイトは日本と比べて長期化する傾向があります。また非上場企業の財務情報の入手が困難であり，調査対象会社の協力なしに公のルートで情報を入手することはできません。

　信用調査会社は多数存在しており，それぞれ独自のルートで調査対象会社の財務情報を入手していますが，信憑性については保証がなく，与信判断は難しいといえます。

（3）税務

　アジアの税務実務は混沌を極めます。複雑な税制で頻繁に改正を繰り返し政府職員でさえもキャッチアップできていないため，こちらが正しい申告をしても税務職員が理解しておらず混乱をきたすこともあります。なんとか法令を把握して正しいことさえしていれば裁判で負けることはないだろうという考えも通用しません。

　アジアの多くの国々では裁判に頼っても，そこに司法の腐敗や国際的な共通理解判断に関する知見不足から妥当な結論までたどり着くことが困難で，途中であきらめる事例も多くみられます。税務行政は国の財政安定，経済成長基盤となるため国際的な支援の関心度も高く，長く問題視されてきたところですが，税務に関わる法令の整備，徴税，懲罰執行を中心とする税務行政の脆弱性，不当な追徴指摘や税務職員による賄賂の要求など，税務職員の知見不足，税務当局の腐敗はアジアにおいて広くみられ，そのことが企業の税務リスクを高めています。いわゆる言いがかりのような理由で不当な税金の支払通知書が突然届いて，期限までに納税しないと多額の罰金があるなどと通知され大慌てすると

いう事例もあります。ただし，外国投資促進を進める各国は改善への取り組みに真剣でどの国も年々改善はしてきています。制度は一様に簡素化，安定化の方向に進んできており，ガイドラインも充実し専門家も増え，税務職員の能力も高まってきて，平たく言えばまともにビジネスできる国が増えてきていると感じます。

　以下，税務リスクが当該国において特に重要であると考えている国について，その背景とリスクについて記述します。

①　インドネシア

　インドネシアでは税務手続の煩雑さや，税制の未整備，また税務調査において担当の税務調査官の裁量が大きいことから，留意する必要があります。

　また社内においては会計税務担当の従業員が税務調査で誤り等が露呈することを恐れ，税務調査の通知を隠してしまったり，税務調査の前に退職するといった事例も見受けられます。

②　タイ

　タイの税制上，タイ国内向けサービス売上が多い会社および輸出売上が多い会社では，それぞれ法人税およびVATが還付ポジションになる可能性が高くなっています。しかし，還付請求すると原則として税務調査が実施されるため，強引なあるいは不合理な追徴課税を受け，思わぬ税務コストが発生するケースが少なくありません。

③　ベトナム

　税務調査時において，調査官の裁量に基づき理不尽な追徴課税がされるリスクがあります。特に，判断を伴う税務処理（例：移転価格，経費の事業関連性）については裁量の余地が大きい項目のため，当局から指摘指摘を受けて追徴課税されるおそれは高いです。

　「裁量」と書きましたが，実際には調査官個人による純粋な気まぐれから来るものではなく，彼らも組織の上層部より事前に目標金額を伝えられており，そのプレッシャーから来ているものと考えられます。つまり，その調査官が所属する管轄税務署内において，その年度の税収目標への未達状況を鑑み，今期の調査対象企業からはいくら回収したいという目標金額が内々で定められてい

るため，調査官はその目標に達するまで粗探しをしたり理不尽な追徴を積み重ねていると考えられます。

　そのため，不景気で税収が少ないと，税務調査の厳格化及び理不尽化の傾向が強まりますので，マクロ的な経済状況も間接的な税務リスクの1つとして意識しておく必要があります。

④　マレーシア

　マレーシアにおいてはシンガポールを除く周辺諸国に比べ，税務当局（MIRB）は比較的信頼できる政府機関といえるでしょう。税関当局（Custom）が管轄する間接税の課税においてはしばしば理屈が通らない徴税を行うケースもあるものの，税務当局が強引な徴税をしてくるケースは多くはありません。

　これはコンプライアンス意識の高い日系企業に対する当局の信頼度によるもので，ローカル企業や他の外国企業に対する徴税姿勢がどうなのかは不明ですが，商工会やJETRO等の調査においても，税務を大きな不安要素とする声は多くありません。ただし，還付金が遅い（場合によっては3～4年かかる）点は実務上，留意すべきことといえるでしょう。

⑤　ミャンマー

　近年，税法の整備や実務手続の明確化は明らかに改善傾向にあるものの，税法と異なる見解・結論を押し通す税務官や会計基準を十分に理解していない税務官も多くいるのが実情です。

　また，税務官によって税法の見解や税務査定の方針が全く異なっているなど，実務面の不統一がミャンマーに進出している多くの企業を悩ませてきた問題の1つとして挙げられます。

⑥　台湾

　法人税，営業税（付加価値税），源泉徴収税等，税法については細かな規定が設けられており，また国税局からの税務調査も比較的頻繁に行われる傾向にあるため，各種税法の概要のみならず，実務的な取扱いを理解しておくことが重要です。

⑦　中国

　中国では多種多様な税金について頻繁に制度改正，変更が行われていますが，各地の税務当局が実務上の対応方法を理解していないことも散見され，地域や担当者により同一の問題について見解が異なることがあります。

　また税務局が使用するシステムもアップデートしており（2024年6月時点では「金税4期」システム），ビッグデータ解析による異常値の検出結果に基づき税務局から質問や資料提出要請が届くケースが増加しています。

　政府の財政悪化に伴い，税務調査の増加や理不尽な追徴課税のケースも見受けられており，税務局とのコミュニケーションには注意が必要です。

（4）人材

　アジアで優秀な従業員を長期間確保することは非常に難しいという状況にあります。日本にも変化が出てきている昨今ですが，アジアのほとんどの国々では，雇用の流動性は非常に高い傾向にあり，生涯同じ企業で働くという意思をもった人は非常に少なく，より高い給料や自己成長機会を求めた転職に伴うリスクは重要な1つの経営管理上のリスクとなります。起業家マインドを持った人も多いため，独立するケースなどもあり，競業避止の契約上の対応をしているにもかかわらず，お客さんと事業を丸ごと持っていってしまうケースなどもあるため，形式的な契約上の対応だけでは十分でありません。

　一方で，成功している日系企業の多くに長期間勤務しているローカルの管理者層がいることはデータのとれない事実です。このような人材の確保は事業の成否を分ける重要なリスク管理テーマといえるでしょう。

　以下，人材リスクが当該国において特に重要であると考えている国について，その背景とリスクについて記述します。

① インド

　優秀な若手人材の流動性が非常に高いため，優秀な現地の人材を確保する体制や企業内に引き留める施策が求められます。また，インドの日系企業をはじめとする民間企業では，従業員（特に退職者）との雇用関係をめぐるトラブルも多く，退職者がいる場合は，退職金の支払有無などを慎重に検討し，円満に退職できるようなプロセスが求められます。

② インドネシア

人口の約9割がイスラム教徒であるため，会社として従業員に対する十分な配慮が必要となります。

労働法においても毎日の祈祷の機会の付与，宗教上の祝日前のレバラン（イスラム断食明け大祭）手当の支給義務，宗教を理由とする解雇の禁止が規定されており，さらに宗教上義務付けられる宗教的行為への参加（ハッジと呼ばれるイスラム教の聖地メッカへの巡礼など）のために会社での勤務ができない場合にも給与を支払わなければならないとされています。

若年労働人口が多いため，工場労働者等の確保は難しくありませんが，高度人材は流動性が高く，より良い待遇を求め2〜3年で職を転々とする傾向があります。労働者保護色が強い労働法及び関連規制，力の大きな労働組合のもと，給与・退職金の支払いにおけるトラブルもよくみられます。

③ オーストラリア

労働者に対する保護が強く，また労働組合の権限も強力です。昇給，残業手当，有給，休暇，その他手当，解雇方法など細かく法律が定められています。これら法律の解釈などをめぐって，雇用者対被雇用者の係争も多くみられます。

④ カンボジア

日本の終身雇用の文化に起因する長期的な勤務という感覚はなく，平均的に2〜3年で転職を行う人材が多いように見受けられます。特に優秀層の人材は新たな経験を求める傾向にあり，ある程度の期間類似する仕事に従事すると離職することが多く，給与水準を上げる打診を行っても離職を止められないことも多いです。

⑤ シンガポール

シンガポールでは人材市場が競争激化しており，優秀な人材の確保が課題となるケースが見受けられます。

⑥ ベトナム

2023年に人口1億人を突破し，かつ平均年齢は約32歳と，労働人口は豊かです。しかし，終身雇用の価値観はなく，人材の流動性が非常に高く，そのため，

第1節　アジアのリスクとリスク管理　175

企業側としては優秀な人材を如何に長期間確保し続けるかが課題となります。

⑦　マレーシア

　インフレによる物価上昇に伴い，昇給率も年4〜5％程度になっています。またパンデミック後は，急速な需要の回復による人材市場のひっ迫や，最低賃金の引き上げ，雇用法の大改正といった要因により2022年から2023年にかけて人件費の高騰がみられました。

　従業員の離職率の高さは常に日系企業の悩みの種となっており，特に人材市場がひっ迫している状況下では従業員が相次いで辞めてしまうケースや，退職を希望する従業員を引き止めるために臨時的な給与アップを行ったことでコストの上昇を招いてしまったという事例もよく見聞きします。

⑧　ミャンマー

　従来からキャリアアップを目指す転職は活発であることに加えて，2021年のクーデター以降はミャンマー国外への転職を希望するミャンマー人も多くなっています。さらに2024年2月に政府から発表された徴兵制の開始によって国外での転職を希望する流れが加速していることから，優秀な人材を継続的に確保することのハードルは高くなっています。

⑨　韓国

　出生率の低下で若い世代が相対的に縮小している中，最低賃金は持続的に上がっており，中小企業で優秀な新入社員を確保することが難しくなっています。経験が豊富な優秀な人材の獲得も競争率が高いです。また，韓国の労働法（勤労基準法）は労働者に対する保護が強い点も注意が必要です。

⑩　香港

　公用語が英語と中国語となっている点からも推察できるように，人材に係る教育水準は高く，業務品質も高いです。転職により，キャリアアップや給与アップを志向することが多く，優秀な人材確保・定着に係る課題は，経営におけるリスク要因となっています。

⑪ 台湾

　台湾の労働基準法は被雇用者に有利な内容であるといえ，会社の待遇に不満を持って退職した元従業員が会社の労働基準法違反を労働局にリークする，といった事例も比較的よく耳にします。

　また，最低賃金や健康保険，労働保険等の社会保険の料率も頻繁に改定されるため，関連法規の最新情報へのアップデートは重要な事項であるといえます。

⑫ 中国

　中国では労働者の権利が強く守られています。有期契約の３回更新による無期契約への移行，会社都合解雇時の経済補償金の支払義務，三期従業員（妊娠，出産，授乳期）や定年前従業員の解雇制限などがあることから，リストラ検討時には留意が必要です。

（5）コンプライアンス

　アジアの多くの国々では，法令の頻繁な改正，ドラスティックな大幅改正，曖昧な記述とガイドラインの不足，法令公表日の即日施行など日本ではあまり経験しないような状況が起きることがあります。法令に従って正しいことをしようとしてもその正しいことの把握と，遂行が困難な事例が多いのはアジアに共通した課題であるといえます。

　具体的には，守るべき法令が把握できない，遵守すべき法令が理解できても内容が不透明または曖昧でよくわからない，行政担当者によって言うことが変わる，法令間で相互に矛盾しているといった課題は各国でよく耳にするところです。

　以下，コンプライアンスリスクが当該国において特に重要であると考えている国について，その背景とリスクについて記述します。

① インドネシア

　法改正の多さに加え，法律の内容が不明瞭であり，また法律間の矛盾点があるなど整備されていない部分が多く，当局や担当者による法令運用の裁量が大きいといえます。

② カンボジア

法改正が少なくなく，かつその内容が不明瞭なことも多いため，法改正後，実務が不確かな中で保守的に対応を行っていないと実務が定まった後で遡及的に当局から指摘を受け無用な罰金を受けるリスクがあります。

③ ミャンマー

各種法令の整備や改正が多く実施されているものの，①関連当局の担当者がルールや手続きを正しく理解していない，②実務手続のガイドラインが未作成であるために，新たに施行された法律が形骸化する，といった状況も間々あり，遵守すべき法規制を正しくかつ現実に沿った形で認識・理解することに関して多くの企業が難しさを感じています。

④ 香港

香港はコモンロー（慣習法）を前提としているため，法令上詳細まで規定が無いことも多々あり，法令遵守の観点では各企業で対応がばらけることがあります。日系企業の場合は，日本法令にも従う必要性があります。

また，機密情報は企業の個人情報保護法遵守に抵触する可能性も高いため，経営管理として定期的にコンプライアンスリスクを確認する必要があります。

⑤ 台湾

旧イギリス帝国圏であるシンガポール，香港，オーストラリア等で定められているカンパニーセクレタリー制度が台湾にはなく，各企業自身が会社法を理解し，コンプライアンス遵守の意識を持つことは重要な事項であるといえます。

⑥ 中国

会社法などの一般法や行政手続関連のルールに加え，近年ではサイバーセキュリティ法（2017年），データ安全法（2021年），個人情報保護法（2021年）など情報セキュリティ関連法規が急速に整備されました。法の要求を満たさない日系企業が行政処分を受けるなどのケースも発生しており，最新法規の確認と対応の検討が必要です。

（6） 不正

　アジア各国においては共通して財務不正，特にお金を搾取する資産の横領が，少額のものから多額に及ぶものまで確認されます。経験したことのない現地会社はないのではないか，というくらい発生頻度は高いといえるでしょう。それは残念ながらとりわけ日系企業に特有な点として現地人やスタッフを信頼することが善であると考え，ガバナンスとしての内部統制の構築，不正の牽制，監視をしっかりと行っていないことや，汎用的で市場支配的な会計システムのセキュリティの脆弱性，言語の問題や決裁業務の集中過多に起因するチェック機能の形骸化，ローカル人同士での共謀のしやすさ等に起因します。国民性や民度などという問題ではなく，単に不正の起きやすい環境ができあがっているのです。

　急激な物価上昇，生活コストの上昇，本社からの駐在員との給与格差，国内の所得格差の拡大などは金銭的な動機を持たせやすくします。加えてもし捕まって解雇になっても豊富に就業機会があふれている雇用の流動性の高さ，牽制機能となるべき警察・税務局・司法当局の機能不全，日本人責任者が監督するには困難な現地語の会話や書類は不正実行の機会を与えます。つまり，やってもばれないし，ばれても罰されにくいのです。問題の深刻さに鑑み，不正リスクについては，本章第2節「アジアの不正と汚職」を参照してください。

（7） 贈収賄

　アジア諸国では，日本人駐在員が税務関連の贈収賄を目の当たりにする機会は多く，特に輸出入手続，関税支払などにおいては日常的に賄賂の支払いが求められる状況が見受けられます。欧米を中心とした国際的な反汚職，反贈収賄対策促進の潮流を受けてアジア各国でも贈収賄対策法が成立し，反汚職の声が強くなっている国も多く，以前に比べればかなり機会は減ったという声は聞かれますが，実務上はまだまだお金を払わなければ物事が進まないといった事例は少なくありません。

　法や汚職対策機関はできたものの違法行為に対する執行機関の執行力がほとんど機能していない国もあります。そのような国では，贈収賄対策法に則り当局に摘発され，法令違反として現実的に罰則を受けるケースは稀です。もちろん，贈賄行為を行わずに事業を継続できている企業も少数ながらあります。これはグループとして一切の贈賄行為を禁止し，どんな事業上の不利益を被った

としても，違法な贈賄行為を行わないよう指導し，厳重なモニタリングを行っているからです。贈収賄リスクについては，本章第2節「アジアの不正と汚職」を参照してください。

（8）その他，特定の国において特徴的なリスク

① オーストラリア

【法律と規制】

オーストラリアは高度に規制された市場ですが，その中でも特に法規制の変更が頻繁に行われる分野である労働法，税法，移民法に関連する法律は深く理解し，最新情報をアップデートしておく必要があります。また，各州独自の法律も制定されているためそのアップデートも重要となります。

【経済】

オーストラリアは不況知らずの資源国といわれます。それが故に，経済は資源，農業，観光業，教育といった分野が主力です。これらの業界はグローバルな経済状況や天候，自然災害，通貨価値の変動などによって大きく影響を受けるため，それらの変動によるリスクも考慮する必要があります。

【文化】

オーストラリアは多文化国家であり，違う文化に対する尊重と配慮が不可欠となります。また，社会的少数派に対する意識が高く，誤った対応は社会的制裁を強く受けることにもつながります。

【政治】

オーストラリアの主要政党は2つあり安定した民主主義国家ではあるものの，政治の動向や政策の変化も企業経営に影響を及ぼす可能性があります。特に，貿易政策，移民政策，環境政策などは注意深く把握する必要があります。また，州により政策が異なるため，どの州でどのような事業をするかを検討するには州における政治リスクも考慮する必要があります。

② フィリピン

【自然災害】

洪水や台風で交通が止まり，従業員が出勤できない等の影響で生産が止まるケースが雨季に頻繁に発生します。

【犯罪】

治安が日本と比べ良くはなく，銃を用いた犯罪が頻繁に起きているため危ないエリアには近づかない等の対応が必要になります。

③　ベトナム

【インフラ】

長年の国家的な重要課題として電力不足問題があります。ホーチミン市等の南部は常夏で，乾季（およそ11月～4月）から雨季に移り変わる4月頃に1年で一番暑くなるシーズンを迎え，電力需要も強まります。

一方，ハノイ市等の北部は夏と冬があり，特に夏場（5～7月）には降雨量も少なく高温になることが多いです。この時期に電力不足になることが多く，頻繁に計画停電が実施され，特に製造業等，電力需要が大きい業種では，企業の事業活動に大きく影響する場合もあります。そのリスクに備えるべく，特に停電時の影響が大きい製造業等は，太陽光パネルの設置や蓄電池の設置を行い，停電時にも稼働できる体制をとる企業も増えてきています。

④　マレーシア

【行政の許認可】

外資系企業に対する投資認可や駐在員のビザ手続きについては非常に時間がかかることが多く，また制度の変更も多く，特に新規進出の際の事業の立ち上げ時の支障となっています。事業開始に必要なライセンスや，駐在員の就労ビザを取得するために必要なライセンスの取得に非常に時間を要し，想定していたスケジュール通りの事業立ち上げができず，その間のランニングコストが余分にかかってしまうケースがしばしば発生しています。

また，就労ビザの取得にも時間を要するため，事業立ち上げ時に本社から人員を派遣できず，スムーズな事業立ち上げに支障が生じたり，不法就労とみなされかねないケースも生じています。

⑤　韓国

【日韓関係の不安定化に伴う日本製品排斥】

従来から歴史問題や領土問題に絡んで，日本ボイコットが発生しています。特に政治団体がこの動きを主導し国民が反応している時期もありましたが，近

年では国民の意識が変わり民間レベルでは政治的な動きに賛同する人は急激に減っています。特に若年層は個人の自由を大切にする価値観が広がっています。

　最近では日本製ビール販売の急成長，海外旅行先として圧倒的に日本が選ばれるなど日本人または日本製品排斥リスクはほとんどなく，再び過去のような状態に戻ることは考え難い状況です。

【政権の交代に伴う政策の急変】

　政権交代により政策が完全に変わることがあり，社会の雰囲気もそれに相当影響を受けてきましたが，最近では若年層を中心に個人主義的傾向が強く現れ，昔ほど政府の政策や政治家のプロパガンダに左右されることはなくなってきています。

⑥　中国

【チャイナリスク】

　「チャイナリスク」という言葉があるように，以前から日系企業は中国に対し漠然としたリスクを感じていました。チャイナリスクの正体について誤解を恐れずに言えば，基本的には一党独裁の社会主義体制であることに起因する政策の急変や，経済感覚・人権感覚等のズレというものが根源にあると考えられます。

　日中関係は歴史的に波があり，良い時期と悪い時期が交互に訪れているように思われます。また中国国内の政治が不安定になると，ガス抜きとして日本を的にした批判的な運動が展開されることがあり，現地法人はこのような潮流に翻弄されがちです。改革開放以降，基本的には外資の誘致は積極姿勢であり，中国現地企業の技術レベルが相当程度高まった現在でも自国の弱い業種の外資誘致については優遇を与えるなど呼び込みを行っていますが，一方でスパイ防止法などに基づいて外国人が恣意的に拘束されるリスクもゼロではありません。

　行政の運営については，中国は中央集権的な体制を取っていながらも地方自治は発達しており，各省などに相応の権限が委譲されています。それにより，中央政府が一定の方針を打ち出す際に，実行面では地方ごとに解釈や判断が異なるというケースが散見され，属人的な運用が行われる傾向にあるのが特徴的です。

【日中関係の不安定化に伴う日本人／日本製品排斥】

　例えば，従来は旅行ビザ（ノービザ）で14日間の滞在が可能でしたが，コロ

ナ禍以降当該制度が廃止されビジネス出張は商用ビザを取得する必要があり，ビザなしで緊急時に日本から出張することができなくなるという事態が生じました。

【当局の取り締まりによる（e.g. スパイ防止法）拘束】

日本人拘束の事例が実際に起こっています。

【情報遮断（インターネットアクセス，海外への情報持ち出し規制等)】

中国からGoogle，X（旧Twitter），Facebookなどにアクセスできないのは有名ですが，いわゆるVPNを利用したアクセスも国内の重大事件発生時などにはアクセスが遮断されるなど，VPNの大部分も政府機関の管制下にあると考えられます。

【共産党指導部の交代に伴う政策の急変】

中国国内では共産党が権力を掌握しており，指導部の方針で様々な政策が決定・実行されます。共産党指導者や執行部が交代すると，政策方針が大きく変わり中国国民のみならず外資系企業や在中外国人の活動に様々な影響が生じる可能性があります。

【政府の大規模な規制による行動制限】

例えば，新型コロナウイルス感染症流行下において各国で感染防止措置がとられましたが，上海では現地人・外国人の区別なく2ヶ月程度封鎖され，基本的に自宅からの外出が禁止されるなど，他国以上に大規模かつ強い行動制限が政府によって課されました。

Ⅲ　日系企業のアジアリスク管理・ガバナンス体制パターン

ここでは，前項記載の各種のリスクに対応していくため，実務上どのような体制（営業担当など事業側の人材を除くバックオフィス）がとられているのか，広く実際に適用されている主要な4つのパターンを紹介します。実際にはここで紹介するパターン以外にも，各社の事情に応じて様々なケースがあり，現実的に自社グループの状況次第で採れる体制も異なってくるため，実現可能で最も効率的な体制を選択し，状況変化に応じて柔軟に変化させていく意思決定を行うことが求められます。

> ① 現地日本人拠点長（現地法人社長，支店長，駐在員オフィス所長等）を置き，管理は現地のマネジメントを登用する

非上場の中小企業の現地拠点に最も多い体制です。中小企業や上場企業であっても日本人の駐在コストを考えると管理側に特化した駐在員を置く余裕のないことが大半で，結果として現地日本人トップが本業の事業成長と管理を行いながら，現地の会計事務所や弁護士事務所，コンサルティング会社等を活用しながら対応しているという体制です。この形態は最も管理コストが少ない反面トップの負担が大きく，本業以外に時間を多くとられることは大きなコストを負担しているといえるでしょう。本社側の海外事業部門が管理面のサポートを行うことで，現地トップの負担を軽減し，また対応漏れによるリスクの顕在化を防ぐことが可能です。

> ② 現地日本人拠点長に加え，管理部門（経理，財務，法務，総務など）に日本人管理職クラスの駐在員を配置する

上場している大規模な会社でみられる形態で非上場の中小企業ではほとんどみられない体制です。大規模企業では経理・財務と法務それぞれに日本人管理者を配置するケースもあります。最も大きくコストがかかる体制ですが，本社とのコミュニケーションが最も円滑に進み，現地の状況や課題への対応を効果的かつ効率的に行うことができる体制と考えられ，コスト負担が可能な会社では理想的な体制として採用されています。

> ③ 現地日本人拠点長を配置し，経理・財務・法務は，現地のマネージャー及び担当者を置くのみで，シンガポールや香港等，地域統括会社の管理職クラスの人員が出張ベースでモニタリングする

これは海外事業管理のために統括会社を作っている企業グループでみられる体制で，海外事業管理に特化した専門人材を要する統括会社から毎月複数ヵ国を回る形で管理監督する体制です。複数ヵ国の事業を出張ベースでリスク管理担当できる人材の育成・確保は困難で，かなり大規模な企業グループでのみみられる形態です。

> ④ ローカルマネジメントに完全に任せる

これは合弁会社や買収先企業などの場合に，管理は現地人側に任せたほうが効率的であると判断される場合にみられる体制です。日本人拠点長は本業に集中できるという強いメリットがあり，実際に管理面で効率的に進む部分はある

184　第3章　コーポレートガバナンス・リスク管理・コンプライアンス

一方，本社側や日本人拠点長との情報連携体制が十分でない場合，現地で何が起きているのか，どう対応したのかすら本社から見えにくくなり，本社の意向が反映されないまま勝手な対応をとられ，問題がさらに大きくなってしまうことがあります。この場合何か起きたのちに本社側がこのリスクに気付いて関与を深めるケースが多く，本社管理部門が海外事業管理に関与を強めたり，内部監査部門や監査役監査での対応を深めることもあります。

$\boxed{\text{IV}}$　個別のリスク管理体制

　ここでは，アジア地域における特に重要な管理テーマについてその背景情報とともに記載します。

（1）入出金管理

　アジア諸国のデジタル化は広く全域で広がっており，数年前までは入出金のかなりの部分を現金や小切手で行う企業も多かった国々も急速に銀行システムやフィンテックが発展し，今では企業間の決済取引についてはインターネットバンキングを用いた銀行送金が主流となっています。そのため，インターネットバンキングへのアクセス権や操作の権限の管理は現地ガバナンス上，非常に重要なテーマとなります。また，アジア全域で都心部であっても現金決済がどうしても商慣習上必要な部分が残っていることが大半で，小口現金の管理も多くの国で重要な管理テーマの1つとなっています。

　インターネットバンキングの決済権限については，日系企業の場合，実務上，日本人駐在員が支出決済権限を有していることが多いですが，事業規模に応じて，現地スタッフに閲覧権限のみ持たせるケースはあります。また，ガバナンスの観点から親会社または統括会社の人員が現地法人の入出金管理の一部を担っている場合もあり，本社または統括会社の管理部がインターネットバンキング上で決済承認を行うケースも多くあります。その場合には，ワンタイムパスワード発行用トークンを利用したり，銀行へ登録した決済承認者のEメールアドレスや携帯電話番号へのメッセージもしくは，当該銀行のアプリによってワンタイムパスワードを確認し決済手続の承認がなされます。

　印鑑についてはほとんどの国で利用されていませんが，日本同様印鑑文化が根強く残っている国では，決済に必要となる会社印，代表者印についてはそれぞれ別の人間が保管するなどいわゆる印章管理が重要になるという特徴を理解

しておく必要があります。

アジアの経営管理において，資金管理は非常に重要なテーマであるため，以下，国別の特徴，留意点について記述します。

① インド

インドでは電子マネー取引が非常に広く普及しています。企業間取引に限らず，路上の露天に至るまで，UPI（Unified Payments Interface）と呼ばれる電子決済システムが使われています。

2016年に偽札や脱税といった不正防止を目的として1,000ルピー札と500ルピー札を廃止した影響もあり電子決済が急速に浸透しました。2023年には2,000ルピー札の廃止がインドの中央銀行であるインド準備銀行から通達されており，こういった急激な変更が行われることも日本に比べると多く見受けられます。

インターネットバンキング制度を利用している場合は，アクセス権限者を制限することが求められ，支払実行の承認者は日本人駐在員とすることで現地従業員による横領のリスクの軽減が期待できます。また，手許現金のための，口座からの現金引き出しについては，事前に日本人駐在員を含む上位者への報告，及び承認を必要とする内部統制を整備し，不正な現金支出のリスクを防止する内部統制を整備することが一般的です。

また，月次での現預金の取引明細のレビューも現預金の不正な支出を防ぐために有効な手段となります。

② インドネシア

資金管理においては，会社の経理スタッフが偽の署名を行い会社の銀行口座から不正に出金する事例，架空の費用計上による現金出納帳のごまかしといった事例もあるため，こういった不正を未然に防ぐ職務分掌，定期的な内部監査等が求められます。

③ オーストラリア

資金管理における留意点はオーストラリアと日本とで大きな違いはありません。ただし，インターネットバンキングが非常に発達しており，現金を使用することがあまりありません。まだ小口現金が使用されている会社であっても金額は少額な場合が多いです。権限管理としては，一般にインターネットバンキ

ングによるアクセス制限をかけて職務分掌を行っています。パスワードについてはスマートフォンで管理するワンタイムパスワードが一般的ですが，海外在住者向けに物理的なトークンを使うケースもあります。

決済はSignatory（署名権者）しか行うことができず，Signatoryの登録は実際に銀行の支店に赴き身分証明を行った者に限られている銀行がほとんどです。

日本と比べ銀行金利が高いため（2024年6月30日現在，約5％）余剰資金を定期預金などに預け入れ利息を得ることも一般的です。そのため資金繰りに問題ない範囲で定期預金を行うためのキャッシュ・フロー管理が重要となります。

④　カンボジア

数年前までは入出金を現金や小切手で行っている企業も多くありましたが，近年の急速な銀行システムやフィンテックの発展により，今では企業間の決済取引についてはインターネットバンキングを用いた銀行送金が主流といえます。

日系企業の場合，日本人駐在員が決済権限を有していることが多いですが，インターネットバンキングシステムで閲覧権限のみを付与することが可能な銀行もあるため，管理上必要であれば総務スタッフに閲覧権限を持たせるケースもあります。

また，親会社が現地法人の入出金管理の一部を担っている場合，本社の管理部がインターネットバンキング上で決済承認を行うケースも多くあります。以前はワンタイムパスワードの発行用トークンが用意されていましたが最近は銀行へ登録している決済承認者のEメールアドレスや携帯電話番号へのワンタイムパスワードの通知，当該銀行のアプリによるワンタイムパスワードの発行により決済手続の承認がなされることが増えています。

資金管理においては，定期的な現金実査も実施せず帳簿と実際現金在高との差異をマネジメントが認識しておらず従業員の現金横領の温床となっている事例や，現地スタッフを信頼してインターネットバンキングの決済権限を付与していたものの自身の口座に不正にスタッフが送金を行った後，そのスタッフが消息不明になる事例なども発生しています。

カンボジアでは取締役の居住要件は会社法上要求されないため日本人のマネジメントが現地に不在のケースもありますが，その場合でも定期的にカンボジアにモニタリングに訪れることや，少なくとも防止的統制として1人のスタッフに権限を集中させないといった運用が望ましいでしょう。

⑤　シンガポール

　シンガポールは金融セクターが安定しており，信頼性の高い金融機関が多く存在するため入出金における信頼性が高いといえます。また，透明で整備された法制度を有しており，企業や金融機関は法的な取引や入出金プロセスにおいて安心感を持つことができます。

　外国為替市場が活発であり，多様な通貨での取引が行われています。企業は為替リスクへの対応が求められますが，同時に多様な通貨での運用も可能となっています。

　シンガポールではデジタル決済が一般的になっており，電子マネーやインターネットバンキングが広く利用されています。資金管理においては，インターネットバンキングの普及で小切手の使用を国として停止する方向で進んでいます（法人は2025年までに，個人もその後数年以内に）。一方で，インターネットバンキングの普及により詐欺の被害も増えています。何者かに乗っ取られた仕入先のＥメールアドレスから送金先口座変更の偽メールを受け取り，その口座に送金してしまい仕入れの支払代金をだまし取られるという手口で被害を被った日系企業も多くありました。対策としては，送金先変更の際には，Ｅメールだけではなく電話でも再確認をとるということがなされています。日系の銀行は数年前から現金の取扱いをやめており，また，監査で現金実査を行うこともほぼなくなっています。

　印鑑に法的な効力はありませんが，慣習上，契約書等にサインに加えて，会社印（ゴム印）が押されることは多くみられます。

⑥　タイ

　インターネットバンキングが広く利用されていますが，社会保険料の支払いなどで小切手による支払いが一部残っているケースもあります。個人口座からの振り込みが携帯アプリで簡単かつ手数料なしで実行できることから，従業員が経費を立替払いする際にも振込記録が残り不正な経費精算を防止するのに役立っています。一方で，利便性の観点から小口現金取引を許容している会社も少なくありませんが，やはりレシートの改ざんなどによる不正・横領の発生可能性は上がります。

　管理としては，銀行の支払システムとしてインターネットバンキングを使っている場合には，支払取引の入力者と承認者を分けて設定することが一般的で

あり，承認者を2段階設定するケースや最終承認者を日本の親会社の従業員と
しているケースもあります。最近では支払承認の都度，登録済み携帯電話番号
でのワンタイムパスワード認証が必要となっているインターネットバンキング
が多くなっていますが，実際のインターネットバンキングでの利用可能な承認
プロセスのパターンは銀行ごとに異なります。

　なお，タイの銀行の取引明細では取引の相手先が表示されない仕様になって
いることが少なくありません。そのため，支払側が送金実施後に送金証憑をE
メールなどで支払先に送ったり，受取側が送金証憑と銀行の取引明細を照合す
るといった事務作業が発生します。

⑦　フィリピン

　資金管理においては，コロナ禍により小切手の使用が減っているとはいえ，
小切手帳の適切な管理が必要となります。また，現金払いの取引がある場合や
むを得ず現金支給をする場合もありますが，多額の資金を持たせない，定期的
な精算を促す等の注意が必要になります。少額の取引では従業員が経費を立て
替えることがありますが，税務上損金とするために取引相手の領収書（税務登
録された領収書）の入手が必要となります。

⑧　ベトナム

　ベトナムにおいても，インターネットバンキングはすでに一般的であり，大
半の企業がインターネットバンキングによる支払決済を行っていますが，ベト
ナムのインターネットバンキングの特徴として，日本のインターネットバンキ
ングのように，誰（どのアカウント）が何の権利（支払申請／承認）を有して
いるかについてクリアに把握できる状況になっていないシステムが多い点が挙
げられます。

　実はすでに退職していたスタッフに承認権限が残っていた等，アクセス権限
だけでなく承認権限の棚卸に課題があり，もしシステムから権限表を把握でき
ない場合には，定期的に銀行に直接確認することが推奨されます。また，賄賂
の支払いや着服は小口現金経由で行われるのが一般的であるため，現金出納帳
については，毎月社長や適切な役員等が目を通しレビューを行うことが望まし
いでしょう。

　資金管理においては，現金実査を実施していないか，実施していたとしても

頻度が社内の規程通りではないことが多くあります。よって、規程通りに実施するか、あるいは規程が厳しすぎるのであれば規程を改定する等の対応が必要となります。

職務分掌においては、経理と出納担当者が分掌されていない企業が散見されます。一方で、立ち上げ当初で従業員が数人の会社でも、出納に関して必ず社長のモニタリングを効かせていたり、もしくは厳密にダブルチェックを要求するという運用ができている会社もあります。

⑨　マレーシア

コロナ禍や詐欺事件の多発により現金取引は減少しており、オンライン決済、カード決済、二次元コード決済がここ数年で急速に普及しています。一方で企業取引においては、（少なくなりつつありますが）小切手決済が未だに用いられています。以前は小切手を用いた不正も多くみられました。従業員が経費精算を利用して不正を行うケースもあり、私的な交通費や少額資産の精算の場面など注意が必要です。

横領、贈収賄といった事例は日系企業においてもしばしば発生しています。特に現金に関わる部門における内部統制が機能しているかどうかがポイントとなります。また贈収賄に関してはマレーシア汚職防止委員会法に基づき適切な防止措置を講じているかどうかが重要となります。もしマレーシア汚職防止委員会法に基づく防止措置が導入されていない場合、会社の取締役も責任を負うこととなり罰金や禁錮刑の対象となるため留意が必要です。

⑩　ミャンマー

ミャンマーはもともと金融インフラが脆弱で現金取引が主流の時代が長く続き、近年目覚ましい改善を見せているものの、今でも一定の現金取引に備えて各企業は金庫に現金を保有しているのが通常です。日系企業においても状況は同様で、出納担当者がその現金の管理を任されています。

出納担当者が現金を数え上長に報告するといったオペレーションは行われていますが、それでもなお現金不正は後を絶ちません。従業員の立替経費で最も多いのは交通費ですが、公営バスや一般的なタクシーは領収証が発行されないため、近年ではタクシー・配車アプリGrab Taxiの法人契約を導入する企業も増えてきています。

一方，金融インフラの整備及びIT環境の改善に伴い，インターネットバンキングや電子決済の利用が急速に進んでおり，各種税金の納付もオンライン納税が主流となっています。日本のような印鑑登録の制度はなく，誰でも容易に作成・購入できる法人印・役職印を大半の企業が使用しているため無断使用は非常に簡単ですが，基本的に印鑑ではなくサインに効力があるため，それにまつわる不正トラブルはほとんど聞いたことがありません。

その他，資金管理としては以下の特徴が見受けられます。

- 現金及び小切手：オフィス内の金庫の鍵を日本人駐在員のみが保管している会社が多数です。少数派ではありますが，現金や小切手を会計事務所に預けているケースもあります。
- インターネットバンキングは，閲覧／申請権限を現地のスタッフまたは会計事務所に与え，駐在員または本社が承認権限を持つスタイルが一般的です。
- 多発する小口の不正に対応して小口現金を持たず，代金の受け払いの大半をインターネットバンキングで行う企業も多く，さらに，インターネットバンキングの申請担当者を会計系事務所など外部に委託し，本社が承認するという管理方法を採る企業もあります。
- 現金による支払いが不可避な場合，従業員（駐在員を含む）が立て替えて支払ったのちに経費申請によって精算をする企業もあります。

⑪　韓国

業種の如何にかかわらず現金取引はほとんど行われていないため，現金そのものを持たない会社も多くあります。インターネットバンキングが非常に発達しており，多くの企業が決済のほぼ全てをインターネットバンキング上で行っています。多くの企業が従業員にコーポレートカードを使用させており，コーポレートカードに関する利用規程を制定しています。個人のクレジットカードを使用した場合には，クレジットカード売上伝票が証憑書類として有効です。

現金で経費を支出することはほとんどなく，企業の場合，トークン（一般的にはOTPと呼ばれる）と共同認証書（オンライン印鑑証明書）または金融認証書といった電子的認証方法で入出金管理を行うため，内部統制さえ適切に整備・運用されていれば，不正リスクを相当程度抑えることができるようになっています。

⑫　香港

　特に少人数の会社で，会社印管理，銀行印管理，銀行サイナー（署名権者）が同一人物である場合に契約から入出金管理まで1人で完結できてしまうことが典型的な不正リスクとなっています。

　入出金管理を1社員で完結させず，管理層・他部門チェック等の第三者による牽制を効かせることが重要となります。また，香港では小切手文化が存在するため，小切手帳の定期的な連番管理も重要です。

⑬　台湾

　台湾でもインターネットバンキングの利用を行っている会社は非常に多い一方で，政府に納付する各種税金や保険料等は銀行窓口にて支払手続をしている会社が非常に多いのが現状です。これは，日系銀行のインターネットバンキングでは税金，社会保険料の支払いが行えないこともさることながら，地場銀行で口座を有していても税金や社会保険料の納付書に銀行の印（支払済みの確認印）を取得しておきたいという実務があるためです。この銀行窓口での手続きにおいては会社の印鑑が必要となりますが，この点についても台湾では留意が必要です。

　台湾は日本と同様，あるいはそれ以上の印鑑文化であるため，印鑑を使用する頻度は非常に高く，印鑑を経理担当者に預けておき必要に応じてマネジメントの許可を取ったうえで使用してもらう，といった運用をしている会社は実務上よく見受けられます。

　しかしながら，印鑑の使用を記録しておらず，また記録をしていてもその内容をマネジメント層が適宜確認していない場合は無断で使用されても発覚しにくい状況にあり，ひいては不正な取引に印鑑が使用されてしまう，といったリスクが高まります。したがって，決済に必要となる会社印と代表者印はそれぞれ別の人間が保管し，かつ使用にあたっては許可を取ったうえでその使用記録を残しておくといった運用が望まれます。

⑭　中国

　資金管理の基本的な方針においては日本と大きな差異はないのですが，日系企業でも資産管理規程が陳腐化している状況が散見されます。90年代や2000年代初頭に設立された会社では現在と関連法規やフローが異なっており，見直し

が必要なケースが多くなっています。

日本よりも電子マネー取引が一般化されているため，脱税や帳簿外取引といった外部に露見したくない取引を行う場合には現金を使用することが多くあります。したがって，いまだに現金で経費精算を行っている場合には，振り込みに変更するなどの対応が必要となります。

中国ではインボイス制度が採用されており，發票という税務インボイスが使われています。経費精算において当該取引とは異なる發票が添付されていたり，發票のない取引の経費申請が行われるケースが散見されます。これらの取引は不正の温床となっていることから，経費精算ルールにおいて適正な發票の提出を厳格に求める必要があります。

特に近年は電子發票（またはデジタル發票）の普及が推進されていますが，経費精算において同じ發票を複数回提出するという不正も散見される（電子發票の場合，何度も同じものがプリントアウトできるため，同じものを複数回出力して提出するという現象が発生する）ため注意が必要です。

（2）社内規程の策定運用

アジアに共通して，中小規模のローカル企業はほとんど会社の社内規程は有しておらず，社内規程はあるかと問えば，会社設立時に求められる定款と，各国法定要件を満たす場合に必要となる就業規則がある程度という状況が一般的です。

外資系企業の子会社であっても本社が非上場会社である場合には社内規程はほとんど持っていないことが多く，日系企業が国内で整備しているような社内規程を十分に整備しているのは本国が上場企業であるグループや非上場でも大規模な企業グループくらいであるといえます。そのため，社内規程が当たり前のようにある日系企業の従業員に比べ，現地企業に慣れている現地従業員は規程そのものに不慣れなことも多く，それが何を意味するのか，守らなければいけないルールであること自体をすぐに理解することが難しいケースもあります。社内規程の整備後の周知徹底，運用に苦労するケースはよく聞かれます。継続的な指導や内部監査での指摘などを通じて理解と定着を促すとともに，評価にも連動させるなどの対応が効果的です。以下，国別の特徴，留意点について記述します。

① インド

　労働法規以外で法的に求められる規程は基本的になく，一般的に本社が整備している内部規程を準用するケースがほとんどです。就業時間や有給休暇の日数等，全ての企業が最低限守るべき労働法規が州ごとに定められているため，就業規則（Human resource manual）を各州の労働法に合わせて整備することが一般的となります。

　また，セクハラ防止法（THE SEXUAL HARASSMENT OF WOMEN AT WORKPLACE（PREVENTION, PROHIBITION AND REDRESSAL）ACT, 2013）によりセクハラ防止のための内部ポリシーについて最低限整備することが求められます。

　なお，工場法（Factory Act）に規定される一定の製造業者については，上記のほかに関連する法規に定められるポリシー等の作成が求められます。

② インドネシア

　法定の義務としては，10人以上の従業員を雇用する場合には就業規則の作成義務を負います。就業規則は労働法に準じて作成され，当局から承認を得たうえで会社内において周知される必要があります。

③ オーストラリア

　細かい規定をそれぞれ策定するのではなく，従業員ハンドブックのような形で，包括的な規定を策定するケースが多くみられます。

　ただし，周知徹底ができていない企業が多く，どのようなトレーニングやモニタリングが必要かを検討することは課題として挙げられます。

④ カンボジア

　法令上明確に規定され罰則を受ける可能性のある事項は社内規程として整備されていることが多くあります。例えば労働法上8人以上を雇用する全ての事業者は就業規則を作成し保管しておく義務がありますが，このような比較的認知度の高い規則は遵守している企業が多数です。しかし，日本で整備されるような諸規程類については喫緊の必要性を感じにくく，整備する知見を有するリソースにも制約があることから，整備運用されることは稀であるといえます。

⑤ シンガポール

　法的に整備された国であり，企業は法令遵守に焦点を当てた社内規程を策定しています。透明性が重要視され，ビジネス環境の変化にも迅速に対応している国であり，法的要件も頻繁に変化しています。企業はこれらの変更に対応し規程をアップデートすることが求められます。

　また，多様な文化が共存する場であり，従業員の異なる文化的背景に対応するという課題があり，社内規程もこれらの多様性に適応できるように設計される必要があります。

⑥ タイ

　労働法上，従業員が10人以上の場合には就業規則の作成義務があるため，多くの会社では就業規則は作成しており，その中で規律及び懲戒手続を規定していることが多くあります。

　その他の各種社内規程については，親会社の方針等に従って作成しているケースもありますが，特にタイ語版が作成されていない場合には従業員がそれらの各種社内規程を読み十分に理解したうえで業務を実施することを期待するのは現実的ではありません。

　実務上は社内規程よりも非公式な業務マニュアルや従来の社内手続における慣行が業務の遂行の仕方に強く影響することも多いと思われます。

⑦ フィリピン

　社内規程類の整備面では，就業規則の作成義務はないものの，会社，従業員双方を守るために作成することが望ましいといえます。労働局（DOLE）への法人登録が義務付けられていますが，法人設立手続時点での優先度は高くなく実務的には随時の立入検査の際に登録を促されることとなります。

　また，各従業員の13ヶ月賞与の支給金額及び一般社員（労働法などに規定されているマネージャーまたはスーパーバイザーの職位を持たない従業員）の賃金を年次でDOLEに報告する必要があります。

⑧ ベトナム

　現在は，従業員数にかかわらず全ての会社で就業規則を作成する必要があり，また従業員数が10人を超える場合には労働局への登録も行う必要があります。

各国で労働法及び慣習は大きく異なるため，日本や隣国の就業規則をそのまま
コピーするやり方ではなく，当地でのフォームに基づき，当初の作成の段階か
ら専門家に関与させ適切に作り込む方法が推奨されます。

その他，出張手当や賞与等，出張旅費規程や賞与規程を作成していないと損
金不算入扱いされる費用もあることから，税務対策のための形式的な規程作成
も必要なシーンが多くなっています。

⑨　マレーシア

マレーシア法人が本社と比べて規模が小さい拠点である場合が多いため，特
に規程類の整備が行われていないケースや，総務専門の人員がいない（総務・
経理・人事を全て一人で担っているケースや，駐在員が兼務しているケースな
ど）ことで問題が生じているケースが見受けられます。

また，規程類は整備されているものの，本社の規程類をそのまま流用しただ
けで現地の実態や法律に則したものになっていないケースが散見されます。な
お就業規則については作成の義務は無い（雇用契約書のみで足りる）ものの，
製造業等で従業員が多くなるなどの場合は労務管理上，作成が望ましいでしょ
う。

⑩　ミャンマー

主な法定書類としては定款，雇用契約書が挙げられます。就業規則の作成は
任意となっています。雇用契約書はその写しを管轄の労働局に提出して承認を
得る必要があります。最低限必要となるのは会社の設立時に企業登記局に提出
する定款ですが，企業登記局から公表されているミャンマー会社法に準じた
「モデル定款」を採用する企業が多く，独自定款を作成する企業は少数派です。

賃金規程や賞与規程なども策定している企業は少ないのが実状です。

⑪　韓国

中堅企業規模以上のローカル企業では，一般的に各種社内規程がきちんと整
備されています。職員が10人以上の場合，韓国の労働法（勤労基準法）上，就
業規則を作成し雇用労働部に申告しなければならないことになっています。労
働法が厳格であるため，零細業者を除き勤労契約書等の労務関連書類を適切に
具備している企業がほとんどです。特に外資系企業の場合は，本社の影響もあ

りその傾向が顕著です。

　会社内のほとんどの文書が韓国語で作成されているため，日本本社が韓国にある子会社を直接監査するよりも現地の外部専門家からサポートを受けることで効果的かつ効率的な監査を実行することができます。

⑫　香港

　社内規程が準備されていても周知されていないケースが見受けられます。日系企業の場合は日本の法令の遵守が求められるケースもあるため，規程の更新時も含め社内周知・共通理解を促す仕組みが重要です。

　従業員の離職率が高い場合は，社内ルールを理解しないまま新規従業員が業務を進める場合もあるためなおさら重要になります。また，日本で作成された規程をほぼそのまま英訳しているケースもあります。

　香港現地社員が理解できるようにローカライズされ，かつ定期的チェックや説明等のコミュニケーションが図られることが重要です。

⑬　台湾

　社内規程を策定している会社が大部分ですが，広く従業員や関連部署に周知されておらず「ただ策定しただけ」という状況が散見されます。

　例えば，従業員が30人以上の会社はセクシュアルハラスメントの防止，是正，苦情処理，処罰に関する施策を関連法規に沿って策定する必要があり，かつ当該施策は会社の分かりやすい場所に公示し全従業員に周知する必要がありますが，施策は定めたものの，全従業員への周知がなされておらず，実態としては法令違反になってしまっているようなケースもあります。

　定められた各種社内規程が従業員に周知され，規程に基づいた運用が正しくなされているか，定期的にモニタリングすることが重要です。

⑭　中国

　労働法規（労働契約法等）では会社内の就業規則の整備を要求する条文があるものの（労働契約法第4条），就業規則以外の社内規程については法が一般的に要求するものは特になく，各社が自身で整備していくことになります。

　昨今では個人情報保護法やサイバーセキュリティ法，データ域外移転安全評価弁法などが施行されており，対応が必要な企業は関連する社内規程を整備す

る必要があります。

（3）固定資産の管理
　固定資産の管理面では，固定資産台帳は作成されているものの管理が不十分な状況が各国で散見されます。また，定期的な実査が行われていないため，台帳と現物が一致しない，廃棄・除却に関する手続きが定められていないため，スクラップの盗難・横流しが発生している等の課題も挙げられます。これは，固定資産管理に充てるほどの人的リソースが充足していないことにも起因すると考えられます。
　固定資産管理の方法は国ごとに大きく異なるものではありませんが，以下各国での経験上みられる事例なども含め触れていきます。

①　インド
　現物に適切なタグ付けがされておらず十分な照合ができない状態であることや，定期的な実査が行われていないケースがみられます。他には，固定資産や在庫等の廃棄処分を行う際に廃棄に関する手続きが適切に定められておらず，スクラップの横流しが生じることもあります。

②　インドネシア
　固定資産管理の一環として，一部の会社では盗難防止等の事前予防策を実施していることがあります。
　インドネシアでは従業員の不正の程度がエスカレートしていく傾向があり，最初は会社の文房具などの盗難であったものが，不正が見逃されると徐々に固定資産等の高額な資産の盗難につながる可能性があります。そのため，会社が不正を認知した場合には，不正の程度が低くとも寛大な措置を取ることなく，就業規則に基づき警告書を発行するなど厳しい対応が必要となります。

③　オーストラリア
　固定資産管理における留意点はオーストラリアと日本とで大きな違いはありませんが，子会社の規模によっては決算書作成を必要としない場合があり，それらの会社では会計上の固定資産の減価償却も税法上の法定耐用年数で行い，固定資産台帳＝減価償却費計算表としているケースが散見されます。

つまり，固定資産台帳には税務上固定資産の計上を行う必要のあるものだけ
が記録されており，固定資産の棚卸も行われないことも多く，実際の固定資産
の状況を把握できていない状況にあります。決算書の作成義務の有無にかかわ
らず，固定資産台帳を記録し，最低1年に1度は固定資産の棚卸を行うことが
必要となります。

④　カンボジア

　日本のように固定資産管理要綱を作成し適切に管理している日系企業は極め
て少ない状況にあります。結果として実際には処分や破損している固定資産が
適切に会計帳簿に反映されないことや従業員が無断で売却していたといった事
例も発生しています。

⑤　シンガポール

　固定資産管理については，日本と大きな違いはありません。

⑥　タイ

　固定資産管理のうち，特に固定資産台帳と現物との照合（実査）については
実施されていないケースが多く見受けられます。そもそも物品の詳細情報（シ
リアルナンバー，ロケーションなど）が固定資産台帳に記載されていない，あ
るいは現物にタグなどの標識を付していないために照合ができない状態になっ
ていることも多く，会計上の固定資産の除却処理漏れが生じていたり，現物の
盗難にも気付けない状況になっていることもままあります。

　タイでは会計監査は必須とされているものの，監査人が固定資産の棚卸立会
いや実査を行っているケースは必ずしも多くありません。

⑦　フィリピン

　一般的に固定資産台帳を作成し品番管理が実施されており，年次法定会計監
査により実査が行われることもあります。

⑧　ベトナム

　現物管理上みられる例としては，水産加工会社における固定資産（水に触れ
る機会が多い）の場合，ラベルがはがれて落ちてしまっているということはあ

ります。その他書類保管において，固定資産処理に関わる書類（申請書，決裁書，インボイス等）がバラバラに保管されており確認しづらいケースが散見されます。保管方法の見直し，ファイリングマニュアルの作成が必要と考えられます。

⑨　マレーシア

　固定資産管理については，日本と大きな違いはありません。

⑩　ミャンマー

　固定資産台帳は会計監査及び税務申告目的で作成している企業が大半ですが，資産管理の方法は企業によって異なり，ミャンマーの企業が共通で実施する標準的な管理方法は特にありません。

　ミャンマーでは固定資産の計上基準額に関する制限は税務上もなく企業ごとに自社の基準額を決定しますが，基準額を設定していない点を会計監査人や税務署に指摘されるケースはあります。

⑪　韓国

　中小企業であっても固定資産台帳を作成している企業が多数です。しかし必ずしも管理を厳格に行っているわけではありません。

⑫　香港

　固定資産管理については，台帳管理されていることが一般的です。支店・駐在員事務所を除く全ての在香港企業は年次監査が必須となっており，たとえ資産が少ない企業であっても監査人から台帳作成を推奨されるケースが見受けられます。

　実査や減価償却管理等，管理方法について日本と相違点はほぼありませんが，実査の時期・頻度や台帳管理すべき資産金額基準等は日本親会社のルールに依拠する点が大きくなるため，それらに関する規程類の文書化は重要です。

⑬　台湾

　税法上では取得原価がTWD80K以上のもの，もしくは耐用年数が2年超のものは原則として資産計上が求められ，税法上の耐用年数を基準に固定資産台

帳の作成，管理が行われているケースが大半です。

しかしながら，日本企業のように，タグやラベルを各固定資産に付帯し，ナンバリングして管理をしている企業は少なく，内部統制における指摘事項として挙げられるケースが多数です。

⑭　中国

固定資産管理においては，取得時の証憑類の保管が重要となります。まとまった額の固定資産の除却を行う際に，税務局から除却資産に関する監査を要求されることがあり，その際に取得時の發票が保管されていないと監査証拠不足となり，最終的に固定資産除却損の損金算入が否定される可能性があります。

（4）セキュリティ管理

オフィスや工場の物理的なセキュリティ管理面では，出勤・退勤時の施錠や監視カメラの設置等により厳重に行われているのが一般的です。一方で情報管理面では，機密情報漏洩に対する意識はまだ高くないといえ，従業員が自社の製品情報を同業他社へ漏洩していたという事例もあります。機密情報漏洩に係る罰則規定を雇用契約書や会社規則に記載する会社もあります。

セキュリティ管理の具体的方法は各国で大きな違いはないため，以下では6ヶ国分のみを記載します。

① 　インドネシア

情報管理面では，従業員が自社の製品情報を同業他社へ漏洩していたという事例がみられました。こういった行為を防ぐために，機密情報漏洩に係る罰則規定を雇用契約書や会社規則に記載する会社もあります。

② 　フィリピン

セキュリティ管理においては，オフィスや工場の出勤・退勤時は施錠や監視カメラの設置等により厳重に行われており，場合によっては銃を携帯した警備員が設置されているケースもあります。

機密情報漏洩に対する意識はまだ高くないものの，会社のEメールアドレスの適切な運用，写真撮影時の情報の映り込みを防ぐ等日々の取り組みが大切といえます。

③ マレーシア

セキュリティ管理においては，安全上の理由から，オフィスや工場の入退室セキュリティは比較的整備されていますが，運用が緩く実質的に機能していないケースも散見されます。

また情報漏洩に関しては社会全体として関心が薄く，厳密な取扱いが行われているケースはさほど多くないように思われます。

④ ミャンマー

セキュリティ管理においては，近年増加しているオフィスビルやサービスオフィスに入居する場合はオフィスビルの入り口，自オフィスの入退室に関するセキュリティは整備されていますが，コンドミニアムの1室を賃貸してオフィス利用している場合は入退室のセキュリティは不十分であることが多いです。

⑤ 韓国

セキュリティ管理としては，大部分の会社では施設警備会社のセキュリティサービスを利用しているほか，多くのオフィスビルにはCCTVカメラ（防犯・監視カメラ）が設置されています。

会社内部情報が外部に知られることを避ける傾向があり，重要書類は鍵や暗証番号がついた金庫やキャビネットに保管し，パソコンにもパスワードを設定する，重要なファイルには個別にパスワードをかける等，情報管理にも慎重です。

⑥ 台湾

セキュリティ管理については，他のアジア諸国と同様に台湾においても，SNSの業務利用が幅広く浸透しているため，社内サーバーやEメール等からの情報漏洩リスクのみならず，SNS経由での情報漏洩リスクも留意したうえで，管理規程を策定することが望まれます。

Ⅴ　主要な業務プロセス（販売プロセス，購買・在庫管理プロセス）におけるリスク管理体制

受注から売上計上，債権回収に至る販売プロセスに日本との大きな相違はありませんが，総じて債権回収に苦慮するケースは多くみられます。債権回収に

あたっては，日本においても少なくとも月次での回収状況のチェックは必要ですが，海外ではそれ以上に回収業務にはコスト（時間，事務負荷）がかかると考えておく必要があります。支払いが期日から遅延することも多く，前金の請求，支払いのフォロー，場合によっては回収専任の人材を採用する等の対応が必要です。これは，調査機関の少なさから取引先に対する信用調査が限定的にならざるを得ないといった事情も一因と考えられます。

インボイスについては，様式，発行タイミング等において日本よりも規制が厳しい国が多いため，各国で採用されている規制や商習慣を理解しておく必要があります。

その他，成果報酬のための販売実績の改ざん，職務分掌の不十分さに起因する横領，独断での値引・割引，返品受け入れ時のルールの不存在等，日本でもみられる不正事例や課題が挙げられます。

購買・在庫管理プロセスについては，親族企業への発注，購買担当者のキックバック，横領，支払遅延，在庫の管理不足に起因する盗難等が，発生事例として挙げられます。これらはいずれも日本でも発生している事象ですが，海外においては日本以上に発生頻度が高いものと心づもりをしておくべきです。

一般に不正の手段は日本も海外も共通するところが多いですが，受注獲得のために，高い金額で他社の見積書を偽造する事例が複数国で挙げられています。想像を超える方法で不正が行われる可能性も念頭に置いておく必要があるといえます。

現地責任者として派遣される駐在員が1人のみであったり，また，駐在員が管理部門未経験である場合などは，内部統制構築に苦労することが多く，本社の関与，支援がより重要となります。

（1）販売プロセスにおけるリスク管理体制

以下，販売プロセスにおける国別の留意点について記述します。

① インド

インドでの販売プロセスの課題としては，売上債権の回収が挙げられます。インド企業は日本企業とは異なり支払期日を迎えても支払いを渋ることがあります。これはインドの社会文化に加え，銀行の金利が高いために，買掛金支払を遅延することによる金銭的メリットが存在するためと考えられます。この場

合の対策としては，相手側へ支払いを強くフォローアップすることに加え，契約時点で着手金を請求し，業務上発生する最低限のコストをカバーすることが挙げられます。相手側に支払いの兆候が見られない場合は，現地法律事務所を通じ，所定の法定手続を行うこととなります。

インドでは取引にあたりインボイス制度が採用されています。日本の消費税に当たるGST（Goods & Service Tax：物品サービス税）は登録制であり，各事業者はGST IN（GST Identification Number）と呼ばれる固有番号を取得しています。仕入税額控除を適用するためには同番号が記載されたTax Invoice（日本における適格請求書）を発行し取引を行う必要があります。懸念としては，仕入税額控除残高（仮払GST）がプールされるのは，代金の支払後に支払先の事業者が月次の仮受GST申告を行ったタイミングであり，取引先のコンプライアンス遵守が不十分であるために，仕入税額控除が予定通りのスケジュールで利用できない（稀に仕入税額控除自体がプールされない）ケースが散見される点があります。

② インドネシア

インドネシアの企業や個人を一当事者とする契約等については，契約書等にインドネシア語の使用を義務付ける「言語法」があります。ただし，言語法が適用される契約等についても英語などの外国語を併記すること，言語により規定に齟齬がある場合には外国語が優先することを定めることは可能となっています。

取引を開始する際の留意点として，得意先の信用調査については調査機関が少なく，情報も限定的であるため調査が困難ということがあります。また，リベートや販売奨励金に関して，会社側に不利な契約を強要されることが多いため，注意が必要です。

債権回収には時間がかかることが一般的で，3ヶ月～半年まで引き延ばす会社もあります。督促をしない場合には長期間未回収になることも多くあります。買主による代金支払不履行があった場合の一般的な債権回収方法は以下のとおりです（担保権に対し強制執行をする場合を除く）。

① 債務者に対し催促書を送付し履行を求める交渉を行う。

② 債務者が催促書に応じない場合には訴訟を提起する。

③ 訴訟に勝訴した場合には強制執行を申し立て，債務者所有財産について

競売等による債権回収を行う。

裁判の途中で和解となるケースもありますが，訴訟に係る費用と負担に鑑みて，貸倒処理をする会社も見受けられます。

③ オーストラリア

現地企業の場合支払いが遅延するケースが多く，中小企業においても回収専任の人材を採用するなど，請求代金の回収業務には人員とコストを割く企業も少なくありません。

都市により商慣習の違いがあり，何に重きを置くか多少違いがあります。例えば，シドニーであれば取引の経済性に重きが置かれる一方，メルボルンは取引先との関係（人間関係）に重きが置かれる傾向があります。そのため，メルボルンでは経済合理性のない取引が行われてしまっているケースもあります。

業務プロセス全体にいえることですが，業務マニュアルのような手順書を整備している会社は少なく，ハイレベルのポリシーの下，業務の進め方は属人的になっている企業は多くみられます。また，そのハイレベルのポリシーについても制度上整備はしていますが，周知はあまり行われず，形骸化していることが多くあります。そのため退職などにより担当者が変わる場合，引継ぎ時間も最小限に抑えられることもあり，業務の手順が大きく変わってしまうケースも出てきます。管理側としてはキーコントロールが何であるかを理解し，それを如何にして効かせるかが重要なポイントになるといえます。

また，人件費が高いことから，販売・購買プロセスにかかわらず全体的にシステム化が速いスピードで進んできています。しかしながら，少ない人員での業務を行っている企業の場合，効率化等の観点から1人に対して複数の業務領域のアクセス権が付与されるなど，設計段階から，職務分掌の問題が多くみられるように思われます。

販売プロセスではGoods & Services Tax（GST：消費税に類するもの）にも留意が必要です。課税対象となる商品やサービスが細かく分かれており，企業やビジネスが提供する商品やサービスがGSTの対象となるかを事前に確認することが重要となります。また，オーストラリアに拠点がなく，例えばオーストラリア国内市場にオンラインで商品を販売し，その売上が年間AUD75Kを超える場合，海外法人であってもGSTの登録・納税が必要になります。GSTを課税する場合は，サービス・商品の金額がAUD82.50以下の場合を除き，原則

Tax Invoiceの発行が必要となります。Tax Invoiceには販売側ABN（Australian Business Number）とGST及びサービス・商品の金額，提供したサービス，商品の概要などの記載が必要になります。また，1つのTax Invoice の金額がAUD1,000を超える場合は上記に加え購入側のABN または会社名の記載が必要になります。

このようにGSTに関する法律は細かくなっており，GSTの課税が誤っているケースが散見されます（課税が不要にもかかわらず課税されている，またその逆もあります）。

④　カンボジア

販売プロセスの考え方自体は日本とカンボジアでそれほど相違があるわけではありません。しかし，多くの企業にとって内部統制を整備し運用できるだけの人員を十分に確保できないということも実情としてあります。カンボジアは日本ほど内部統制の整備・運用に厳しくはない経営環境ということもあり，直接的には利益を生まないことも多い内部統制の構築まで着手できるマネジメントは多くはありません。

実際本社から管理部の人員をカンボジア現地法人に出向させるだけのリソースを持てない場合，実務的には本社側の海外事業部門や経理財務部門，内部監査部門などのサポートをもって内部統制を構築することを検討されることが望ましいでしょう。内部統制の不十分さから，請求書発行や債権回収，債権の消込みを同一担当者が行うことにより現金横領事件に発展する事例もあるため1人の担当者に一任するのではなく，2人以上に担当を分けることや定期的にマネジメントがモニタリングすることが肝要となります。

一般的にカンボジア人の国民性は素直な性格が多く，現金が不足するなどの問題が発生した際に，担当者としてあらぬ疑いを向けられたくないと感じるのは日本人と同様です。また開発途上国ということもあり多額の現金を目の前にした際にその現金に手を付けたいという欲求が発生することは，ある意味自然な感情ともいえます。したがって大切な従業員に嫌疑をかけないため，また従業員を従業員不正から距離を置かせるためにも内部統制の構築は必要といえます。

またインボイスは規定上，物品の出荷日またはサービス提供日と代金の前払いがあった日の，いずれか早い日から7日以内に発行する必要があります。税

務調査で指摘が挙がりやすい項目とまではいえないものの，特に年度末の物品やサービスの提供について当事業年度にインボイスを発行するか翌事業年度に発行するかは留意すべきポイントになります。

⑤　シンガポール

　シンガポールは経済の自由度も高く法整備もしっかりしているため国際貿易の中心拠点となっており，三国間貿易も盛んに行われています。三国間貿易では，一取引当たりの金額が大きくなることも多く，厳格な内部統制が求められています。取引通貨について制限はなく，貿易取引，国内取引の両方で，様々な通貨での取引が行われているため為替リスクの管理も重要となります。

　シンガポールでは，インボイス制度が採用されています。日本の消費税に当たるGST（Goods & Service Tax：物品サービス税）は登録制であり，原則，年間課税対象売上高がSGD 1Mを超える場合は登録が必要とされています。取引相手方がGST登録事業者の場合には，GST Registration Number等，必要情報を記載したTax Invoice（日本における適格請求書）の発行が義務付けられています。

⑥　タイ

　一般に，受注から出荷，請求までの手続きについてはしっかりした文書化・マニュアル化はされていなくても，ある程度実務で運用可能な手順が整備されていることは多いと思われます。売掛金の回収サイトは1〜2ヶ月が多く，資金繰りに悪影響を与えるようなことはあまりないでしょう。

　サービス業の場合には，税制に従って代金請求時にInvoice（請求書）を発行し，代金受領時にTax Invoice兼Receipt（領収書）を発行することが一般的です。Tax Invoiceはタイトルに"Invoice"が含まれる書類であるものの，その内容は請求書ではなく領収書に相当することから日本人にとっては誤解しやすい書類です。

　内部監査等では以下のような事例がみられます。

- 契約書が締結されていない。
- 営業担当が販売実績に応じたコミッション報酬を受ける給与形態の場合，販売実績データの改ざんによる過大なコミッションが発生。
- 税務に合わせて売上を全て出荷基準で計上しているが，実際の取引条件が

DAP（Deliver At Place）など出荷時点では会計上の収益認識要件を満たさず，年度末の会計監査で売上・売上原価の修正が生じる。
- 与信限度額を設定していない。
- 未回収債権（実務上は売掛金よりも未収金，仮払金などのその他債権）の長期間の放置（会計監査人からも指摘されないこともある）。

⑦ フィリピン

契約社会であるフィリピンでは，取引をする際，原則契約書が必須です。また，新規の取引時では取引企業の監査済み財務諸表を確認する等，与信管理を行うことが多いものの，財務諸表の信頼性に疑義が残ることもあります。

税務登録されたSales Invoiceを基に会社は適切に出荷を行おうとするものの，物流に問題を抱えるフィリピンでは，指示通りの出荷がなされないことがあり，売上を計上する際に差異が生じる原因になっています。

地場企業との取引では，与信管理が難しく，支払期限までに支払われない等売掛金回収に苦労している会社が多いように思われます。与信管理を担う管理部と，売上担当者との連携が取れていない場合，与信枠を超過して販売してしまっているケースもあります。

また，貸倒れが発生した際，損金処理するための税務上の要件を満たせず損金計上が難しい場合があります。

製品のパッケージ変更に伴い，大量の返品在庫が発生するといった事例もみられます。

内部監査を行ううえでは，見積書，請求書の発行時に上長の承認プロセスを経ていない，また，割引・値引が担当者の独断でなされている場合があるため留意が必要であるほか，現地駐在員及び現地担当者と適時にコミュニケーションをとることが重要となります。

⑧ ベトナム

販売プロセスにおける受注管理や請求管理，売掛金の回収管理といった考え方は日本と大きく変わるものではないものの，受注のための非公式な販売手数料については，特有の論点として留意すべきです。

キックバックというと，主に購買担当者による不正の一種として認識されることが多く，企業も販売業務におけるキックバックに対してあまり対策をとっ

ていないことも多くあります。ベトナムにおいては「非公式の販売手数料」といった形で，取引先企業の代表者や購買担当者に直接現金を渡し，その見返りとして発注してもらうといった慣行に慣れている会社や業種もあります。

　購買担当者によるキックバックよりはモニタリングがしやすく，不透明な現金支出や，損金不算入処理がなされている費用リストを精査することで事後的な発見可能性は高まります。ただし，もし帳簿外で保管している現金（裏金）で支払いを行っている場合には，発見できないリスクが増すこともさることながら，コンプライアンス上，より大きな問題となります。

⑨　マレーシア

　販売プロセスにおいて日本と大きな違いは無いものの，下記の点について留意が必要です。

- 営業スタッフについては報酬をインセンティブ体系としていることが多く，そのことが架空売上の計上の引き金となってしまうことがあります。期末での不自然な売上の計上や，期初における売上の取消しが発生するような場合は確認が必要です。

- 現在は全ての規制が撤廃されているものの，2016年12月に実施された外国為替規制により，輸出貨物の対価につき外貨で受け取ったものについては，その75％を外貨からリンギットに転換することが義務付けられていました。現在は当該外貨規制は撤廃され，全ての輸出収益を外貨のまま保有することが可能になっています。一方で国内取引に係る決済についてはリンギットで行うことが義務付けられています。

　　例外として，グローバルサプライチェーンに関する居住者間の国内取引の決済については外貨を使用することも認められています。このように，マレーシアの通貨であるリンギットは対外的に弱く，通貨の防衛のため，なりふり構わない政策を打ち出してきた歴史があることに気を付けておく必要があります。

- 現地企業からの債権回収はどの日系企業も苦労しており，様々な理由を付けて支払いを引き延ばしたり，連絡が取れなくなったりするケースがしばしば発生しています。金額によっては弁護士や債権回収業者に依頼をして回収に努めることもあります。一方で，マレーシアにおける信用調査を目的として財務調査を行うことは比較的簡単です。マレーシアでは原則とし

て全ての企業が監査済決算書を登記当局へ提出することを義務付けられており，また提出された決算書は誰でも閲覧可能です。

ただし，現地の中小企業が利用している現地の会計士による会計監査は必ずしも全てが高い水準にあるとはいえず，決算書の信頼性が担保されているわけではない点に留意は必要です。

● マレーシアでは2024年8月より段階的に電子インボイス（e-Invoice）が導入されています。販売事業者が作成したe-Invoiceは，全て税務当局のシステムにより認証，個別の識別番号を付され，購入事業者に送信されます。2024年8月から対応が必要となるのは2022年度の年間売上高がMYR100Mを超える納税者とされ，2025年7月以降は全ての納税者がe-Invoiceへの対応を義務付けられる予定です。

⑩　ミャンマー

物品の売買やサービス契約の締結においては，契約書を取り交わしていないケースや，契約書は取り交わしているものの印紙税を納付していないケースが少なくありません。規定通りの印紙税額が納付期限（契約締結から1ヶ月以内）までに納付されているかどうかを，法人税申告や税務調査の過程で税務署がチェックすることは多く，印紙税の未納付や納付遅延があった場合，本来の印紙税額の3倍の額がペナルティとして科せられます。

売上を計上するタイミングは，税務当局や現地監査法人の思考が影響していることもありますが，現金主義で会計処理がなされているケースが散見されます。

会計書類等は英語またはミャンマー語で作成し保管しなければなりませんが，日系企業同士の契約書や請求書等を日本語で作成し，税務当局や監査法人から指摘を受けるケースも多くみられます。

⑪　韓国

中堅企業以上の規模の会社は契約書，取引先登録書類等を適切に具備したうえで取引を行っています。また会社の規模にかかわらず，韓国の付加価値税法上，電子税金計算書という法定インボイスの授受が非常に重要です。これは取引のエビデンスとして強い証拠力が認められるものであるが故に，仮に不正取引があったとしても，双方の共謀のもと電子税金計算書が適切に（矛盾なく）

発行されていた場合，不正を見抜くことが容易ではなくなるからです。

　上述した電子税金計算書によって，売上先と仕入先それぞれの付加価値税申告時に国税庁のデータベース上でクロスチェックが可能となっています。どちらか一方の売上や仕入計上が漏れていたり過大計上されていたりした場合には，課税当局から連絡が来るというシステムになっています。すなわち，一方的な売上計上や故意の売上未認識については制度的に防止できるようになっているといえます。

　電子税金計算書は請求書の役割も担っており，特別な事情のない限りは付加価値税法上請求日（例：財貨の場合は引渡日，サービスの場合はサービス提供完了日等）に合わせて電子税金計算書が発行され債権債務が確定するようになっています。電子税金計算書以外に会社独自のフォーマットで請求書を発行する必要はないため，請求書の発行が遅延するケースはほとんどみられません。

　与信額を決定する際には，上場企業の場合公開されている財務諸表を参考にするほか，NICEという民間信用情報会社のデータベースを利用して決定するのが一般的です。また上述したとおり，双方の共謀によって電子税金計算書が不正に発行される可能性もありますが，その場合でも支払遅延や回収状況等，債権債務の管理状況について厳格にチェックすることで不正を発見できる可能性は高くなると思われます。

　返品・クレームについては，BtoB取引，BtoC取引にかかわらず，瑕疵による返品やクレームの処理はシステマティックかつ迅速に行われるのが一般的です。BtoCの場合，消費者の単純な心変わりによる返品も受け付ける業者が多くなっています。

⑫　香港

　販売プロセスにおいて監査等でよく指摘される事例としては以下のようなものがあります。

- 出庫指示，請求書発行，債権回収，債権消込みが同一人物または同一部署で完結する。
- 返品受入，値引き，リベート支払いに関する明確なルールがない，または担当者ごとに処理方法が相違する。
- 滞留債権の処理，回収方法に関する明確なルールがない。
- 顧客情報に誰でもアクセスできる。持ち出し・改ざんできる環境にある。

- 顧客マスター情報の変更に明確なルールがなく，また，アクセス権限が無関係な部門の担当者にも付与されている。
- 顧客からのクレーム対応に明確なルールがない。

　上記に共通していえる点として，業務手順に係る文書化が不十分な点が挙げられます。特に勤続年数が長い従業員が在籍している場合，彼らの頭の中に業務手順が存在し，客観的に確認可能な文書等が存在しない事例が多くみられます。この場合，業務が属人化するリスクや，実際業務の変化に合わせて規程類の更新がなされず形骸化するリスクが存在します。一方で，請求書や発注書等の財務報告に必要な書類自体は揃っていることが多いため，あまり問題視されない傾向にあります。担当者の個人スマートフォンのチャット上で値引き交渉等が行われることもみられます。社内承認プロセスが不明確であったり，返品漏れが発見されたり等，業務上支障が出てからの事後対応となってしまうことが多くなります。

⑬　台湾

　販売に係る最大の留意点としては，国外への輸出販売等の例外を除き，原則として統一發票の発行をしない限りは会社の売上として認定されない，という点です。

　統一發票の詳細については第5章で記載するためここでは割愛しますが，台湾子会社独自のインボイスを発行すれば問題ないと本社側が誤認しているケースは実務上でも散見されます。

　統一發票に記載する金額は必ず台湾ドル建てである必要があり，たとえ契約上は米国ドル建てで実際の決済通貨が米国ドルであったとしても，統一發票には適切な為替レートを使用して換算した台湾ドル建ての金額を記載する必要がある点，留意が必要です。

　販売プロセスにおける受注管理や請求管理，売掛金の回収管理といった考え方は日本と大きく変わるものではありませんが，慣行として正式な契約書の締結がないまま取引が行われている事例も多くあります。そういった場合は請求に対する支払期限が明確に定まっていないことが大半であるため，各取引ごとに適切な契約が締結されているかどうかの確認は本社による子会社管理という目線でも重要であるといえます。

⑭　中国

　中国では發票の発行時点で売上を計上するケースが散見されます。会計基準上においても税制においても基本的には収益認識基準に従って売上高を認識しますが，發票の発行時点が現金の授受時点と近似していること，また一般的に費用計上は發票の入手に基づいて行われることから，發票発行時点を基準とした売上の計上が広く行われています。

　特に国有企業相手の取引の場合，先方が發票発行時点を指示してくるケースもあり，実際の納品時点と發票発行（＝売上計上）の時点とが大きく異なるケースも見受けられます。

　なお中国では2021年から新収益認識の会計基準（企業会計準則第14号）が非上場会社にも適用になっています。この基準は日本の新収益認識基準にも近似した内容ですが，在中国企業では契約書なしに取引をしているケースも多いことから，自社の契約書締結状況について今一度確認することが望ましいでしょう。

　回収サイトが比較的長くなるケースも散見されます。業種にもよりますが，60〜90日というケースが多くみられます。また取引習慣上，頭金・検収時・留保分と三段階に分けた支払・回収が行われるのが一般的です。このうち留保分は，一般的には契約額の10％程度であり，検収後一定期間問題がないことなど条件の充足が確認された時点で支払われます。したがって債権年齢の分析を実施する際に，この留保分が長期にわたって滞留しているというケースが散見されます。

（2）購買，在庫管理プロセスにおけるリスク管理体制

　以下，購買，在庫管理プロセスにおける国別の留意点について記述します。

①　インド

　インドは外貨送金の規制が厳しいといえます。日常的な海外送金の際も，1会計年度中の送金額がINR500Kを超える場合は，インド勅許会計士による証明書を取得する必要があります。輸入商品の代金支払の際には，輸入に関連する各種書類を銀行に提出する必要があり，円滑な送金処理の妨げとなっている状況です。

　購買においては，インド国外からの輸入を検討する際は，事前に関税や各種

規制を入念に確認することが推奨されます。まず，インド政府のスタンスとしては，外資参入は奨励している傾向にありますが，生産・製造分野はMake In India（インド国内での生産と調達）を推進しています。そのため，特定の輸入品目に高税率が適用されていたり，今後の更なる国内生産を目的として，特定の関税分類について突如高い税率に改定するケースも散見されます。

　国内製造を進めるうえで必要となる，インド国内生産が難しい部品やハイエンド設備を輸入する場合においても，高額な関税が適用されることが考えられます。そのため，税コストや輸入制限措置の有無を考慮に入れたサプライチェーン・マネジメントが重要となります。

②　インドネシア

　購買に係る契約書を締結する際の留意点として，インドネシアの民法では契約の解除を行う場合に，合意解除を除き裁判所に契約解除の申立てを行う必要があると定められている点が挙げられます。そのため，契約書において民法の該当条文について適用を排除する規定を含めることが一般的です。

　購買・在庫管理プロセスにおいて主に以下の留意点があります。

- 業者を選定する際に，担当者個人が選定先からキックバックを受け取っていることがあります。また，親族企業と有利な条件で契約を締結し取引を行うこともあるため注意が必要です。
- 適切な買掛金管理がなされていないことで，要支払額が正しく把握できておらず，結果として支払いを滞納しているケースもあります。
- 在庫管理及び実地棚卸が適切に行われておらず，帳簿上，過剰に計上されている在庫を一括で費用処理するケースがみられます。また，従業員による在庫の盗難もあり，防犯装置に配慮する必要があります。
- 会計システムや業務システムを変更する際に，データが適切に移行されておらず，正しい財務情報が反映されていないという事例もみられます。
- 社内の経理規程や業務規程が整えられておらず，充分な内部統制が働いていない会社も見受けられます。
- 物流インフラが十分に整っていないため，配送，物流に係るリードタイムが非常に長い点も特徴です。

③　オーストラリア

　購買・在庫管理プロセスは，購買依頼から納品・検収，請求書処理まで日本におけるプロセスと大きな違いはありません。

　ただし，中小企業では請求書の支払いを期限ぎりぎりまで支払わないケースが多く，結果支払遅延も発生しやすい傾向があります。また，オーストラリアの都市間で商慣習が異なる点も留意が必要です。購買先選定にあたっては相見積りが一般的ですが，一部の都市では一定の取引先との癒着が比較的多いなど，内部監査におけるリスクを識別するうえでも都市の特徴を考慮することが重要です。

④　カンボジア

　購買・在庫管理プロセスについて，日本と大きく考え方が異なるわけではありませんが，いくつか留意点を以下に記載します。

- 新規取引先について，特に日系企業以外が取引先となる場合，信用調査が困難となります。少なくとも新規取引先候補の企業が商業登記を行っているか，税務登録を行っているかの事前確認を行い，可能であれば直近年度のパテント税（事業登録税）納税証明書を入手するなど継続的に納税を行っている事業者であるか簡易的に確認することが望ましいでしょう。それでも事前の信用調査には限界があるため，紛争が発生した場合に備えて事前に契約条件にどういった項目を含めるべきか法律事務所へ相談しておくことが良いでしょう。
- 日本の消費税制度と似た付加価値税（VAT）がありますが，納税者が仕入税額控除として仕入先に支払ったVATを利用する場合や，VATの還付を行いたい場合には適切なタックスインボイスを入手している必要があります。特にVAT還付の申請を行う際には税務署側の手続きの一環で仕入先が適切にVATを申請納付しているかクロスチェックを行い，仮に仕入先が適切に納税を行っていない場合VATの還付が拒否されることがあります。したがって仕入先が適切な納税者であることの確認は重要であるといえます。
- 債務管理については締め日を設けず請求書を受け取り次第マネジメントが直接支払手続を行うことも多いですが，翌月末締めといった締め日を設けている企業もあります。

平均的な支払サイトとしては比較的短期間で決済がなされることが多いです。現金での決済は以前に比べて減少していますが，一部現金での決済を行っている事例もまだまだあります。業者から受領した請求書に対して自社の総務スタッフに現金を手渡し決済を任せた結果，当該総務スタッフが横領していたといった事例も発生しています。

会計監査を受けている企業の場合，取引先への残高確認手続により発覚する場合や取引先から未入金であるという連絡を受けて発覚するケースもありますが，発覚した時点では相当程度多額の横領に発展しており回収が困難であることが多くなっています。

- 在庫管理についても特段日本と考え方が異なるわけではありませんが，棚卸資産や売上原価は税務署では売上と結び付けられて検証されるため，指摘が挙がった場合に追徴課税の金額が多額になる可能性があります。特に製造業で仕掛品が多額に発生する業態で仕掛品の計算方法が確立されていない場合などは客観的説明が困難となり，税務署からの粗雑なみなし課税を呑まざるを得ない事例が発生しています。

⑤　シンガポール

シンガポールは法整備もしっかりしており金融の自由度も高いため，グループの調達拠点となっていることも多くなっています。そのような場合1件当たりの取引額が大きくなることも多く，為替予約やLC発行等の金融取引も発生するため，高度な内部統制の構築が求められます。

在庫管理については，経済の自由度が高く物流インフラも充実していることから，シンガポール企業だけではなくシンガポールで非居住者在庫の管理がされているケースも多くなっています。

発注担当者によるキックバックの受領等の不正行為には，法制度上，厳罰が科されるため事例はあまりありません。

⑥　タイ

一般に，発注や支払いに関する手続きについてはしっかりした文書化・マニュアル化はされていなくても，ある程度実務で運用可能な手順が整備されていることが多いと思われます。買掛金の支払サイトは1〜2ヶ月が多くなっています。一部の国で見られるような，とにかく支払サイトを先延ばしすること

に注力するような実務はあまりみられません。

一方で，内部監査等では以下のような事例にあたることがあり留意が必要です。

- 親族企業へ発注する。
- 職務分掌が不十分である（特に小規模会社では従業員数が少ないため実務上職務分掌することが難しい）。
- 発注担当者がキックバックを受領する。
- 会社の備品購入により発生するポイントなどを個人アカウントで受領する。
- サービス購入取引に関する検収手続きが整備されていない。
- 在庫を継続記録法で管理しておらず，棚卸差異が把握できない。
- 在庫の実地棚卸の実施状況が十分でない（現物カウント結果と帳簿残との差異の確認，原因究明を行っていない）。
- 原価計算システムを導入しているが，原価計算のロジックを理解している自社従業員がおらず，原価計算の内容がブラックボックス化してしまっている。

⑦ フィリピン

発注に際しては相見積りを取るのが一般的です。業者によっては，納税回避のために領収書を発行しないことを条件に見積り金額を下げる場合があり，適切な企業活動のために取引相手を見定めることが必要となります。

専門商社など，取り扱う商品の件数が多い場合，検収済みの商品を適切にシステムに反映できておらず，在庫管理ができていない企業が見受けられます。在庫管理上，従業員による窃盗に備え，防犯カメラや警備員の配置に加え会社の入退勤時に持ち物検査を実施している企業もあります。

内部監査を行う上では，担当者と取引企業が結託している場合があるため，重要な取引相手には直接ヒアリングすることを検討するほか，現地駐在員及び現地担当者と適時にコミュニケーションをとることが重要です。

⑧ ベトナム

販売プロセスと同様，購買・在庫管理プロセスにおける，納品・検収等の仕入管理，在庫管理，支払管理といった考え方は日本と大きく変わるものではありませんが，参考までに近年の内部監査を経て発見されたキックバック事例を

2つ紹介します。

（a）**弁当の納入業者からのリベート**　とある工場の社員食堂では，毎日大量の弁当を仕入れ，それを全従業員に提供していました。社長としては，一人当たりの昼食代金として業者に支払う単価はこれまで全く変化がないことから，安定かつ誠実な業者だと信じ切っており，長年その業者を使い続けていました。

しかし，実は裏では，数年前から納入業者と発注担当者の間でお米のグレードが勝手に下げられており，本来であれば品質が下がった分の減少すべき単価分について，発注担当者がリベートを受け取っていました。

ある時，従業員の1人がお米の味が落ちたのではないかと何気なく不満をもらしたことがキッカケとなり発覚した事例です。このように「工場のご飯の味が変化したと思うか」といった，内部監査としては通常行わない質問も，場合によっては有効となります。

（b）**他社のニセの見積書を偽造**　長年付き合っているサプライヤーA社の代表者と自社の購買担当者は友人関係でもありました。A社の代表者により，A社の競合であるその他のサプライヤー数社の見積書が偽造で作成されており，当該偽造資料が相見積りの社内資料として稟議にあげられていました。

偽造された複数の見積書は，A社の見積りより高く価格設定されており，最終的に稟議でA社が採用されるように仕向けられた不正行為でした。また，A社の見積書も実際には市場価格より高く設定されており，キックバック（両名で差額を分け合い）も発生していました。

サプライヤー選定にあたっては，単に相見積りを取ればいい，というわけではなく，市場価格を把握したうえで適切な金額になっているか，見積書が偽物である可能性がないか（例えば，フォームが似ていないか，同じタイプミスがないか）等，慎重に確認を行う必要があります。

⑨　マレーシア

購買業務・在庫管理について日本と大きな違いはありませんが，下記の点について留意が必要です。

- 上司の承認を経ない発注，親族企業との取引を勝手に行い，発注担当者がキックバックを受け取るという不正がみられます。担当者がキックバックを受領していることは不正の事例として多いですが，一方で業種によって

は有力者に対してキックバックを渡すことが商習慣になっていることもよくあり，コンプライアンス上，長年継続していた取引の見直しを迫られるケースも見受けられます。

- 在庫の横領は内部監査，会計監査にて確認，指摘されることが多い事例です。仕入れ及び在庫管理全般にいえることですが，ERPシステムを適切に導入することにより，購買，支払い，検収，在庫管理それぞれのズレが発生した場合の検証が容易となります。高額な原材料を使用する企業など，リスクの高い状況にある場合は特にシステムの導入によるリスク軽減が求められます。

- 購買，在庫管理に限った話ではありませんが，担当者の勤務期間が長く，業務内容もよく把握しているために信頼してしまい，権限を与えて一人の担当者に任せきっているケースが最も不正の発生しやすい状態です。不正を防ぐためには，やはり定期的に第三者の目による監査が行われることが重要なポイントとなります。

- こちらも購買，在庫管理に限った話ではありませんが，日系企業の現地責任者には販売会社であれば営業出身者が，製造会社であれば製造部門出身者が就くことが多く，会計，税務や内部統制といったことに知識がなく，現地責任者の管理が甘くなってしまっていることが多く見受けられます。また，それをサポートする体制が弱く，例えば日本語ができるというだけで会計の知識のない現地スタッフを管理部門の責任者にしてしまっているケースも多くあります。

　特に新規進出時はコストを抑えるために数少ない駐在員が全てのことをカバーするような体制を組むことが多いですが，スタート時に適切な管理体制が構築でなかったことが原因となり，数年後に大きな問題が発覚するような事例もみられます。

⑩　ミャンマー

　発注担当者，支払担当者，経理担当者を完全に分けずに同一担当者が行っている会社も少なくありません。近年のIT及び金融環境の発展・整備によりインターネットバンキングが普及していますが，引き続き現金決済による商取引も多く，従業員による現金横領等の発生を防ぐためのオペレーション構築は重要です。

ミャンマー子会社は事業規模が小さい日系企業が多く，現地の責任者として派遣される駐在員が1人のみ，または駐在員を置かずに短期出張ベースで子会社の運営を行う会社が多数です。また，1人の駐在員が管理部門の経験者であることは稀で，十分なレベルの内部統制を構築し運用するためには本社や地域統括会社の関与が重要となりますが，実際には，本社の関与が少なく内部統制の構築が不十分な会社が多くみられます。

販売プロセス，購買プロセスに共通している点として，システムを導入するなどITを活用して管理をしている会社はまだまだ少ないことが挙げられます。

⑪ 韓国

下記の点において留意が必要です。

- 継続的な取引を好む傾向があり，特に問題のない限り取引先を変更しないことが多くなっています。しかし，日韓間の取引においては政治的なイシューで取引がこじれることを嫌い，実質として日本企業との取引であっても，形式上韓国現地法人との取引を要求されることもあります。

  なお，取引先との癒着による担当者の着服を防ぐため，大企業や公共機関においては一定金額以上の取引の場合，随意契約ではなく入札を経て契約を締結するよう規定しています。

- 電子税金計算書の運用上，一定規模以上の会社では検収が適切に行われていますが，人員が不足している中小企業においては，検収作業が間に合っておらず在庫管理が適切になされていないこともあるため，定期的なモニタリングが重要です。なお，毎四半期に付加価値税申告を行わなければならないため，通常取引の場合は翌月10日，遅くとも四半期末から10日以内には仕入れが確定することになります。

- 販売プロセスと同様に，仕入時にも電子税金計算書が請求書の役割を果たしクロスチェックが可能であるため，仕入計上漏れは比較的容易に検出することができます。

- 外資系企業や外部監査の対象となる一定規模以上の会社は，在庫管理を適切に行っていることがほとんどです。このような会社では1年に1度以上は全数調査を行い，棚卸資産の数量及び状態について確認することが一般的です。

  内部監査をするうえでは，購買プロセスにおいても販売プロセスと同様，

交際費の濫用や取引先との癒着による不正取引の有無，経理部職員の横領等に気を付ける必要があります。

- 仕入債務の支払いにおいては，インターネット及び共同認証書（オンラインの印鑑証明），OTPトークンの取扱いに注意が必要であるため，本社からの業務監査時には経験豊富な韓国現地専門家のサポートを受けることで，効果的かつ効率的な監査が可能となります。

⑫　香港

以下の点は，監査において指摘されることもあり，留意が必要です。

- サプライヤーやベンダーとの契約書等の証憑類がない，保管されていない。
- 仕入先選定・相見積り，発注申請，受入・検収が，同一人物または同一部署で完結する。
- 返品，値引き，仕入リベートに関する明確なルールがない，担当者ごとに処理方法が相違する。
- サプライヤー，ベンダーの事後モニタリング・評価に関する明確なルールがない。
- 外部倉庫や遊休資産，試作品等が実地棚卸の対象となっていない。

販売プロセスと同様に，業務手順に係る文書化が不足している点に加え，在庫管理については，そもそも，在庫の整理整頓がなされていない事例が見受けられます。ロケーションマップが無いと，どこに何の在庫が保管されているかすら分からなくなってしまいます。また，実地棚卸差異は発生してはいけない，と考えている担当者が多くみられますが，理論上の在庫と実際在庫の差異はある程度許容したうえで，その差異を説明できることが重要です。実地棚卸は部門横断での取り組みとなるため，差異分析や検討を通じて，自社の改善点が見えてくることも多いと思われます。

また仕入先管理については，癒着や結託等の不正取引が発生するのは，何年か取引継続されている場合が多いため定期的なモニタリングが重要となります。

⑬　台湾

販売プロセスと同様に，購買，在庫管理プロセスにおける，納品・検収等の仕入管理，在庫管理，支払管理といった考え方は日本と大きく変わるものではありません。

台湾特有の留意点として，所得税法の規定により，時効を迎えた債務については税務上その他収入として認識を行い，後年実際に支払いが行われた際に，改めてその他費用として再計上をするべきものとされている点があります。上記規定における時効とは民法上の請求権の時効と定義されており，時効は2年から15年とされています。時効の期間は債務の内容にもよりますが，一般的な会社の取引で生じるものとしては，以下のように整理されています。

借入金元本：15年

借入金利息，配当，家賃，退職金等：5年

その他の買掛金，未払費用等：2年

2年超にわたる買掛金や未払費用が存在する場合，国税局より指摘を受け，当該未払債務についてその他収入に振り替える調整がなされた結果，思わぬ納税が発生してしまうというリスクがあります。

これは，特に支払期限が比較的緩いグループ会社間取引，特に親子会社間の取引でよく発生する事例ですが，外部からの購買においても長期の未払いが発生していないかどうか，適時確認を行うことが必要です。

⑭　中国

サプライヤー選定において，そもそもサプライヤー選定手続きが無い，相見積りの見積書が偽造されている，また手続きそのものの運用がいい加減であったり偽造した書類等々が入っていても承認の段階で見過ごされるケースが多発しています。

従業員がトンネル会社を設立して購買取引から利益を得ていたり，従業員の親戚・家族・友人などが当該トンネル会社を設立するケース，また購買部員全員が結託してトンネル会社を設立するケースもあります。過去においてはこのような従業員の家族関係を調査することは容易でしたが，現在では中国においても個人情報保護法が施行されており情報入手が困難となっています。

このように，中国では購買プロセスに関する指摘事項は非常に多く，サプライヤー選定プロセスの欠如，購入した物品の検収の欠如，サプライヤーとの癒着，トンネル会社を利用した不正取引など多岐にわたっています。

購買取引における不正が多発するケースとしては，主要原材料の購買取引よりも，包材・備品・消耗品といった1つひとつの取引が少額なもの，また食堂の外注や食材の取引といった購買品が形として残らない取引が利用されるのが

典型的です。前述のトンネル会社や外注先を利用した不正では被害額が多額になることもあるため注意が必要です。対策としては選定プロセスの強化など事前のチェック強化のほか，事後では，仕入先を定期的に見直して変更する，市場価格との比較を行うなどが考えられます。

第2節　アジアの不正と汚職

I　アジアの不正と汚職

「アジアは不正がよく起きる」シンガポールや香港，オーストラリアなど例外的な国もありますが，もしかしたら全く社内不正を経験していない企業はないのではないかというくらい広く，頻繁に見聞きします。単純に会社のお金を引き出して持って帰るものから，架空発注に架空の割増経費・人件費，顧客と機密データを含む事業丸ごと持っていかれてしまうケースなど多様な不正が起きています。

この背景を考察すると，本社及び赴任日本人管理者のリスク認識や会計・税務リテラシーの問題，不正ができてしまう機会を減らすために必要な内部統制の整備運用の問題，各国現地管理者への依存に加え，現地語能力の不足により本社のグループ内部監査や監査役監査といったモニタリング，牽制機能も働きづらいなどの内部的な問題から，税務当局による税務調査の質の問題や警察や税務当局，司法裁判官でさえ賄賂を要求してくるといった外部的な問題があります。これはつまり，やってもばれない，ばれても何とかなかったことにできる環境だということです。アジア各国の人々がまともな教育を受けていないから，倫理観が低いから，あるいは民度が低いからではありません。この環境が揃えば日本人だろうが何人だろうが不正に手を染めてしまうのです。

特に贈収賄に関してもアジアでは依然として日常生活においても，ビジネス慣行としても広くみられる事象です。少額の贈賄行為についてはビジネス上の常識であるという認識を持っている人も多く，これらの背景には，ビジネスシーンだけではなく公務員が少額の賄賂を市民から巻き上げようとする光景がよく見られることなども影響していると考えられます。国際的な潮流の中でアジア各国において贈収賄関連法の整備と関連当局の設置は各国進んでいるものの，その遵守と執行力についてはまだまだ発展段階にあるといえます。

贈答に関するガイドラインも公表されている国もありますが，まだまだそれらを超える贈答が行われています。ただし，法整備が進むにつれて国内での反汚職に対する声は大きくなり，行政プロセスのデジタル化などと相まって，少なくとも日常生活レベルや行政とのビジネスレベルでいえば，以前と比べれば

だいぶ改善されてきたといえる状況ではあります。

Ⅱ 不正行為者

　アジアで起きる不正の行為者は多岐にわたり，信頼していた現地のトップマネジメントから勤務歴の長い現地経理財務責任者とその部下である経理スタッフ，人事責任者，長きにわたり業績に多大な貢献をしてきた現地の営業責任者，購買調達責任者や担当者，倉庫物流責任者や担当者，工場で勤務するワーカーに至るまで様々な手口で不正が行われています。ここで見逃されがちな点として，現地日本人の拠点長，トップマネジメントが関与するケースもあるということです。アジア事業において現地トップの権限は強大で，現地スタッフが信用できないなどの説明をつけてほとんどの権限を有し，本社はじめ内外からの監視も行き届いていないケースで，長期にわたり，巨額の不正が行われていたということもあります。

　日本人トップのケースはもちろん，現地の経営層や責任者クラスによる不正は，巨額な損失につながることが多く，不正が発覚したのちに周囲の方々が漏らすのは一様に，「あいつだけは絶対にそんなことしないと思っていた」という絶大なる信頼です。どんなに信頼のおける現地の方であっても，同僚の日本人であっても，アジアにおいては，不正の予防牽制体制は必須といえるでしょう。

Ⅲ 不正の手口・発覚の経緯

（1）不正の手口

　アジア各国に共通する財務不正（粉飾や資産の横領）の手口は複雑な構造を伴う手口よりは，非常に原始的なものが多い点は共通しています。

　本社のグループ内部監査や監査役監査を行うにも現地語の能力を要するため，本社からのモニタリング，牽制を有効に効かせることが難しいことも背景にあると考えられます。

　驚くほど単純な手口でもやってもばれない，ばれても何とかなかったことにできる環境ゆえにその手口は大胆になる傾向があります。以下にアジアで実際に発生した不正事例をいくつか紹介します。

> ■　預金から引き出した後小口現金に入れず，経理担当者と共謀のうえ，請求書を偽造するなど支出を偽装し私的に横領する。

- 経理・管理者と共謀して証憑を偽造のうえ，個人口座に振り込みを実施する。
- 私的経費を経理と共謀して支出する。
- 領収書がとれない賄賂の金額を水増しして申告し，一部を横領する。
- 調達担当者が自分で中間会社を設立して，または協力会社を利用して購買調達を行い，利益を搾取する。
- 架空発注・割り増し発注により発注先からキックバックを受け取る。
- スクラップを売却して受領した現金を過少申告し，差額を横領する。
- 在庫を水増しして利益を水増しする。売上を前倒し計上する。
- 事業年数が長く，権限を大きく持つ現地人マネジメントがいる場合，比較的大胆に銀行口座から預金を引き出して持ち逃げするケースや，調達責任者が購買金額を上乗せ請求するようベンダーと共謀してキックバックを要求する。

（2）不正発覚の経緯

　不正発覚の経緯としては社内外のガバナンス体制を担う仕組み（内部承認プロセス，内部通報，グローバル通報制度，内部監査，監査役監査，税務調査）がありますが，現実のアジアにおける不正発覚の端緒は圧倒的に現地内部通報です。税務調査官，あるいは税務署全体の倫理や専門性の問題があることが多く，日本のように税務調査により発覚するケースは稀で，むしろ損金にならない不正な資金流出を税務署に指摘された際には相当の賄賂を支払い，共謀，隠蔽がなされるケースもあります。内部統制としての事業と当地の活動と商業実務をよく理解している責任者の承認は効果的な防止策となっていると考えられるため本社からの内部監査・監査役監査の中で不正が発覚することは稀です。言語の問題から現地の商慣習，法令規則の適用実務などの十分な理解が困難な中での社内監査で不正の特定を目的とすることは困難を極めます。

Ⅳ　内部通報の利用状況の特性，設計事例

　内部通報制度を設けている企業は中小企業にはあまりみられませんが，上場企業の場合には現地またはグローバル通報制度を有していることも多いです。その制度設計としては，実効性を担保するため匿名性を確保し，言語も現地語，英語双方に対応して運用されている場合が多いと考えられます。内部通報制度については利用方法の周知研修を実施のうえ，特に通報によって通報者が不利益を被ることはないこと，悪意のある通報は懲罰の対象となることなどが伝えられることが一般的です。

日本では仲間の裏切りのように捉えられあまり利用されることが多くないイメージがある内部通報について，他のアジアにおいても同じようなイメージを持って利用を避けるケースもありますが，中国やインドにおいては，従業員による内部通報件数が非常に多い傾向にあります。しかし利用方法について十分な研修を行っていても，単なる同僚に対する不満やクレームであったり，同僚の足を引っ張るようなデマであったりするケースが多いことも特徴で，その中にあって不正の端緒となる重要な通報を識別して外部専門ファームなどと連携して適時適切な対応をとることが重要です。

V 警察・司法の信頼性

シンガポールやオーストラリアを除き，アジア一般に広くその腐敗体質から警察や司法への市民からの信頼は非常に低い水準にあります。特にいわゆるホワイトカラークライムと言われる企業関連の財務関連不正などは警察当局に捜査能力がなかったり，捜査に対するプライオリティが低く，相談しても取り合ってもらえないケースがほとんどです。自ら外部会計事務所や弁護士事務所らと協働して相当程度の証拠収集を行ったうえで相談に行き，ようやく動いてくれる程度の期待度です。また司法に訴えても裁判は5年〜10年超など長期化することも多く，最悪の場合は裁判官が買収されて公平な裁定が下されないケースもあります。

VI 調査・資産回収の制約

フォレンジック調査の対象となるPCやスマートフォンについては会社貸与のものである場合，回収及び調査が可能です。不正事案の多くは個人のPCやスマートフォンやSNS（中国のWeChatやアジア全域でのWhatsAppやFacebook Messenger等）を利用してコミュニケーションがとられていることが多く，会社貸与資産から重要な証拠が発見されることは多くはありません。

本人の同意があれば個人のPCやスマートフォンについても回収し，調査可能であることはアジア一般に共通していますが，本人の同意をとることは多くのケースで困難を極めるのが実情です。また資産回収については，証拠を特定し，本人と交渉する，または裁判で損害賠償請求のうえ資産回収を試みることもできますが，前述のとおり，司法が機能しないケースがあるほか，多くのケースでは資産がどこにあるか特定できず，懲戒処分などにとどめ，回収はあ

きらめることも少なくありません。

Ⅶ 各国の不正・汚職

以降，国別に不正・汚職について記述します。

① インド
【インドにおける不正・汚職】

不正事例については，粉飾等の経営者不正に限らず，現金や棚卸資産の現物資産の横領や，仕入先との癒着によるキックバックの受領等の従業員不正も事例として散見されます。主な不正の発生要因としては，担当者の属人化によるものや，内部統制の未整備や脆弱性によるものが挙げられます。

汚職については，現在までにインド政府はその防止と廃絶に取り組んでいます。インドの汚職防止法は2018年に改正され，それ以前は贈賄に関する処罰は収賄に比べ限定的であったものの，改正後は贈賄に対しても明確な処罰が定められています。また，税務においては，Eメールやオンラインポータルサイトのみで納税及び税務調査が完了するスキームが導入されており，税務官による汚職を防止する施策が行われています。一方で，日系企業からみて不透明な手続きや行政指示等は依然として数多く存在しており，また州ごとに法令やプラクティスが異なることもあり，実務への完全な浸透まではまだ時間を要すると思われます。

不正な財務報告に対する管理手法としては，日常的な会計業務の管理や，各種経費や仕入れの承認プロセスの整備が挙げられます。まず，日常的な会計業務から不正が発生するリスクとしては，インドで幅広く使用されているERPであるTallyの機能上の問題が挙げられます。Tallyはシンプルな機能のERPですが，勘定科目を自由に追加できることや，遡及的にデータを修正できる機能など，日本に比べると，経理担当者によるデータ操作が可能となっています。そのため，会計データの正確性を担保するためには，信頼できる会計監査人の選定や，定期的な現物資料と帳簿記録のすり合わせなどが重要です。仕入れに関しては，インド人スタッフが仕入先から一部キックバックを受け取る事例がみられます。そのため，経費精算のみに限らず，仕入先の選定の際にも，日本人駐在員や，仕入れが多額になると想定される場合は日本本社を承認プロセスに含めるなどの対策が必要です。

228　第3章　コーポレートガバナンス・リスク管理・コンプライアンス

【不正の手口・発覚の経緯】

　不正の発覚は内部通報や本社側の調査によるものが多いのが現実です。仕入先の選定や経営を現地担当者に移譲している場合，長期間にわたって不正な資金流出が続いている場合も見受けられます。対応策として，内部通報の制度を整備することにより，不正防止を行うことは広く実施されています。一方で，インドでは内部通報が十分に機能していない事例もみられ，例としては，言語の違いが挙げられます。日本人駐在員を含むマネジメント層は英語を通常業務で使用していますが，現場作業員レベルでは英語話者が少ないという状況が考えられます。さらに，現地語はヒンディー語に限らず，タミル語など，地域によって様々な言語が使用されており，複数の州で工場や支店を持つ企業の場合は，漏れなく正確な内容のフィードバックを受けるには，言語上のレポートラインの問題を解決する必要があります。

【警察・司法の信頼性】

　警察・司法の信頼性については，2014年に発足したモディ政権以前では，民間企業に限らず，警察や司法内でも不正や汚職が発生していましたが，モディ政権以降は，政府の風土及び意識改革や汚職防止法の制定等により警察や司法の信頼は高まっています。従業員による不正が発生した際には，警察にFIR（First Information Report）を届け出ることによって，捜査が開始されます。FIRを提出し承認を受けるためには，疑われる不正に関する十分な証憑を取り揃えておくことが重要となります。また，対応のスピードは警察署によって差異があるため，担当の弁護士と共に事前に提出先候補を協議することが推奨されます。司法に関しては，比較的正当な判決が下されますが，判決まで数年間を要する場合がある点は，留意しておく必要があります。なお，当該プロセスについては，法律で規定されているとはいえ，最終的に解決するまでには非常に時間がかかり，解決が容易でないことが一般的です。

【調査・資産回収の制約】

　調査・資産回収の制約について　汚職防止法（Prevention of Corruption Act）の下，捜査機関によって施行されています。汚職が証明された場合，汚職資金によって得た資産や財産を差し押さえることができます。有罪となれば，政府は調査や資産の回収を強制執行することができます。不正発覚後，会社は不正を行った人物と協議のうえ，損害の補填を要求することとなります。当該人物が補填に応じない場合は，法的手続に入ることになりますが，インドで裁

判を行う場合，高等裁判所の判決まで数年，最高裁判所の判決には10年以上を要する場合があり，長期化する傾向にあります。よって，裁判にかかるコストと期間を考えた場合，当該人物と会社間で和解の協議を行い，会社側にとって有利な条件で解決することが検討案となります。一方，法的手続に入る場合は，所定の手続きを踏むことにより，裁判所が当該人物に対して仮処分を下し，判決の確定まで対象となる資産を凍結することが認められています。

② インドネシア
【インドネシアにおける不正・汚職】

贈収賄問題について身近なケースでは，違反を見逃すための警察への手数料，手続きを円滑に進めるための通関等の当局への手数料，労働局や税務当局などが調査において不当な主張を取り下げるための手数料など，多く存在します。

従業員の不正については長期間にわたり働いている従業員，特定の職種についている従業員がその地位を利用して不正を働くケースがあり，派遣される日本人駐在員の数に限りがあることから不正に気が付かない，といった事例が生じています。

【不正の手口・発覚の経緯】

不正の手口としては，在庫，廃棄物の売却，備品の盗難，取引先からのリベートの受領などがあります。また会社の経理担当者が，銀行の支払伝票について承認者の署名筆跡を真似て偽造し，口座資金を横領したうえで会計帳簿を不適切に処理するといった事例があります。発覚の経緯としては監査人による会計監査及び内部監査によるものが多数です。

内部通報については，日系企業を含むほとんどの会社で現地の内部通報制度はありません。一部の上場企業では社内ポリシーとして採用されている場合があります。

【警察・司法の信頼性】

警察・司法の信頼性について，警察，司法においても賄賂の慣習は残っており，信頼性は高くはありません。

また，インドネシアでは警察による捜査が受動的であることから，被害者（会社）が不正に関する証拠収集を行わなければならないケースも多く，従業員の盗難，横領に関して刑事手続に進むことは難しいでしょう。

【調査・資産回収の制約】

　刑法のほかに公務員，公的機関の汚職を対象とする汚職撲滅法，民間の汚職を対象とする贈収賄禁止法があり，当該汚職撲滅法において捜査官に，捜査中の汚職行為に関連すると疑われる郵便，電気通信，その他の手段による手紙や発送物を開封，検査し，没収する権利が与えられ，被疑者の資産情報開示義務，不当利得の没収権限などが付与されています。

　その他の民間企業における不正などに関してはこうした法令はありませんが，民間企業の役員への不適切な金品の供与は刑法における犯罪行為に該当する可能性があります。しかしながら，インドネシアにおいて民間人に対し刑法上の犯罪として立件されるケースは少数です。

③　オーストラリア

【オーストラリアにおける不正・汚職】

　州政府高官による汚職疑惑は稀にニュースを騒がせることがあるものの，通常のビジネスをする上で賄賂を求められるようなことはほぼありません。また，OECDが発表する腐敗認識指数（Corruption Perceptions Index）によると，オーストラリアは180ヶ国中13位と客観的に見ても汚職は少なくなっています。

【不正の手口・発覚の経緯】

　中小企業においてはメディアに対する内部告発で発覚するケースが散見されます。

【警察・司法の信頼性】

　ニュースを騒がせるような大きな不正については，関連当局の調査により発覚するケースが多く，それに伴い罰金も高額になるケースが多くなります。

　警察・司法の信頼性は高く，警察・司法の買収に類する事実は見聞きすることはなくリスクも低いと考えられます。

【調査・資産回収の制約】

　調査・資産回収の制約については，不正調査における証拠の保全，資産回収の制約については，アジアで一般的に通ずるものですが，具体的には以下のとおりとなります。

　● スマートフォン・PCの保全回収

　法的には，企業が所有するスマートフォンやコンピューターは，不正調査の一環として回収することができます。しかし，従業員のプライバシー権を侵害

しないように注意が必要です。従業員の個人的なデバイスや情報にアクセスする場合は，法的な制約が適用されます。

（ａ）尋問の録音　　尋問の録音は可能ですが，関係者の同意が必要となります。オーストラリアの一部の州では，全ての当事者の同意がなくても一方の当事者の同意があれば録音が可能ですが，州によって異なります。

（ｂ）個人資産（銀行口座・保有資産）の開示要求　　一般的に，法的手続を通じてのみ可能となります。例えば，訴訟中に裁判所命令により資産の開示を求めることができますが，単に企業内部の調査のためだけでは難しいでしょう。

（ｃ）資産の差し押さえ　　資産の差し押さえは，通常は裁判所の命令が必要です。これは通常，訴訟が進行中または判決後に適用されます。

（ｄ）個人資産の没収回収　　個人資産の没収は，刑事事件の場合に限り可能です。刑事事件で有罪判決が下され，資産が犯罪に関連していると判断された場合に，没収が実施されることがあります。

なお，不正調査についてはケースによって事情が異なり，必ずしも上記が当てはまるものではない旨理解しておく必要があります。

④　カンボジア
【カンボジアにおける不正・汚職】
　汚職は身近に存在し，交通違反を取り締まる警察官やビザ関係を取り扱うイミグレーションなど何らかの違反を見逃す見返りに賄賂を要求されることや新型コロナウイルス感染症がピークにある中でも感染対策の潜脱のため関係当局職員に賄賂を渡し自分の望むワクチンの接種，隔離措置の逸脱なども横行していました。商業的にも税務調査や関係省庁への許認可の手続きにおいて，手続きを円滑に進めることや何らかの違反の軽減として賄賂を提案される事例も多くあります。

　近年では汚職の状況は改善傾向にあるとされているものの，国際的な腐敗認識指数でも例年低位に位置することが多いのも実情です。

　カンボジアではカンボジア政府汚職防止機構（ACU：Anti Corruption Unit）という組織があります。この組織は啓発，防止的措置及び妨害，法執行など手段を通じてあらゆる面での汚職撲滅を目指し汚職犯罪を取り締まることをミッションとした組織です。何らかの行政手続の中で賄賂の要求に直面し，

当該要求を拒否したことに起因し行政手続に遅延が生じるなどがあればACUに報告し解決を図るよう依頼することが可能となっています。なお，カンボジア日本人商工会（JBAC）はACUと汚職防止に関する覚書を締結しており，JBAC会員企業がACUと個別に締結する必要はありません。

【不正の手口・発覚の経緯】

　事業活動を行ううえで発生しやすい不正はやはり現金横領事例です。現預金を扱う担当者が会計記録に関与している場合や業者との請求や決済に深く関与している場合など典型的ですが現金横領に発展する事例は多くあります。長く信頼していた担当者が銀行預金の引き出し後に金銭を持ち逃げする場合や，手書きの領収書の作成による架空経費の創出など原始的ではあるものの会社側は取り戻せないことが多くあります。経営者レベルでも出資金を集め持ち逃げする事例や，関係省庁への許認可で外部のエージェントに預けた金銭を持ち逃げされるなどの事例もあります。

　発覚の経緯としては外部業者との債権債務残高の確認時点や会計上不明な流動資産の増加，担当者等が音信不通になる場合などがあります。現金横領が多額もしくは継続的に発生している場合，会計上流動資産の増加や不明な費用項目の増加がみられることがあります。

　しかし現地の管理担当者が会計的知見を有していることはそれほど多くなく，あまり会計データを確認していないことも多数です。依頼している会計事務所が会計数値の異常な変動を検知する場合や会計監査人の確認の中で発見されることもあるものの，一義的に不正の検出を目的としているわけではないため，長期間従業員不正を看過してしまうこともあります。また内部通報制度はカンボジアにおいて一般的ではありません。

【警察・司法の信頼性】

　カンボジアの警察は日本と比較して信頼性が高いとはいえず，交通規制や立ち入り調査などで賄賂を収受する警察官も多く，また被害届を提出しても受理されない事例も出ています。カンボジアでは内戦後諸外国及び国際機関の援助を受けて法整備をしてきた経緯がありますが，広範囲にわたる法整備を短期間のうちに複数国の支援を受けて行ったことで各法令間での不整合が生じその調整に時間がかかったことから，例えば民法といった日本では当たり前の法令が，カンボジアではようやく2007年に成立し2011年に施行されています＊。各法令間の不整合は裁判官や検察官，弁護士問わず各所で異なる解釈の違いを生み法制

度が正しく機能しない原因となっています。法曹界においても人材が充実しているとはいえないことや裁判を有利に進めるための弁護士から裁判官や検察官への賄賂も公に認知されているところであり，社会的正義が執行されるまでにはまだ時間がかかるといえます。

＊　そのほか，2006年民事訴訟法制定，1992年土地法制定，1993年刑事訴訟法制定など多くの法令が1990年代以降に制定及び施行されており，依然として法令間での不整合や解釈の違いによる現場での混乱がみられます。

【調査・資産回収の制約】

従業員不正における調査・資産回収の制約については，会社貸与資産である場合これらの保全回収は可能です。しかしながら不正の多くが個人のスマートフォンや個人のアカウントであるSNSを通じて行われるため，不正の経緯の調査や証拠を入手することは困難です。

不正が取引先企業の担当者との共謀でなく従業員単独で行っている場合，関係先企業の担当者の協力を仰ぐことで不正の経緯を調査することが可能なことはありますが，いずれにしても不正発覚後損失額を十分に補填するだけの回収が困難であることが多いのが実情です。

とはいえ，安易に資産回収不可能として妥協すると他社の不正を誘発するおそれもあるため，専門家の助言のもと刑事告訴の可能性を示唆したうえで時間をかけてでも資産を回収する意思を提示するなど適切な対応を行うことが望ましいでしょう。

なお，現金の横領等はカンボジア労働法上重大な違反として懲戒解雇の対象となりますが，使用者が違反行為を認識してから7日以内に解雇しなければ重大な違反行為を理由とした解雇を行う権利を放棄したものとみなされるため，速やかに対処する必要があります。解雇の事前通知は不要です。

⑤　シンガポール

【シンガポールにおける不正・汚職】

一般的な不正・汚職の例には，贈収賄，架空取引，不正会計，資金流用などがありますが，シンガポールの不正・汚職の発生率は，他の東南アジア諸国と比較して少ないといえます。これは，シンガポールが厳格な法的枠組みや監視体制を持ち，透明性とコンプライアンスを重視する企業文化を育んでいるためだと思われます。

【不正の手口・発覚の経緯】

　不正の手口としては，取引先や政府関係者に賄賂を提供する贈収賄，実際には存在しない取引を計上して利益を操作する架空取引，収益や費用を操作して財務状況を偽る不正会計，そして会社の資金を個人的な用途に流用する資金流用などがあります。これらの不正行為が発覚する経緯としては，内部告発，外部監査や内部監査による発見，政府や規制機関による調査，市民や取引先からの通報などが考えられます。

【警察・司法の信頼性】

　シンガポールにおける不正や汚職に関する警察・司法の信頼性は高いといえます。汚職調査局（CPIB）は独立した機関として汚職を厳しく取り締まり，警察も法の厳格な執行に努めています。

【調査・資産回収の制約】

　不正行為が発覚した場合，企業は内部調査や外部調査を実施し，不正行為者を特定して法的措置を取ることが求められます。内部調査は企業内のコンプライアンス部門や内部監査チームによって行われ，外部調査は会計事務所や法律事務所によって独立して実施されます。

　また，不正行為者に対しては，民事訴訟を通じて損害賠償を請求することが一般的ですが，刑事訴訟が行われる場合，裁判所の命令により不正行為者の資産が没収されることもあります。

⑥　タイ

【タイにおける不正・汚職】

　ビジネス運営上は輸入通関やビザ申請の場面でスムーズな手続進行のため，あるいは書類上の不備を容認してもらうためにファシリティペイメントが発生することがあります。実務上は窓口の係官から支払いを（示唆的に）求められても拒絶することは可能ですが，結果的に手続きに時間を要したりするなどの不都合が生じる可能性はあります。

　ほとんどの会社で事業運営上何らかの手続き等が発生する商務省DBD（事業開発局）や歳入局（Revenue Department），労働省社会保障事務局（Social Security Office：SSO）といった当局においては汚職の発生はそれほど多くはないと思われます。一方で，税関（輸入通関），イミグレーション（ビザ申請），警察などの当局ではファシリティペイメント等が発生するケースは比較的多い

です。また，バンコクと比べると地方の当局窓口のほうが問題が発生しやすい傾向にあります。

　多くの会社で銀行支払や購買に関する承認手続や小口現金取引を極小化するといった基本的な対策はとられています。しかし，サプライヤー登録の仕組みやバックグラウンドチェック，相見積りの取得などといった対策の導入の程度は企業ごとに大きく異なります。

　汚職対策としては，贈収賄防止に関するポリシーの制定，親会社法務部や外部法律事務所でのリーガルチェックの実施といった対策を行っている会社もあります。

【不正の手口・発覚の経緯】

　不正の手口としては，証憑の偽造（手書き領収書の改ざん等）による架空経費・過大経費の請求や，退職済み社員の人事情報を利用した架空従業員への給与支給，会社備品の持ち出し，在庫・スクラップの横流しなどがあります。発覚の経緯としては，内部通報，内部統制（業務処理統制）や，内部監査によることが多くあります。中堅から大手の企業ではグローバルまたはローカルで内部通報制度を整備・運用しているケースは少なくありません。匿名での通報を可能にする仕組みとしていることもあります。しかし，実際の利用状況は会社により大きく異なり，ほとんど制度が利用されないケースや，コンプライアンスとは関係しない従業員からの単なる待遇改善要望や不平不満が数多く寄せられてしまい対応に苦慮することもあります。

【警察・司法の信頼性】

　警察・司法の信頼性については，タイでは一般的に警察や司法の信頼性は決して高くないと考えられます。日本の大手企業による警察当局の買収（贈賄）が疑われる事例が報道されたこともあります。

【不正調査・資産回収の制約】

　通常，会社貸与資産であればパソコンやスマートフォンの回収は可能です。しかし，特にタイ人従業員についてはスマートフォンを会社貸与としているケースは少なく，従業員個人のスマートフォンを回収することは非常に困難といえます。

⑦　フィリピン

【フィリピンの不正・汚職】

　贈賄についてはビジネスを円滑に進めるため，金額の大小問わずプレゼントを贈る文化があり，汚職との線引きが難しいことがあります。特に政府関連の取引では物事がスムーズに進まないことが多く，担当者にやむを得ず現金等を支給して手続きを進めることがあります。

　また，税務署や税関の役人にも，課題を解決するため金銭等を支給する場合があります。入札案件では，厳しく監視されていることから，現金を支給することは減っているものの，航空券やホテル代等を現物で支給するケースはみられます。現金を渡す側及び受け取る側どちらかにおいても違法行為となり，懲役刑等の刑罰が科されます。現地では手続きを円滑に進めるためにやむを得ず現金等の支給を行っている企業が多いため，現地の状況把握と本社との報告相談のルートを確保することが必要です。

【不正の手口・発覚の経緯】

　高度で複雑な隠蔽を伴う手口というよりは，例えば以下のような比較的単純なものが多くあります。

- 税務署や警察，税関の役人等への問題解決のための賄賂の支払い
- 社用車の私的利用
- 出納担当者による小口の横領
- 従業員への前渡金の未精算による横領
- 購買担当者が業者と癒着し，高い見積りで購入し，キックバックを受領

　発覚の経緯としては管理者によるモニタリング，チェック承認の過程や，内部通報によるものなど，どの方法が最も有効という傾向はなく，様々なケースがあります。

【警察・司法の信頼性】

　警察・司法ともに，買収される事例があり，一般に信頼性は高くはありません。新聞に掲載される等の大事な案件は公正に対応されるものの，日常的な担当官レベルではお金で解決されることが多いのが現状です。

【調査・資産回収の制約】

　本人の同意があれば，個人資産（銀行口座・保有資産）の開示要求，資産の差し押さえ，個人資産の没収を行うことができますが，書面（契約書）に残す必要があります。

⑧　ベトナム
【ベトナムにおける不正・汚職】

　ベトナムというと，東南アジアにおける発展途上国の代表国として，賄賂や汚職が多いイメージをお持ちの人も多いかもしれません。そのイメージ自体は事実といえますが，決してベトナム人だけが企業不正を行うわけではなく，日系企業の現地代表者や駐在員による粉飾や横領といったことも発生していることにも留意する必要があります。特に，現地法人代表者は，権限は大きい一方で本社からの監視の目が薄くなり，本社に気付かれないように簿外の現金（裏金）をため込み，当該資金を横領していたといった事例もあります。また，粉飾に関しては，年度末の決算数値が自身の想定していた数字と異なる（業績が悪い）場合に，自身の人事評価及び帰任後の役職にも関わるということで，何とか数字を調整したいという軽い気持ちから発生してしまうことがあります。

　外部の会計事務所に依頼をしていればそういったことは原則として防げますが，経理を自社で実施している場合に，経理スタッフを抱き込み，不適切な会計を強要していることもあります。日本人社長による粉飾や横領は企業不正の中ではそこまで多くない事例ですが，ひとたび発生すると，直接的な経済的損失だけでなくグループの信用失墜にまでつながる影響力の大きい不正となります。

　一方，企業不正の中で事例として数多く発生しているのが，少額の「汚職」です。こちらは，現地代表者だけではなく，一従業員でも環境が整えばすぐに実行できてしまうことがポイントです。また，少額の汚職（贈収賄）はビジネス慣行上の常識であると正当化する価値観を持っているベトナム人がいるのも事実です。こういった汚職に対する価値観や文化は，何もビジネスシーンだけでなく，当地で生活していると日常生活で頻繁に目にします。公務員が少額の賄賂を市民から巻き上げようとする光景はよく目にしますし，それを経験している外国人も多いでしょう。旧正月休暇がある前月くらいから，世間には「公安（警察）の取り締まりが増えるから運転には気を付けないといけない」といった暗黙の了解が浸透しています。

　一部の公安が，取り締まりを強化し，正式な罰金を見逃す代わりに少額の現金を渡すように迫るということもあります。少しでも収入を増やして，少しでも良い旧正月を家族と過ごしたい，親族にお年玉をたくさん上げたい，といった背景があります。社会の鏡の存在であるべき公安（警察）がこんな汚いこと

をしているのであれば，それが当然なことだと思ってしまうベトナム人が多くなるのも納得がいきます。このように，ベトナム人従業員の中には，そもそも少額の汚職自体は文化慣習上普通のことであり，悪いことではない，という価値観を持つ人も存在します。そのため，まずはコンプライアンスの意識を高め，「不正は悪いことである」，「不正が発覚したら厳しい処罰を受ける」，「場合によっては警察に突き出されてしまう」，「損害賠償責任が生じる」といった不正行為は絶対許さないという価値観・雰囲気を会社として醸成することが第一歩として重要になると考えられます。

【不正の手口・発覚の経緯】

不正の手口としては以下のようなケースがみられます。

- セキュリティゲートの警備員と結託した棚卸資産や器具備品の横領（単に盗難だけすると，在庫数量の差異が生じ，棚卸時に発覚する可能性が高まるため，外見の似ている品質の低い資産に置き換えるケースもある）
- 引っ越しやリノベーション工事中等，社外の人間の出入りも多く監視の目が緩くなるタイミングにおいて，工事業者と結託し会社資産や従業員の個人資産の盗難
- 仕出し弁当業者と結託し，弁当のお米のグレードを下げたが料金は変更せずに，差額の一部をキックバック
- 他社名義の偽造した見積書を巧妙に作成し，嘘の相見積りの結果，特定のサプライヤーが選定されるように仕組んだうえで，成約に伴う金銭の授受（キックバック）
- 違法にインボイスを発行する業者からのインボイスを取得し，請求額を支払うフリをして現金横領
- 各種書類への手書き入力が一般的であることを逆手に取った，フリクションペン（文字が簡単に消せるペン）を用いた文書の改ざん

発覚の経緯としては以下のようなケースがみられます。

- 内部通報や内部監査
- 退職した従業員からの通報（在職時には匿名性が保護されるとしても内部通報を利用することに心理的ハードルがある従業員も多い）
- 労働者から最近弁当が美味しくなくなったとフィードバックを受けたことがきっかけで発覚した。
- 従業員の身分不相応な生活への疑義から，内部監査という名目で秘密裡に

行われた不正調査で発覚した。

- 違法なインボイス売買を行っている企業リストに取引先が含まれており発覚した。

【警察・司法の信頼性】

　社会科学者が実施している世界プロジェクト「World Values Survey（世界価値観調査）」では，5年ごとに各国の多様な価値観をアンケート調査しており，直近2020年の調査結果に基づくと，ベトナムは「警察を信頼している」と回答した人の割合は91.2％，「司法を信頼している」と回答した人の割合は92.7％となっています。本結果に基づくと，双方ともに国民から高い信頼性を得ていることがうかがえます。

　一方で，警察に関しては上記で記載したとおり汚職が日常的に蔓延していることや，司法においては政府や政府系企業，さらには富裕層や政治的に影響力のある人間の圧力が介入し，公正かつ独立した司法判断に疑問の声が聞こえているのも事実です。

【調査・資産回収の制約】

　会社貸与資産であれば保全回収は可能です。しかしながら不正の多くが従業員の個人名義や親族名義のスマートフォンや銀行口座を通じて行われており，ベトナムの民法上で保護されている個人の私的生活に係る秘密に該当し，不正の証拠を入手することは極めて困難となっています。

⑨　マレーシア

【マレーシアにおける不正・汚職】

　マレーシアでは政府系ファンド，1MDB（One Malaysia Development Berhad）をめぐる汚職事件によりナジブ・ラザク元首相が逮捕，有罪判決を受け，またこの汚職疑惑を糾弾したマハティール氏が政権交代を実現し，2度目の首相に就任するなど，汚職事件が大きな影響を与えています。このような大規模な汚職事件だけでなく，小さな不正（贈収賄，横領，ネット詐欺）はマレーシアで生活している方であれば少なくとも1度は耳にしたことがあるほど，まだまだ根強く残っている状況です。

　このような中，マレーシア企業においても不正はしばしば発生し，企業運営に影響を与えています。贈収賄については，日常生活において目に付くのは公務員の不正です。政府関係の手続きについてオンラインの利用が近年急速に進

んだこともあり，公的な手続きに関する不正はかなり減りつつあるものの，警察官の取り締まりに対する賄賂などは，まだまだ耳にするところです。またビジネスにおいても政府系の公共事業に関し口利きが求められる場面や，企業間取引における不正なキックバックの要求などに直面することがあります。

　不正・汚職対策について，規模の大小や業種を問わず，まずは企業としてトップが法令を遵守し，不正・汚職を許さないという姿勢を見せることが重要です。そのうえで，企業個別のリスク評価を行い，特定されたリスクへの対策を検討，実施することが求められます。また実施に際しては，従業員への研修や定期的なモニタリングなど，実効性のあるものとしていく必要があります。併せてマレーシア汚職防止委員会法に基づく適切な手続を導入することで，企業責任防衛の対策とすることにもつながります。

　マレーシア汚職防止委員会法に基づく企業責任（第17A条）の違反が認められた場合（企業関係者が企業の利益を意図して汚職を実施した場合の企業責任が認められた場合），贈賄の対象となった利益の10倍もしくはMYR1Mのいずれか高い金額の罰金，または20年以下の禁錮刑，もしくはその両方が科されます。

【不正の手口・発覚の経緯】

　不正の手口としては購買担当者による納入業者からのキックバック受領，在庫の横領，経費精算を利用した私物の購入，営業社員の売上の架空計上によるインセンティブの不正受領などがあります。1回の不正は少額ではあるものの，期間が長期にわたっており，累計の金額が非常に大きくなっているケースが多いのが特徴です。例えば，経費精算を利用して私物を購入していたケースでは，1回ごとの不正な経費精算の金額（私物の購入金額）は少額なものの，期間が数年間にわたっており，不正の合計額としては大きくなります。

　発覚の経緯としては，内部通報（他のスタッフが異変に気付く）が多く，会計監査による発覚や，上司や駐在員が変わったタイミングで不正が発覚するケースもあります。

　内部通報についてマレーシアの上場企業は内部通報窓口を設置する義務がありますが，それ以外の企業は設置義務がなく，整備状況が良いとはいえません。一方で，マレーシア汚職防止委員会法に基づく不正防止手続を導入する際には，企業外部（法律事務所やコンサルティング会社）に通報窓口を設けることもあります。内部通報窓口が無い場合は，不正を発見した従業員等が直接，会社の

経営層や上司に伝えるか，親会社の内部通報窓口を経由して発覚するような
ケースもあります。

【警察・司法の信頼性】

　警察・司法の信頼性については，政府を巻き込む汚職事件などにおいては，
司法の判断がしばしば批判されるなど，必ずしも独立性が守られているとは言
い難い状況にあるといわれており，また警察についても信頼性が高いとはいえ
ない状況であります。

　一方，一般企業の不正案件においては損害額にもよるものの，不正を行った
従業員を訴えるケースは存在します。ただ裁判には時間がかかるため，実際に
訴えを起こすかどうかはケースバイケースの判断となります。なお，不正に伴
う損害に対し，保険請求を行う場合は，警察への届出（ポリスレポート）が必
要となるため，警察のアクションを期待するというより保険手続の一環として
ポリスレポートを入手します。

【調査・資産回収の制約】

　汚職防止委員会法に基づく調査対象となった場合汚職防止委員会が捜索，押
収等の捜査を行うことができるとされています。当然のことながら，一企業が
強制的な捜索や押収等はできませんが，従業員が不正を行った場合は，就業規
則や雇用契約等に基づき会社が調査や事情聴取を行うことは認められています。

　また不正により従業員が会社に損害を与え，その従業員がそれを認めた場合
は，双方同意のもと，従業員が損害賠償することで警察の届出や裁判を控える
ことは一般的な対応として行われています。

⑩　ミャンマー

【ミャンマーにおける不正・汚職】

　高度な粉飾や情報セキュリティに関する不正事例は多くなく，現金管理を
ローカルスタッフに過度に任せていることを原因とした現金横領の不正事例の
ほうが圧倒的に多いと思われます。

　汚職については，ミャンマーの慣習として，社会的儀礼という位置付けのも
とで公務員や取引関係者への贈答は日常的に行われてきました。国内外からの
要請を受けて法整備が進み，具体的な金額基準まで定めたガイドラインが公表
されているものの，汚職撲滅には至っておらず，いまだに許容範囲を超える贈
答が様々な場面で行われています。

242　第3章　コーポレートガバナンス・リスク管理・コンプライアンス

【不正の手口・発覚の経緯】

　不正の手口としては，以下のように比較的原始的な手口が大半で，複雑な手口による不正は多くはありません。

- 事務担当スタッフに管理を任せた小口現金の横領
- 会計財務担当スタッフに納税用に手渡した小切手の横領

　親会社から派遣される現地駐在員が複数人であることは少ないことや，親会社による定期的な監視が不十分であることにより，唯一の日本人である現地責任者による小口現金の横領が発生しやすい状態にある企業も散見されます。

　小規模な商店での物品購入やタクシー・バスなどの交通機関の利用でレシートが発行されないことや，誰でも入手できる市販の領収証が手書きで作成されることも多いことが，金額は大きくないものの従業員による不正な経費精算が発生しやすい原因になっています。その他に，税務申告や納税手続を担当する現地スタッフの家族が税務署職員で，親子が結託して不正な納税処理を行っていた事例も存在します。

　発覚の経緯としては，複雑な隠蔽行為などを伴うことは少ないことから，社内の現金実査など現物確認による比較的単純な内部統制の過程や，親会社の監査部門によるモニタリング，外部監査人よる監査手続等によって発覚するケースや，税務査定プロセスで税金の未納付を指摘されて発覚する（納税のための現金を預かった従業員が納税に行かず着服していたケース）ことが多くあります。企業や公共部門に不正行為を報告するためのホットラインやオンライン報告システムは整備されておらず，内部通報制度を設計し運用している企業は多くはありません。

【警察・司法の信頼性】

　警察と司法については買収されるリスクがあり，「公務員による贈答品の受領に関するガイドライン」が公表されているものの，金銭等の受け渡しはいまだに存在しています。

　「外国人／外国企業」が「ミャンマー国民／ミャンマー企業」と司法の場で争った場合，ミャンマー国民／ミャンマー企業に有利な判決が出る可能性が高いといわれています。

【調査・資産回収の制約】

　会社からの一方的な通知によって従業員を解雇することを制限する規定がなく，従業員による横領等の不正が発覚した場合に解雇することは比較的容易な

ため，厳格な調査が行われること自体がまず多くありません。ほとんどの場合，示談によって家族や親戚が賠償して完結させているケースが多く，不正調査などを行って損害賠償請求等の法的措置を採ることは珍しいでしょう。

⑪ 韓国

【韓国における不正・汚職】

金融監督当局が指導・監視を強化しているものの，業種や企業の規模にかかわらず，経営陣や従業員による多額の横領事件がたびたび発覚しています。仮に汚職が発覚した場合，国民から非常に厳しい批判を受けます。上場企業の場合，メディアへの露出が多く，また会計監査及び金融監督当局の監視対象であるため内部統制を厳格に整備・運用しています。

【不正の手口・発覚の経緯】

韓国特有の不正として，財閥系企業オーナー一族の秘密資金の造成や不正採用，公金流用等が挙げられ，これらは主に内部告発によって発覚します。労働組合が強力な力をもつ企業もありますが，労働組合を悪用するケースも存在します。

外資系企業の場合は現地役員や駐在員への報告を行うことで発覚するケースもあります。現地役員や駐在員の不正である場合は，本社にホットラインで報告することができるような内部統制を整備している企業もあります。

【警察・司法の信頼性】

警察・司法の信頼性は低くないものの，事案によっては政治的な影響を受ける可能性は否定できません。

【不正調査・資産回収の制約】

不正調査・資産回収の制約については，犯罪との関連が立証された場合，裁判所の命令による資産の差し押さえが可能であり，不正に蓄積された資産の没収も可能です。

⑫ 香港

【香港における不正・汚職】

国際的な金融都市として認知されている香港ですが，古典的な小口現金の少額な横領から，それらの金融システムを悪用した高度な金融まで様々な不正は発生しています。

【不正の手口・発覚の経緯】

　主な不正の手口として，ベンダーとの癒着による水増し請求・キックバック，倉庫からの物資盗難，架空設備・備品購入，退職後の顧客リスト等機密情報持出し等が挙げられます。スマートフォン1つで契約や商談等が可能な環境のため，従業員個人間でのつながりやすさが不正機会を大きくしていると考えられます。

　主な発覚の経緯としては，内部通報，内部監査が挙げられます。内部通報制度は有力な手段となりますが，設計はされていても活用されていないケースが見受けられます。典型的な例として，そもそも，従業員が内部通報制度が設計されていることを知らない，言語が日本語のみ対応している等が挙げられます。内部監査では，財務数値の過去トレンドを複数年にわたって分析すると，未認識の取引先感知や経済合理性のない取引価格異常が見られるケースが存在します。

【不正調査・資産回収の制約】

　個人スマートフォンを経由している場合，刑事罰確定等の明確な証拠が無い限り，会社がスマートフォン提出・情報提供を強制することはできないため，対応は非常に難しくなります。また，取引先を含む複数人員による不正発生の場合，口裏合わせや証拠隠蔽等もグループチャットで瞬時のやり取りが可能であるため，初動対応は重要です。

　資産回収には，明確に会社資産であることが必要です。資産台帳に記載されており，管理されている場合は，売却済みでない限り，回収できると思われますが，簿外資産であった場合，そもそも会社として日常管理ができていなかったといえます。そのため，「現金はその後のトレースが難しいため，小口現金を含めて基本的に使用しない」「購買申請は改ざんの可能性があるため，紙ベースではなくシステム管理に移行する」等の仕組み設計が重要です。

⑬　台湾
【台湾における不正・汚職】

　台湾は他アジア新興国と比較すると政府機関の担当者に融通を通す目的での賄賂の事例は比較的少なく，マネーロンダリング防止法の施行に伴い，不透明な資金送金に対する規制，監視もかなり強まってきているため，直近のリスクとしてはそれほど大きくはありません。一方で，会社の要職にある経営陣や経

理担当者による不正の事例は日本と同様，あるいはそれ以上に存在するといえます。

【不正の手口・発覚の経緯】

　外部監査法人が実施した監査手続による発覚，日本本社の内部監査による不正発覚というのが典型的なケースとなります。不正の手口としては，経理担当者の現金横領という単純なものから，請求書統一發票の捏造という比較的手の込んだもの，さらには親族の会社の結託した大掛かりなものまであります。

　以下に台湾で実際に発生した事例をいくつか挙げながら手口や発覚の経緯を紹介します。

1　請求書及び統一發票の捏造

　(概要)

　A社に対しB社が以前発行した請求書を流用し，B社名義のA社宛請求書を捏造すると共に，請求書の発行元であるB社とは別のC社から当該請求書と同額の統一發票がA社宛に発行されていた。

　実態のないサービスに対しての請求書及び統一發票の発行であり，また請求書の発行元であるB社と，統一發票の発行元であるC社の名義が別であるため，A社が支払処理を行う際に内容を確認し，サービスの提供を受けた事実がない旨や請求書と統一發票の発行元が異なっていることの確認ができたはずだが，A社の支払管理プロセスが明確に定められておらず，また，オンラインバンキングにおける送金情報の入力者と承認者が同一の経理担当者であったため，そのままC社に対し送金が行われてしまっていた。

　(発覚の経緯)

　会計監査手続において，当該支払内容における矛盾点を指摘し，会社のマネジメント層が経理担当者と事実確認を行った結果，経理担当者がC社からキックバックを受け取る目的にて，請求書を捏造したことが発覚した。

　(問題点)

- 送金処理を行う際の情報入力担当者と承認者が同一担当者であった。
- A社のマネジメント層が支払時に証憑を確認しておらず，承認プロセスにも関与していなかった。

2　銀行窓口での支払用の現金の横領

　(概要)

　D社は毎月の社会保険料や営業税，源泉税等の各種税額，細かな経費類の支

払いにおいて，銀行窓口から現金を下ろしたうえ，この現金をもって経理担当者が各支払先への支払いを行っていた。

銀行口座からの引き出し時においては，経理担当者より支払目的の説明及びその金額の証憑を提示されていたため，会社は銀行口座からの引き出し時点では内容確認を行っていた。現金にて支払いを行ったとされる各種金額のうち，支払済みであることの証憑が確認できないものが存在したが，D社はいったん仮払金として処理を行っていた。

(発覚の経緯)

D社は同様の支払プロセスを毎月行っていたが，支払後の証憑が確認できていない仮払金の金額がみるみる大きくなり，そのうち，保険局よりD社宛に社会保険，労働保険の未払通知が届いた。D社としては経理担当者が毎月支払っている認識でいたが，保険局から過去の保険料の支払履歴を取得，確認したところ，数百万円単位の保険料が払われていないという事実が発覚した。

(問題点)

- 銀行窓口での支払手続を経理担当者に一任してしまっていた。
- 支払いが確実に行われた旨の証憑を適宜入手し，口座から引き出された金額との一致確認を怠っていた。

3　同族会社との取引

(概要)

E社は販売管理責任者の努力により，大口の新しい販売取引先F社との契約を受注した。F社への販売開始にあたり，既存の原料仕入先のみでは生産量が確保できない見込みであったため，同販売管理責任者が探してきたG社とも仕入契約を締結した。この結果，E社の月次，年間の販売金額は大幅に上がり，本社からも非常に高評価を受けていたが，純利益は以前と大きく変わってはいなかった。

販売金額が大幅に増加しているにもかかわらず，純利益に変化がないことを不思議に思ったE社の総経理が詳細を確認したところ，F社への販売に係る売上総利益率が他と比較して著しく低いことに気が付き，その原因の調査，追及を行った。

(発覚の経緯)

販売先であるF社，仕入先であるG社の総経理と面談の約束を取り付け，それぞれのオフィスに行ったところ，どちらの会社も従業員がほとんど在籍して

おらず，大口の取引を行っている会社にはとても見えない状況であった。

不審に感じた総経理は，地場の信頼できる会社に委託を行い，Ｆ社，Ｇ社の実態調査を行ったところ，Ｆ社，Ｇ社の経営者として登録されている人物が，苗字こそ違うものの，Ｅ社の販売管理責任者の親族であることが判明した。

調査を進めたところ，販売管理責任者が自分の親族の会社を利用して，通常より高い金額でＧ社からＥ社に原料の販売を行い，通常より安い金額でＦ社がＥ社から商品の購入を行うスキームになっていた。Ｆ社，Ｇ社が儲けた金額の一部が販売管理責任者に流れていたのである。

（問題点）
- 新規取引先の信用調査，与信調査を行わずに契約を締結していた。
- 従業員の親族との会社の取引を行い，自ら不正のリスクを抱え込んでいた。

【警察・司法の信頼性】

他のアジア諸国でよく耳にするようなあからさまな賄賂の要求はあまり耳にすることはなく，一般的には警察，司法の腐敗リスクは低いといえますが，買収リスクがないとは言い切れません。

【不正調査・資産回収の制約】

不正調査において，会社貸与のPCやスマートフォンであれば回収のうえ調査を行うことに問題はないのですが，個人のPCやスマートフォンに残る情報を調査したい場合は，司法機関の捜査許可に基づく押収や差し押さえを除き，原則として本人の同意なしでは回収ができません。不正が疑われる事案において，個人のPCやスマートフォンの回収についての同意を得ることはかなり難しいのが実情と思われます。

⑭　中国

【中国における不正・汚職】

中国における不正は，資産の横領を中心に日本よりも頻繁に発生する傾向があります。資産の横領については，個人の利益供与目的の不正な経費の申請，現物資産の横領，スクラップなどの不用品の横流しなどが典型的です。また家族や親戚の名義で設立したトンネル会社を通じた利益の搾取なども頻繁に発生しています。

汚職・贈収賄についてはかつては政府機関担当者への賄賂の受渡しなど頻繁に発生していましたが，近年では腐敗防止運動と称した取り締まりが活発化し

248 第3章 コーポレートガバナンス・リスク管理・コンプライアンス

ており，また公務員への贈賄等を取り締まる法制度整備も進んだことから，公務員に対する多額の利益供与は減少したように思われます。それでも実務上は接待や贈答品の収受などが目立たないレベルで行われています。

民間取引においては 不正競争防止法が施行され，贈賄等の不正な手段による競争相手の排除は取り締まりの対象となるため，接待や利益供与が不正競争防止法で禁止される行為に当たるかどうか慎重に判断する必要があります。

【不正の手口・発覚の経緯】

典型的な不正の手口には以下のようなものがあります。

(資産の横領)

- 工場において売却価値のあるスクラップを個人的に回収して売却する，または回収業者と共謀して重量を偽るなどして不正な利益を得る。
- 経費精算において偽の発票（税務インボイス）を提出し，架空の費用を精算し不正な利益を得る。
- 厳密な検収が行われていない消耗品などの少額資産を多めに発注し現物を横領する。

(購買・販売の不正)

- サプライヤーや顧客の購買担当と共謀し，受発注に便宜を図る報酬としてキックバックを受領する。
- 購買担当者が家族や親戚を代表者にした会社を設立し，サプライヤーから当該会社を経由して仕入れを行うことで不正な中間利益を取得する。

発覚の経緯については，内部通報が大部分を占めています。中国では電子マネーによる取引が一般化しているため，会社内部に不正な取引をしている証拠が残りにくい傾向があります。内部通報制度が構築されている会社においては，従業員による内部通報が比較的積極的に利用されるケースが多くなっています。内部通報には実際に不正につながる通報もありますが，同僚の足を引っ張るようなデマであったりするケースも多くあります。ただし，実際に不正が発生しているケースにおいては，同じ人物に対して複数の投稿が寄せられるなどの現象がみられており，不正の発見に一定の効果があると考えられます。

中国では腐敗防止運動と称して政治家などが贈収賄で逮捕処分されるケースが多発しましたが，これらは多分に政府の権力闘争に起因するものです。しかしながらこの腐敗防止運動により，一般市民レベルにおいても贈収賄などの行為が減少したのは注目に値します。

ただし，被疑者が個人的に警察等と関係がある場合，不正事案等で立件されてもなかなか事態が進展しないといったケースもあります。

【警察・司法の信頼性】

不正の首謀者の刑事責任を追及しようとすると，電子データ確保の手順を含めて公証認証された証拠を確保し公安に届け出ることになりますが，事案によっては受理されてもなかなか進捗しないといった状況も見受けられます。

【不正調査・資産回収の制約】

調査・資産回収の制約については，PCやスマートフォンなどが会社貸与資産である場合これらの保全回収は可能です。しかしながら不正の多くが個人のスマートフォンを通じて行われており，基本的な連絡は WeChatと呼ばれるメッセージアプリで行われ，金銭の授受もAlipay（アリペイ）などの電子マネーアプリで行われることから，不正の証拠を入手することは極めて困難です。

第4章

会計及び監査

第1節　はじめに

　海外子会社の管理に際して，特にアジアの海外子会社に関しては，国ごとの歴史上の経緯を調べることが会計及び監査上の留意点を把握するうえでの理解を助けます。

　多くのアジアの国々は欧米の植民地となった経験を有しています。旧宗主国がドイツ・フランスであれば法体系が大陸法を基礎としており，イギリスであれば英米法を基礎としていることが多いです。また，言語についても，現地の言語に加えて旧宗主国の言語が共通語として利用されていることがあります。大きな影響を与えた旧宗主国に対する感情は一律には表現できませんが，第二次世界大戦中にアジアへ侵攻した日本も決して例外ではありません。他国へどのような印象を有しているのかは個人の事情によっても異なるため，注意深く観察して反感を抱かせないように必要に応じて配慮することを忘れてはいけません。

　20世紀のアジア発展の歴史についても理解しておくことが望ましいといえます。日本のように一定規模以上の国土と人口を有していた国は，冷戦下における世界情勢に乗ってアジアでもいち早く経済成長を遂げることができました。しかしながら，この経済成長のおかげで日本独自の制度が継続してしまい，全世界的な制度の統一に乗り遅れたという側面は否めません。

　他のアジアの国々においては，経済成長が遅れたがゆえに，当初から英語や世界共通の制度を採用することで，その後のグローバル化の波に対応することが容易になったと考えられる国もあります。一方で，自国内で騒乱が続いたために産業整備がままならず，現在もGDPが低いままで経済発展が進んでいないと思われる国もあります。

252   第4章　会計及び監査

　もちろん，安易な一般化は避けるべきではありますが，歴史上の経緯を踏ま
えたうえでアジア各国の会計及び監査の制度や特徴を確認することで，国その
ものに対する理解がより深まるものと考えられます。
　上記を踏まえて，本章においては，特に会計及び監査の領域において事前に
確認すべき事項として以下の内容を示したうえで，各国の要点を記述するとと
もに，国別の留意事項についても補足しています。

本章	主な確認点	注意事項
第2節Ⅰ	会計基準の相違	IFRSに準拠したものか，独自の基準か。
第2節Ⅱ Ⅲ	会計処理の留意事項	現地特有の会計処理があるか。
第2節Ⅳ	財務諸表（計算書類）の特徴	現地特有の表示や注記があるか。
第3節Ⅰ	監査と監査要件	現地での法定監査義務があるか。
第3節Ⅱ	財務諸表（計算書類）の法定期限	日本本社の報告期限に併せて早期に決算を完了できるか。
第3節Ⅲ	連結パッケージ	連結パッケージへの対応が可能か。
第3節Ⅳ	監査業務の水準	日本本社が要求する監査業務の保証水準を満たしているか。
第4節	現地の会計システム	連結財務諸表を作成するために必要な情報を入手できる会計システムを備えているか。
第5節	バックオフィス業務	現地法人のバックオフィスは信用できるか。

　以下，項目ごとに検討していきます。

第 2 節 会 計

Ⅰ 会計基準の相違

（1）概説

　日本企業は，一般に公正妥当と認められる企業会計の基準（JGAAP：Japanese Generally Accepted Accounting Principles，以下「日本基準」とする）を適用して連結財務諸表及び財務諸表を作成します。会計基準の詳細については，企業会計基準委員会（ASBJ：Accounting Standards Board of Japan）から各種会計基準，会計基準適用指針，実務対応方向が公表されており，これらに従います。

　また，日本における法人の大多数を占める中小企業のために（日本の法人数2,848,518社（国税庁令和3年度分会社標本調査）に対し，東京証券取引所に上場している企業数は2023年4月30日時点で3,885社（東証公表資料より）と約0.1％に過ぎない），中小企業庁が中小企業の会計に関する基本要領（中小会計要領）を公表しています。中小会計要領の適用に際して具体的な数値基準は示されていませんが，以下の中小企業の実態を考慮して中小会計要領が作成された旨を中小企業庁は示しています。

- 経理人員が少なく，高度な会計処理に対応できる十分な能力や経理体制を備えていない。
- 会計情報の開示を求められる範囲が，取引先，金融機関，同族株主，税務当局等に限定されている。
- 主に法人税法で定める処理を意識した会計処理が行われている場合が多い。

　小規模企業であれば中小会計要領に従い財務諸表を作成することも考えられますが，アジア各国に子会社を展開している企業であれば，上場企業またはこれに類する企業であることが多いです。そのため，本項では日本での上場企業またはこれに類する企業を対象として，会計基準の留意事項について検討していきます。

　先述したように，上場企業においては日本基準を適用して連結財務諸表及び財務諸表を作成します。「実務対応報告第18号 連結財務諸表作成における在外

子会社等の会計処理に関する当面の取扱い」に照らせば，「連結財務諸表を作成する場合，同一環境下で行われた同一の性質の取引等について，親会社及び子会社が採用する会計方針は，原則として統一しなければならない」とされています。しかしながら，同実務対応報告では，「在外子会社の財務諸表が国際財務報告基準（IFRS）又は米国会計基準に準拠して作成されている場合（中略），当面の間，それらを連結決算手続上利用することができるものとする。ここでいう在外子会社の財務諸表には，所在地国で法的に求められるものや外部に公表されるものに限らず，連結決算手続上利用するために内部的に作成されたものを含む」とも記載されています。すなわち，子会社が国際財務報告基準（IFRS：International Financial Reporting Standards）または米国会計基準（US GAAP：US Generally Accepted Accounting Principles）を採用する場合には，それらの基準に準拠した子会社の決算を日本の連結決算において受け入れることができると考えられます。

アジア各国の子会社がUS GAAPを適用しているとは考えづらく，子会社が適用している可能性が高いのがIFRSです。日本本社にとっては，子会社が適用している会計基準とIFRSとの相違を把握することが重要といえます。また，日系企業の子会社が現地の証券取引所に上場している事例は稀であるため，現地の非上場企業が採用している会計基準とIFRSとの相違を把握しておくことも重要といえます。

子会社が採用している主な会計基準は以下のとおりです。

	上場企業や大会社等に適用される会計基準	非上場企業や中小企業向けに適用される簡易な会計基準
インド	Ind-AS：Indian Accounting Standards	Indian GAAP：Indian Generally Accepted Accounting Principles
インドネシア	PSAK：Pernyataan Standar Akuntansi Keuangan	SAK-ETAP：Standar Akuntansi Keuangan untuk Entitas Tanpa Akuntabilitas Publik
オーストラリア	AASB：Australian Accounting Standards	非上場企業などであっても財務諸表の提出義務がある企業は原則AASBに沿って財務諸表を作成する。
カンボジア	CIFRS：Cambodian International Financial Reporting Standard	CIFRS for SMEs (Small and Medium-Sized Entities)

第2節　会　計　255

	上場企業や大会社等に適用される会計基準	非上場企業や中小企業向けに適用される簡易な会計基準
シンガポール	• SFRS：Singapore Financial Reporting Standards • SFRS（Ⅰ）：Singapore Financial Reporting Standards Interpretations	• FRS：Financial Reporting Standards • SFRS for Small Entities：Singapore Financial Reporting Standard for Small Entities
タイ	TFRS：Thai Financial Reporting Standards	TFRS for NPAEs：Thai Financial Reporting Standards for Non-Publicly Accountable Entities
フィリピン	• PAS：Philippine Accounting Standards • PFRS：Philippine Financial Reporting Standards	• PFRS for SMEs（Small and Medium-Sized Entities） • PFRS for SE
ベトナム	• VAS：Vietnamese Accounting Standard • VASを補足する企業会計制度に係る通達200/2014/TT-BTC号	• VAS：Vietnamese Accounting Standard • VASを補足する企業会計制度に係る通達200/2014/TT-BTC号 • 零細企業に対する会計制度のガイダンスに係る通達132/2018/TT-BTC号
マレーシア	MFRS：Malaysian Financial Reporting Standards	MPERS：Malaysian Private Entities Reporting Standards
ミャンマー	MFRS：Myanmar Financial Reporting Standards	MFRS for SMEs（Small and Medium-Sized Entities）
韓国	韓国採択国際会計基準	• 一般企業会計基準 • 中小企業会計基準
香港	HKFRS：Hong Kong Financial Reporting Standards	• HKFRS for PE：HKFRS for Private Entities • SME-FRS：Small and Medium-sized Entity Financial Reporting Standard
台湾	T-IFRS：Taiwan International Financial Reporting Standard	企業会計準則（EAS：Enterprise Accounting Standard）
中国	• 中国企業会計基準 • 企業会計準則	• 中小企業会計基準 • 小企業会計基準

256　第4章　会計及び監査

（2）国別の留意事項
①　インド

　Ind-ASはIFRSを基礎とした会計基準であり，インド版IFRSと呼ばれています。Ind-ASは全ての上場会社や一定の基準（純資産INR2,500M以上，Ind-Asを適用する会社のホールディングカンパニーや子会社など）を満たす非上場会社に適用されます。

　非上場企業及び中小企業には，Indian GAAPが適用されます。任意でInd-ASを適用することもできますが，移行後に再びInd-ASに戻すことは認められていません。

　Ind-ASとIndian GAAPの主な相違は以下のとおりです。

項目	Ind-AS	Indian GAAP
リース	全てのリースは，免除規定が適用される場合を除き，借手は賃借した資産を使用する権利（使用権資産）とその対価を支払う義務（リース負債）としてリース開始日に認識する。リース開始日以降は，使用権資産の減価償却費とリース負債に係る支払利息が計上される。	リース取引はファイナンス・リースとオペレーティング・リースの2種類に分類され，借手はファイナンス・リースのみ，資産計上を行う。
収益認識基準	全ての形態の取引について，単一の収益認識ガイドラインが発表されている。また，財またはサービスの顧客への移転に関して，履行義務を充足し収益の認識が可能となる過程に関して，5段階で明示されている。	単一の収益認識ガイドラインは発表されておらず，それぞれの形態の取引について，個別のガイドラインが定められている。
工事契約の収益認識	IFRS第15号と同様に，5段階の収益認識基準が適用される。一定の期間にわたり履行義務が充足される場合は，その充足度合いに応じ，一定期間にわたって収益を認識する。特定の一時点で履行義務	工事進行基準のみが認められている。

項目	Ind-AS	Indian GAAP
	が充足される場合は，履行義務が完全に充足された時点で収益を認識する。	
のれんの減損	償却を行う必要はないが，少なくとも年に1度の減損テストが要求される。	のれんは5年を超えない期間内で償却を行う必要がある。負ののれんは，資本準備金に計上される。
連結決算	親会社と子会社の決算日の差異は，3ヶ月以内である必要がある。	親会社と子会社の決算日の差異は，6ヶ月以内である必要がある。
金融商品	金融商品は法的形式ではなく，当該商品に対応する契約内容に応じ，負債性及び資本性が分類される。償還予定優先株式は負債性金融商品に分類される。また，関連する優先配当は支払利息として計上される。	金融商品は法的形式（legal form）に基づき，会計処理が行われる。また，償還予定優先株式（redeemable preference shares）は資本性に分類され，関連する優先配当は支払利息として扱われることはない。

② インドネシア

PSAKは改訂を順次行うコンバージョンによりIFRSとほぼ同等になっています。IFRSとPSAKの主な相違は以下のとおりです。

項目	IFRS	PSAK
土地権利の償却	有期の土地権利のような固定資産は償却が義務付けられている。	土地権利は償却ができないとされている。土地の取得において通常，外資企業は建設利用権を購入するが，この利用権は更新期限があるもののほぼ永続的に使用できると考えられているため，PSAKでは償却をしない。

中小企業はSAK-ETAPを適用できるとされていますが，ほとんどの日系企業はPSAKを適用しています。SAK-ETAPは2025年度以降はより包括的な

「SAK Entitas Privat（Financial Accounting Standards for private entity）」
へ移行を予定しています。SAK-ETAPは項目数も少なく内容も簡素なもので
したが，SAK Entitas Privatでは中小企業向けIFRSを採用しており網羅的に
会計処理が規定されています。日系企業はほぼPSAKを適用しているので，今
回の移行について特段影響を受けないと考えられます。

③　オーストラリア

　AASBはIFRSに準拠しており，実質的な内容はIFRSと同じです。

④　カンボジア

　カンボジア会計基準委員会はIASB（国際会計基準審議会）が発行したIFRS
を修正することなくカンボジア国際財務報告基準（CIFRS）として採用し，中
小企業向けのIFRSをカンボジア中小企業向け国際財務報告基準（CIFRS for
SMEs）として採用しています。

　上場企業や銀行，マイクロファイナンス機関，保険会社等の一部の事業体に
ついては財務諸表の作成にCIFRSを適用することが義務付けられています。ま
た全ての中小企業及びその他事業体についてはCIFRSもしくはCIFRS for
SMEsの適用が義務付けられています。

⑤　シンガポール

　SFASとFRSはIFRSに準拠しており，実質的な内容はIFRSと同じです。

　本節Ⅳ「財務諸表（計算書類）の特徴」において後述しますが，IFRS 10が
緩和されており，連結財務諸表の作成が免除される場合があります。

⑥　タイ

　TFRSはIFRSに数年遅れでコンバージョンされており，IFRSと類似してい
ます。

　TFRS for NPAEsはIFRS for SMEsよりもさらに簡素化された会計基準であ
り，2011年より適用されています。2022年に改訂版が策定され2023年より適用
されています。日系企業のタイ現地法人のほとんどはTFRS for NPAEsを適用
しています。

　IFRSとTFRS for NPAEsとの主な相違は以下のとおりです。

項目	IFRS	TFRS for NPAEs
財務諸表の構成要素	・財政状態計算書 ・包括利益計算書 ・持分変動計算書 ・キャッシュ・フロー計算書 ・注記	・財政状態計算書 ・損益計算書 ・持分変動計算書 ・注記 （包括利益計算書及びキャッシュ・フロー計算書の作成は任意）
連結財務諸表の作成	必要	任意適用
関連当事者に関する開示	必要	任意適用
機能通貨の識別	必要	任意適用（通常はタイバーツを用いる）
リース（借手）	全てのリースは，免除規定が適用される場合を除き，賃借した資産を使用する権利（使用権資産）とその対価を支払う義務（リース負債）としてリース開始日に認識する。リース開始日以降は，使用権資産の減価償却費とリース負債に係る支払利息が計上される。	ファイナンス・リース（売買処理）とオペレーティング・リース（賃貸借処理）に分類される。ファイナンス・リースに分類されるための定量的な指標が規定されている。
のれん	非償却 毎期減損テストを行う。	20年以内に償却
従業員給付	通常は数理計算が必要となる。	最善の見積りによって認識する必要があるが，一般に数理計算は任意適用
税効果会計	必要	任意適用
退職給付	必要	最善の見積りにより計上

※　TFRS for NPAEsに関する任意適用は各社の判断によりTFRSの関連基準を参照して適用できることを示す。

⑦ フィリピン

PFRSはIFRSに準拠しており、実質的な内容はIFRSと同じです。

総資産がPHP100M以上350M未満または総負債がPHP100M以上250M未満の中小企業についてはPFRS for SMEが適用されます。また、総資産または総負債がPHP3M以上100M未満の小規模企業にはPFRS for SEが適用されます。IFRS for SMEはIFRSを簡素化した基準であり、PFRS for SEはさらに簡素化された基準です。

PFRS for SEは会計方針の選択肢を減らし、小規模企業に通常関連しないトピックを除外、さらに認識及び測定の方法を簡素化し開示内容を削減することで、小規模企業に過度な負担をかけずに財務報告基準を遵守することを目的としています。具体的には、以下の点でIFRSと異なるため、現地法人がPFRS for SEを適用している場合には掲載書類を日本基準に照らして見直すことが望ましいです。

---

(1) ファイナンス・リースの概念がない。
(2) 退職給付債務を算定するにあたり将来の給与及び勤務年数の変動を考慮しない。
(3) 繰延税金資産（負債）を認識しない。
(4) 重要な会計上の判断と見積りを開示しない。

---

⑧ ベトナム

IFRSとVASの主な相違は以下のとおりです。

項目	IFRS	VAS
財務諸表の構成要素	IAS 1 • 財政状態計算書 • 包括利益計算書 • CF計算書 • 持分変動計算書 • 会計方針及び注記	VAS 21 • 貸借対照表 • 損益計算書 • CF計算書 • 注記／付属明細表
財務諸表の表示	自由に決められる。	勘定科目、勘定コード、財務諸表の様式が定められており、自由に決めることはできない。

項目	IFRS	VAS
有形固定資産の取得価額	IAS 16 • 購入価格 • 直接付随費用 • 資産除去債務 • 借入費用	VAS 3 • 資産除去債務は含まない。 • 借入費用も原則費用処理
有形固定資産の認識要件	• 将来経済的便益をもたらすこと • 信頼できる価額を測定できること	• 将来経済的便益をもたらすこと • 信頼できる価額を測定できること • 耐用年数1年以上 • VDN30M以上 (これらを満たさない場合には,長期前払費用もしくは費用として処理される)
有形固定資産の減損損失	回収可能価額が帳簿価額を下回る場合に計上（IAS 36）	基準未発行（認められない）
土地	有形固定資産	土地は国家のものであるため,土地使用権（長期前払費用）として,土地リース期間にわたって費用化する。
のれん	IAS 36 毎期減損テストを行う。	VAS 11 10年以内で償却
従業員給付	IAS 19 発生給付評価方式を使用して退職給付債務を決定し,年金資産を公正価値で評価する。	基準未発行
金融商品	IAS 39	基準未発行

⑨ マレーシア

　MFRSはIFRSと同等とされていますが，主な相違としてMFRSには連結財務諸表の作成免除規定がないことが挙げられます。これはマレーシアの会社法において，子会社を持つマレーシア法人については連結財務諸表の作成を義務

付けているためと考えられます。

MPERSはIFRS for SMEsと実質的に同等の会計基準です。

⑩　ミャンマー

MFRSはIFRSと同等であり，MFRS for SMEsはIFRS for SMEsと同等です。ただし，MFRS及びMFRS for SMEsは2010年に整備され2011年から適用された基準であるため，その後のIFRSの更新は反映されておらず，IFRS第9号から第17号の基準がMFRSには適用されていません。2028年3月期の会計年度からIFRSが適用されることが発表されているため，それ以降は同等の基準と考えてよいでしょう。

⑪　韓国

IFRSと一般企業会計基準の主な相違は以下のとおりです。

項目	IFRS	一般企業会計基準
リース会計	全てのリース利用者はリース開始日に使用権資産及びリース負債を認識し，以降使用権資産を減価償却しリース負債に係る支払利息を認識する。	金融リース利用者はリース実行日に金融リース資産及び金融リース負債を認識し，それぞれ減価償却，支払利息を認識する。運用リース利用者はリース期間にわたってリース料費用を認識する。
棚卸資産の評価	棚卸資産の評価について，後入先出法は認めていない。	棚卸資産の評価について，後入先出法も認めている。
繰延税金資産の回収可能性の判断基準	一時差異の回収可能性が高い場合（50%以上），繰延税金資産を認識することができる。	一時差異の回収可能性が非常に高い場合，繰延税金資産を認識することができる。
販売促進目的のポイント積立て及びマイレージ関連	契約負債に該当（収益基準書第1115号）販売価格を基準にして負債を測定する。	引当負債として原価を基準にして負債を測定する。
のれん	償却は行わず，毎年減損テストを実施する。	20年にわたり，定額法で償却する（減損テストも実施）。

項目	IFRS	一般企業会計基準
引当負債の認識における資源の流出可能性	流出可能性が50%以上である場合，引当負債を認識する。	非常に高い流出可能性がある場合に限り引当負債を認識する。
退職給付引当負債(DB型の場合)	保険数理手法で測定する。	清算価値概念で測定する。
ヘッジ会計	当該金融商品がリスク管理目的に合致し適用条件を満たす場合には，自発的に中断することはできない。	当該金融商品をヘッジ手段として指定しない場合には，自発的に中断することができる。

⑫　香港

　HKFRSはIFRSと同等であり，HKFRS for PEはIFRS for SMEsと同等です。新基準適用に関しても，IFRSと同時期に準拠対応する組織体制及び仕組みとなっており，実質的な基準相違はありません。

　中小企業適用のため独自に設定されているSME-FRSについては，売上や資産規模が一定金額以下の場合に適用されます。具体的には，（1）売上：HKD 50M 以下，（2）総資産：HKD50M 以下，（3）平均従業員：50人以下のうち，2項目を満たした企業に適用されます。

　SME-FRSの主な特徴として，キャッシュ・フロー計算書や持分変動計算書が作成免除となる点，原則的に原価測定主義となるため，公正価値規定（IFRS 13）自体が設けられていない点が挙げられます。また，金融機関等が当規定対象となることが想定されていないため，金融商品会計や保険会計も設けられていない点も大きな特徴の1つです。

⑬　台湾

　IFRSとEASの主な相違は以下のとおりです。

項目	IFRS	EAS
貸倒引当金	貸倒引当金の設定に関する考え方が予想信用損失モデル。信用損失	貸倒損失は以下いずれかの要件を満たす場合に認められる。

項目	IFRS	EAS
	とは、「契約によって支払われるべき全ての元本及びキャッシュ・フローと、企業が受け取ると予想している全てのキャッシュ・フローとの差額の現在価値」、予想信用損失とは、「債務不履行の発生確率に基づく信用損失の加重平均値」。	• 倒産、逃亡、更正、和解、破産の宣告またはその他の原因により、債権の全部または一部が回収不能になった場合 • 債権のうち2年以上にわたり催促しても、なお元金または利息を回収できなかった場合 上記条件を満たしている場合、該当債権に対して合理的に回収可能性を見積り、貸倒引当金を計上する。 貸倒引当金の税務上の損金算入限度額は売上債権残高の1％である。ただし、貸倒の発生比率が高い場合は、前3年度の実際発生平均貸倒比率までが限度額として認められる。
固定資産の減価償却	定額法を採用する。	• 定額法または定率法が多く採用されている。 • 耐用年数の設定については、財務部より公表されている耐用年数表で定められた年数より短い期間で減価償却を行うことは認められていない。 • 実務上は耐用年数表に基づく耐用年数の設定、及び定額法での減価償却を行う事例が非常に多い。
固定資産の減損	• 帳簿価額と回収可能価額を比較する1Step方式 • 減損損失の戻入れがある。	• 資産の簿価が回収可能価額を超える部分は減損損失とする。 • 回収可能価額は資産の純公正価値及び使用価値のいずれか高いほうとなる。純公正価値はその時点の販売契約、取引市場の類

項目	IFRS	EAS
		似資産の最近取引結果等により測定する。 • 使用価値は適切な割引率で割引計算した将来キャッシュ・フローにより測定する。 • 回収可能価額は独立したキャッシュ・フローを生ずる個別資産あるいは資産グループごとに決定する。 • 減損を計上した後，仮に現金回収可能額の評価が明確な根拠に基づき増加した場合，営業権を除き，過去に認識した減損損失累計額の範囲内で減損損失を戻し入れることができる。
リース	全てのリースは，免除規定が適用される場合を除き，賃借した資産を使用する権利（使用権資産）とその対価を支払う義務（リース負債）としてリース開始日に認識する。リース開始日以降は，使用権資産の減価償却費とリース負債に係る支払利息が計上される。	• IFRSの改正前リース会計基準と同様に，ファイナンス・リースとオペレーティングが区別される。 • ファイナンス・リースはオンバランス処理（所有権移転外ファイナンス・リースを除く），オペレーティング・リースはオフバランス処理を行うのが原則となる。
税効果	会社の事業計画等に従い繰延税金資産の回収可能性を評価する。	• 繰延税金資産は，将来減算一時差異を利用できる課税所得が生じる可能性が高い範囲内で，全ての将来減算一時差異について繰延税金資産を認識しなければならない。 • 繰延税金資産及び負債は，全て貸借対照表の非流動項目として表示される。

項目	IFRS	EAS
		• 企業が当期税金資産と当期税金負債を相殺する法的強制力のある権利を有しており，かつ純額で決済するか，あるいは資産の実現と負債の決済を同時に行うことを意図している場合は，繰延税金資産と繰延税金負債とを相殺しなければならない。 ※ただし，台湾企業は通常，当期税金資産と当期税金負債，つまり異なる年度に発生した未収還付税金と未払所得税金を相殺して還付を受ける，あるいは支払いをすることができないため，上述の条件に合致しない。そのため，一般的には繰延税金資産と繰延税金負債は相殺されないものとなる。
のれんの減損	• 年1回の減損テストの実施 • 規則的な償却はせず，回収不能となった場合に減損処理	のれん及び経済的効果の及ぶ期間が明確でない無形資産については，合理的かつ系統立った方法による期間償却，または，毎年定期的に減損テストを実施する方法を採用することが認められている。 • 期間償却を行う場合の償却年数について，税務上は以下のとおり規定されている。 営業権（購入したのれん）：10年 著作権：15年 商標権，特許権等：法定の有効期間 企業結合によるのれん：最低5年 • 減損損失については戻入れが認められているため，毎年定期的な評価が求められている。

⑭　中国

　2006年，財政部（財務省）は企業会計準則を発行し，IFRSとの実質的なコンバージェンスを実現しました。2014年，財政部は公正価値測定と財務諸表の表示を含む8つの企業会計基準を新たに策定または改訂し，中国の企業会計基準のIFRSとの継続的なコンバージェンスをさらに維持していますが，一部の会計処理に相違があります。

　IFRSと企業会計準則との主な相違は以下のとおりです。

項目	IFRS	企業会計準則
無形資産	IFRS 16では，企業が土地の使用権のみを取得し所有権を取得していない場合には，土地使用権を使用権資産として認識するために適用されるべきであり，IAS 16は土地の所有権を取得している場合には，固定資産として認識する。	中国の土地制度は，土地の所有権と使用権を分離しているため，土地使用権は無形資産として認識・測定される。
政府補助金	IAS 20-12によると，発生した減価償却費に対応する政府補助金は，政府補助金を実際に受領した時点で，単発的に損益として認識される。	企業会計準則第16号8によると，資産に関連する政府補助金の会計処理を総額法及び純額法と規定しており，それぞれ繰延収益及び関連資産の帳簿価額の減額として認識される。総額法で政府補助金を繰延収益として認識する場合，合理的かつ体系的な方法で，関連資産の耐用年数にわたって段階的に損益に組み入れる。
資産の減損	資産の減損の戻入れは認められ，損益として認識される。	減損の戻入れは認められない。
企業所得税（法人税）	IAS 12では，土地付加価値税（LVAT）は所得税の一種とみなされている。 投資不動産の売却により経済的便益を回収し，評価益を得る場合，公正価値利得のうち，将来売却した場合に確実に土地付加価値税の納税義務が発生す	土地増値税は企業所得税に含まれない。

項目	IFRS	企業会計準則
	る部分については，企業は，土地付加価値税暫定税率に基づき，対応する額の繰延税金負債を認識する。繰延税金負債を計算する際に，公正価値利得から対応する土地付加価値税の額を控除しなければならない。	

「中小企業の区分の基準に関する規則」に定める要件を満たす中小企業は，（1）株式または債券が市場で公開されている中小企業，（2）金融機関またはその他の金融関連の小企業，（3）企業グループ内の親会社及び子会社を除き，小企業会計基準を適用することができます。

小企業会計基準には，以下の2つの特徴があります。

- 簡素化された会計要件：測定においては取得原価測定の使用が求められ，財務報告においては株主資本等変動計算書は要求されない。
- 税務当局の情報ニーズへの対応と銀行の信用供与の両立：税務当局と銀行を中小企業の財務報告情報の主なユーザーとし，両者の情報ニーズに基づいて会計の基本原則を決定しているため，専門的な判断の内容が減り税法との整合性が図られている。

小企業会計基準の主な特徴は以下のとおりです。

項目	特徴
原価での測定	• 債務者が破産または死亡し，債務者の残余財産・遺産によって清算された後でも回収不能な売掛金，または債務者が延滞債務の清算義務を履行せず回収不能であることを示す特徴を有する場合に，債権及び前払金の貸倒損失は実際に発生した時点で営業外費用に含め，債権及び前払金と相殺する。 • 固定資産及び無形資産は取得時の実際原価で計上する。このうち，耐用年数を合理的に見積ることができない無形資産は，10年以内で償却する。また資産を処分した場合，帳簿価額，関連する税金及び手数料を控除した正味処分代金は，営業外収益または営業外費用に計上する。期末日においては，資産は取得原価に基づいて評価され，減損の見積りは行わない。

項目	特徴
金融商品関連	企業会計基準における売買目的金融商品，償却原価法金融商品，純損益（その他の包括利益）を通じて公正価値で測定する金融商品の概念は使用されない。
収益認識	● 中小企業は通常，商品が発送され，代金を受領した時点，または代金を受領する権利を得た時点で商品の販売による収益を認識する。商品販売による収益の額は，購入者から受領したまたは受領できる契約価格または合意価格に基づいて決定される。商品販売に現金値引きが伴う場合，商品販売による収益の額は現金値引きを差し引く前の金額に従って決定され，実際に値引きが発生した時点で損益として認識する。 ● 同一会計年度内に開始し完了した役務提供からの収益は，役務取引が完了し対価を受領した時点，または対価を受領する権利を取得した時点で認識する。役務提供の開始と完了が異なる事業年度である場合，役務提供取引の結果を信頼性をもって見積ることができる場合には，役務提供からの関連収益は貸借対照表日において工事進行基準に基づいて認識する。役務提供による収益の金額は，役務を受領する当事者から受領または受領可能な契約金額または合意金額となる。
企業所得税（法人税等）の会計処理	中小企業の企業所得税は，関連税法に従って税引前会計利益に対応する調整を行った後の課税所得を当期の企業所得税計算の基礎として計算し，納付すべき企業所得税を会計に計上する。
会計方針の変更	中小企業は，会計方針の変更，会計上の見積りの変更，会計上の誤謬の訂正を，将来適用方式で会計処理するため，「過年度損益修正」の勘定科目はない。
財務諸表の構成	中小企業の財務諸表には，最低限，1）貸借対照表，2）損益計算書，3）キャッシュ・フロー計算書，4）注記が含まれるが，株主資本等変動計算書は不要である。

Ⅱ 会計処理の留意事項

　日本本社にとってグループ会社である子会社が上場していることは稀であるため，現地の非上場企業が適用している会計基準とIFRSとの相違に留意することが重要といえます。国別の細かな相違については個別に確認すべきですが，日本本社としては，まずは以下の項目について子会社の会計処理を確認してお

くことが望ましいでしょう。

（1）金融商品（IFRS 9）

　金融商品の区分であった「AFS（売却可能）」「HTM（満期保有）」が廃止され，「AC（償却原価）」「FVOCI（その他の包括利益を通じて公正価値測定）」「FVTPL（純損益を通じて公正価値測定）」へと分類（測定区分）されました。これに応じて，（1）新たな測定区分に基づき，現在保有している金融商品を新たな測定区分に基づき分類しなければなりません。また，（2）分類後の金融商品に沿って会計処理するとともに，IFRS 9に従って分類した後の会計処理に従った期末残高は財務諸表に注記情報として開示しなければなりません。日本本社は子会社が保有する金融商品の分類及び会計処理について内容を把握する必要があります。

　また，貸倒引当金の設定に関する考え方が，従来の発生損失モデルから予想信用損失モデルへと変更されています。ここで，信用損失とは，「契約によって支払われるべき全ての元本及びキャッシュ・フローと，企業が受け取ると予想している全てのキャッシュ・フローとの差額の現在価値」であり，予想信用損失とは，「債務不履行の発生確率に基づく信用損失の加重平均値」です。予想信用損失を把握するに際しては，（1）起こり得る結果の範囲を評価し，全ての起こり得る結果を評価する必要はないが偏りのない発生確率で加重平均した値を採用するとともに，（2）過去，現在，将来の事象について，報告日時点で入手可能な合理的で裏付け可能な情報（観察可能なデータ：失業率，インフレ率，支払状況など）を反映して時間価値を考慮したうえで計算しなければなりません。この点，単純な貸倒実績の平均で貸倒引当金を設定しているわけではないため，日本本社が想定しているよりも貸倒引当金の設定金額が多額となるおそれがあることに留意する必要があります。

（2）収益認識

　IFRS 15において，企業は約束した財又はサービスの顧客への移転を，当該財又はサービスと交換に企業が権利を得ると見込んでいる対価を反映する金額で描写するように収益を認識しなければならないとされています。日本では同種の基準として，企業会計基準第29号「収益認識に関する会計基準」が公表されています。

「収益認識に関する会計基準」においては，これまでの日本での実務等に配慮し，財務諸表の比較可能性を損なわせない範囲で，IFRS 15と異なり，重要性等に関する代替的な取扱いを定めています。このうち，一時点で充足される履行義務について，国内取引に限定して，出荷時から支配移転時までの間が通常の期間である場合には出荷時と支配移転の間の一時点（出荷時，着荷時など）に収益を認識することができる点で代替的な取扱いが認められていることについては，子会社の収益の認識時点が日本法人と異なるため，留意が必要です。

（3）リース

IFRS 16において，全てのリースは，免除規定が適用される場合を除き，賃借した資産を使用する権利（使用権資産）とその対価を支払う義務（リース負債）としてリース開始日に認識されます。リース開始日以降は，使用権資産の減価償却費とリース負債に係る支払利息が計上され，リース負債残高が大きいリース期間前半により多くの費用が計上されます。オプション等の行使可能性の想定が見直された場合を含め，契約条件の変更があった場合は，リース負債を再測定し，使用権資産を調整します。

日本のリース会計の取り組みについては，2024年9月に「企業会計基準34号リースに関する会計基準」及び「企業会計基準適用指針33号リースに関する会計基準の適用指針」（以下，新リース会計基準と称する）が公表されました。2027年4月1日以後開始する連結会計年度及び事業年度の期首から適用されます。ただし，2025年4月1日以後開始する連結会計年度及び事業年度の期首から早期適用することも可能です。

これらの基準は，日本独自の例外規定を含んでいますが，実質的な内容はIFRS 16と同じといえます。自社がいつこれらの基準を適用する予定であるかを把握し，適用までは日本基準とIFRS 16との相違に留意する必要があります。

（4）売上債権及び棚卸資産の評価

販売子会社または製造子会社としての機能を有する子会社については，結果的に多額の売上債権や棚卸資産を財務諸表に計上していることがあります。また，回収期日を経過しても債権が支払われないことや，棚卸資産の保管状況が良好ではなく想定以上に棚卸資産の劣化が進んでいることも考えられます。子

会社に中間持株会社がある場合には，その子会社（日本本社にとっての孫会社）についても同様の事象が該当する可能性があります。日本本社は，子会社と孫会社に対して，売上債権及び棚卸資産について年齢調べ（Aging Report）を作成して事前に回収可能性（Collectability）を検討しておくよう指示することが望ましいといえます。さらに，棚卸資産については評価のために必要な正味実現可能価額（NRV：Net Realizable Value）を把握するべく，原価と比較可能な直近の販売実績や販売価格データを保管するよう指示しておくことが望ましいでしょう。

（5）投融資や固定資産の減損

　子会社が中間持株会社で子会社や関連会社に対する投資及び融資を実施している場合，または自社が固定資産を有していなくとも製造子会社を有しており当該製造子会社が多額の固定資産を設備として保有している場合，減損は中間持株会社だけでなくその子会社や関連会社に対する投融資についても検討が必要です。広くグループ全体を俯瞰するよう対応を検討しなければなりません。子会社によっては，現地の会計基準でしか財務諸表を作成していない場合などは，そもそも減損への対応を経験しておらず，事業計画を作成していないことも珍しくありません。子会社だけでは適切な事業計画を作成できない場合は，日本本社及び中間持株会社が積極的に事業計画の作成を支援する，または具体的な融資計画など事業そのものを支援しなければならない場合があることに留意しましょう。

（6）繰延税金資産の回収可能性

　繰延税金資産（DTA：Deferred Tax Asset）の回収可能性（Recoverability）についても事前に検討しておくことが望ましいでしょう。子会社によってはこれまで税効果会計への対応を経験しておらず，事業計画を作成していないことも珍しくありません。また，過年度に計上していた繰延税金資産について，特段検討せずに惰性的に過年度と同額を計上していることも起こり得るため，一時に繰延税金資産を取り崩すことにより多額の法人税等調整額が発生することも否定できません。このような事態を避けるためにも，日本本社は毎期継続して繰延税金資産の計上額を確認するとともに，子会社の事業計画を検討する必要があります。子会社だけでは適切な事業計画を作成できない場合は，日本

本社が積極的に事業計画作成を支援しなければならない場合があることにも留意が必要です。

(7) "のれん"の償却

　日本基準において，のれんは計上後20年以内の効果の及ぶ期間にわたって定額法その他の合理的な方法により規則的に償却することが認められており，「固定資産の減損に係る会計基準」の適用対象資産として減損の兆候がある場合に減損テストを実施します。一方で，IFRSにおいて"のれん"は償却せずに毎年最低１回は実施する減損テストの結果回収不能となった場合に減損処理を行います。グループ会社の財政状態や将来の収益性によっては一時的に多大な損失を計上しなければならないおそれが生じるため，先述したように子会社の業績を継続的に確認するとともに，日本本社が積極的に事業計画作成を支援する必要があります。

(8) 有給休暇引当金

　IFRSにおいては，有給休暇や傷病休暇など企業が保証する休暇（short-term compensated absences）に関しては将来の負担として負債を認識しなければなりません。年度末に有給休暇の未消化日数が残っている社員がいる場合，未消化有給休暇の日数に相当する給与金額分だけ引当金を計上する必要があります。当該処理は，日本の会計基準では求められていないため，日本本社で連結財務諸表を作成する場合に，子会社が計上した有給休暇引当金を組み替える処理を検討する必要があります。

(9) 減価償却

　償却方法についてはIFRSでは定額法を採用するのに対して，日本基準では定率法または定額法を採用することができます。現地の税法の個別規定を確認し，減価償却費に係る法人税申告書上の税務調整について理解を深めておくことも重要です。

(10) 機能通貨に起因する為替差損益

　子会社においては，現地通貨，親会社との決済に利用する日本円，国際的な貿易実務に利用する米国ドルなど，複数の通貨を利用することが考えられます。

274　第4章　会計及び監査

主にどの国の通貨を使用して日次での会計処理を行うのかという点で問題になるのが，「機能通貨」（日次の会計処理を実施する場合に使用すべき主な国の通貨）という概念です。機能通貨の選択は為替差損益を通じて財務数値に影響を与えるため，特に為替相場が安定しないおそれがあることも想定し，金銭債権債務期末残高については期末レートによる換算換えなど，外貨建ての取引については外貨金額も記録し明細を作成しておくことが望ましいでしょう。

(11) 実務対応報告第18号

実務対応報告第18号では，「次に示す項目については，当該修正額に重要性が乏しい場合を除き，連結決算手続上，当期純利益が適切に計上されるよう当該在外子会社等の会計処理を修正しなければならない」と記載されています。

すなわち，以下の項目については，子会社等がIFRSを採用していたとしても，日本本社が日本基準に準拠して連結財務諸表を作成する場合には，日本基準への調整が必要です。

① のれんの償却

IFRSではのれんは非償却とされますが，日本基準では償却が必要です。

② 退職給付会計における数理計算上の差異

IFRSでは数理計算上の差異を包括利益として処理して純資産の部に計上しますが，日本基準では包括利益の区分ではなく毎期規則的に費用処理する必要があります。

③ 研究開発費の支出時費用処理

IFRSでは所定の条件を満たす研究開発費は無形資産として計上される場合がありますが，日本基準では資産計上は認められず，当該資産計上額は費用処理する必要があります。

④ 投資不動産の時価評価及び固定資産の再評価

IFRSでは投資不動産の時価評価及び固定資産の再評価が認められていますが，日本基準では認められていません。取得原価を基礎として算定された減価償却費を計上するよう修正する必要があります。減損処理を行う場合には，当

該減損処理額を減価償却費に含みます。

⑤ **資本性金融商品の公正価値の事後的な変動をその他の包括利益に表示する選択をしている場合の組替調整**

　IFRSでは，資本性金融商品の公正価値の事後的な変動をその他の包括利益に表示している場合には，当該資本性金融商品を売却した際に売却価額と取得価額との差額がその他の包括利益で認識されます。日本基準では，純損益として認識されるため，当該差額を当期の損益と認識するよう修正が必要です。

(12) その他

　また，減損処理が必要と判断される場合には，IFRSでは減損損失をその他の包括利益として認識しますが，日本基準では純損失として認識されるため，評価差額を当期の損失と認識するよう修正が必要です。

　上記以外にも，明らかに合理的でないと認められる場合には，連結決算手続上で修正する必要があります。

　これらの修正は（1）連結パッケージにおいてなされる場合と，（2）日本本社の連結修正にて調整される場合，の2通りが考えられます。いずれを採用するとしても，どちらが修正を行うかについて日本本社と子会社の責任関係を事前に明確しておくことが肝要です。

Ⅲ　会計処理についての国別の留意事項

　国別の留意事項は以下のとおりです。
　主に会計と税務との取扱いの相違について記述します。

(1) インド
① 減価償却

　インド会社法では減価償却費の算定方法は定率法と定額法の両方が認められている一方で，インド所得税法では定率法のみが認められています。また，償却率は資産区分ごとに定められているため，自社が保有する固定資産が，どの区分に属するかを確認し，減価償却を行う必要があります。

② 貸倒引当金及びその他引当金

通常，引当金については，損金算入が認められていません。ただし，ボーナスや休暇給与などの引当金について支払いが税務申告の期限までに行われた場合は，当該年度の損金として算入することが認められています。

また，貸倒引当金については，原則的に全額損金算入ですが，会計上は実際に費用処理が認められた貸倒損失に限り損金算入が認められています。ただし，銀行等の金融機関については，不良債権に対する引当てを行うことが例外として認められています。

③ 交際費を含む経費の支払い

以下の要件を満たす費用について，法人税申告までに支払われていることを条件に損金算入が認められています。

- 納税者が負担した費用である。
- 専らビジネス目的の支出である。
- 資本的支出でない。
- 個人的支出でない。
- 発生した期の費用である。
- 違法行為による支出でない。
- インド所得税法において明確に損金不算入項目として列挙されていない。

④ 非居住者または外国企業に対する支払い

非居住者または外国企業に対する以下の支払いについては，源泉徴収を行う，あるいは源泉徴収税を税務当局に支払うまでは損金算入が認められていません。

- 給料
- 支払利息
- ロイヤリティ
- 技術サービス費用
- コミッション

第2節　会計　277

⑤　居住者に対する支払い

　居住者に対する以下の支払いについては，源泉徴収を行う，あるいは源泉所得税を税務当局に支払うまでは損金算入が認められていません。

- 利息
- コミッション
- 仲介手数料
- 専門／技術サービス費用
- 請負契約の支払い

（2）インドネシア

①　減価償却

　会計上，会社の見積経済的耐用年数を用いますが，税務上は資産の種類に応じて法定耐用年数が定められています。

②　各種引当金

　原則として税務上損金となりません。例外として，以下の場合は引当金の損金算入が認められています。なお，貸倒損失は債権が回収不能となった際に一定の要件に基づき損金算入が認められています。要件の中に「債権者と債務者の間の債権放棄に係る合意書がある」とされていますが，入手が困難なことから，実務上，貸倒損失を損金不算入とするケースが多いです。

　（a）貸倒引当金　　銀行，ファイナンス・リース業などの金融業は財務大臣規則またはインドネシア中央銀行規則に応じ定められた損金限度額まで損金算入が可能です。

　（b）退職給付引当金　　財務大臣によって定められた年金基金への拠出のみ，損金算入が可能です。

③　リース取引

　会計上は原則的にオンバランス処理（使用権資産とリース負債を認識）し，減価償却費及び支払利息を認識しますが，税務上は賃貸借取引として扱われ，減価償却費及び支払利息を損金不算入としたうえで，支払ったリース料（賃借料）を損金算入とします。

278　第4章　会計及び監査

④　銀行預金利息，土地建物の賃貸料収入

　源泉分離課税にて課税関係は終了するため，益金不算入です。

（3）オーストラリア

①　減価償却

　会計基準では見積経済的耐用年数を用いますが，税法上では原則として資産の種類に応じて設定された法定耐用年数を用います。また税務上は原則として発生主義で損金計上しますが，退職給付金など現金主義での損金計上が必要なものもあります。ただし，財務諸表に対して監査を受ける義務がない会社では，税法に基づいた会計処理でも法令上は問題が生じないことから，会計上も税務上の取扱いと同様に処理している事例が散見されます。

②　各種引当金

　税務上は原則として引当金については損金算入できませんが，すでに役務が提供され支払利息が確定している引当金については損金算入が認められます。

③　リース取引

　会計上は原則IFRS 16に基づき使用権資産とリース負債の認識したうえで減価償却費及び支払利息を認識しますが，税務上は賃貸借取引として減価償却費及び支払利息を損金不算入としたうえで支払ったリース料（賃借料）を損金算入します。

④　交際費

　交際費は原則として損金不算入ですが，交際費に対してフリンジベネフィット税を支払った場合には損金算入が可能です。

⑤　社用車

　税務上，私用分については損金不算入です。社用車の減価償却可能額は毎年国税庁により決定され，その上限をもとに耐用年数で減価償却費を計算します。高級車を社用車として購入しても税務上では損金額の上限が決められています。

⑥　前払金

AUD1K未満や，売上AUD50M未満の小規模会社による12ヶ月未満の前払金など即時損金算入が認められる場合があります。

（4）カンボジア

①　減価償却

会計上，固定資産の減価償却方法は見積経済的耐用年数によるものとされますが，実務上は税法上の減価償却方法を用いて会計上の減価償却費の計算を行うことが多いです。なお，カンボジアの法人税申告書の形式上，会計上の減価償却費は税務上の減価償却費との差異の有無にかかわらずいったん全て加算調整され，別途計算した税務上の減価償却費の減算調整を行います。

②　各種引当金

税務上，引当金は損金算入できません。そのため，法的に引当金の計上が求められる金融機関等の場合を除き，会計上も引当金を計上しないケースが多いです。

③　税金費用

月次税務申告手続では毎月源泉税や給与税，フリンジベネフィット税，付加価値税等の税目の申告を行います。原則的にこれらの税目は納税者である企業が負担する類の税目ではないといえますが，例えばサービス料に係る源泉税を受益者側ではなく支払者側である企業が負担する場合など，当該納税者が追加的に負担した税金費用は会計上Withholding tax expensesなどの費用項目で認識し税務上は全額損金不算入とすることが実務的です。

④　貸倒損失

貸倒損失は税務上以下の要件を満たさない場合に損金不算入となります。
　ａ．貸倒による損失が回復不能であることが明確である。
　ｂ．会計上損金経理されている。

カンボジアの税務実務において，回復不能であることが明確か否かは補足資料（督促状など）による裏付けが求められます。したがって貸倒損失を損金算入させる場合，まず債権回収行為等を行ったうえでの計上が必要といえます。

（5）シンガポール

① 税務上の減価償却費（キャピタルアローワンス）

　会計上の減価償却費は，シンガポールの会計基準に則り合理的な減価償却方法や耐用年数を用いて見積計上します。会計上の減価償却費は税務上損金算入が認められませんが，一部の資本的支出項目についてはキャピタルアローワンスと呼ばれる税務上の減価償却が認められており，損金算入が認められます。

② 各種引当金

　税務上原則として引当金については損金算入は認められていませんが，下記のケースは損金算入することが認められています。

　（a）貸倒引当金　　回収不能であると認める個別貸倒引当金については，損金算入が認められます。シンガポール会計基準第109号金融商品の税務処理では，原則的アプローチによる信用減損損失を計上した場合に損金算入が認められます。また，将来この信用減損損失が戻し入れられた場合は課税の対象となります。単純化したアプローチを適用した売掛債権の減損損失等，信用減損していない金融商品に関する減損損失については損金算入は認められません。

　（b）賞与引当金　　支払払額が合理的に算定され，引当計上した年度の翌年中に支払うことが確実である場合は損金算入することが認められます。

③ 乗用車に関連する費用

　乗用車に関連する費用のほとんどは損金算入が認められません。一般的に，バンやバスといった商用利用の車両費用は損金算入とされますが，ＳナンバーやRUナンバーの車両については本来自家用車向けに作られているため，一律の取扱いとして車両の費用については損金不算入とされます。タクシーなどの公共交通機関の利用に係る交通費は損金算入が認められます。

④ 繰越欠損金

　税務上の欠損金は，株主が50％以上変動しない限り，無期限に繰り越すことができます。

⑤ 一時差異

　典型的な一時差異は以下のとおりです。

項目	内容
減価償却費	上述のとおり，会計上の減価償却費の損金算入は認められないが，一部の資本的支出については，税務上の減価償却（キャピタルアローワンス）が認められている。SGD5K未満の少額固定資産については，SGD30Kを上限として一括償却が認められる。
リース料／賃貸料	シンガポール会計基準では原則としてFRS 16のリース会計の適用が求められているが，税務上は実際のリース料／賃料の発生額を基準として損金算入される。
福利厚生費（医療費用）	従業員に係る医療費用は，従業員給与総額の１％を上限として損金算入が認められる（特定のメディカルベネフィットスキームを導入している場合は２％上限）。

⑥ 永久差異

典型的な永久差異は以下のとおりです。

項目	内容
キャピタルゲイン／ロス（益金不算入／損金不算入）	キャピタルゲイン／ロスは原則として非課税だが，売買取引の頻度,売却理由,資金調達方法（短期借入で運用しているか），保有期間など総合的に考慮し，課税の要否を判断する。2027年12月31日まで有効な判断基準の１つとして，売却前に少なくとも24ヶ月以上にわたって，20％以上の普通株式保有比率を有している場合は課税されないという規定がある。
受取配当金（益金不算入）	シンガポールはワンティアシステムを採用しているため，シンガポール国内の会社からの受取配当金は課税所得とならない。シンガポール国外の会社からの受取配当金については，配当金支払元の会社の所在国の最高法人税率が15％以上，投資先の所在国において配当金が課税されていること等，一定の要件を満たす場合，国外源泉所得免税の対象になる場合がある。
車両関連費用（損金不算入）	車両関連費用のうち，自家用車向けのナンバープレート（S,RUナンバー等）に係る車両関連費用の損金算入は一切認められない。
為替差損益（益金不算入／損金不算入）	為替差損益のうち，売上・仕入等損益取引に関連して発生した為替差損益は損金算入が認められるが，貸付金・借入金等資本取引に関連して発生した為替差損益は損金／益金不算入である。

項目	内容
寄附金 (損金不算入)	寄附金は所得獲得のための支出とならないため，原則として損金不算入である。ただし，2016年1月1日から2026年12月31日までに支出した特定の認可団体への寄附金については，250%の損金算入が認められる。
開業費 (損金不算入)	開業費は，所得獲得のために発生した費用ではなく事業を開始するための費用であり原則損金不算入である。ただし，最初に売上を計上した年度に発生した開業費，及び最初に売上を計上した年度の期首から1年以内に発生した開業費は損金算入が認められる。
罰金 (損金不算入)	罰金は損金不算入である。

（6）タイ

① 減価償却

　固定資産は税法に定める耐用年数に基づき定額法により減価償却することが一般的です。ただし，税法に定める耐用年数が比較的短いため（機械設備は5年），あえてこれより長い見積り耐用年数を適用していることもあります。いずれの場合も通常は会計上と税務上の減価償却費に大きな差異は発生しません。

② 在庫評価引当金，退職給付引当金

　会計上はこれらの引当金の計上も要求されるものの，税務上は損金不算入になるということもあり，実際にはこれらの引当金計上の要否が検討されていないことがあります。

③ リース

　借手のリースについてはタイの会計基準（TFRS for NPAEs）の規定が現行の日本基準と同等（売買処理するファイナンス・リースと賃貸借処理するオペレーティング・リースに分類する）であるため，あえてIFRSやUS GAAPと同等の処理に調整せず，そのまま日本で連結財務諸表の作成に用いていることもあります。

④ 滞留債権，滞留債務

　経理スタッフの交代時の引継ぎ不足などにより，滞留債権や滞留債務が長期

にわたり未処理のまま放置されることもあります。

⑤　損金不算入費用

　法人税の課税所得計算において証憑不備等の理由で損金不算入となる費用については別途勘定科目（「Non deductible expenses」等）を設定し，実際の費用の内容・性質にかかわらず当該科目に計上するという実務慣行があります。当該科目の計上額が大きい場合には，連結財務諸表作成過程においてその具体的な計上内容を確認し別の費用科目への振り替えを検討することが望ましいと考えられます。

⑥　税効果会計

　TFRS for NPAEsでは，税効果会計は任意適用であるため適用されていないことが多いです。親会社側で連結決算上，税効果会計を適用しようとしても現地の経理スタッフに税効果会計の知識がないことや法人税確定申告書に日本の別表五に当たる明細がないことにより，一時差異の内容や金額を把握するのが困難であるといった状況に陥りやすいといえます。

（7）フィリピン

①　減価償却

　税法にて各種資産の減価償却方法・期間の定めがないため，IFRSに基づいて会計で定める減価償却方法・期間を設定します。会計上の減価償却金額は税務上の損金算入が可能です。

②　各種引当金

　損金算入要件として，当該経費が課税年度中に発生したものであり，事業と直接的な関連性があり，かつ証憑を適切に具備していることが求められます。したがって，任意で会社が計上する不確実性に備えた引当金は原則損金に算入できません。ただし，例外として税務署に登録した退職給付金や減価償却等の一部の引当金は損金算入が認められています。

③　貸倒償却

　長期間にわたって未払いのままの債権は，通常，経営陣が回収不能であると

判断した年に償却され，費用として計上されます。当該費用は損金算入の対象となりますが，条件として債権が法的に有効な債権であり，当該債権が回収不可能になることが確実であって，回収のためのあらゆる努力が尽くされたことを十分に証明できる場合に限ります。

④ 家賃

オペレーティング・リース契約に基づく賃料の支払いは，リース期間にわたり定額で費用として認識されます。税務上，実際に支払うべき家賃，または期間中に支払われた家賃のみが損金算入の対象です。

⑤ 寄附金

寄附金は，実際の金銭の支払い／物品の譲渡，または組織への寄附の取消不能な約束があった場合に認識されます。税務上では，政府，政府関係機関，活動内容が宗教，科学，青少年スポーツ振興，文化，教育に限定された団体，社会福祉団体への寄附については，法人の場合，課税所得の５％を上限として損金算入が認められ，国家優先計画に基づき政府に対して行うもの，条約などに基づき特定の外国機関または国際組織に対して行うもの，特定の非政府機関に対して行う寄附については，全額の損金算入が認められています。

⑥ 年金信託

一般的に年金信託は，従業員の平均勤続年数，予想される給与増加額，割引率などの仮定を使用して，保険数理士が作成した推定に基づいて会計処理されます。一方で税務上では，課税年度中に当該信託に移転または支出された合理的な額で，拠出金額を超える部分の金額は，（１）その時までに損金算入されておらず，（２）移転または支出がなされた年を初めとする10年に期間にわたって均等に配分されている場合は，損金とすることが可能です。

(8) ベトナム

① 減価償却

固定資産の減価償却は，法令にて最短と最長の償却年数が定められており，その範囲内であれば会社が任意に耐用年数を設定することができます。

しかし，当初設定された耐用年数をその後変更することは，各固定資産に対

第2節 会 計 285

して一度しか認められておらず，また変更により変更年度の赤字が黒字になる
ような利益操作と疑われる変更は認められていません。

② 各種引当金

棚卸資産評価引当金や貸倒引当金など一部の引当金は，税法上の計上要件を
満たした場合には損金として認められます。

③ 土地の取扱い

ベトナムでは，土地は国家の財産です。そのため，ベトナムの企業は土地を
所有することはできず，あくまで土地の使用権について国からリースを受けて
いる（最長50年）という建付けとなっています。一般的には土地使用権の代金
はリース期間に応じて前払いとなるため，会計上は，無形固定資産ではなく，
長期前払費用としてリース期間で償却します。

④ 資産除去債務

ベトナムでは，資産除去債務を，固定資産に「直接的に必要」な費用とは考
えていません。というのも，原状回復して引き渡しをするという考え方が必ず
しも主流ではないからです。居抜き退去もあり，投資許可期間や土地リース期
間の満期になった際に，当該期間を延長して継続的に利用することを予定して
いることが一般的です。また，物価も安定しておらず，信頼できる割引率を測
定できないことから現在価値計算を行うに際して恣意性が高まってしまうため，
資産除去債務の計算が現実的に困難となっています。

⑤ 退職給付債務

ベトナムでは，2009年より失業保険制度が開始され，2009年以降2014年12月
末までは，従業員10人以上の企業は失業保険の加入が必須で，10人未満の企業
は任意加入でした。その後，2015年1月1日からは，従業員が10人未満の企業
も含め全ての会社で失業保険が強制加入となり，現在に至ります。

退職金は，失業保険から支給されるため，失業保険に加入している会社では
積み立てる必要がなく，退職給付引当金の計算が不要です。ただし，2009年よ
り前に設立された会社や，2009年から2015年の間に設立された会社で失業保険
に加入していなかった企業（従業員数10人未満）に関しては，当時に雇用され

た従業員が今現在も働かれている場合，当該失業保険に未加入の期間に係る退職金を会社で積み立てる必要があります。

なお，労働法で求められる退職金以外に，会社内規で退職金規程を定め，独自に積み立て（1年働いたら0.5ヶ月分等）を行っている会社もありますが，その場合の会計処理も簡易であり，割引率を用いた現在価値計算を行う処理を行っているところはほとんどありません。

（9）マレーシア

① 減価償却費

会計上の減価償却費は税務上損金算入が認められません。代わりに一部の事業用資産について税務上の減価償却（キャピタルアローワンス）として限定的に損金算入が認められます。

② 各種引当金

税務上は原則として引当金については損金算入できません。ただし，個別貸倒引当金については，回収可能性の判断に基づき損金算入が認められます。

③ キャピタルゲイン／ロス

所得税法において所得計算の対象となるのは，原則として損益取引に関するものに限られており，キャピタルゲイン／ロスに関するものについては益金または損金算入されません。

なお，キャピタルゲイン課税の対象となる非上場のマレーシア法人の売却等によるキャピタルゲインや，不動産の譲渡益にかかる不動産譲渡益税（RPGT: Real Property Gains Tax）は所得税とは別に課税されます。

④ 機能通貨

機能通貨がマレーシアリンギットと判定される場合には特に問題は生じませんが，マレーシアリンギット以外の通貨が機能通貨と判定される場合には会計帳簿作成上の問題が生じます。会計帳簿は機能通貨建てで作成する必要がありますが，一方で，会社法，所得税法，SST法（Sales Tax法及びService Tax法）においては，機能通貨の概念が導入されていません。したがって，税務申告や会社法上必要となる決算報告書の作成のため，機能通貨建て及びマレーシ

アリンギット建ての２種類の会計帳簿が必要です。

⑤　リース取引

　会計上は会計基準としてMFRSを採用している場合，使用権資産とリース負債を認識したうえで減価償却費及び利子費用を認識しますが，税務上は賃貸借取引として減価償却費及び利子費用を損金不算入としたうえで支払ったリース料（賃借料）を損金算入します。

⑥　交際費

　税務上，交際費は使用目的や相手先等に応じ，100％損金算入，50％損金算入，100％損金不算入と取扱いが異なり，会計上の取扱いと差異が生じます。

⑦　社用車

　税務上，新車価格がMYR150Kを超えないものについてはMYR100Kまで，新車価格がMYR150Kを超えるものついてはMYR50Kまで損金算入が可能です。

⑧　前受金

　顧客から受け取った返還ができない前受金については，たとえ該当するサービスの提供が行われていなかったとしても，受領した日の属する税務年度において益金算入されます。

⑨　事業開始前に発生した費用（開業費）

　税務上，事業開始前に発生した費用は，直接的に収益を獲得するために要した費用とはみなされず，資本取引として取り扱われます。したがって，事業開始（最初の仕入れが発生した日や事業における重要な契約を締結した日，等）前に発生した費用については，原則として全額が損金不算入として扱われます。

(10)　ミャンマー
①　減価償却

　税法が定める償却率と会計上の償却率が異なる場合，税務申告書上にて調整しますが，会計上も税法が定める償却率を使用している会社が非常に多いです。

② 貸倒引当金

引当金の繰入額は損金として控除することはできず，回収不可能な貸倒損失となった時点で損金として扱われます。

(11) 韓国
① 減価償却

会計では定率法を採用するのに対して，税務では法人税法の耐用年数に従い定額法または定率法を採用します。

② 貸倒引当金

原則として引当金繰入額は税務上の損金としては認められません。ただし貸倒引当金の場合，債権金額の1％までの金額については損金として認められ，残りの部分については回収のためのあらゆる努力が尽くされてもなお回収が不可能であることが確実となった場合に，初めて損金として認められます。

③ 収益認識

会計では経済的便益の流入可能性が高く，その便益を高い信頼性をもって測定できる場合に当該収益を認識するのに対して，税務では権利義務確定主義に基づいて，収益の帰属時期を決定します。

④ 退職給付債務

会計では退職給付に係る負債は勤続年数が1年未満でも発生主義を適用して費用処理しますが，税務では退職年金制度に加入して社外に積み立てなければ損金として認められません。

⑤ 有形固定資産の減損

会計では毎期減損の兆候について検討し，回収可能価額が帳簿価額を下回る場合に差額を減損損失として認識します。また，減損の兆候が無くなった／減少した場合には，その時点の帳簿価額を限度として戻し入れることができます。税務では，減損損失及び戻入金額は損金・益金として認められません。

⑥ リース

　IFRSを適用する場合は全てのリース取引をオンバランスしますが，税務では一般企業会計基準と同様にファイナンス・リースとオペレーティング・リースに区別して処理します。

⑦ 金融資産

　会計では原則として公正価値により評価しますが，税務では原価で評価します。

⑧ のれん

　IFRSを適用する場合は償却しませんが，税務では20年間にわたり定額法で均等償却します。

(12) 香港
① 減価償却

　会計上の減価償却費は，原則として損金算入が認められていません。しかしながら，商業用建物や工業用建物，機械装置，製造関連等の用途に応じて税務上の特別控除や減価償却が認められており，これらの規定に応じて損金算入が可能です。会計上の減価償却をいったん加算のうえ，税務上の特別控除・減価償却が適用されます。商業用建物については定額法4％，工業用建物については初年度が支出額20％の特別控除，その後定額法4％，機械装置・設備については初年度が支出額60％の特別控除，その後用途に応じて，10〜30％の定率法償却が税務上認められています。

② 各種引当金

　（a）貸倒引当金　　過去の実績率等に基づく一定の引当ては認められず，回収不能な特定債権を個別に見積計上します。回収不能と認められた部分について損金算入が可能です。

　（b）退職給付債務（引当金）　　強制積立年金基金（Mandatory Provident Fund）への拠出が義務付けられているため，決算期末までに発生している退職給付債務を計上します。

③ 固定資産

固定資産の計上基準や耐用年数は会社が独自に決定することができますが，税法との差異は別途調整する必要があります。

(13) 台湾

① 減価償却

税務上の減価償却については，固定資産の重要な構成要素ごとに区分したうえ，各構成要素の法定耐用年数に基づいて償却を行う必要があります。そのため，固定資産の取得価額及び耐用年数については，会計上も税務上の規定に基づき認識されるケースが実務上は非常に多くなっています。なお，特殊事情により法定耐用年数に達しないうちに固定資産の廃棄を行う場合には，以下の書類により事実審査が行われた後，廃棄損の損金算入が認められます。

> a．会計士による廃棄証明書
> b．廃棄の説明がなされた年度の税務監査報告書
> c．主務機関の廃棄時の立会処理に関する証明書類
> 　（実際に廃棄を行う前に主務機関に申請を行い，許可を得る必要がある）

② 各種引当金

税務上の貸倒引当金の損金算入限度額は，決算期末時点の営利事業者に対する受取手形および売掛金の1％であり，超過部分については原則として損金不算入となります。

なお，営利事業者以外に対する受取手形および売掛金に対する貸倒引当金の損金算入限度額はゼロとされる点，また，貸倒比率が高い事業については過去3年の実際に発生した貸倒比率に基づき引当金の繰り入れができる点についても留意が必要です。

③ 交際費

会計上で計上した事業に供する交際費の金額のうち，損金算入限度額を超過する金額については損金不算入となる点に留意が必要です。損金算入限度額は売上金額や仕入金額を元に計算され，税務監査の有無によっても係数が変わります。

④ 固定資産

　固定資産の取得価額については，経済的使用可能期間が2年未満，もしくは2年以上であっても取得原価がTWD80K未満の資産の取得に係る支出は，取得時に費用処理が認められます。ただし，個別の物品の取得原価がTWD80K未満であっても，一括購入や大量購入することによって総額がTWD80K以上となる場合は，資産計上する必要があります。

⑤ 棚卸資産の廃棄損

　棚卸資産の廃棄損は，廃棄の事実が発生してから30日以内に税務機関に廃棄された棚卸資産（商品）のリストを提出して調査を申請する必要があります。調査の結果，廃棄の事実が認められた場合に限り，廃棄損を損金として算入することが可能です。あるいは，廃棄に際して公認会計士の立会監査を受け，廃棄の証明書，もしくは廃棄の事実が説明された税務監査報告書を税務機関に提出する方法もあります。こちらについても，税務機関による調査の結果，廃棄の事実が認められた場合に限り，廃棄損を損金として算入することが可能です。

⑥ 為替差損益

　税務上，益金または損金に算入が可能なものは実現した為替差損益のみであり，外貨建資産または負債の期末評価による為替差損益等のうち未実現のものは益金または損金に算入できません。

⑦ 長期未払金

　台湾においては，所得税法第24条第2項の規定により，時効を迎えた債務については税務上その他収入として認識し，後年実際に支払いが行われた際に，改めてその他費用として再計上するべきものとされています。上記規定における時効とは民法上の請求権の時効と定義されており，一般債権債務の民法上の時効は2年とされています。

　つまり，特別な事情や理由がない未払債務で，その計上日から2年を超過してなお未払いであるものについては，2年が経過した会計年度の決算及び法人税申告において，その他収入に振り替える必要があります。これは関係会社間の債権債務であっても例外ではなく，実務上精算が後回しとなりやすい親会社に対する債務について，2年超の未払いとなっていないか，留意が必要です。

(14) 中国

① 減価償却

　会計上の償却年数を税務上の償却年数に合わせるのが一般的です。なお税務上は税法に規定された償却年数より短い場合には減価償却費の超過部分について損金算入が否認されます（償却年数より長い場合には税務調整は不要）。

② 各種引当金

　会計基準では必要に応じ貸倒引当金や在庫損失引当金などの計上が要求されますが，税務上は損金算入できないことから，小規模な非上場会社では税務に合わせて引当金を計上しないケースが散見されます。

③ 政府交付金

　関連する長期資産が使用開始された後に，企業が資産に関連する政府補助金を取得する場合，企業は総額法または純額法のいずれかを選択して会計処理することができます。中国において純額法を選択した場合，補助金を取得した時点で関連資産の帳簿価額を減額し，減額後の帳簿価額及び関連資産の残存耐用年数に基づいて償却します。

④ 現金実査の差異の処理

　帳簿と実際の現金残高の差異について，実際残高が帳簿残高を超える場合には追加収入と理解されるため営業外収益に含まれ，実際残高が帳簿残高を下回る場合は管理不行き届きによるものと解され管理費に含まれます。

⑤ 在庫棚卸差異の処理

　在庫実際残高が帳簿残高を超える場合は，企業の測定誤差から生じる通常損益の範囲内と解され管理費と相殺することができます。在庫実際残高が帳簿残高を下回る場合には，その原因に応じて管理費または営業外損失に振り替えます。

> a）想定範囲内の損失及び日々の入出庫の測定誤差，すなわち通常の損失は社内承認された時点で諸経費に振り替える。
> b）資産損失が補償される損害は債権として認識する。

第2節 会 計 293

> c）自然災害やその他の不可抗力により発生した棚卸資産損失は営業外損失とする。
> d）回収不能なその他の損失は，承認された時点で管理費に計上する。

⑥ 固定資産の実際残高の差異

固定資産の実際残高が帳簿残高を超過する場合，過年度誤謬の訂正として処理します。

⑦ 為替差損益

小企業会計準則では為替差益は営業外収益に計上し為替差損は財務費用に計上します。

⑧ 一時差異

典型的な一時差異として以下が挙げられます。

項目	内容
従業員教育費の超過額	企業所得税法は，国務院の主管財務・税務当局が別途定める場合を除き，企業が負担した従業員教育費は，賃金・給与総額の2.5％を上限として損金算入が認められ，超過分は繰越控除できるものと規定しているため，会計と税務との間に一時差異が発生する。
広告宣伝費及び事業促進費	企業所得税法は，国務院の主管財務・税務当局が別途規定する場合を除き，企業はその年の売上高の15％を上限として，発生した広告宣伝費及び事業宣伝費の一部を損金算入することが認められ，超過部分は翌課税年度以降に繰越控除することが認められると規定している。
政府補助金	繰延収益は，資産に関連する政府補助金，または将来の期間における関連費用もしくは損失の補塡について会計上認識されるが，一方で税法では政府補助金の受領年度に益金に算入することとしている。
公正価値変動純利益	売買目的金融商品及び投資不動産の公正価値の変動から利益が認識され当期損益として認識される場合，課税所得計算上は益金不算入となり減算調整される。これらの資産の認識が中止される（処分される）場合，会計上は利益の一部が過去時点に認識されているため，資産処分損益は税務上認識される金額と比較して会計上認識される金額が少なくなることから，会計上の公正価値変動損益認識時点で会計と税務との間に差異が発生する。

項目	内容
固定資産の一括損金算入政策	会計上では企業は取得した固定資産を一定の減価償却方法に従い，見積耐用年数で毎月減価償却する。税法では企業が2018年1月1日から2027年12月31日までの期間に新たに設備・器具を取得し，その単価がCNY5Mを超えない場合，課税所得の計算において，当期の損金として一括控除することが認められている。
棚卸資産	棚卸資産の帳簿価額は在庫損失（陳腐化，収益性の低下など）を加味するが，税法はこれらの在庫損失を認めていない。
貸倒引当金	貸倒引当金は税法では認められていない。

⑨ 永久差異

典型的な永久差異として以下が挙げられます。

項目	内容
益金不算入	• 企業が国債を購入することにより得た利子所得は，会計上は企業の収益に属し，税引前会計利益の構成要素となるが，税法では課税所得から控除することができる。 • 税務年度内において居住企業の技術移転による所得がCNY5Mを超えない部分については企業所得税を免除され，CNY5Mを超える部分については企業所得税が半額に軽減されると規定されている。
損金不算入	接待交際費の損金算入限度額は発生額の60％まで，かつその年の売上高の5％までとされている。
益金算入	企業は自社で製造した製品を従業員の福利厚生などのために使用した場合，会計上は売上高／売上原価を計上しないが，税法では販売行動とみなすとされており，想定販売価格と売上原価との差額が課税所得となる。
損金算入	2021年1月1日以降，製造企業は新技術，新製品，新工程を開発するための研究開発で発生した研究開発費のうち無形資産を形成しない費用については，課税所得計算上では発生費用にさらに100％追加（＝実際発生額の2倍）して損金計上が可能であり，無形資産を形成する場合には当該無形資産の償却費の200％（2倍）の金額が損金計上可能であるが，これらは会計上は計上されない。

Ⅳ 財務諸表（計算書類）の特徴

（1）概説

　日本において，企業は会社法に基づき作成された連結計算書類及び計算書類について監査役の監査を受け，取締役会の承認を経た後に定時株主総会へ提出することが必要です。さらに，上場企業の場合は，事業年度ごとに財務局及び金融庁を通して内閣総理大臣へ有価証券報告書を提出することも必要です。有価証券報告書は金融庁が運営する電子開示システム「EDINET（Electronic Disclosure for Investors' NETwork：エディネット）」を利用しての提出が可能です。

　会社法に基づく計算書類については，会社法施行規則及び会社計算規則によるひな型が一般社団法人日本経済団体連合会から公表されており，そちらを参照することができます。上場企業の有価証券報告書については，開示情報作成支援会社が手引きを販売しているほか，EDINETで他社情報を閲覧することも可能です。

　在外子会社においては，必ずしも書類のひな型が公開されていない場合があり得ます。その場合に，どのようにひな型に類似する資料や他社事例を入手するかについては事前に確認しておくことが望ましいでしょう。

　子会社について，財務諸表の提出先及びひな型の有無は以下のとおりです。

	提出先	ひな型
インド	MCA（Ministry of Corporate Affairs）に属するROC（Register of Company）	MCAがWebサイトで，インド会社法が定めるルールに基づいた貸借対照表と損益計算書等の基本様式を公開している。
インドネシア	BKPM：Badan Koordinasi Penanaman Modal	当局のシステム上，ひな型（入力フォーム）が用意されている。
オーストラリア	ASIC：Australian Securities and Investments Commission（会社法上決算書の提出義務がある場合）ATO：Australian Taxation Of-	• 決算書のひな型はないが，AASBによって基準が定められている。AASB 101は財務諸表の構造と必要な情報の最小要件を定めている。

	提出先	ひな型
	fice SGE：Significant Global Entity に該当する（国際的に事業展開をしており，グループ企業収益がAUD 10 Mを超える企業，またはその子会社）	● 実務では大手会計事務所が公表しているオーストラリアの決算書モデルを参照にすることが多い。
カンボジア	ACAR：Accounting and Auditing Regulator	公表されていない。 ACARの公式テレグラムグループで，カンボジアの会計学校の1つであるCamEdビジネススクールが提供する決算書のサンプルが共有されたことがあり，実務上参照されることが多い。
シンガポール	ACRA：Accounting and Corporate Regulatory Authority	公表されていない。 大手会計事務所が公表するシンガポールモデル決算書を参照することが多い。
タイ	MoC, DBD：Ministry of Commerce, Department of Business Development（商務省事業開発局） RD：Revenue Department（歳入局）	● TFRS for NPAEsにおいて，財政状態計算書に示すべき項目と損益計算書のひな型が規定されている。 ● 実務上は監査法人が作成しているひな型が利用されるケースが多い。 ● DBDにはXBRL形式のデータもオンラインで提出する。
フィリピン	SEC：Securities Exchange Commission	公表されていない。
ベトナム	MoF：Ministry of Finance（財務省） Tax Authority（税務署） Statistic Department of MPI (Ministry of Planning and Investment)（計画投資省の統計局）	● 通達200/2014/TT-BTC号の添付付録に，それぞれのフォームが掲載されている。 ● 勘定科目名と勘定コードが固定されている。ひな型にない項目や勘定科目の新規追加や大きな

	提出先	ひな型
		修正は財務省の認可が必要である（レベル３より細かいサブコードは各企業で自由に設定可）。
マレーシア	CCM：Companies Commission of Malaysia	公表されていない。マレーシア会計士協会（MIA：Malaysian Institute of Accountants）が発行した実務指針等に基づき作成する。
ミャンマー	IRD：Internal Revenue Department（内国歳入局）DICA：Directorate of Investment and Company Administration（企業登記局）	公表されていない。
韓国	金融監督院（法定監査対象企業）	DART（当局から提供の編集アプリ）を利用して作成する。
香港	IRD：Inland Revenue Department（税務局）	HKICPAがWebサイトで，監査報告書及び財務諸表のひな型を公開している
台湾	経済部（経済部より要請を受けた場合にのみ提出が必要）	ひな型は公表されていない。
中国	全国企業信用情報公表システム	税務局と工商行政管理機関（市場監督管理局）がひな型を公開している。

　他社事例のみならず，自社の過去事例についても気になるところだと思います。その大前提として，そもそも子会社が作成する財務諸表のその国だからこその主な特徴を把握しておくことが望ましいでしょう。

　まずは作成言語を把握します。財務諸表が現地の言語で作成されている場合，日本本社にとっては容易には理解できませんので，英語版や日本語版を別途作成することを検討してもよいでしょう。また，日本の財務諸表と大きく異なる特徴があれば，それらも理解しておくべきです。日本の財務諸表は主に「財務諸表＋注記」で構成されていますが，異なる構成となっている場合には，何が

298　第4章　会計及び監査

含まれているか（何が含まれていないか）には注意が必要でしょう。

　各国の財務諸表に係る作成言語と主な特徴は以下のとおりです。

	作成言語	主な特徴
インド	英語	固定性配列法が採用されており，日本で一般的な流動性配列法と異なり，固定資産や繰延税金負債などの流動性の低い項目から順に表示されている。
インドネシア	インドネシア語	英語で作成する場合には，会社設立後3ヶ月以内に所轄税務署を通し申請を行い，財務省の承認を受ける。
オーストラリア	英語	財務諸表に以下を加え作成する。 • 取締役宣誓書（Director Declaration） • 取締役報告書（Directors' Report）
カンボジア	クメール語	• 財務諸表に加えて，取締役会レポートとして取締役会の責務や決算承認，その他概観を示した書類を添付して提出する。 • 機能通貨が米国ドルであったとしてもカンボジアの現地通貨であるクメールリエルに換算し米国ドルと併記する。
シンガポール	英語	• 財務諸表に以下を加えたものが，決算書として構成される。 　・取締役宣誓書（Directors' Statement ） 　・独立監査人の監査報告書（Independent auditor's report） • 連結財務諸表作成の免除規定がある。
タイ	タイ語	日系含む外資系企業の場合は英語版も作成していることが多い。
フィリピン	英語	監査済み財務諸表に以下を添付して提出する。 • 独立監査人の監査報告書（Independent auditor's report） • 社長及び財務役署名の経営者確認書（Statement of Management Responsibility）
ベトナム	ベトナム語	財務収益や財務費用が販売費及び一般管理費よりも上段に記載されており，営業利益の計算に含まれている。

	作成言語	主な特徴
マレーシア	英語または マレーシア 語	以下が含められる。 • 取締役報告書（Directors' Report） • 取締役声明書（Statement by Directors） • 取締役宣誓書（Statutory Declaration）
ミャンマー	英語	決算書には財務諸表及び注記のほか，取締役報告書 （Directors' Report），取締役宣誓書（Statement by the Directors）が含まれる。また，独立監査人の監査 報告書（Independent Auditor's Report）が添付される。
韓国	韓国語	法定監査実施内容として，監査対応人員や往査日程，確 認状発送の有無，監事（監査役）とのコミュニケーショ ン内容等を開示する。
香港	中国語また は英語（上 場企業は慣 例上英語）	固定性配列法が採用されている。財務諸表及び注記に以 下を加えたもので決算書が構成される。 • 取締役報告書（Directors' Report） • 監査報告書（Auditor's Report）
台湾	中国語（繁 体字）	経済部から内容確認，提出の要求を受けた際に必要とさ れる決算書類は以下のとおり。 • 決算書表 　・営業報告書 　・資産負債表 　・総合損益表 　・株主資本等変動計算書 　・キャッシュ・フロー計算書 　・利益の処分案（利益の分配案あるいは損失の補塡案） • 定時株主総会議事録 • 監察人（監査役）の審査報告書 • 公認会計士による監査報告書及び財務諸表
中国	中国語	外商投資企業（外資企業）は一部に外国の文字を用いる ことができる。

　また，会計帳簿の保存期間は国別に異なりますので，どこまで遡ってどのような資料を確認できるかを事前に把握しておくことが望ましいです。
　会計帳簿に係る各国の保存対象及び保存期間は以下のとおりです。

	保存対象及び保存期間	備考
インド	会計帳簿は8年間の保管義務が設けられている。	次の条件のもと，電子形式での保管が認められている。 1　電子的に保管された帳簿は，インド国内で常にアクセス可能である。 2　電子形式の帳簿のバックアップは，インド国内のサーバーに保管される。
インドネシア	税法に基づき，10年間の保管義務が設けられている。	規定上は電子保管も可能とされているが，実務上は税務調査や税務裁判で原本の提出を求められるケースがある。
オーストラリア	会計書類については7年の保管が必要である。	決算書も会計帳簿も電子保管が認められている。
カンボジア	会計帳簿類は10年の保管義務がある。	電子保管の定めはない。
シンガポール	財務諸表（計算書類）及び会計記録は5年間の保管義務がある。	電子保管も認められている。
タイ	税法に基づき5年の保管義務がある。	電子保管の定めはない。
フィリピン	会計帳簿及びその証憑類の保管期間は10年間。最初の5年間については会計書類などの紙ベースでの保管，その後の5年については電子データ（DVDなど）での保管が認められている。	会計帳簿には手書き記帳，ルーズリーフ型記帳，会計システム型記帳の3種類がある。
ベトナム	会計法（Law No. 88/2015/QH13）で保存期間が定められている。 ●会計帳簿や財務諸表に直接的に関連しない書類：5年間の保管 ●会計帳簿や財務諸表に直接的に関連する書類：10年間の保管 ●その他の重要な書類：永久保管	●帳簿や会計関連書類は，電子データでの保管も可能。 ●実務上は保守的に紙ベースでも保管している企業が多い。 ●国内の請求書に関しては2022年7月より完全に電子化。

	保存対象及び保存期間	備考
マレーシア	マレーシアの会社法及び税法においては会計帳簿及びその他の関連書類を取引完了後，7年間保管する必要がある。	現時点では電子保管に関する規定は定められていない。
ミャンマー	決算書類その他会計帳簿は取引日から7年間を期限として保管する。	● 電子保管に関する定めはない。 ● 税務申告手続や税務調査の過程で会計証憑等の原本を提出する機会は多い。
韓国	一般書類については5年間，重要書類については10年間（実務的に繰越欠損金に関連する場合は最大15年間）保管する。	● 電子保管も可能だが，重要な書類及び証憑類は原本を保管しなければならない。 ● 一般書類とは伝票類等を，重要書類とは契約書や財務諸表，税務調整計算書や各種申告書のことを指す。
香港	決算期末後7年間の保管が要求されている。	電子保管も認められる。
台湾	会計帳簿書類：最低10年，会計伝票：最低5年の保管義務がある。	一定の要件を満たした場合，電子媒体による保存を行い，帳簿書類及び伝票を破棄することができる。
中国	全国統一会計制度の規定に従い，会計記録の保存期間は，永久保存と有期保存の2つに分けられている。有期保存には10年と30年に区分される。	ソフトウェアと，それらが作成する会計伝票，会計帳簿，財務会計報告，その他の会計情報も，統一国家会計制度の規定に準拠する。

（2）国別の留意事項

① インド

　MCA（Ministry of Corporate Affairs, インド企業省）に属するROC（Register of Company, 会社登記局）に決算書を提出します。MCAは同省のWebサイトで，インド会社法が定めるルールに基づいた貸借対照表と損益計算書等の基本様式及び開示に関する事項について公表しています。財務諸表以外では，

Director's Report（取締役会報告書）及び株主名簿を会社登記局へ提出する必要があります。取締役会報告書には，当該年度に実施された取締役会の内容及び会社の活動内容が記録されます。

② インドネシア

外資企業は四半期ごとに投資省（BKPM）に対し，オンラインシステムを通じLKPMレポート（投資活動報告書）の提出が必要です。LKPMには会社の基本情報，保有しているライセンスの事業に係る投資状況のほかに，直近の財務諸表の情報を部分的に入力する必要があります。

インドネシア国外からの借入がある場合には，インドネシア中央銀行に対する定期報告も必要です。

③ オーストラリア

ASICに提出された決算書は，上場会社に限らず登記された全ての会社の情報をオンラインでAUD47〜68で購入可能です。

④ カンボジア

全ての企業は会計監査規制当局（ACAR：Accounting and Auditing Regulator）に財務諸表を提出する義務があります。財務諸表の提出はACARの電子申告システムを通じて行います。実務上まず電子申告システム上で企業のアカウントを作成し，識別番号（FIN：Financial reporting identification number）を入手します。電子申告システム上に用意された簡易的な貸借対照表及び損益計算書数値の入力フォームがありますが，別途開示対象となる事項が記載された財務諸表のPDFを電子申告システムにアップロードする必要があります。

作成される決算書類は比較的シンプルなものが多いです。カンボジアでは法定監査を受けていなくともACARへ財務諸表の提出義務がありますが，会計人材の不足により注記についても主要な会計方針の記載や勘定科目の明細を記載するにとどめている決算書類が多いです。

ACARへの財務諸表の提出義務はありますが，現状公開されないため他社事例の入手は困難です。

⑤ シンガポール

ACRAに提出された決算書については，上場会社に限らず，登記された全ての会社情報をオンラインで購入可能です。会社概要程度の情報であればSGD5.5，財務諸表はSGD26〜50程度の料金で入手できます。

資本上位の法人が連結財務諸表を公衆閲覧に供している場合には，シンガポール法人は連結財務諸表の作成が免除されます。

⑥ タイ

全ての企業（外国企業のタイ支店含む）はDBDにXBRLデータ（財政状態計算書及び損益計算書の概要のみ）及び監査済財務諸表を提出する必要があります。

XBRLデータ及び会社の概要（国別の株主数や出資比率含む）はDBDの公開データベース（無料）から参照することができます。

監査済財務諸表は有償で取得することができます。監査済み財務諸表を取得する方法はDBDの窓口で申請する方法（手数料THB50及び財務諸表1ページ当たりTHB3）とDBDのオンラインシステム上で取得する方法（財務諸表1ページ当たりTHB50）があります。

⑦ フィリピン

第3節Ⅰ（1）で示している条件を満たす会社は会計監査を受ける必要があります。当局に提出された監査済財務諸表はSECを通じて一定期間後に誰でも購入可能です。

⑧ ベトナム

税務署及び統計局に対してはスキャンデータをオンラインで提出することができますが，財務省には原本を提出する必要があります。提出を遅延した場合や失念した場合には，遅延期間に応じて最大VND50Mの行政罰が科されます。

⑨ マレーシア

CCMに提出した監査済財務諸表は，公開会社または非公開会社にかかわらず，誰でもCCMのオンラインポータルより入手可能です。

⑩　ミャンマー

　子会社・支店のいずれも監査済決算書の現地当局への提出は必須でなく，税務査定の過程でIRDから要求された場合に提出します。それ以外に，支店は本店の監査済財務諸表（英語またはミャンマー語の貸借対照表，損益計算書，キャッシュ・フロー計算書）をDICAに登記オンラインシステム上で年1回提出しなければなりません。

⑪　韓国

　法定監査対象の企業の財務諸表（計算書類）については，DART（電子公示システム）上で閲覧可能です。

⑫　香港

　香港法人が子会社を有している場合でも，以下のいずれかの要件を満たす場合は連結財務諸表の作成は免除されます。

> ａ．法人株主が100％出資している場合で，全取締役が連結財務諸表を作成する
> 　　必要がないと判断した場合。
> ｂ．複数の株主がいる場合であっても，1社の法人株主が支配権を有している
> 　　（通常は50％以上の議決権を有している）と判断される場合で，（1）連結財
> 　　務諸表を作成しない点について全株主の合意を得ている，または，（2）決算日
> 　　の6ヶ月前までに全株主に対して連結財務諸表を作成しない旨を通知し，それ
> 　　に対して決算日の3ヶ月前までに株主から異議がない。

　非上場企業の財務諸表は公開されておらず入手することはできませんが，上場企業の財務諸表については香港証券取引所で情報公開されているので入手することができます。株主・役員構成等会社基礎情報については，HKD20～50程度で登記局（Company Registry）で購入が可能です。

⑬　台湾

　会社法第20条により，会社は各会計年度の終了後，営業報告書，決算書及び利益の処分案（利益の分配案あるいは損失の補填案）を策定し，株主の同意または株主総会の承認を受ける必要があり，会社の資本金が中央政府の主務機関が定める一定金額以上の場合は，その決算書について，公認会計士の監査を受

け，認証を受けたものである必要がある旨が規定されています。

2024年現在の規定においては，会社の資本金がTWD30M以上の会社においては，上記決算書について公認会計士の監査，認証を受ける必要があるとされており，会社が作成した決算書について，台湾経済部はその内容確認及び決算書類の提出を求める権利を有しています。

決算書類について，会社が自ら提出を行う必要はありませんが，資本金がTWD30M以上の会社に対しては，上記の規定に基づき，経済部が無作為に選定する決算書の確認対象会社として指定される場合があるため，要求を受けた際に即応できるよう，毎年の会計年度終了後に会社法に準じた決算書類を具備しておく必要がある点に留意が必要です。

⑭　中国

企業の所在地を管轄する税務当局への企業所得税・増値税の月次・四半期申告に加え，企業は毎年6月30日に全国企業信用情報公表システムにログインし，工商年次報告書の情報を修正・提出する必要があります。これは工商年次検査（または工商公示）といい，工商行政管理機関が法律に従い毎年企業を検査し，その企業の営業継続資格を確認する法定制度を指しています。

非上場企業の決算書類は非公開のため入手は困難ですが，上場企業についてはWebサイトなどから入手可能です。

会計帳簿の保存期間は以下のとおりです。

永久保存	有期保存（30年）	有期保存（10年）
• 年次財務会計報告書 • 会計記録保管目録 • 会計記録廃棄目録 • 会計帳簿保管状況評価書	• 原始証憑，仕訳伝票，総勘定元帳，台帳，日記帳，その他の補助簿 • 会計記録移転目録	• 月次，四半期及び半期財務会計報告書 • 銀行残高照合，銀行取引明細書，確定申告書

第3節　会計監査

Ⅰ　監査と監査要件

（1）概説

　決算処理が完了し，会計システムに集約された取引記録を基にした事業年度の会計数値が算出されると，会計監査人は当該数値を主な対象として監査業務を遂行します。会計監査においては，決算書上の各数値が正しいかどうかを検証するために様々な手続きが行われますが，会計監査における数値の検証は1円単位での正確性を検証するものではなく，財務諸表が全体として適正か，すなわち利害関係者が誤った判断をしないように適正に経営成績や財政状態を示しているかを検証することを目的としています。財務諸表の作成責任は経営者にあり，監査人の責任は経営者が作成した財務諸表に重要な虚偽の表示がないことを保証するという二重責任の原則が監査業務の大前提です。決算を締め財務諸表を作成するのは経理を外注していようが最終的には経営者の責任であり，会計監査人の責任は当該財務諸表に対する監査意見を表明する（財務諸表の適正性について保証する）という責任分担を大前提として監査は行われます。

　財務諸表が全体として適正かを検証するために，会計監査人は重要性という概念を用います。監査手続を行う範囲を決め，また許容可能な虚偽の表示（許容誤謬額＝Tolerable Error）の閾値を設定して監査を進めます。監査される側の会社がこれを独自に設定することはできず，少額だからといって意図的に誤った会計処理をすることはコンプライアンス上も認められるものでありません。

　会計監査人の役割や責任という点について，日本以外の多くの先進国では日本に比べて明確に線引きする傾向がある点も留意が必要です。日本の会計監査人はあくまでも二重責任の範囲内ですが，会計処理や監査対応あるいは財務諸表作成や開示について懇切丁寧に相談に乗ってくれることが多く，決算や監査を円滑に進めるために会計監査人が会社ないし経理部を導いてくれることが多いです。しかし，海外諸国ではそのような相談を依頼しても，被監査会社とは一定の距離を保つ傾向にあります。そのような場合には，現地の監査法人に所属している日本人会計士に間に入ってもらうことも大きな解決策ですが，自社

が決算において何をすべきかをあらかじめ把握して，経理部門（あるいは経理委託先）と事前に協議することが重要です。

　監査業務については，企業の規模に応じて要件が異なっているのが一般的です。まずは海外子会社が現地の法定監査業務の対象となっているか否かを確認する必要があります。

　海外子会社における法定監査要件及び監査免除規定は以下のとおりです。

	法定監査要件	監査免除規定
インド	子会社，駐在員事務所，支店，プロジェクトオフィス等の全ての拠点形態	現地法人にはなし。LLPにはあり。
インドネシア	以下に該当する会社 • 事業活動が公の資金を調達または運用する会社 • 社債発行会社 • 公開会社 • 資本金または売上規模がIDR50B以上の会社 • 国有企業 • その他法令で義務付けられている会社（LKTP（年次財務報告）に関する規定より，全ての外国投資会社が監査済みの財務報告書を提出しなければならない）	監査免除規定なし。
オーストラリア	• 現地上場企業 • 外国企業に支配されているオーストラリア子会社 • 非上場企業であっても，グループ全体で判断して以下の条件のうち2つ以上を満たす会社 　a）売上AUD50M 　b）純資産AUD25M 　c）従業員100人	外国企業に支配されているオーストラリア法人のうち，以下に該当する場合は，監査免除が可能となる。 a）オーストラリア国内の関連会社などを含めた連結ベースでの売上，純資産，従業員が左記の要件を満たしていない。 b）ASIC当局に免除申請を行い承認された。
カンボジア	• 事業会社 　以下の3つの要件のうち2つ以上	免除規定なし ただし，経済財政省発行のPrakas

	法定監査要件	監査免除規定
	を満たす場合 　a）年間売上KHR4B以上 　b）会計年度末の総資産KHR3B以上 　c）平均従業員が100人以上 • 非営利組織 以下の2つの要件を満たす場合 　a）年間総費用KHR2B以上 　b）平均従業員数が20人以上 • その他 　a）適格投資プロジェクト(QIP) 　b）公営企業 　c）上場企業，金融機関など公的説明責任を負う企業	（告示）563第8条において，「（左記法定監査要件を満たす）義務者は前会計期間の終了日から連続して12ヶ月間事業活動または運営活動を行っていない場合，独立監査人による監査を受けた財務諸表を提出しないよう求める申請書をACARに提出しなければならない」と規定されており，執筆時点の実務上この申請書が認められた場合，例えば事業閉鎖により最終年度の事業活動が12ヶ月未満の企業は当年度の会計監査は免除されるものとなっている。しかしその場合においても会計監査を受けていない財務諸表のACAR（会計監査当局）への提出義務は免れない。
シンガポール	全ての会社	グループ全体で判断して，直近2会計期間のうちで以下の条件のうち2つ以上を満たす会社 　a）総資産SGD10M以下 　b）売上高SGD10M以下 　c）従業員数50人以下
タイ	全ての会社，支店，駐在員事務所	免除規定なし
フィリピン	• 総資産または総負債がPHP600K以上の会社（SECおよびBIR） • 年間売上高がPHP3Mを超える会社（BIR）	左記の要件を満たさない会社
ベトナム	• 外国投資企業 • 現地上場企業 • 金融機関，保険会社 • 国営企業，重要な国家プロジェクトを実施する企業	国営企業のうち，法に定める国家機密分野に従事する企業
マレーシア	全ての法人，支店	• 休眠会社の場合

第3節 会計監査 309

	法定監査要件	監査免除規定
		• 現会計年度及び直近2会計年度において収入が全くなく，かつ同期間中の財政状態計算書における総資産がMYR300Kを超えない会社 • 以下の3つの基準を満たす場合 　a）現会計年度及び直近2会計年度における収入がMYR100Kを超えない。 　b）現会計年度及び直近2会計年度における総資産がMYR300Kを超えない。 　c）現会計年度末及び直近2会計年度末における従業員数が5人以下
ミャンマー	全ての会社及び支店	以下の3つの要件全てを満たす場合には小規模会社に該当し監査が免除される。 • 公開会社または公開会社の子会社でない。 • その会社及び子会社の従業員が30人以下である。 • その会社及び子会社の，前会計年度における年間収入の合計がMMK50M未満である。
韓国	• 上場企業または上場予定企業 • 前年度の資産または売上がKRW50B以上の企業 • 以下の要件のうち2つ以上を満たす株式会社 　a）資産KRW12B以上 　b）売上額KRW10B以上 　c）負債KRW7B以上 　d）従業員100人以上	• 清算または吸収合併で消滅予定の会社 • 非上場企業の場合，次の4つの基準のうち3つを充足する会社（小規模会社として認定され外部監査の対象から除外される） 　a）資産KRW12B未満 　b）負債KRW7B未満 　c）売上高KRW10B未満

	法定監査要件	監査免除規定
		d）従業員数100人未満 • 有限会社の場合は，e）社員数50人未満を加えた５つの基準のうち３つを充足すると小規模会社と認められ外部監査の対象から除外される。
香港	全ての会社	• 支店 • 駐在員事務所
台湾	• 資本金TWD30M以上の会社 • 以下のいずれかを満たす会社 　a）年間収益総額（営業収入＋営業外収入）がTWD100M以上 　b）期末日時点の従業員数が100人以上 • 銀行からの借入金がTWD30M超の会社 • 現地上場会社 • 学校法人及び医療法人	免除規定なし
中国	• 全ての会社	• 非営利団体 • 中国企業の子会社

（2）国別の留意事項

① インド

　全ての会社が勅許会計士による法定監査を受ける必要があります。子会社に加え，駐在員事務所や支店，プロジェクトオフィス等の全ての拠点形態に対し，法定監査が義務付けられています。現地法人に対する免除規定はありませんが，有限責任事業組合（LLP：Limited Liability Partnership）に関しては，出資額INR2.5M以下または年間売上高INR4M以下の場合，監査義務が免除されます。

　また，以下の会社には内部統制監査及び税務調査が義務付けられています。

	要件
内部統制	原則として全ての会社が対象となる。ただし，前会計年度の売上高INR500M未満または，会計年度を通じて借入負債額INR250M未満の非公開会社を除く
税務監査	年間売上高がINR10Mを超える会社

　全ての企業に会計監査人の強制ローテーション制度が適用されており，個人の場合は5年間，監査法人の場合は10年間を超えて会計監査人を継続することはできません。ただし，以下の場合は強制ローテーション制度の対象外とされます。

- 資本金INR100M未満かつ借入負債額INR500M未満の非上場公開会社
- 資本金INR500M未満かつ借入負債額INR500M未満の非公開会社

　なお，会社（Companies Act）では，会計監査人に対して，CARO 2020（Companies Auditors' Report Order 2020）に規定された事項や内部統制に関する記述を監査報告書に含めることを求めています。そのため，監査報告書の文言が他国と異なる場合があります。

　以下の要件を全て満たす株式会社にはCARO 2020は適用されません。

- 公開会社の子会社や持株会社でない。
- 決算期末日において，資本の部の合計額がINR10Mを超えない。
- 会計年度内のいかなる時点においても借入負債額がINR10Mを超えない。

②　インドネシア

　外貨建ての国外借入を行う場合に，インドネシア中央銀行に対し定期報告（KPPKレポート）を行う必要があり，年次レポートには会計監査済みの年次財務諸表（監査報告書）の提出，また公認会計士によるAUP（Agreed Upon Procedures）の実施が求められます。

③　オーストラリア

　法定監査の要件を満たす場合には，企業はASICに登録されている登録監査人による会計監査を受ける必要があります。上述した監査要件については，外国企業に支配されている子会社では，その単体の売上・資産・従業員数のみで判断をするのではなく，同外国親会社に支配されているオーストラリア子会社

の合算した数値から判断する必要があるため，親会社がオーストラリア内にその他子会社を保有しているかどうかを事前に確認して，グループとして自社が監査要件を満たしているのか否かを確認する必要があります。

④　カンボジア

　法定監査の要件を満たす場合には独立した外部監査人に会計監査を委嘱する必要があります。要件に該当しなくなったとしても3年間は会計監査を受ける必要があります。また会計監査を受けた財務諸表は会計監査規制当局（ACAR：Accounting and Auditing Regulator）に会計年度の終了後6ヶ月と15日まで（12月決算の場合翌7月15日）に提出する義務があります。Prakas 563の11条によって，2020年を初年度として5年を超えて同一の監査人から監査を受けることができない監査人の強制ローテーション制度が導入されています。2025年度の会計監査から監査人を変更する会社も多いと考えられますので，今後の制度運用については留意する必要があります。

⑤　シンガポール

　原則として，全ての会社が会計監査を受ける必要があります。ただし，企業グループ全体で判断して，直近2会計期間のうちで以下の条件のうち2つ以上を満たす会社は監査が免除されます。企業グループ全体で判断されるため，シンガポール法人の親会社，子会社の数値を確認する必要があります。

- 総資産SGD10M以下
- 売上高SGD10M以下
- 従業員50人以下

⑥　タイ

　全ての会社，外国企業の支店・駐在員事務所において会計監査を受ける必要があります。法人税確定申告書提出時に監査済財務諸表の提出が義務付けられています。また，投資奨励制度であるBOI（Board of Investment）による法人税恩典を利用する場合は，法人税恩典の対象となる課税所得に関するBOI監査も必要です。

　ただし，実際に実施される会計監査の品質は千差万別であり，また，会計基

準よりも税法への準拠性を重視される結果，会計監査を受けているにもかかわらず十分な検討をしないまま在庫評価引当金や退職給付引当金が一切計上されていないケースや長期滞留債権債務が残ったままになっているケースも少なくありません。

⑦　フィリピン

　SECでは，総資産または総負債がPHP600K以上の会社は，公認会計士による監査が必要です。これに対して，BIRでは年間売上高がPHP3Mを超える場合，確定申告書提出時に監査済財務諸表の提出が義務付けられています。

⑧　ベトナム

　外国投資企業とは，外資が少しでも出資している会社を指します。非支配株主であったとしても対象になります。日系企業の子会社や関連会社であれば通常はこちらに該当します。

　また，上場企業に対しては，年度末の法定監査だけでなく，中間財務諸表に対するレビューも必要です。

　外国投資企業（いわゆる一般的な日系企業）に必要な監査は，年度末の法定監査のみです。内部統制監査や四半期レビューは法的に要求されていません。しかしながら，年度末の監査ですと期中のリスクや問題点を把握できないため，任意に期中の中間監査（レビュー）を依頼する会社もあります。

　ベトナムにおいては，2019年4月より，政令05/2019/ND-CP号に基づき，内部監査が一部の企業（上場企業，国営企業，国営企業からの出資が50％以上の企業）へ要求されるようになりました。一般的な日系企業は，当該内部監査の対象会社とはなりません。しかし，当地では，現地企業や公的機関だけでなく，外資系企業においても賄賂や不正をよく見かけるため，それを取り締まる意味でも，将来的には内部監査の対象が拡大する可能性があります。

⑨　マレーシア

　監査免除の対象となった場合でも財務諸表の作成及びCCM（登記当局）への提出は必要です。

　なお，税法上，法人税計算における課税所得は会計上の利益をもとに算定することとされていますが，この会計上の利益は監査済財務諸表に基づく必要が

あります。つまり，監査免除の対象となった場合でも法人税の申告義務を遵守するため，実務的には監査が必要となる場合が多いことに留意が必要です。

⑩　ミャンマー

　小規模会社の要件を満たす場合を除き，全ての会社及び支店は外部の会計監査人による監査を受けなければなりません。会計監査人による監査とは，貸借対照表，損益計算書を含む財務諸表に対する監査を指しており，会計監査人に就任できる者は，ミャンマー政府によって公認会計士資格を付与されている者に限定されています。

⑪　韓国

　直前事業年度末の資産総額がKRW100B以上の上場企業及び直前事業年度末の資産総額がKRW500B以上の非上場企業に対しては，内部統制に対する保証制度（K-SOX）が適用されます。K-SOXでは上場企業には監査意見が，非上場企業にはレビューが求められています。

　K-SOXは2022年から順次適用予定でしたが，2023年6月の金融委員会の発表により，下記の表のとおり実施時期が変更されています。

年度	適用対象会社（上場企業限定）	備考
2023	資産総額KRW2T以上	申請がある場合には2年猶予あり
2024	資産総額KRW500B以上	5年間の猶予措置あり
2025	資産総額KRW500B未満	5年間の猶予措置あり

（すなわち全ての上場企業）

⑫　香港

　会社条例（CO：Companies Ordinance）の下，原則として，支店及び駐在員事務所を除く香港における全ての会社は会計監査を受けなければなりません。会社規模で監査免除される条項はなく，税務申告にあたって監査報告書を含む財務諸表原本の添付が必須条件となっています。

第3節　会計監査　315

⑬　台湾

　財務監査（会計監査）とは別に税務監査という制度があり，下記いずれかの要件を満たす場合は税務監査を受ける必要があります。税務監査とは，台湾の公認会計士が営利事業所得税審査準則に基づき，会社の税務計算が適切に実施されているかを項目ごとに監査し，その監査結果を会社の法人税申告時に国税局に併せて報告する制度です。日本にはない監査制度であり，この監査を受けると青色申告による特典（10年間の繰越欠損金控除，交際費損金算入限度額の拡大等）を全て享受できるなどのメリットがあり，欠損金の繰越を行う目的にて，被監査要件を満たしていない会社でも，税務監査のみを受けることは実務上多くあります。

---

(1)　年間収益総額（営業収入＋営業外収入）がTWD100M以上の会社

(2)　銀行業，信用組合業，信託投資業，ビルファイナンス業，ファイナンス・リース業，証券（証券投資コンサルティングを除く）業，先物業，保険業

(3)　上場企業

(4)　投資優遇措置により営利事務所得税が減免されており，年間収益総額がTWD50M以上の会社

(5)　金融控股公司法（金融持株会社法），企業併購法（企業合併法）もしくはその他法令により連結納税申告をする会社

---

⑭　中国

　会社法第208条は，会社は各会計年度末に財務会計報告書を作成し，法律に基づき会計事務所の監査を受けなければならないと規定しています。具体的な報告主体には以下が含まれます。

---

(1)　一人有限責任会社（すなわち，自然人の個人事業主または個人有限責任会社）

(2)　外資系企業（日本企業も含まれる）

(3)　上場企業

(4)　金融，証券，先物業を営む企業

(5)　慢性的に負債を抱えているか，損失を出している企業

(6)　保険，ベンチャーキャピタル投資，鑑定，保証，不動産仲介，出入国仲介，外国人労働者仲介，企業登録代行に従事する企業

(7)　登録資本金が分割払いで全額払い込まれていない企業

(8)　3年以内に登録資本金の虚偽表示，虚偽の出資，出資金逃れの罪を犯した企業

316　第4章　会計及び監査

　非営利団体は通常監査を受ける必要はありませんが，資金の使途を示すために簡略化した財務諸表の提出が義務付けられています。また，中国企業で会社が他の会社の子会社である場合，その財務報告は親会社の監査でカバーされている可能性があるため，改めて監査を受ける必要はないとされています。
　会社法では，企業は各会計年度末に財務会計報告書を作成し，法律に従って会計事務所による監査を受けなければならないと規定されています。したがって，内部統制監査，四半期レビュー及びその他の保証業務に関する要請はなく，自らのニーズ及び企業グループの要求に従って実施します。

Ⅱ 財務諸表（計算書類）の法定期限

（1）概説

　日本本社では上場企業における45日以内の適時開示や法人税申告期限があるため，それまでに外部監査人による監査も含めた決算業務は実質的に完了しています。一方で，子会社としては，現地の法定提出期限までに対応できていれば法的に問題なく，日本本社とのスケジュールに相違がみられる場合があります。日本本社からすれば，子会社が現地の法定期限に沿って財務諸表を整備しているだけでは，日本の連結財務諸表の作成期日に間に合わないおそれが生じます。日本本社では，日本の決算スケジュールを事前に共有するとともに，子会社の社内人員だけでなく決算業務の外注先や監査法人など決算作業に関わる外部の関係者にも事前にスケジュールを共有し，日本本社が指定する期日に作業を完遂できるように手配しておくことが望ましいです。
　財務諸表の法定期限は以下のとおりです。

	法定期限	備考
インド	・監査済みの決算書類の承認は株主総会で行われ，開示は株主総会の開催から30日以内とする。 ・株主総会は会計年度末から6ヶ月以内に開催する。	インドの決算月は，原則的に3月末と規定されているため，期限内に株主総会での承認を受けるためには，多くの企業における監査期限は9月末となる。
インドネシア	事業年度終了後6ヶ月以内に株主総会へ提出し承認を受ける。	事業年度終了後4ヶ月以内に税務署へ法人所得税申告を行う。
オーストラリア	・公開会社は年度末から3ヶ月以内	会社法上で求められてなくともATOから財務報告の提出を求め

第3節　会計監査　　317

	法定期限	備考
	● 非上場会社は年度末から4ヶ月以内	られる場合がある（SGEメンバーであるなど）。その場合は，法人税申告期限前が実質的な法定期限となる。
カンボジア	● 会計監査を受ける企業は決算日後6ヶ月以内に監査を終え，決算日後6ヶ月と15日以内にACARに監査済財務諸表を提出する。 ● 会計監査を受けない企業は決算日後3ヶ月以内に財務諸表の作成を終え，決算日後3ヶ月と15日以内にACARに財務諸表を提出する。	● 特に変更を行わない場合12月末決算となる。 ● 年次申告の提出期日は決算日後3ヶ月以内であるため，会計監査を受ける企業であっても修正申告に発展しないよう年次申告提出前には少なくとも監査報告書のドラフトの入手ができるようスケジュールを組むことが望ましい。
シンガポール	● 決算日から6ヶ月以内に定時株主総会（AGM：Annual General Meeting）を開催する。 ● 決算日から7ヶ月以内に決算書を登記する（AR：Annual Return）。	● 支店の場合，支店の監査済決算書及び本店の決算書を本店株主総会開催日から60日以内にACRAに提出することが義務付けられている。提出する本店の決算書は英訳が必要である。 ● AGM開催期限，登記期限ともに延長手数料を支払えば最大60日間の延長が認められる。
タイ	監査済財務諸表を株主総会で承認後1ヶ月以内に提出する。	インターネット「DBD e-Filing」での提出が可能である。
フィリピン	● IRDに対しては，事業年度終了から4ヶ月目の15日（約105日）までに，SECに対しては120日以内に提出することが義務付けられている。 ● PEZAやBOI（p.416参照）など，その他政府機関への報告義務がある企業は，その規定に準拠する。	● SEC：オンラインシステム（eFAST）を通じて監査済財務諸表の提出 ● BIR：直接提出またはシステム（eAFS）を通じての提出も可能

318   第4章　会計及び監査

	法定期限	備考
ベトナム	会計年度末から3ヶ月目の末日	提出期限までに，有限会社であれば出資者（会長もしくは社員総会）により，株式会社であれば株主総会により承認される必要がある。
マレーシア	• 年度末から6ヶ月以内に監査済財務諸表を株主に送付する。 • 株主への送付日から30日以内にCCMに提出する。	• 年次株主総会の開催は非上場会社の場合は任意とされているため，必ずしも株主総会の承認は必要とされておらず，株主への送付が必要と会社法では定められている。 • 法人設立初年度に限り，監査済財務諸表の作成は設立日から18ヶ月以内とされている。
ミャンマー	法定期限はないものの，決算日から3ヶ月後の税務確定申告の期限までに財務諸表を作成し法定監査まで終えることが望ましい。	法人設立初年度に限り，監査済財務諸表の株主への送付は設立日から18ヶ月以内とされている。その後は，毎会計年度に1回以上，年次総会の開催（前回の年次総会から15ヶ月以内）に合わせて提出する必要がある。また，提出する財務諸表の作成日（社内承認日）は株主総会から遡って9ヶ月以内とされている。
韓国	株式会社は事業年度終了後3ヶ月以内に定期株主総会を開催する。	事業年度終了から3ヶ月以内に税務署へ法人所得税申告を，4ヶ月以内に地方所得税申告を行う。
香港	• 決算期は自由に設定できる。決算月に応じて，税務申告期限が設定されている。 • 税務申告には監査済財務諸表添付が必須であるため，税務申告期限に併せて株主総会の承認を受ける実務となっている。	• 会社法上，香港の全ての会社は年次株主総会の開催が必須であり，株主総会で決算書承認が行われる。 • 法人設立初年度に限り，監査済財務諸表の株主総会決議は設立日から18ヶ月以内とされてい

第3節 会計監査　319

	法定期限	備考
		る。
台湾	監査済みの決算書類の承認は事業年度末から6ヶ月以内に開催される株主総会で行われる。	法人税の申告期限は事業年度末から5ヶ月目であるため，実質的に法人税申告までに監査済決算数値の確定が必要である。
中国	上場企業は決算日後4ヶ月以内。非上場会社は明確な期限なし。	非上場会社の会計監査について，決算日後からの明確な期限は設定されていないが，会社法では定時株主総会の20日前までの備置が要求されている。定時株主総会の期限は設定されていない。

　仮に上記の法定期日に違反した場合，子会社（監査を受けた会社の場合，被監査会社と表現します）は罰則を受けるおそれがあります。この罰則は被監査会社だけでなく，被監査会社の取締役個人にも罰則が科されることもあります。日本本社から派遣された日本人が現地に駐在して取締役となっている場合には，現地の滞在許可（ビザ）に影響するおそれもあることから，罰則が自社内の海外担当人材のローテーションに影響するかもしれません。また，現地の国籍保有者や永住権保有者が取締役となっている場合も，昇進ひいては会社への貢献への動機づけが低下するなど，悪影響を及ぼすと考えられるため，事前に対抗策（例：責任限定契約）を講じることが望ましいです。

　法定の監査期限を過ぎた場合に，各国の被監査会社及び取締役に与えられる罰則は以下のとおりです。

	被監査会社に対する罰則	被監査会社の取締役に対する罰則
インド	監査が完了せず，期限内に年次株主総会を開催することができなかった場合，被監査会社の取締役に対し最大INR100Kの罰金が適用される。不履行が継続する場合は，1日当たり最大INR5,000罰金が追加される。	同左

	被監査会社に対する罰則	被監査会社の取締役に対する罰則
インドネシア	法定の監査期限がないため罰則なし。	同左
オーストラリア	ASICへの監査済財務諸表の提出遅延について罰金（1ヶ月までの遅延はAUD96，それ以降はAUD401）が科される。	同左
カンボジア	• ACARへの監査済財務諸表の不提出や遅延に対してはKHR2Mの罰金が科される。 • Sub Decree 079にてその他種々の罰金が示されている。	被監査会社の取締役への罰則の規定はない。
シンガポール	実質的な監査期限であるAGMの期限を超過したことに対する罰則あり。 • AGMとAR提出に対する遅延の場合，3ヶ月以内であればSGD300，3ヶ月超であればSGD600 • その他の遅延の場合，遅延日数に応じてSGD50–350	有罪判決が確定した場合，取締役個人に最大SGD5,000の罰金が科される
タイ	制度上はない。実務上は取締役に科された罰金を会社が負担するのが一般的。	（タイ国内の非上場企業の場合） • 2ヶ月以内の遅延：THB1K • 4ヶ月以内の遅延：THB4K • 6ヶ月超の遅延：THB6K
フィリピン	遅延提出に対する罰金は下記のとおり。 • 初回：通知のみ • 2回目：PHP10Kに加え，1日当たりPHP100の加算 • 3回目：PHP10Kに加え，1日当たりPHP200の加算	被監査会社の代表者や役員個人に対する罰則はない。
ベトナム	VND10〜20Mの範囲内で行政罰が科される。	被監査会社の代表者や役員個人に対する罰則はない。

第3節　会計監査　321

	被監査会社に対する罰則	被監査会社の取締役に対する罰則
マレーシア	実質的な監査期限である監査済財務諸表の株主への送付期限を超過したことに対して罰則あり。 • MYR50K以下の罰金に加え，違反が継続する（監査済財務諸表が提出できない）場合は1日当たりMYR500以下の罰金が追加で科される。	同左
ミャンマー	• 年次株主総会の開催期限を超過した場合，会社法違反による罰則あり。 • 会社及びその取締役その他の者で事情を知って故意に違反を行った者はMMK250Kの罰金を負う。	同左
韓国	• 監査の法定期限超過に対する罰則はない。 • 会社が故意または重大な過失により会計処理基準に違反して財務諸表を作成した場合には，会社は当該違反金額の100分の20を超えない範囲で金融委員会から課徴金を賦課される。	同左
香港	• 法定監査期限は無いが，税務申告にあたり監査報告書添付が必須であるため，実質的に税務申告期限が監査期限となっている。 • 期限を超過した場合には，未納付額の5％の延滞税が発生する。	同左
台湾	実質的な監査期限である株主総会の期限を超過したことに対して，会社及び取締役にTWD10K以上50K以下の罰金が科される。	同左

322　第4章　会計及び監査

	被監査会社に対する罰則	被監査会社の取締役に対する罰則
中国	法定監査期間を超過した場合，被監査会社及びその役員に科される罰則については規定されていない。	同左

（2）国別の留意事項
①　インド
　インドでは，法定監査，税務監査，内部監査に加えて，原価監査（Cost Audit）が存在します。規定分野と非規定分野ごとに，売上高が一定の基準を満たした場合は，原価監査を受ける必要があります。ただし，輸出による売上の割合が総売上の75％超を占める会社や経済特区（Special Economic Zone：SEZ）内にある会社については，原価監査は免除されます。

　原価監査は，インド原価会計士協会（Institute of Cost and Works Accountants of India）が定める監査基準に従い，原価会計士（Cost Accountant）によって行われます。期末日から180日以内の取締役会に原価監査報告書（Form CRA-3）を提出する必要があります。さらに，取締役会提出後から30日以内に所定の書式（Form CRA-4）をインド企業省（MCA：Ministry of Corporate Affairs）に申告する必要があります。なお，原価監査の実施を怠った場合，会社に対してINR25K以上500K以下の罰金を科され，取締役等の役員（officer）に対しては1年以下の懲役または，INR10K以上100K以下の罰金を科されます。

②　インドネシア
　法定の監査期限はありませんが，事業年度の末日から4ヶ月以内に提出する法人所得税申告に監査報告書のコピーを添付する必要があるため，実質的には4ヶ月が期限であるといえます。

③　オーストラリア
　企業の年度末から株主総会（AGM）までの一般的なスケジュールは以下のとおりです。ただし，企業の種類，規模，業界などによって異なる場合があるため，具体的な日程は企業ごとに異なります。

1）年度末（Financial Year-End）：企業の財務年度が終了します。オーストラリアの多くの企業では，6月30日が財務年度末となっています。

2）財務諸表の作成（Preparation of Financial Statements）：年度末から数週間以内に，企業は財務諸表の作成を開始します。

3）監査（Audit）：財務諸表の作成後，外部監査人による監査が行われます。これには数週間から数ヶ月かかることが一般的です。

4）取締役会の承認（Board Approval）：監査が完了した後，取締役会は財務諸表を承認し，株主総会での提出を承認します。

5）株主への通知（Notice to Shareholders）：AGMの日程，場所，議題などを株主に通知します。通知は，AGMの開催日の少なくとも28日前に送られる必要があります。

6）年次報告書の公表（Publication of Annual Report）：年次報告書は，通常，AGMの開催日の少なくとも21日前に株主に提供される必要があります。

7）株主総会（AGM：Annual General Meeting）：AGMは，財務年度末から5ヶ月以内に開催される必要があります（多くの企業では，11月に開催されます）。

8）ASICへの提出（Filing with ASIC）：AGM後，企業はオーストラリア証券投資委員会（ASIC）に財務報告書を提出する必要があります。提出期限は，公開会社は，年度末から3ヶ月以内に，非上場会社は，年度末から4ヶ月以内です。

　なお，法定監査期限は特にありませんが，監査済決算書の提出期限があるため，実質的には原則年度末から4ヶ月以内が法定監査の期限といえます。

④　カンボジア

　会計監査を受けた財務諸表は会計監査規制当局（ACAR：Accounting and Auditing Regulator）に会計年度の終了後6ヶ月と15日まで（12月決算の場合翌7月15日）に提出する義務があるため，これが実質的な法定期限といえます。法定基準に違反した場合には，Sub Decree 079にて種々の罰金が示されています。ACARは比較的新しい運営主体であり，提出の延期を認めておきながら当初の期日を過ぎていると遅延したものとして罰金の通知を発行する，監査を受けているにもかかわらず提出が遅延しただけで監査不実施として罰金を科すと

いった事例もあり得るため，罰金の通知を受けたとしても慌てずに専門家に相談するなど内容を吟味することが望ましいといえます。

⑤　シンガポール

　現地法人の場合，決算期末日から6ヶ月以内に定時株主総会を行う必要があり，定時株主総会で監査済財務諸表が承認されるため，監査は定時株主総会までに完了する必要があります。また，決算期末日から7ヶ月以内に，監査済財務諸表を会計企業規制庁（ACRA）に提出する必要があります。定時株主総会，ACRAへの提出は手数料を支払うことでそれぞれ最長60日の期限延長が認められます。

　支店の場合，本店の株主総会開催日から60日以内に，監査済財務諸表をACRAに提出する必要があります。この際に，本店の英文財務諸表も併せて提出する必要があります。ACRAへの提出は，最長60日の期限延長が認められます。

⑥　タイ

　上場企業の場合は，年度末であれば2ヶ月以内に，四半期であれば45日以内にタイ証券取引所に監査済財務諸表を提出しなければなりません。

　非上場企業の場合は，決算日から4ヶ月以内に定時株主総会を開催し，監査済財務諸表を承認します。その後，1ヶ月以内に商務省事業開発局（MoC DBD）に提出します。また，決算日から原則150日後までに歳入局に提出する法人税確定申告書にも監査済財務諸表を添付する必要があります。

　提出期限を遅延した場合，規定上の罰金は経営の責任を負う取締役（CEO）と会計に責任を有する取締役（CFO）にそれぞれ科されるとされています。両者が同一人物であれば2人分の罰金が科されます。ただし，被監査会社の署名権が1人ではなく2人の共同署名で成り立つ場合，2人双方に罰金を科すことになるため罰金額が2倍になる可能性もあります。この点は法令では明記されておらず，実務としてそのような取扱いもあるという状況です。

　なお，ここで署名権とは，特にJoint Ventureである場合など，Authorized Director（署名権者≒代表取締役）とDirector（平取締役）がいる場合に，Authorized Directorが署名することで会社を代表し拘束する法的効果が生じることを指します。Authorized Directorが2人以上いて，かつ，定款でAuthorized Directorの署名が有効になる共同署名権が設定されている場合は，経営の責任者である取締役（CEO）が当該共同署名権者双方を指すことになり，双方に対してそれぞれ罰金が科されるケースがありえます。

⑦　フィリピン

BIRに対して，事業年度終了から4ヶ月目の15日（約105日）までに，SECに対して120日以内に監査済財務諸表を提出することが義務付けられており，SECへ提出する監査済財務諸表にはBIRの受領判子もしくはオンラインにて提出を行った場合は，BIRからのConfirmationメールを添付する必要があります。

⑧　ベトナム

財務諸表の当局への提出義務と合わせて，会計年度末から3ヶ月目の末日までに実施すべきコンプライアンスは多いです。稀にですが，外資系企業においてもこのような重要な法令を認識しておらず，①過年度の監査も全く受けておらず②財務諸表の提出も過去全く行っていなかった企業があります。その場合，最大VND70M×未対応年度数の行政罰が科され高額の罰金を負うおそれがあります。

⑨　マレーシア

会社法では，決算日から6ヶ月以内に監査済財務諸表を株主に送付し，さらにその送付日から30日以内にCCMに提出することが求められています。つまり，実質的には決算日から7ヶ月以内に監査済財務諸表をCCMに提出する必要があります。

法人設立初年度に限っては監査済財務諸表の作成は設立日から18ヶ月以内とされており，12ヶ月を超える会計年度を設定することも可能です。

⑩　ミャンマー

年次株主総会は会社設立から18ヶ月以内に開催し，その後は毎暦年に少なくとも1回（前回の年次株主総会から15ヶ月以内）開催することが必要です。監査の法定期限超過に対する罰則はありませんが，実質的な期限である年次総会開催に関連して，違反時の罰則が定められています。取締役以外で罰則を負う個人は，会社法上では「会社の全体または本質部分の決定を行いまたは決定に

参画する者，会社の財務に重要な影響を与える立場の者」と表現されており，実質的に取締役に相当する経営幹部が該当すると考えられます。

⑪ 韓国

決算書類の開示スケジュールは下記のとおりです。

	IFRS適用	一般企業会計基準適用
財務諸表	定時株主総会開催後2週間以内	同左
連結財務諸表	定時株主総会開催後2週間以内	事業年度終了後120日以内（前期末資産総額がKRW2T以上の場合は90日以内）

正当な理由なしで法定の監査契約期間内に監査契約を締結しなかった場合には，金融当局の指定した監査人との契約が強制されるとともに，取締役などに3年以下の懲役またはKRW30M以下の罰金が科されるおそれがあります。ただし，期間内に契約未締結であった企業には，金融当局から監査契約及び報告督促の告知書が2回届くため，実際に契約未締結になって罰則を受ける企業はほとんどありません。

⑫ 香港

親会社による早期報告・開示要請が無い場合，監査は税務申告期限に合わせたスケジュールで実施する実務が定着しています。香港では，決算期に併せて，税務申告期限が設定されており，最大で期末日後8ヶ月先まで延長申請が可能です。

⑬ 台湾

決算書類の開示スケジュールは以下のとおりです。

1）決算日：会社による財務諸表の作成，公認会計士による財務諸表の監査
2）取締役会の招集通知の送付（取締役会開催日の3日前までに通知が必要）
3）取締役会での決議，公認会計士による監査済報告書の作成，取締役会議事録の作成及び送付（取締役会での決議から20日以内に送付が必要）
4）法人税の納付及び申告（決算日から5ヶ月目に納付及び申告）

5）株主提案の受理の開始（株主総会開催日の30日前までに受理を開始する
　　必要がある），監察人（監査役）へ書類交付と審査，株主名簿の変更停止
6）株主提案の受理の終了（株主提案の受理の開始から終了までの期間は10
　　日を下回ることはできない）
7）定時株主総会の招集通知の送付（株主総会開催日の20日前までに通知を
　　行う必要がある）
8）株主の閲覧目的のため，取締役会で作成した各種書類や表，ならびに監
　　察人の審査報告書を本店に備え置く（株主総会開催日の10日前までに備え
　　置く必要がある）
9）定時株主総会（決算日から6ヶ月以内に開催及び決議が必要）
定時株主総会議事録の作成及び送付（株主総会での決議から20日以内に送付
が必要）

⑭　中国

　会社は毎会計年度末に財務会計報告書を作成し，法律に従い会計事務所の監
査を受ける必要があります。有限会社は定款に定められた期限に従い，財務会
計報告書を株主に送付しなければなりません。株式会社の財務会計報告書は，
定時株主総会の20日前に株主の閲覧に供され，株式を公開する株式会社は財務
会計報告書を公表する必要があります。
　法定監査期間を超過した場合，被監査会社及びその役員に科される罰則につ
いては規定されていませんが，工商行政機関（市場監督管理局）の年次報告書
及び企業所得税の申告については，明確な報告期間と罰則が定められており，
原則として，年次報告書及び企業所得税申告に記載される財務データは，監査
済財務諸表と一致している必要があります。
　「中華人民共和国市場主体登録管理弁法実施規則」第63条は，市場主体は毎
年1月1日から6月30日まで，国家企業信用情報公開システムを通じて前回の
年次報告書を提出し，公開しなければならないと規定しています。本規則に定
める期限に従って年次報告書を公表しなかった，または商工行政機関が命じる
期限に従って企業に関する情報を公表しなかったなど，継続して3年間義務を
怠った企業については，国務院工商行政管理または省，自治区，人民政府の工
商行政管理機関により重大な違反企業リストに記載され，企業情報開示システ
ムにより一般公表されます。重大な違反企業リストに記載された企業の法定代

328 第4章 会計及び監査

表者または責任者は，３年間は他の企業の法定代表者または責任者になること
ができません。

Ⅲ 連結パッケージ

（1）概説

　日本本社においては連結決算が必要な場合，子会社の決算も適時に行わなけ
ればなりません。日本本社とその子会社の決算日にズレがある場合には，原則
として親会社である日本本社の決算日において子会社の仮決算を行うといった
対応が必要です。そのため，連結決算の際には事前に子会社の決算日を統一し
ておくことが望ましいといえます。子会社の決算が遅れると連結決算も遅れ，
日本本社の法定監査及び株主総会の期日にも影響を及ぼすことから留意が必要
です。

　日本本社が作成する連結財務諸表には原則として全ての子会社の財務諸表が
含まれることから，子会社の財務諸表も監査済みであることが求められます。
連結監査には以下の手続きが含まれます。

---

　① 連結決算処理（子会社の財務数値の合算，内部取引の消去などの連結調整）
　　の検証
　② 子会社の単体財務諸表の監査
　③ 連結財務諸表の注記に必要な各種情報を子会社から収集及び検証

　ここでいう子会社の監査とは，連結パッケージに対する監査を意味すること
が一般的です。連結パッケージとは日本本社が連結決算を行うために子会社が
必要な財務情報を入手した所定のフォーマットを指します。先述した実務対応
報告のとおり，「ここでいう子会社の財務諸表には，所在地国で法的に求めら
れるものや外部に公表されるものに限らず，連結決算手続上利用するために内
部的に作成されたものを含む」ため，連結パッケージとそれに対する監査を
もって，日本本社の連結財務諸表を構成する子会社の財務諸表として利用しま
す。

　日本本社の監査人は子会社の監査人に連結パッケージの監査を依頼します。
当該依頼に関して日本本社の監査人は，子会社の監査人に監査指示書（GAI：
Group Audit Instruction）を送付し，法定監査とは別に当該連結パッケージを
対象とした監査を依頼します。法定監査はあくまでも各国の法規制に基づいて

求められる監査ですが，連結監査の一環としての子会社の監査はあくまでも日本本社の連結決算・監査のために提供する財務情報を監査対象としたものであり，監査の目的が異なるため法定監査とは別に監査が必要です。各国の制度と日本本社の監査人からの依頼の有無によって，子会社においては法定監査と連結パッケージの監査の組み合わせが考えられます。

　子会社は日本本社の決算に合わせて，自社の決算数値その他必要情報を日本本社へ提出しなければなりません。子会社と日本本社の決算日にズレがある場合には余裕を持った対応が可能かもしれませんが，決算日が同一の場合には決算日後2～4週間で決算を完了させ日本本社へ報告しなければならないため，子会社にとっては厳しい日程になると考えられます。連結パッケージの監査の期限は法定監査よりも早く設定されることが多いため，決算を締めた後の監査対応まで含めたスケジュール調整が重要です。

　日本本社からすれば，子会社が現地の法定期限に沿って決算書類を整備しているだけでは，日本の連結財務諸表の作成期日に間に合わないおそれが生じます。日本の決算スケジュールを事前に共有するとともに，子会社の社内人員だけでなく決算作業に関わる外注先にも事前にスケジュールを共有し，日本本社が指定する期日に作業を完遂できるように手配しておくことが望ましいでしょう。

　特に日本本社が上場企業の場合，適時開示のために子会社に連結パッケージ作成を依頼している事例は多いです。IFRSでは原則として全ての子会社が連結対象となるため，子会社の規模が小さく重要性も低い場合であっても，連結パッケージ作成の対象としている事例もあります。また，日本本社の適時開示の時期に応じて四半期及び年次での連結パッケージを提出している子会社が多いですが，グループ全体管理のために，月次で報告事項を簡略化した連結パッケージを作成している会社もあります。連結パッケージを日本語で作成している事例もあるのですが，現地の担当者や外注先が対応できないため，決算作業を円滑に進めるためには少なくとも英語を併記することが必須です。

　日本本社にとって在外子会社からの適切な決算情報を入手するためには，現地との密接なコミュニケーションが不可欠です。特に中間持株会社となっている子会社の場合，傘下の他の子会社の状況も把握する必要があるため，他の地域の子会社と比較して現地とのコミュニケーションの重要性が高いといえます。現地の監査人は現地の社内人員よりも在外子会社の会計処理に精通している場

合も考えられ，綿密なコミュニケーションが子会社の理解に非常に有益です。

在外子会社の外部監査人とコミュニケーションを図る際には，日本本社のグループ監査人がどのような情報を外部監査人から入手する予定であるのかを把握しておくと，円滑なコミュニケーションが期待できます。日本本社とグループ監査人との関係からGAIは共有されませんが，グループ監査人にとってリスクが高いと考えている事項やGAI送付とコミュニケーションリストの回収に係るスケジュールについては，監査計画において確認することも可能です。日本本社はグループ監査人が想定している子会社ごとのリスクを把握したうえで，想定されたスケジュールに間に合うように決算業務を完了できるように子会社を支援する必要があります。

今後さらに親子会社の決算期を統一する流れが出てくると想定されますが，その場合は子会社においてどのように対応していくかを検討する必要が生じると考えられます。

（2）国別の留意事項
① インド

インドの会計期間は一般的に4月1日～3月31日であり，日本本社の会計期間と差異が発生するケースがあります。所定の手続きを踏めば会計期間の変更を実施することも可能ですが，税務年度は4月1日～3月31日で固定されているため，会計期間を変更した場合は，会計上の決算と税務上の決算が別々に発生するため別途の対応が必要です。この対応が煩雑であることから，インド子会社は会計期間を変更せずに連結パッケージを作成することが一般的です。

② インドネシア

決算期は会社が自由に決定することができますが，インドネシア子会社の決算期を12月決算としている会社が多いです。決算期は会社設立時に定款に記載され，変更については定款を変更したうえで税務署へ申請を行い，一定の要件を満たすことで認められます。一定の要件とは，以下の全てを満たすことを指します。
  1）昨年度の法人所得税申告書を提出している。
  2）未払税金がない。
  3）株主等の希望に基づいた申請であり，決算期が変更されない場合には会

社に不都合や損失が生じる。
4）変更申請の提出は今回が初めてであり，今後変更する予定がない。
5）租税回避目的ではない。

③　オーストラリア

オーストラリアでの会計年度は原則7月1日〜6月30日です。日本本社との会計年度を合わせるための申請は可能であり，日系企業は12月末または3月末のどちらかを選択することが多いです。会計年度を変更した場合は，ATOへの変更手続が必要です。

④　カンボジア

カンボジアでは原則として会計期間は暦年であり，決算期末とは12月末を指します。しかし，ACAR及び租税総局に決算期の変更に係る申請を行うことで変更は可能です。

12月決算の場合，10月頃に当年度監査の契約更新がなされます。会計監査のフィールドワークは翌2月または3月末までに1〜2週間程度行われますが，被監査会社の証憑類の提出状況によっては4月以降まで監査手続が完了しないケースも多いです。

⑤　シンガポール

決算期は会社による任意選択が可能です。

資本最上位の親会社（Ultimate Holding Company）が連結財務諸表を作成して公表している場合などを除いて，シンガポール法人が子会社を有している場合には原則としてシンガポール法人は連結財務諸表を作成しなければなりません。シンガポール法人とその子会社の決算期を統一するか，シンガポール法人の決算期に合わせて，その子会社で仮決算を行う必要があります。

⑥　タイ

タイでは会社設立時に決算期末を任意に設定することができますが，多くの会社では12月末を決算日としています。日系企業の場合には親会社に合わせて3月末としているケースもあります。商務省事業開発局及び歳入局への申請により決算期を変更することも可能です。

なお，タイでは毎年４月にタイ正月の連休があるため，３月決算にする場合には決算スケジュールへの影響を検討することが必要です。

⑦　フィリピン

決算期は会社が任意で選択することができます。フィリピンの法定監査期限が事業年度終了から４ヶ月目の15日であることから，日本本社の連結決算のために日本本社よりも３ヶ月前倒しで決算期を設定する場合があります。

⑧　ベトナム

会計年度末は原則12月末ですが，設立時に３月末，６月末，９月末から選択が可能です。設立後も決算期の変更は可能であり，実際に変更した事例も多く存在します。

⑨　マレーシア

会計年度は自由に設定することができるため，親会社と同じ決算日とする場合や，３ヶ月以内の期ズレを前提に決算日を設定することが可能です。親会社が日本の上場会社である場合は，決算・監査スケジュールについて現地の監査法人と事前に相談のうえ，連結決算の報告が間に合うような準備をしておく必要があります。

⑩　ミャンマー

税法が定める課税期間の末日が会計年度末と定められています。会社による任意選択はできません。従来，ミャンマーの全ての会社及び支店の会計年度は４月１日～３月31日でしたが，2019年から2021年にかけて税法の改定により９月決算となった時期がありました。その後，2022年からは再び３月決算に戻っています。近年の決算期は以下のとおりです。
- 2019年３月期（2018年４月～2019年３月）
- 2019年９月期（2019年４月～2019年９月）
- 2020年９月期（2019年10月～2020年９月）
- 2021年９月期（2020年10月～2021年９月）
- 2022年３月期（2021年10月～2022年３月）
- 2023年３月期（2022年４月～2023年３月）

・2024年3月期（2023年4月〜2024年3月）

⑪　韓国

　決算期の選択は自由ですが，慣習的に事業企業（特に上場企業）は12月末を，金融機関（銀行など）は3月末を選択することが一般的です。韓国に進出している日系企業の決算期は様々ですが，親会社の連結決算に合わせるため，12月または3月末を選択しているところが多いです。なお，株主総会の決議及び税務当局への申告手続で決算月を変更することもできます。

⑫　香港

　決算期は会社が任意に選択できます。会社設立後の決算期変更も可能です。選択決算月により税務申告期限が決定するため，親会社決算報告時期に合わせて香港子会社の決算月を決定することが一般的です。

⑬　台湾

　決算期末は原則として12月末を設定しますが，国税局の許可を得た場合には決算期を変更することができます。

⑭　中国

　会計年度は1月1日〜12月31日と定められており，12月末以外の決算期を選択することはできません。

　現地財務諸表が中国語かつ中国の開示基準に基づいて作成されていることから，連結目的で連結パッケージ（英語または日本語科目に組み替えた財務諸表）を作成することがほぼ必須の状況と考えられます。

Ⅳ　監査業務の水準

（1）概説

　日本本社にとっては，単純に連結パッケージの監査を受けているだけで安心できるものではなく，その業務水準についても気になるところです。

　会計及び監査業界においては，Big 4と呼ばれる大手4社（EY：Ernst & Young, PwC：PricewaterhouseCoopers, DTT：Deloitte Touche Tohmatsu, KPMG：KPMG International Limited）の寡占状態にあります。どの国におい

てもBig 4による寡占状態に大差はありません。また，Big 4に次ぐTier 2の準大手数社（BDO：BDO International Limited, RSM：RSM International Limited, GT：Grant Thornton International Ltd）が，他の中小同業他社と比較して優位にある点についても同じです。

　これらの大手または準大手は，通常は全世界で共通した監査マニュアルや監査ツールを利用しており，どの拠点においてもマニュアルに沿った一定水準以上の品質は確保されていると考えられます。また，日系企業向けにJapan Deskと称した常駐の日本人担当者を設定していることも多く，現地の実務について日本語でのコミュニケーションが容易であるという点で，日本本社にとっては大きなメリットがあります。

　会計監査がなかなか完了しないケースも多く，その原因は多岐にわたりますが，被監査会社が監査人に必要書類を提出していない，監査人が伝えている内容が理解できない，監査人の意見形成に納得できない場合など，解決を図るうえでJapan Deskが現地に駐在していることで話がまとまることが多いです。しかしながら，中小同業他社と比較すればやはり報酬水準が高く，コスト面ではデメリットがあるといえます。現地の中小法人を含めると報酬水準は千差万別ですが，現地の中小法人の報酬水準はBig 4の50〜70％が多いように思われます。

　また，監査マニュアルやツールが被監査会社の規模にかかわらず形式的に適用された場合には被監査会社にとって不要な作業時間が生じたと感じる場面もあるかもしれません。さらには，大規模であるがゆえに，常駐する日本人も監査の専門家でない，新型コロナウイルス感染症によりリモート対応が広く浸透したため他国のJapan Deskと兼任している，日本語が話せる現地国籍保有者である場合には，結果的にコミュニケーションが困難になるおそれもあります。いずれにせよ，日本本社にとっては，まずは子会社の監査人が大手または準大手であるかを確認することが，監査業務の水準を知るうえでの第一歩です。

　もし子会社の監査人が中小法人であった場合，まず監査人の品質水準を確認する必要があります。品質水準の高低差も激しく，安い報酬水準のみで監査人を決定した場合に後日になって修正が必要となるケースもあるため注意が必要です。もちろん，中小法人といっても様々であり一概にその品質を断じることはできませんが，現地における歴史や評判，日系企業の顧客数などを中心に，複数の視点から品質を評価する必要があります。

仮に監査人に対して具体的な要求があるならば事前に依頼しておくことが望ましいでしょう。日本本社の監査人であれば当然に実施してくれたことを子会社の監査人が実施してくれるとは限りません。監査計画の説明会が実施されるのか，結果報告を実施してくれるのか，実査や残高確認回収率は共有されるのか，監査差異の内容説明と今後の指導を実施してくれるのか，来期適用予定の会計基準について従業員向けの説明資料は作成できるのかなど，具体的な要求事項については，監査人に事前に依頼したうえで，実施の可否及び付随する報酬について齟齬のないように協議しておくべきです。特に監査計画について事前の説明がなければ，日本本社にとって監査報告書が必要な期限や，決算数値が確定する期限が明確になりませんので，監査スケジュールを協議する機会を設けることは日本本社にとっては必須といえるでしょう。

監査スケジュールにも関係しますが，監査人が財務諸表に対して表明する監査意見について事前に検討しておくことが望ましいです。通常は無限定適正意見（Unqualified Opinion）を受け取ることを期待するものですが，他の意見が付与される場合も起こり得ます。日本本社は表明される監査意見が与える影響を考慮して，それを受け入れるか否かを事前に検討しておく必要があります。

状況によっては，日本本社の監査人と協議のうえで，決算数値のみを事前に確定させて大きな監査差異がないことを確認し，監査意見は後日に入手することも検討すべきでしょう。子会社がグループ全体にとって重要性が乏しいと考えられる場合には，無限定適正意見以外の意見（限定付適正意見（Qualified Opinion），不適正意見（Adverse Opinion），意見不表明（Disclaimer of Opinion））を許容することも柔軟な対応として考えられるかもしれません。そのような場合には，現地の金融機関や取引先との関係を考慮したうえで，当該意見が子会社に与える影響を考慮して，慎重に判断する必要があります。会計監査上の指摘事項が税務上で指摘を受けることもありえますので，注意が必要です。

監査人の業務に不満を感じた場合には，監査人を交代することも選択肢の1つです。日系企業においては，日本本社と同じメンバーファームの現地監査人を子会社の監査人に指名することが多いため，何か不満があるのであれば，監査人を交代する前に日本本社の監査人経由でメンバーファームの現地監査人に伝えることも現状を改善するための一案として有効でしょう。

実際に監査人を交代する場合，監査人の交代は通常は株主総会決議事項であるため，前任監査人の解任と新任監査人の選任について，現地で適切な手続き

を経ることが必要です。前任監査人からの情報提供が乏しくなるおそれも考えられるため，前任監査人とのコミュニケーションを疎かにしないことが重要です。

（2）国別の留意事項

①　インド

　インドの監査プロセスは日本と比較してゆっくりと進行するケースが多いです。そのため，日本本社の決算のための連結パッケージを適時作成したい場合は，期末日以前に監査報酬やスケジュールをすり合わせることが推奨されます。通常の3月決算で監査を行い特段の重要な会計上の修正が無い場合は，6月初旬頃には法定監査を完了し，中旬から株主総会の資料作成や監査結果の最終内容のすり合わせを実施し，7月中に株主総会での監査済財務諸表の承認を得ることが安定的なスケジュールです。

　原則的に，正当な理由なく監査人を任期中に解任することは認められていません。任期中に途中解任する場合は，臨時株主総会の決議を経て，関係当局に申請を行う必要があります。そのため，現行の監査人を解任する際は，当該監査人と協議の上，辞任の形をとってもらうことが推奨されます。監査人が辞任した後は，30日以内に臨時株主総会を開催し，新たに監査人を選任します。

②　インドネシア

　12月決算法人の標準的な監査スケジュールとしては，年度内（10月頃）にキックオフミーティング，12月末に棚卸立会及び実査，1月末から2月中旬までに現場往査を含む監査手続を行います。現場往査は2週間程度，現場往査終了後，1ヶ月程度で監査報告書が監査人より提出されます。

　非上場企業の場合，監査人の変更に関する特段の規定はなく明確なスケジュールはありません。

③　オーストラリア

　被監査会社の決算書提出期限に合わせて監査スケジュールが決定されていることが多いです。12月決算法人の場合，年度内（10月～11月頃）にキックオフミーティングを行い，12月末に棚卸立会及び実査，1月末くらいから2月末にかけて，各種必要書類の提出，決算書の監査，また往査を行います。3月中に

監査をある程度完了し，３月末までに監査後の調整を行います。４月中旬までに調整後の決算書の最終監査を行い，４月末までに監査人により監査報告書が提出され，監査済決算書と監査報告書を当局へ提出します。

④ カンボジア

実務上監査契約は毎年更新されることが多いですが，更新がなされずに監査法人交代となる場合は特に明確なスケジュールはなく後任監査人との監査契約を行います。

⑤ シンガポール

被監査会社の決算書提出期限に合わせて監査スケジュールが決定されていることが多いです。

前任監査人から入手する辞任通知書の日付から14日以内に登記するとともに，辞任通知書の日付から３ヶ月以内に臨時総会を開催して前任監査人を解任します。新任監査人選任は，就任承諾書の日付と同日か後に臨時総会を開催し，臨時総会開催日から14日以内に登記することで選任されます。

⑥ タイ

12月決算の中規模会社を前提にすると，９月～10月に監査計画を策定し，10月～12月に期中監査（省略する場合も多い）を実施，会社の決算スケジュール及び要望に応じて１月～４月にかけて期末監査を実施して，定時株主総会前の３月または４月に監査報告書を発行するのが標準的な監査スケジュールです。ただし，実務上は法人税の確定申告期限（５月末前後）ぎりぎりに監査報告書がバックデートで発行されるケースもあるようです。

監査人は臨時株主総会で選任すればいつでも交代できますが，通常は前期末監査完了後当期の監査契約前に交代します。

⑦ フィリピン

期末日前から監査計画を策定しますが，税務署への提出期限となる決算日より４ヶ月目の15日を経過する日を目標に期限一杯まで監査に時間を要することが多いです。

338　第4章　会計及び監査

⑧　ベトナム

　12月末決算の被監査会社を例にした場合，1）監査契約の締結（11月中），2）監査計画の策定（12月中），3）棚卸立会及び実査の実施（12月末），4）現場往査を含む監査手続の実施（1月〜2月），5）監査結果報告：3月上旬，6）監査報告書の作成及び意見表明：3月中旬，7）監査報告書の発行及び署名：3月末という監査スケジュールです。12月決算の場合，1月末から2月中旬にかけて，旧正月休暇があり，監査人だけでなく，公的機関も含めて1〜2週間ほど業務が進まなくなる期間があります。

　非上場の外資系企業が監査法人を交代する場合には，特に決まったスケジュールはなく，また法律で求められるプロセスもありません。会社によっては取締役会で監査法人の交代を承認する企業もあれば，社長の単独の決定で監査法人を交代させることも可能です。いずれにせよ，監査法人の交代をする場合には，決算日30日前までには新監査法人と契約を完了する必要があります（監査法：法律67/2011/QH12第9条2項）。

　監査法において，決算日より30日前までに監査契約を締結する必要があると記載されていますが，ほとんど遵守されておらず，かつ遵守していない場合の罰金すらほとんど発生しておらず，実態としては形骸化しています。

⑨　マレーシア

　被監査会社の決算書提出期限に合わせて監査スケジュールが決定されていることが多いです。12月決算の中規模会社を前提にすると，9月〜10月に監査計画を策定し，10月〜12月に期中監査（省略する場合も多い）を実施，会社の決算スケジュール及び要望に応じて1月〜4月にかけて期末監査を遂行したうえで，早い会社であれば期末から2週間程度で監査報告書のドラフトを発行，特に期限のない会社については5月または6月に監査報告書を発行する監査スケジュールです。

⑩　ミャンマー

　3月決算を前提とした場合の理想的な監査スケジュールとしては，監査契約の締結，監査スケジュールの検討・策定（1月〜3月），実査・立会（期末日前後），往査を含む期末監査手続の実施（4月下旬〜6月上旬），監査結果の報告（6月上旬〜中旬），監査意見表明と監査報告書発行（6月中旬），署名手続

（6月下旬）と進んでいきます。

期末日から3ヶ月以内が税務申告期限であるものの，監査実施の法定期限は定められていないため，実際には，申告期限後の7月以降に監査が実施されることも少なくありません。その場合，監査実施前の決算数値をもとに税務申告書を期限内に提出し，監査を経て決算数値が変更になった場合は修正申告書を提出します。

監査人の交代に関して，特に決まったスケジュールはなく，毎年度の年次株主総会で決算承認と次年度の監査人選任が行われます。交代が決まれば後任監査人から前任監査人への引継ぎ依頼が行われますが，実際には，Big 4などの一部の監査法人以外は適切な引継ぎが実施されていないのが実情です。

⑪　韓国

一般的な法定監査の場合には，監査契約，監査計画，内部統制監査，棚卸実査，銀行確認状の照会，期末監査，監査意見の表明，監査報告書の電子開示（株主総会から2週間以内）の手順で進められます。

毎年決算日から45日以内に監査契約を締結する必要があるため，12月決算企業は遅くても翌年の2月初旬まで，3月決算企業は5月初旬までには新任監査人との契約準備をし，当該新任監査人は前任監査人とコミュニケーションし，新年度の期首残高の確認について方針を決める必要があります。

⑫　香港

日本本社による早期報告・開示要請が無い場合，香港の監査スケジュールは税務申告期限に合わせて実施する実務が定着しています。香港では，決算期に合わせて，税務申告期限が設定されており，最大で期末日後8ヶ月先まで延長申請が可能です。ただし，8ヶ月も経過してしまうと，前年1年分の取引状況等を振り返ることに時間を取られる可能性も高いため，早期に会計監査を受けることが望ましいです。

上場企業の香港子会社の場合，日本本社の開示スケジュールに合わせて，香港の監査スケジュールを事前に設定し監査人と協議することが一般的です。一方，非上場企業の香港子会社の場合は，営業や日常業務優先となってしまうことがあります。監査人もアサイン等が必要となるため，その観点からも早期に会計監査を受けることが賢明です。

340　第４章　会計及び監査

　日系企業の場合は，開示要請から四半期ごとの連結パッケージが追加で必要となるケース，管理会計上は月次報告が必要となることも多々ありますので，管理実態に合わせて監査・税務申告スケジュールを管理していく必要があります。

　会計監査人は原則年次株主総会により選任され，任期は次の年次株主総会までです。年次株主総会で会計監査人を選任しなかった場合，株主は裁判所に申請して会計監査人を選任することができます。会計監査人を変更する場合，会社は株主総会の普通決議を経て，現任監査人に変更通知を行い，当該普通決議日から15日以内に会社登記所（CR：Companies Registry）へ監査人解任通知書を届け出る必要があります。一方で，現任監査人が何らかの理由で辞任する場合，現任監査人は会社へ辞任通知を提出する必要があり，会社は当該辞任通知を受理してから原則15日以内に監査人辞任通知書をCRへ届け出なければなりません。同時に，取締役会において新任監査人を選任することを承認します。さらに，現任監査人の解任もしくは辞任に際し，監査人として当該解任もしくは辞任に関係する会社の株主及び債権者に周知すべき現況陳述があれば陳述書を会社へ送付し，その受領日から７日以内にCRへ現況陳述書の写しを提出しなければなりません。

⑬　台湾

　日本本社による早期報告・開示要請が無い場合，台湾の監査スケジュールは税務申告期限に合わせて実施する実務が定着しており，決算期末から５ヶ月目の法人税申告期限までに監査を終了させるのが一般的なスケジュールとなります。上場企業の台湾子会社の場合，日本本社の開示スケジュールに合わせて，台湾の監査スケジュールを事前に設定し監査人と協議することが一般的です。

　台湾子会社の決算期末が一般的な12月である場合，日本本社の開示スケジュールに合わせると１月〜２月に監査手続を行うことになりますが，毎年１月中旬〜２月中旬には１週間程度の春節休暇が挟まれることとなり，スケジュールがタイトになりがちです。本社が要望するスケジュール通りに監査を進めるには監査人も事前にアサイン等を含めた監査計画の策定が必要となるため，なるべく早めに監査人と協議のうえ，監査スケジュールについて合意しておくことが望ましいです。

　台湾における非上場企業の場合，監査人の変更に関する特段の規定はなく，

変更に関する明確なスケジュールはありませんが，後任監査人は前任監査人と
コミュニケーションのうえ，新年度の期首残高の確認等について方針を決めて
いきます。

⑭　中国

　一般的な監査スケジュールは大まかに以下のとおりです。日系企業において
は連結決算の要請もあり，監査報告書の発行が3月頃となるのが一般的です。

項目	主な業務	実施時期
監査計画	年間監査計画の策定	7月〜12月
同上	監査作業計画の策定	7月〜12月
監査実施	期中往査	7月〜12月
同上	期末往査	1月〜3月
監査報告	監査報告書作成	4月
同上	業務審査	4月〜5月
同上	監査報告書の発行	税務申告時まで（5月31日）

342　第4章　会計及び監査

第4節　現地の会計システム

Ⅰ　概説

　会計業務の自動化が進み会計システムに企業情報の多くが保管されている現在においては，海外子会社の財政状態を確認するためには子会社が採用する会計システムを理解することが重要です。

　子会社がどのような会計システムを利用しているかは，以下の4つに大別されます。

> ①　SAP，Oracleなど全世界のグループ会社が共通利用するERPを設定している。

　全世界に子会社を展開する国際的な大規模法人であれば，SAPやOracleなどのERPを各国の子会社に対しても一律に適用していることがあります。日本本社で操作マニュアルを作成のうえ子会社に向けた説明会も実施していることも珍しくありません。日本本社と同じ会計システムを利用しているという点で，その理解も容易です。

> ②　子会社の状況に応じて，Xero，MYOB，QuickBooks，Peachtreeなど世界展開している汎用ソフトを使い分けている。

　子会社の規模を考慮すれば，上述した大規模法人のようなシステム投資を実行することが現実的ではない場合も多いです。一方で，業務処理の自動化が進むなかで，必要な機能を備えたうえで世界展開している汎用ソフトを利用する企業も増えています。総じて，中小法人の場合には，このタイプが最も多いと考えられます。

> ③　世界展開していないが現地で広く認知されている汎用ソフトを利用している。

　特に頻繁に法改正が行われる国や，税務申告において特定の電子様式がある国においては，そのような状況にカスタマイズされた現地の汎用ソフトを利用している場合があります。このタイプも中小法人に多く存在します。また，税務についてのみこのようなソフトを利用している企業もあります。

第4節　現地の会計システム　343

> ④　そもそも会計ソフトを利用せず，Excelなど他のソフトウェアで管理している。

　設立初期や休眠中など，活動が活発でない子会社の場合には，会計ソフトを利用せず他のソフトウェアで簡易に管理していることがあります。

　上記のいずれの場合であろうと，具体的にどの会計システムが良い／悪いというのではなく，子会社の実情に照らしたうえで，a）日本本社が子会社の財政状態を理解すること，b）子会社が支障なく通常業務を遂行することを可能とするに十分な会計システムを採用かつ運用することが重要です。これらを両立するためには，以下の4点に対応できているかという視点から会計システムを検討することが望ましいです。

（1）多言語
　現地の言語のみならず，実質的な世界共通言語である英語，日本本社が閲覧する日本語の3つの言語に対応できることが理想です。少なくとも英語での会計業務（記帳）の実施と会計情報の保管を進めなければ，日本本社からは容易には理解できない情報が蓄積されてしまう点で注意が必要です。一方で，会計情報の根拠となる証憑は現地語で作成されていることもありますので，日本本社としても最低限の現地語の知識を備えるか，子会社の従業員に英語もしくは日本語に堪能な人材を確保するなどの措置を講じることも必要です。

（2）複数通貨と為替相場
　子会社によっては多国間での取引を行うこともあります。その場合，日常の業務処理には現地通貨，他国の取引先とは貿易決済通貨である米国ドル，日本本社との取引は日本円など，取引によって決済通貨が異なります。機能通貨及び表示通貨をどのように設定するかを問わず，期末時点での為替差損益を適切に把握するためにも，取引の際に利用した通貨，取引時の為替相場，期末時点での為替相場を記録できる会計システムが必要です。

（3）他拠点からの閲覧
　子会社によっては，法定の財務諸表（計算書類）提出期日が日本よりも遅い

344 第4章 会計及び監査

ために決算処理が日本の実務よりも遅れ，日本本社に必要な会計情報が提出される時期が遅くなることがあり得ます。子会社の財政状態をより適時に把握して適切な意思決定を行うためにも，不正の兆候を把握して事前に対応を検討するためにも，日本本社や中間持株会社など他の拠点からも会計情報を閲覧できるシステムであることが望ましいでしょう。特に新型コロナウイルス感染症以降においてオンラインシステムの利用が増加しており，場所を問わずアクセスできる環境（機能）を備えていることは会計システムとしては必須の要件ともいえます。

（4）税務対応

　国によっては，頻繁に税制が改正されるまたは税務申告上の様式が変更されることがあります。または，税務申告のみ専用のオンラインシステムを導入していることもあり，税務のために別途対応する必要が生じる場合もあり得ます。日本本社は会計システムに加えて税務のために別のシステムを導入するか，税務対応も可能な会計システムを採用するかを検討する必要があります。

Ⅱ 国別の留意事項

（1）インド

　Tallyと呼ばれるインド現地の会計システムが使用されています。Tallyは，（1）勘定コードが設定できない，（2）勘定科目を自由に追加できる，（3）作成される試算表が特殊である，などインド特有のシステムです。

　設立当初はTallyを使用し，事業規模の拡大に伴う財務報告の複雑化に対応するために，他の会計システムに変更することを検討する企業が多いです。特にTallyには，（1）工場の生産管理機能が備わっていない，（2）複数元帳アプローチを用いた複数会計基準によるレポーティング機能がないことから，工場を新設した場合や，内部統制をより強固にしたい場合には，新たな会計システムへの移行を検討することが多いです。

（2）インドネシア

　主に使用するシステムはMYOB，Accurate，Xeroであり，これらに加えSAP（ERP System），Oracle（ERP System），Jurnal，Zahir等も使用されます。

（3）オーストラリア

給与と年金の情報を支払いする際にATOへ報告するSTP（Single Touch Payroll）Systemがあります。従業員を雇用している企業はSTPのシステムがある会計システムを導入することで一元管理が可能です。

（4）カンボジア

一般的にQuickBooksが利用されることが多いです。

会計システムを英語でのみ使用している企業はその旨を通知するレターをACARに提出する必要があります。この提出はACARの電子申告システムを通じて行う必要がありますが，ACARのWebサイトを通じて行うことが可能です。

（5）シンガポール

税務当局（IRAS：Inland Revenue Authority of Singapore）は納税手続の電子化を進めるために，ソフトウェア開発業者と提携してソフトウェアのリストを開示しています。MYOB，Xero，QuickBooksなどがよく利用されています。

（6）タイ

会社の規模や方針に応じて日本や他国でも利用されている各種会計ソフトやERPを利用していることが一般的です。小規模企業の場合，Expressと呼ばれる廉価な会計ソフトを利用していることがあります。

（7）フィリピン

英語で通常業務を行うことが多いため，QuickBooksやXero等の英語圏発祥の会計システムを用いるケースが大半です。領収書，請求書を電子的に発行できるようにするため，会計システム自体を税務署に登録することも可能です。

（8）ベトナム

FAST Accounting（ファスト）及びMISA（ミザ）の2つの会計ソフトが，当地における会計ソフト界のトップシェアを占めています。いずれも，使用できる機能範囲にもよりますが，オンプレミス型であれば約JPY100K，クラウド型であれば約JPY1K〜/月と，コストも低い点が選ばれている理由でもあ

ります。

　現状，ベトナム国外の会計ソフトやシステムを使用しているケースは多くあ
りません。というのも，国外の会計ソフトでは，当地における会計基準への適
合性が不十分であったり，当地の税務申告に係る特定の書式への互換性が不十
分であったり等，現地に特有な事情への対応に課題があるためです。一部の海
外の会計ソフトはベトナム市場にも導入されていますが，当地で起こる度重な
る税制改正に対して，迅速にソフトの機能を更新していくことに関しては地場
のソフトウェア会社と比べると課題があります。

　現地の中小企業では，会計ソフトを使用せずにExcelでの簡易的な記帳や経
理を行っていることも多く，データの保全管理や正確な税務計算に支障が出て
いる事例もあります。

　また，法令で規定された勘定コード及び勘定科目を用いて記帳を行ったうえ
で，決算書類（財務諸表）の表示科目も法令で規定された開示コード及び開示
科目を用いる必要がある点に留意が必要です。

（9）マレーシア

　現地の汎用ソフトやグローバルに展開しているソフト（Xero，MYOB，
QuickBooks）を使用しているケースが多いですが，マレーシア国税当局は
2024年8月から段階的に電子インボイス（e-Invoice）制度を導入予定しており，
今後はe-Invoice対応の会計ソフトを使用することが求められる流れになってい
くものと考えられます。

（10）ミャンマー

　自社では最低限の経理業務（現金出納帳の作成，会計証憑等の整理）のみを
行い記帳業務を外部会計事務所に委託している会社が多いです。会計事務所に
委託せずに内製化する場合であっても日本の親会社のERPを導入しているケー
スは少なく，Xero，MYOB，QuickBooks，Peachtreeなどの汎用ソフトを使
用するか，会計ソフトを使用せずにExcelでの管理を選択します。

　そもそもミャンマーに派遣する駐在員は1〜2人あるいは駐在員を派遣しな
い会社が多く，経理部門から駐在員を派遣することは非常に珍しいです。その
ため経理業務を内製化するには現地で経理人材を採用する必要がありますが，
優秀な会計人材が多くないことが1つのハードルになっており，内製化の可否

第4節　現地の会計システム　　347

は慎重に判断する必要があります。

(11) 韓国

　中小企業では主にDOUZONE社の会計システムが利用されています。同社のサービスラインとして，WEHAGO（Webベースの会計システム）とiCube（ERP）があります。DOUZONEは現地企業向けに構築されたシステムであるため，多言語対応や海外からの閲覧は想定されていませんが，課税当局への電子申告向けに開発・アップデートされているため，韓国の税務申告体制に迅速かつ的確に対応しています。DOUZONEを利用している会社の場合，連結パッケージを作成するにはいったんExcelにデータを落とし込む必要があります。

(12) 香港

　中小企業向けの会計システムとして，アジア地域で広く利用されているMYOBやXeroが利用されていることが多いです。請求書管理や銀行取引管理，給与管理等と併せて，クラウド上で一元管理できる機能を活用されている例も多くあります。

(13) 台湾

　中小企業向けのERPとしては文中，鼎新，正航等がよく利用されています。また，クラウド会計ソフトである，NexTrekも小規模のスタートアップでの利用が増えてきています。難点として，台湾の会計ソフトは中国語でのインターフェイスが中心であり，責任者として赴任されている駐在員がそのまま使用する，あるいは日本本社の経理部門が代わりに入力を行う，といった対応が難しいことが挙げられます。

　進出直後の台湾子会社において会計システムを使いこなせる経理担当者を確保することは難しく，記帳代行業務を会計事務所に委託することを選択される会社も散見されます。

(14) 中国

　国内企業で最も使用されている主要な会計ソフトウェアブランドは金蝶または用友です。同じソフトウェアブランドであっても企業の規模や機能要件に応じて異なるバージョンが発売されており，金蝶にはKIS Flagship Edition，KIS

Professional Edition，KIS Business Edition，KIS Standard Edition，KIS Mini Editionがあり，用友には，中小企業向けのT1，中小企業の財務管理向けのT3，成長産業企業向けのT6，中堅・大企業向けのU8，インターネットERP管理向けのT+があります。

　なお，外資系企業の子会社が親会社の指定する会計ソフトを使用する場合，そのソフトも「企業会計情報化実施規範」の要件を満たさなければなりません。企業が要件を満たさない会計ソフトを使用している場合，財務局は一定期間内に修正するよう企業に命じることができます。

第5節　バックオフィス業務

I　概説

　決算を行う場合には，自社で経理・総務などのバックオフィスを有しているか，あるいは経理業務を外注しているかにかかわらず，事前の決算準備が必要です。日本本社からの指示，監査の法定期限と決算締めに必要な時間を見積り，決算日から遅くとも2～3週間以上前に決算スケジュールを立てることから，決算の準備は始まります。

　いったんスケジュールが決まると，顧客への出荷スケジュールや請求書発行を期限内に終えるよう社内関連部署に通達して必要文書を所定の日までに入手するように周知するとともに，経理部との打ち合わせによって各部署で周知すべき内容を明確化することが望まれます。また，決算日前後のみに限られないものの，入手した書類は経理処理や監査でも必要となるので，後日に参照しやすい形で整理・保管しておくことも重要です。

　初めて決算を行う場合やこれまで外注していた経理業務を内製化する場合，さらにはこれまでになかった新たな取引や会計処理を行う場合などは，決算が期日どおりかつ正確に行われるよう，経理部と事業部門との協議や決算進捗の管理，外注先との事前打ち合わせ，会計監査人との事前協議，場合によっては本社経理部門からの支援など事前に対策を行っておくことが重要です。

　当然ながら国によって状況は異なりますが，総じて東南アジアにおいては，経理や総務などバックオフィス業務に従事するのは男性よりも女性が多いです。特に兵役がある国（シンガポール，台湾，韓国）においては，女性と比較して男性は事業会社で働く機会が遅くなるため，実務経験が重視されるバックオフィス業務においては，従業員に占める女性比率が高くなる傾向があります。また，他の部門と比較して，社内で業務が完結する，在宅での対応が可能であるという点においても，女性に好まれる業務であると考えられます。

　バックオフィス業務に従事する人員の給与水準は他の部門と比較して低いこともありますが，責任ある地位であれば相応の給与水準が求められます。十分な実務経験・現地での経理関連資格・多言語対応などの技能を備えた人員であれば，相応の給与を支払わなければ確保できないのが実態です。日本と異なり

転職に抵抗がないため，より給与水準の高い他社へ移ることも珍しくありません。日本のように新卒一括採用を実施しているわけではなく，終身雇用という価値観に乏しいことに加えて，1つの会社に長く留まるよりは転職により地位と給与水準を上げていく考えが主流であることからも，従業員が長く定着するとは期待しないほうが良いでしょう。一方で，日系企業においては企業文化として長期間勤務することを推奨していることもあり得ますので，応募者と企業の考え方に差異がないように事前に意思疎通を図ることが非常に重要です。優秀な人材を確保するために，給与水準だけでなく福利厚生など様々な動機づけを設定することも検討対象となるでしょう。

それだけ採用に苦労しながらも，いざ採用すると期待していたほどの業務水準ではなかったということもあり得ます。もちろん，言語対応やIT技術など教育水準が高い国においては非常に優秀な人員を採用できる場合もありますが，東南アジアゆえの大らかな国民性もあって期限遵守や作業品質向上に対する意識が足りないこともあり得ます。特に法人設立の初期段階においては，完全に業務を任せることは難しく，現地の日本人経営者層や日本本社からの定期的な検証が必要不可欠です。現地とのコミュニケーション不足により必要な財務データ等の監視ができていない状況を防ぐためにも，企業は平時より以下の事項を実施しておくことが望ましいでしょう。

---

① 子会社からのレポートを定期的に入手して定点観測を実施する。
② 子会社からのレポートに企業グループ全体にとってのKPIを含める。
③ 異常値分析を実施する（例：一人当たりの財務指標，事業用資産の回転期間分析，滞留在庫，得意先別の回収遅延債権，キャッシュ・フロー推移など）。
④ レポートの分析結果については必ず現地担当者にフィードバックを行い，信頼関係の構築に役立てる。
⑤ 海外子会社の会計システムにアクセスできる権限を確保する。
⑥ 内部通報窓口を設置する。

子会社での人材確保が難しいことを考慮すれば，バックオフィス業務を外注することも検討すべきでしょう。会社及び外注先の規模にも依存しますが，実質的にはバックオフィス業務全般を外注するということもあり得ます。記帳業務や税務申告などのほか，財務諸表の調製業務を実施する役割分担については明確にしておくことで，子会社と日本本社にとって必要な業務に人的資源を集

中することができます。外注先を選定する場合に備えて，海外子会社のバックオフィス業務をどこまで外注するか／内製するかを平時より検討しておくことが望ましいでしょう。検討の際には，以下の事項に留意する必要があります。

---

① 突然の資料要請に対しても適宜に対応できているか。
② 自社特有の事情を共有/考慮するなど，社内でのコミュニケーションに支障はないか。
③ 最新の会計基準や現地での法令などを確認するなど，専門的能力に問題はないか。
④ 自社にとってのKPIなど重要事項について，どこまで社外に開示できるか。
⑤ コスト（外注費，人件費）に見合う働きであるか。

Ⅱ 国別の留意事項

（1）インド

　経理職は専門性を有する高度人材として認識されています。総務職は会社の円滑な運営のため必要なコーポレート部門として扱われます。インドは広大な国家であるため，地域や産業によって状況は異なりますが，性別を問わず経理及び総務職に従事しています。

　記帳代行等を会計事務所に委託することは一般的です。業務品質は大手業者であれば基本的な水準は満たしていますが，無数にある現地の会計事務所の品質は千差万別です。インドの会計事務所におけるスタッフは現地の会計士試験受験前であることが大半であり，専門知識等に詳しくない場合も多いです。

　雇用の流動性が高く，優秀な人材は，キャリアアップを目的に転職を行う傾向にあります。また，インドにおける年間の賃金上昇率は平均約10％であり，雇用主は現地スタッフの離職を防止するため，毎年度の給与の算定に際しては経済及び産業別の賃金動向を参照し，決定する必要があります。

（2）インドネシア

　バックオフィス業務で募集を行うと，通常500〜700人の応募があります。しかしながら，応募者に専門性や業務への適性を求めると，該当するのはかなり少数です。特に，会計税務の有資格者はほぼ見つかりません。

（3）オーストラリア

　経理・総務となると女性が多いイメージですが，女性だけではなく男性もいます。キャリア重視の方は経理・総務から抜け出すために会計士資格を取ります。オーストラリア人は日本人と比べ自身の権利の主張が強い傾向があり，一般的に同じ会社に長期で雇用をされることはせずに数年ごとにより良い給与，キャリアアップを目指して転職することが一般的です。

（4）カンボジア

　国民性としては目上の人を敬い礼儀正しく素直な性格で温厚です。通常業務において指示された業務は真面目にこなそうとする人材が多いですが，論理性に欠けることも多く正しい問題解決の道筋を立てられる人材という観点でみると少ないかもしれません。

　カンボジアに進出する日系企業で本社経理財務部の方が子会社に着任するケースはそれほど多くなく，会計税務を担える現地スタッフの雇用についてもジョブホッピングの多い国ということもあり不安定になりやすいことから，会計事務所に会計記帳や税務申告業務を外注する企業が多いです。プノンペンでのバックオフィス業務従事者の賃金が平均的な賃金相場よりも高い傾向にあり，特に会計人材については適切な会計知識を有する人材の不足により人件費が高止まりしています。

（5）シンガポール

　教育水準の高さや言語対応能力の高さなどを背景に，他国に比較しても現地スタッフの業務品質は高いです。優秀な人材を高い給与で採用しても優秀であるがゆえ，他社からさらに高い給与で引き抜かれることもあります。

　他方，試用期間（原則3ヶ月程度）を終了し能力や性格等が見合わなかった場合は正規雇用されないことも珍しくありません。

（6）タイ

　日本と比べると，一つの企業に長く勤めて昇進していくというより転職によりポジション及び給与を上げていく傾向があるため，特に20歳代・30歳代のスタッフの離職率は高めです。一方で，労働法上の定年退職金（勤続年数により支給月数が増加）の受給が近くなる40歳代くらいになると離職率が低くなって

きます。

　タイの会計法では，会計に責任を有する取締役と当該取締役の下で会計実務を担当するAccountant/Bookkeeperがおり，Accountant/Bookkeeperは会計税務責任者資格（CPD）を備えなければならないと規定されています。しかしながら，小規模会社を除き，通常の会社には管理職のAccounting/Finance Managerとその部下のAccountantがいるというのが実態です。そのため，会計法上のCPD資格が求められるAccountant/Bookkeeperは実際の会社組織では（Accountantではなく）Accounting/Finance Managerにあたります。一般に「経理責任者はCPD資格者でなければならない」と表現されることが多いのですが，ここでいう経理責任者は会計に責任を有する取締役ではなく経理マネジャー職が該当します。

　CPDは登録する必要があり，法人税申告書にも当該責任者の氏名とCPD登録番号を記載します。自社従業員にそのような人材がいない場合は外部会計事務所にアウトソースする必要があります。

　CPDに求められる要件は以下のとおりです。

会社の種類	要件
全ての会社	・タイ国内に居住している。 ・タイ語の能力を有すること。 ・会社法による禁錮刑の最終判決を受けたことがない。 ・Federation of Accounting Professions（タイ会計職業連盟）へ登録している。
登録資本がTHB5M以下で，総資産または収益がTHB30M以下の会社	職業校または短大で会計に関する学科を終了している。
公開株式会社，外国法人，税法上の共同事業体，銀行，金融業，証券，保険業，BOI認可企業	会計を専攻した学士以上の学位を有する。

（7）フィリピン

　一部の優秀な人材を除き一般的にはのんびりとした性格で期限に対する遵守意識は高くありません。作業内容にミスが多く注意が必要です。

（8）ベトナム

急速な経済発展に伴いどんどん外資企業も進出しており，求人市場が拡大し雇用機会も増大していますので，自社の中での出世だけでなく好条件の会社にキャリアチェンジする傾向にあります。また，個人の専門性を強めたり，専門分野でない分野へもチャレンジしたりする自己成長意欲が高い国民が多く，いろいろな会社での就業経験を積むことを重視している人も多いです。

（9）マレーシア

1つの企業に長く勤めて昇進していくというより，転職によりポジションを上げていく文化があるため，一般的にはスタッフの定着率は高くありません。

（10）ミャンマー

ミャンマー人は全体的に勤勉で日本と非常に似ており，一定水準以上の教育課程を経ていれば英語能力も他の東南アジア諸国と比べると高いといえます。一方，指示を与えられた業務は真面目に取り組むことができますが，指示された以上のことを主体的に行う思考や関連業務への応用力は高くありません。

（11）韓国

業務品質は日本と遜色なく，むしろ個々のパソコンスキルやITへの対応は日本より進んでいます。スペック採用を重視している会社が多い，スキルを活かして自営業比率が高いなどの特徴があります。

（12）香港

英語と中国語が公用語となっておりバイリンガルが一般的です。教育水準は高く，電子マネー等デジタル化環境も日本と比して進んでいることから，ITスキルの高い人材も豊富です。転職により，キャリアアップや給与アップを志向することが多く，優秀な人材確保・定着は，会社経営課題になりやすい環境といえます。

（13）台湾

真面目な国民性やアジア諸国と比較しても日本語能力が高い人材が多いという特徴はあります。バックオフィス業務を担う人材として，優秀かつ高い日本

語能力を有している方は非常に人気が高く，採用市場でも常に不足しているのが現状であるため，ある程度のコスト高となるのを承知で，好待遇で自社が求める人材を確保する会社も散見されます。

　また，転職によるステップアップを図るという考え方が一般的であり，バックオフィス業務の担当者であっても，急な転職を決定した結果，バックオフィス業務を担当する人材が不足するという事態は往々にして発生します。担当者の転職によるバックオフィス業務の対応遅延といった状況を避ける目的から，全てのバックオフィス業務を外注する，というケースも実務上ではよく見受けられます。

(14) 中国

　一般的にはまじめな国民性といえますが，一方で日本のようなメンバーシップ型の雇用慣習が無く，各人の業務範囲が明確に区切られていることから，日系企業内に見られるような「上司が言わなくても自ら業務範囲を広げる，気を利かせて周囲を手伝う，自分からできる仕事を探しにいく」という姿勢はほとんどないと考えられます。中国の先進都市，特に沿岸部では，現状に満足できなかったり，様々な面で継続的に能力を向上させたいと考えたりする若者たちが転職を重ね（概ね2～5年程度に1回），ステップアップを目指すのが一般的です。

第5章

税　務

第1節　総　論

　2010年代にアジア諸国への日系企業進出が加速したことに伴って，現地の税制や企業法に詳しい専門家や専門的な書籍等に対するニーズが大幅に増えました。それに応えるかたちで，日系の会計事務所，弁護士事務所，コンサルティング企業等のアジアでの活躍も目立つようになり，企業としての選択肢も増えました。また，各専門家が書籍やWebサイト等で日系企業向けに日本語で発信する情報量もここ10年で格段に増えており，現地税務情報の入手容易性という観点から見ても，事業環境は整ってきているといえます。

　本書では，紙面の都合上，各国の詳細な税法の解説は他に譲ることとし，日系企業の日本本社担当者が海外子会社を管理するにあたって，留意すべき事項という観点で執筆しています。例えば，現地で行うべき申告納付等のスケジュールの確認，一般的な源泉税の取扱いや国ごとの管理上の注意点といった典型的な取扱いを国ごとにまとめて確認できることを目的としています。

　これまで現地会計事務所等に任せっきりで現地税務実務の全体像が見えていなかったという本社管理部門の担当者の方が，本書を読んでいただくことで，これまで検討できていなかった典型的な論点を洗い出して現地会計事務所に問い合わせることや，申告納付のスケジュール管理や納税資金管理等を積極的に現地に働きかけるといった用途になればと思います。

　上記の観点から，本章においては，海外子会社を管理するうえで，主に日本本社の担当者が税務上の論点を網羅的に確認できるように，以下のとおり解説をしていきます。

		タイトル	内容
第1節	総論		
	Ⅰ	本社によるグローバルタックスマネジメントの重要性	グローバルタックスマネジメントについての現状
	Ⅱ	日本本社から海外子会社へのアプローチ	日本本社側でのアプローチのポイント
	Ⅲ	日本本社の税務担当者が確認すべき論点	具体的な確認項目とその説明
第2節	各国税制の概要		
	Ⅰ	概要	
	Ⅱ	現地における参考情報	現地の税務当局サイトとその他の税務情報リソース
	Ⅲ	税制改正	国別の税制改正時期と状況
	Ⅳ	税務調査	国別の税務調査の状況と調査プロセス
第3節	法人税		
	Ⅰ	概要	
	Ⅱ	申告納付	申告納付に関するポイントと国別の留意点
	Ⅲ	優遇税制	優遇税制のポイントと国別の留意点
	Ⅳ	実務上頻出の税務調整項目	具体的な税務調整項目と国別の取扱い及び留意点
	Ⅴ	PE認定	PE認定の概要と国別の留意点
	Ⅵ	移転価格税制	移転価格に関するポイントと国別の文書化に関する留意点
第4節	源泉税		
	Ⅰ	概要	
	Ⅱ	各国の源泉徴収税率	国別の国内払・国外払における源泉税率とその説明
	Ⅲ	申告納付	国別の申告納付時期と留意点
	Ⅳ	租税条約の手続き	
第5節	付加価値税		
	Ⅰ	概要	概要と国別の留意点
	Ⅱ	申告納付	国別の申告納付時期と留意点
	Ⅲ	インボイス制度	国別のインボイス制度の導入状況
	Ⅳ	輸出免税	国別の輸出免税制度と留意点
	Ⅴ	サービス輸入（デジタルサービス）	国別のデジタルサービスに関する制度情報

	個人所得税	
第6節	I 概要	
	II 申告納付	国別の申告納付時期と留意点
	III 給与の源泉税等に係る雇用主の義務	国別の取扱いと留意点
	IV 居住者判定	国別の居住者認定基準と留意点
	V 現物給与の範囲	国別の現物給与の具体例と留意点
	VI 非居住者である取締役・従業員への報酬・給与の取扱い	国別の取扱いと留意点

I 本社によるグローバルタックスマネジメントの重要性

　近年，グローバルタックスマネージメントの重要性が一段と高まってきているといわれます。グローバルタックスマネジメントの説明としては，国際的に事業展開をする企業が，異なる国々の税制，BEPS（Base Erosion and Profit Shifting）プロジェクトや移転価格税制などをはじめとする国際税務，常に更新される税制改正情報などを適切に理解し，それに対応することで，グローバルな規模で税務上のリスクを最小限に抑え，コンプライアンスを確保・維持するために必要な管理プロセスになります。そして，このグローバルタックスマネジメントの重要性の高まりの背景には，外部環境の変化が大きな要因の1つとなっています。

　外部環境の変化として最も顕著なものは，企業と事業のグローバル化です。昨今の経済の急激なグローバル化は，国際取引の拡大というかたちで企業と事業に直接の影響を与えており，グローバル化はもはや大企業だけの問題ではなく中小・中堅企業にとっても極めて身近なものになりました。また，コロナ禍を経て，働く場所に拘らないグローバルモビリティの考え方も浸透し，勤務地国と所得源泉地国の関連性も希薄になってきました。これに伴い，各国の国際税務制度は年々複雑化していき，多国籍企業やその子会社が直面する税務リスクも増加してきました。

　さらに，クロスボーダー取引を用いて行きすぎたタックスプランニングを行うことを防止するため，移転価格税制の調査強化やOECD（経済協力開発機構）のBEPSプロジェクトといった全世界的な国際税務のフレームワークの見直しが行われました。これらの取り組みは，グローバル企業に対して移転価格

360　第5章　税　務

文書化や情報開示等の税務コンプライアンスを求める結果となり，また，これに伴って各国税務当局の国際税務に対する関心が高まり，国際税務の実務上のリスクも増加傾向になったといえます。

このようにグローバル化が進み，各国税制も複雑に変化していった中で，海外進出企業の税務リスクへの対応は避けては通れない課題となりました。しかし，海外子会社に税務分野に精通した人材を配置することは容易なことではなく，また，現地の会計事務所に国際税務を含む高度な税務対応を任せるのは難しい状況にあります。このような背景から，本社の税務担当者がグローバルな視点で税務リスクや税務対応をコントロールする必要性が高まっています。

多くの日本の企業は伝統的に，欧米企業と比べ，グローバルタックスマネジメントに対しては，積極的，かつ，戦略的には取り組んでこなかった経緯があります。しかし，今後のビジネス環境では，税務リスクを適切に管理し，税金コストを効率的に抑えることが企業の競争力を高める鍵にもなります。したがって，本社の税務担当者は，このグローバルタックスマネジメントへの意識を高めて，税務コンプライアンスを確保・維持しながら，企業の持続的な成長と競争力の向上をサポートする役割を果たすことが求められています。

Ⅱ　日本本社から海外子会社へのアプローチ

海外子会社に対してグローバルタックスマネジメントの一環としての税務対応を求める必要が高まってきている中，海外子会社が直面する税務リスクや課題に対して，適切に対応するためには，日本本社からのアプローチが不可欠となります。

海外現地での税務の課題に対応できるのは，現地の日本人駐在員，税務的な知識を持った現地スタッフ，そして現地の税務を担当している会計事務所が候補となります。また，特に重要な案件や複雑な問題に対しては，専門知識を持つ現地の会計事務所に追加的に対応を依頼することも有効です。

日本本社から現地担当者等へ求める依頼事項は多岐にわたりますが，本社側では，以下の点を意識することが重要となります。

（1）情報収集の範囲とスピード

税務に関する情報は，ビジネスの意思決定やリスク管理に直結します。海外子会社は，現地の税制や規制の変更，税務調査の動向など，本社にとって必要

な情報を適切に収集し，本社へ報告する役割を持ちます。

　本社側では，その情報収集を適切にまとめてリスク管理等を行う必要がありますが，まずどのような情報を収集するのかがポイントとなります。大きくは①税務申告や税制改正などのルーティンで発生する項目と，②税務調査などの突発的に発生する項目とに分けられます。定期的に発生する①の項目については，本社側でも報告時期と事前のレポートラインを確立しておき，各国の申告状況などを表にまとめて，全体をすぐに把握できる管理体制を作っておくことが必要です。②の突発的な事象については，税務調査や追加納付，税制改正による新たな影響など，想定される事象を現地に伝えておき，これらの事象が発生した場合に備えて，レポートラインを相互で確認しておくといった工夫が必要になります。

　次に，情報収集のスピードについては，最新の情報をなるべく早く収集しておくことが求められます。そのためにも，重要性が低く，細かすぎる項目まで報告を求めず，スピードを重視することも意識しておくと良いでしょう。重要性の基準となる金額基準を事前に決めておくことや，場合によっては，概要や概算額の把握をするために税務に関するレポートなどはドラフト段階で，いったん報告をしてもらうように海外子会社に指示をしておくことも有効です。

　また，これらの体制づくりは担当者の退職等があっても同じ管理体制が維持できるように，本社と海外子会社の相互において，マニュアル作成や同じ役割を担える人材の育成なども有用な方法となります。

（2）グローバルタックスマネジメントへの部署全体での対応

　グローバルタックスマネジメントにおいては，移転価格やCbCR（国別報告書）などの高度な国際税務の領域での対応が求められます。これらの課題に対応するには，最新の情報リソースとともに，一定レベルの人材も必要となります。これらの確保のために，一定のコストはやむを得ないものの，関係者内での定期ミーティングや勉強会などで，その情報を部署全体でも把握して，適切な役割分担と海外現地への指示を出せるような体制づくりをしておくことが重要となります。

　加えて，日本本社は，海外子会社の担当者への研修や定期的な情報共有を実施することで，その啓蒙活動を推進することが重要となります。これにより，海外子会社の税務対応の質を向上させることが，グローバルな視点でのタック

スマネジメントの一助となります。また，実務的に，本社に報告がしやすい体制を確立するため，報告事項のフォーマットの作成，定例ミーティングによる報告機会の確立，対面・Webミーティングによる顔が見えるコミュニケーションづくりなどが挙げられます。

（3）重要な税務判断の際の本社の関与

　海外現地の税務に関する重要な意思決定においては，日本本社の税務担当者が関与することで，グローバルな視点で最適な判断が可能となります。移転価格の文書化や，税務調査の最終判断など，どのような項目について，本社の承認や事前相談が必要かを海外現地側へ明確に伝えておくことが必要となります。そのために，内部監査などを通じて，税務の観点からもチェックポイントを整理し，定点観測できるようにしておくことも良いでしょう。

（4）タックスプランニング

　タックスプランニングについて，いわゆる租税回避となるような節税スキームではなく，外国税額控除等の適用による二重課税の排除や，現地に複数の法人がある場合の連結納税による欠損金利用，税額控除・優遇税制の適用漏れがないかの確認などにより，連結実効税率を下げるようにしておくことがポイントとなります。また，現地で過度に保守的な納税ポジションを取っていないかの確認や，関税などの法人税以外の税目についても可能な限り検討を行うのが理想です。

Ⅲ　日本本社の税務担当者が確認すべき論点

（1）コンプライアンス（申告納付期限）

　海外子会社が現地で適切に事業活動を行ううえで，税務コンプライアンスを遵守することは最低限必要であり，違反する場合は，事業活動にも大きな影響を与える重要な項目です。具体的には，法人税，間接税，源泉税など，事業活動に伴って発生する各種の税金に関して，適正な計算，申告・納付期限の遵守が求められます。日本本社の税務担当者は，これらの税務コンプライアンスが適切に実施されているかを確認し，さらに，申告計算や納付の過程においても，報告，承認などのフローが適切に機能しているかについて合わせて確認する必要があります。

なお，日本人駐在員が管理にあたっている法人や，100％子会社として新設した法人であれば，日本本社の関与度合いが高いケースが多く，現状の確認も取りやすい傾向にあります。一方で，M&Aで買収した法人や現地パートナーとのジョイントベンチャーの場合には，税務関連事項を現地担当者に任せてしまっているケースが散見されるため，このようなケースでは日本本社から積極的にコンプライアンスの対応を求めたほうが良いでしょう。

<本社側で最低限確認すべき論点>
- 各国の主要税目の申告納付期限，現地での担当者（会計事務所を含む），最終承認者，本社への報告フローの確認
- 各国において申告・納付が遅れた場合のその内容，ペナルティの影響，遅延した理由，今後の対応

（2）移転価格税制（マスターファイル，ローカルファイル，国別報告書）

移転価格税制及びその文書化の対応は，グローバル展開をする企業においては重要な項目となります。BEPSプロジェクトにおける移転価格の新ガイドラインにおいては，①マスターファイル，②ローカルファイル，③国別報告書の三層構造となっていますが，本社税務担当者としては，まずは現地側の情報であるローカルファイルの情報の入手が必要となります。

また，現地作成のローカルファイルについては，その作成においても日本税務の観点でもレビューを行っておくことがポイントとなります。次に，上記①～③までの3つの文書の相互間の整合性を確保することが重要となります。これらの文書間で不整合があった場合，税務当局から移転価格リスクを指摘されることに直結するため，全体像を俯瞰できる立場にある日本本社側でこの整合性を確認しておく責任があるといっても良いでしょう。

さらに，移転価格税制における取引価格のポリシーが適切に運用されているかを全社的にモニタリングするのも本社税務担当者の役割の1つとなります。以上から，本社側での機能が移転価格リスク最小化の重要なポイントとなります。

<本社側で最低限確認すべき論点>
- 重要性の高い各海外子会社における移転価格税制の対象取引の把握
- 移転価格リスクの観点からの高リスク取引の確認

- 各国における移転価格文書化義務の確認と実際の対応状況の把握
- ①マスターファイル, ②ローカルファイル, ③国別報告書, ④法人税申告書・国外関連者の別表との整合性の確認

(3) 外国子会社合算税制 (CFC税制, タックスヘイブン対策税制)

外国子会社合算税制は, 低税率国に海外子会社等がある場合に, 日本本社の申告書上で一定の所得金額を合算するという制度で, あくまで日本本社の税務リスクとなります。本社税務担当者における役割は, ①事前対応と②申告時の対応の2つに分かれます。

①の事前対応としては, この税制には適用除外規定があるため, 適用除外規定の適用ができる会社の要件充足の確認や, さらには, 適用除外要件の充足可能性がある子会社について, 要件を満たすように, 管理体制等の見直しをすることが挙げられます。また, 子会社において多額のキャピタルゲインが発生する場合や受動的所得といわれる部分合算対象額がある場合に, 事前にその影響額を把握しておくことも重要なポイントとなります。

②申告時の対応としては, 合算課税の判定に必要な情報を, 各海外子会社の財務諸表, 税務申告書などから入手をして, 合算課税の適用がある場合は, その合算課税額の計算を行う必要があります。

<本社側で最低限確認すべき論点>
- 租税負担割合20%未満, ペーパーカンパニー, キャッシュボックスに該当可能性のある海外関連会社の把握
- 上記の海外関連会社へのタックスヘイブン対策税制に関して, 申告書作成に必要な項目の確認 (経済活動基準の確認を含む)
- 判定に影響を及ぼす可能性のある取引についての情報の把握

(4) 駐在員の個人所得税

グローバル展開を進める日本企業では, 多くの駐在員が海外での業務を担当しています。これらの駐在員の所得税については, 現地での社宅, 駐在員手当, 現地所得税の負担など, 人数に応じて金額も大きくなる可能性があり, 税務コンプライアンスの重要な項目の1つとなります。本社の税務担当者としては,

具体的には下記の事項に留意する必要があります。

①　申告体制づくり

　国によって個人所得税の課税範囲や，現物給与の取扱いが異なるため，申告業務を現地の会計事務所へ依頼するなど，適切な申告ができる体制づくりをしていく必要があります。

②　適切な情報の提供

　駐在員については，現地で社宅やその他海外駐在員向けの福利厚生制度を採用している場合が多いため，現物給与に関する情報や，賞与を含めた日本払い給与の情報を日本の人事部や現地の管理部から申告を行う者に対して適切に提供していくことが求められます。また，会社によっては株式報酬など特殊な給与プランを導入しているケースもあるため，課税関係を明確にしておくことが必要となります。

③　給与情報の取扱い

　特定の国や地域で駐在員の給与情報を現地のスタッフに公開できない場合があるため，その際は本社の人事担当者が現地の会計事務所と連携して個人所得税の対応を行うこととなります。

④　赴任・帰国時の税務対応

　駐在員の赴任時には，現地給与額の決定，日本の出国時年末調整，日本の住民税の取扱いなどを確認し，対応する必要があります。一方，帰国時には，現地での最終所得税の申告（タックスクリアランス）の手続きをサポートする必要があります。なお，日本本社が負担する駐在員の給与額については，国外関連者寄附金の課税リスクがあるため，較差補てん金の制度導入も含めて慎重に検討する必要があります。

＜本社側で最低限確認すべき論点＞
- 駐在員の個人所得税の申告対応状況の把握（外注 or 駐在員自身での作成，申告状況，税務調査の状況）
- 個人所得税に関する主要論点の確認（現物給与，日本払い給与の取扱いなど）

366　第5章　税　務

・日本本社が負担している駐在員給与額の損金性の確認

（5）グループ内役務提供（Intra-Group Service：IGS）

　日本本社が海外子会社のために行う業務サポートや業務代行している部分に関する費用については，グループ内役務提供（IGS）取引として，移転価格税制の観点から役務提供の対価を請求する必要があります。IGSについては，その対象取引の把握，対価設定の煩雑さ，海外現地での税務の取扱いの違いなどから，その導入や管理運営が難しいケースが多いことも事実です。日本本社としては，主に下記の論点について確認をしておく必要があります。

①　対象取引の明確化

　提供されるIGSの具体的な内容，範囲を一定程度，定義することが求められます。IGSの定義については，OECDガイドラインや日本の国税庁も移転価格事務運営要領などで説明を行っています。これらを参考にしながら，まずは対象可能性のある取引をピックアップして，グループ内での統一的運用をどう導入・維持していくかを検討していく必要があります。

②　対価の設定のポリシー策定

　対価設定について，マークアップ率を外部専門家にベンチマーク分析をしてもらうケースも多いですが，そもそもベンチマークが必要な取引なのかの判断や，対象取引に係るコストの集計をどの程度の範囲まで行うかなどの課題があります。したがって，部署ごとに対価設定のポリシーを定めるのではなく，対象取引のカテゴリーごとに，一貫性のあるグループ全体でのポリシーに基づいて請求が行われることが望ましいです。

③　事前の説明とメンテナンス

　IGSの請求を行う場合には，契約書などの形式的な準備はもちろん，日本本社が主導して，その導入の趣旨や影響などを海外子会社に説明を行い，できる限り海外子会社側の理解を得たうえで運営を行っていく必要があります。また，取引状況は随時変わっていくことが想定されますので，見直しの時期を定めて，海外子会社からもスムーズに情報が得られるようにしておくことが理想となり

ます。また，移転価格税制の文書化義務についての確認もしていくことになります。

＜本社側で最低限確認すべき論点＞
- IGSの対象取引の有無と請求状況の確認による税務リスクの評価
- IGSの各国における移転価格の文書化義務の確認

（6）ストラクチャリング

　海外子会社の増加やクロスボーダー M&Aなどにより，グループの資本関係は複雑になっていきます。また新規の海外進出についても，駐在員事務所，支店，現地法人，ジョイントベンチャーなど，その進出形態に関して複数の選択肢があります。したがって，グローバルタックスマネジメントにおいては，グループストラクチャリングについて，適切な選択ができているかを確認，モニタリングしていく必要があります。

　また，ストラクチャリングに際しては，連結実効税率への影響，繰越欠損金の有効利用，二重課税の発生状況，日本本社や中間持株会社への資金還流の観点からも確認が必要となります。

　実際には，社内で，最適なストラクチャリングを管理・維持し続けることは難しいため，ケースに応じて，その国や分野に合った外部専門家を交えて検討をし続けていくことが重要となります。

＜本社側で最低限確認すべき論点＞
- グループ内のストラクチャリングに関する論点整理表の作成（資金還流のシミュレーション，各国の実効税率，繰越欠損金の利用状況，二重課税や優遇税制の状況，その他の論点が確認できるもの）
- 重要性の高い海外投資案件やグループ内組織再編があった際に，最適ストラクチャーの検討資料を作成するプロセスが踏まれているかの確認
- グループ全体のストラクチャーを見直す定例会議等の設置の検討

（7）グループ内金融取引

　グループ内金融取引については，移転価格税制や過少資本税制も含めた税務の重要な論点の1つとなります。また金額のインパクトも大きく，現地の事業

や資金繰り状況により変化するため，重要な論点としてグループ内で認識をしておく必要があります。また，2022年1月にOECD移転価格ガイドラインの金融取引に関する指針が公表され，日本の国税庁も移転価格事務運営要領の一部を改正しました。これにより，今後は日本を含めた各国において金融取引については，その重要性がより高まることとなります。

　ただ，グループ内金融取引は，より専門的な分野になるため，外部専門家とともにその対応を進める必要が出てきますが，日本企業においては，特に親会社からの貸付が多いため，移転価格税制の観点から，金利設定と債務保証については，その対応をしっかりと行っておくことが求められます。

　これらの対応ができている前提で，海外子会社側での過少資本税制や源泉税の影響などを確認し，最適な金融ストラクチャリングを検討していくという流れになります。また各国の移転価格文書化についてもその対応状況を確認しておくことが必要となります。

＜本社側で最低限確認すべき論点＞
- 移転価格税制の適用対象となるグループ内金融取引の把握
- グループ内金融取引の利率や債務保証料の設定根拠の確認
- 移転価格税制の文書化義務の確認

（8）付加価値税

　VATなどの付加価値税は，安定財源として大半の国で導入されており，また，事業売上額に応じて金額も大きくなるケースが多いため，現地で適切な申告対応が求められます。加えて，近年，デジタルサービスの拡大に伴い，デジタルサービスに対する新たな税制の整備を進めている国が多く，国ごとの税制の違いやその動向を把握して，日本本社からも適切な指示を行うことが理想となります。

　また，付加価値税の申告においては，いわゆる仮払消費税が仮受消費税の金額を超えることで，現地で還付申告となるケースがあります。特に新興国においては，この還付申告をすることが実務上，税務調査につながるなどの理由で，問題となるケースがあります。

　このような場合でも，日本本社側でも現地の専門家にセカンドオピニオンを取るなどして，税務上の損失がないように，最大限の手当をしておくことが望

ましいと思われます。

　また，デジタルサービスについては，金額の重要性から，現状のサービスにおける税務リスクの検証と，新規取引開始に伴う付加価値税の影響の確認を必ず行ったうえで，事業運営をしていくことが，今後は必要となります。

＜本社側で最低限確認すべき論点＞
- 各海外子会社の付加価値税の概要把握（税率や申告納付時期など），申告状況の確認，重要な税務リスクがあればその把握
- 重要性の高いデジタルサービス取引に係る課税関係の確認
- 国ごとの付加価値税の適用ルールの違いによる二重課税の確認（場合によって，セカンドオピニオンによる確認）

（9）現地税務調査への対応・意思決定

　海外展開を行っている以上は，海外子会社における税務調査は必ず直面する課題のため，日本本社として，どのような関与をしていくかは，グローバルタックスマネジメントにおいても重要な要素となります。多額の追徴課税リスクはもちろん，レピュテーションリスクが出ないように，日本本社としても積極的な関与をして，グループ全体に悪影響が出ないようにする必要があります。日本本社の関与としては，以下の項目が挙げられます。

①　過去の調査状況の把握

　過去の調査実績から，その国での調査方法や傾向，潜在的なリスクを把握しておくことが有用となります。また，過去の指摘事項への対応状況も確認しておくことが必要です。

②　情報共有の徹底

　税務調査時には，海外子会社と日本本社との情報共有を常に行い，現地の状況把握と税務当局からの要求・指摘事項を把握するプロセスを構築することが重要です。

③　現地の専門家の活用

　税務調査の際には，現地の税法や慣習を熟知した専門家の協力を得ることで，

370　第5章　税　務

追徴課税額を最小化できるケースもあります。可能であれば，リスクの高い子会社については，調査の事前準備段階で，これらの専門家の意見や調査立会の了解を得ていることが理想です。

④　調査結果の分析

　税務調査が終了した後，その指摘事項を海外子会社の担当者と一緒に検討し，その対応を実施し，日本本社側でも状況をモニタリングしていくことが，将来の税務リスク低減につながります。

> **＜本社側で最低限確認すべき論点＞**
> ・各子会社の過去の税務調査状況の把握と指摘事項への対応策の確認
> ・税務調査があった際の海外子会社との連携（事前準備の報告，重要指摘事項への対応協議，指摘事項への今後対応）

(10) 連結実効税率

　グローバルに展開する日本企業は，各国の税制度や税率，さらには地域間での取引が連結実効税率に与える影響を正確に把握する必要があるため，特に下記をポイントに，連結実効税率の把握・管理を日本本社側でしていくことになります。

①　各国の税率の把握

　各国の法人税率は大きく異なるため，海外子会社の所在地ごとの税率を確認し，連結税率への影響を評価します。

②　キャピタルゲイン非課税などの非課税収益や税額控除・繰越欠損金の活用など

連結税率に一時的な影響を与える要素を確認しておく必要があります。

③　税金リスクの管理

　未払法人税の正確な計上と，税務調査リスクの評価が求められます。特に大きな税務リスクを持つ国では，連結実効税率への影響も大きいため，注意が必要です。

④ 税効果会計

　税効果会計は，連結財務諸表上の税負担の見える化に直結します。特に海外子会社が多い企業では，各国の税法と会計基準の差異による影響を理解しておく必要があります。

⑤ 税制改正への対応

　各国の税制は常に変動しています。税率の変更や，新しい税制導入に際しては，その影響を迅速にキャッチアップし，連結実効税率の再評価を行うことが求められます。

⑥ 各国担当者との連携

　海外子会社の経理部や現地の税務担当者との綿密な連携を保ち，税金費用に重要な影響を与える取引や将来発生する可能性の高いイベントを共有することで，正確な税負担の評価と，連結実効税率の最適化を図ることが可能となります。

＜最低限確認すべき論点＞
- 直近３～５年間の連結実効税率の把握とその傾向の分析（連結実効税率への影響が大きい子会社の特定，重要な欠損金・税額控除・税制優遇などの状況把握）
- 多額の二重課税が発生している取引がないかの確認
- 実効税率に重要な影響を及ぼす可能性のある税制改正等に関する情報収集

---

(11) 国際税務の情報収集

　日本の税制改正は，毎年確認している企業が多いと思いますが，海外拠点がある場合には，進出先国の税制改正や国際税務の世界的な潮流についても情報収集のアンテナを張る必要があります。特に近年は，BEPSによる移転価格税制の強化やグローバル・ミニマム課税導入，さらには欧州の国別報告書の公開制度といった，国ごとではなく全世界的な国際税務のフレームワークが大きく変わってきているといえます。

　もちろん細かい規定まで確認することは，社内のリソースだけでは難しいですが，注意してみると新聞記事やインターネットニュース等にも国際税務関連

の記事は時折掲載されています。こういった情報収集のアンテナを張っておいて，自社に関係のありそうな情報については，調べてみたり，専門家に確認するなどの習慣が大切です。

＜最低限確認すべき論点＞
- 新聞記事やインターネットニュースから国際税務関連記事を読む習慣
- 懸念される情報を確認できる専門家との連携

第2節　各国税制の概要

I　概要

　税制は各国ごとに異なるため，その全てを把握して管理するのは困難です。しかしながら，税目ごとに基本的な課税コンセプトはどの国も似通っていますので，日本やどこかの国の税務を担当されたことがある方であれば，その基本的な考え方を基準にして考えることができると思います。重要なのは，税務上で論点になりそうな取引や状況を押さえて社内でアンテナを張り巡らすことです。

　現地担当者が税務論点まで気にかけてくれていれば良いのですが，管理部門のご経験がない方にどこまで求められるかという問題があります。また，現地会計事務所や現地ローカルスタッフも，こちらから具体的に聞けば教えてくれますが，社内の取引などに気付いて教えてきてくれるところまで期待できないこともあるでしょう。そこで，本社の管理部門でも，典型的に税務上で論点となり得ることをやろうとしていないか，現地でのコンプライアンスは正しくできているのか等を意識しておくことが望ましいでしょう。

　まずは，これは論点になるかもしれないという典型的な事象を把握するために，本章の各項を参考にしてください。本章では，基本的な各国税制における典型的な税務論点をまとめていますので，ざっと目を通して頂きながらアンテナを張ることに役立ててください。

　そのうえで，実際に論点になりそうな取引や状況については，最終的に現地担当者や会計事務所に確認するというアプローチを取ることになると思います。この場合には，少しだけ自分で調べてから現地専門家に確認することは非常に有効です。例えば，「こういう取引は何か問題になることはあるか？」という聞き方でも良いのですが，「こういう取引を考えていて，少し調べたところこのような論点があると思うのだがどうだろうか？　また他にも見逃している論点があれば教えて欲しい」というような聞き方ができます。もちろん，現地に信頼できる専門家がいて，漠然とした聞き方で分かってもらえるというケースは理想的なのですが，そうでない状況の子会社であれば，やはり少し自分で調べることでコミュニケーションがスムーズになることは多いでしょう。

Ⅱ　現地における参考情報

　各国の税務当局のサイトと現地実務家が参考にする主な情報源を以下に記載しています。基本的には，各国の税務当局の公式サイトが一番信頼できる情報ソースとなりますが，各税務当局でも情報発信の頻度や，言語，分かりやすさが異なるため，サイトによっては，現地の専門家でしか理解できない場合もあります。また税務の専門用語も多いため，税制改正などの情報は，現地の会計事務所が分かりやすく解説した資料などを参考にするのが，一番，効率的に理解できますが，最終的な取扱いは，現地専門家に確認する必要があります。

　また，最近は，翻訳技術も向上しており，現地の言語で発信されている情報も簡単に翻訳して読むことができるため，税務の確認事項もより身近になってきているといえるでしょう。日本にいながら，各国の税務の動向が把握しやすい状況になってきているため，有用なサイトはブックマークして，情報収集ツールの一環にすると良いでしょう。

(1) インド

　税務当局のサイト：Income Tax Department（https://www.incometaxindia.gov.in/iec/foportal/）

　Goods and Services Tax Council | GST（gstcouncil.gov.in）

　直接税（所得税）に係る内容は所得税当局（Income Tax Department），間接税（GST）に係る内容はGST評議会（GST Council）が参考となります。年次の税制改正はインド財務省から発表されるため，同省のWebサイトが参考となります。

(2) インドネシア

　税務当局のサイト：Directorate General of Taxes（https://www.pajak.go.id/en）

　政府，財務省，税務当局のWebサイトのほか，税法や税務裁判の判決に係るデータベース（有料）を活用するケースが多いです。

(3) オーストラリア

　税務当局のサイト：Australian Taxation Office（「ATO」）（https://www.at

o.gov.au）

　現地の実務家は税務関係に関しては税務当局のサイトのほか，以下のような情報が参考になります。

- ATOが運営しているコミュニティサイトATO Community
- ATOの見解を事前に確認できるEarly Engagement for Adviceなど
- ATO Tax Professional News

（4）カンボジア

　税務当局のサイト：General Department of Taxation（https://www.tax.gov.kh/en）

　情報源としては，租税総局のWebサイトやFacebookに掲載される各種通達，各種団体（カンボジア縫製業協会（TAFTAC）やカンボジア公認会計士及び監査協会（KICPAA）など）が公表するニュースや通達の非公式英語翻訳，税務署が実施するセミナーなどがあります。

（5）シンガポール

　税務当局のサイト：Inland Revenue Authority of Singapore（https://www.iras.gov.sg）

　シンガポール国税当局のサイトとガイドラインが非常に分かりやすく有用です。また，各監督官庁のWebサイトも参考になり，例えば，Monetary Authority of Singapore（MAS），Economic Development Board（EDB）のサイトがあります。

（6）タイ

　税務当局のサイト：Revenue Department（https://www.rd.go.th/english/index-eng.html）

　歳入局のWebサイトでの情報発信があります。ただし，ほとんどの情報はタイ語でのみ発信されるため，最新の税制を正確に理解するには現地専門家のサポートが必要になることが多いです。

（7）フィリピン

　税務当局のサイト：Bureau of Internal Revenue（https://www.bir.gov.ph/

home）

　税務署の公式Webサイトもしくは新聞から最新の税金関連の情報を取得しますが，英語での記載となります。また，内容に判断の余地が残る場合には，現地の大手会計事務所及び弁護士事務所が公開／発表する記事を参考にすることが多いです。

（8）ベトナム

　税務当局のサイト：General Department of Taxation（https://www.gdt.gov.vn/wps/portal/english）

　税務に係る基礎情報や決算期，チーフアカウンタント等，会計に関連する基礎情報については，上記の税務当局のサイトで確認を行いますが，ベトナム語のみの情報です。

　そのほか，法令アップデートとしては，Vietnam Laws - THƯ VIỆN PHÁP LUẬTのサイトが参考になります。英語表記がある有料サイトになりますが，最新法令が全て掲載されているサイトです。法令のベトナム語原文はタイムリーに掲載され，重要度が高く影響力の大きい法令に関しては英語翻訳版が遅れたタイミングで掲載されます。

　また，「National Business Registration Portal」（通称NBRP）という国家企業登記サイトも参考になります。英語表記もあり，当Webサイトから企業を検索することで，登記されている全ての企業について，正式な会社名・設立日・代表者名・企業形態・住所・登録事業等について調べることができます。

（9）マレーシア

　税務当局のサイト：Inland Revenue Board of Malaysia（https://www.hasil.gov.my/en）

　マレーシア国税当局のWebサイトは情報提供が充実しています。その他，税務専門家の団体であるCTIM（Chartered Tax Institute of Malaysia）も情報のアップデートを配信しています。当局からの発信は英語またはマレー語にて行われますが，一部，マレー語のみの資料やガイドラインもあります。

（10）ミャンマー

　税務当局のサイト：Internal Revenue Department（https://www.ird.gov.

mm）

　税務当局のサイトを参考にするほか，税法通達は基本的に自社の管轄税務署から電子メールで受け取ることができますが，通達関連は基本的にミャンマー語で書かれています。

　情報源としては，地場最大手の会計事務所のFacebookから情報を得ることも多いです。

(11) 韓国

　税務当局のサイト：National Tax Service（https://www.nts.go.kr/english/main.do）

　専門家は税務当局のホームページ及び閲覧会員権が必要な税務関連専門データベース（SAMIL.com）を利用することが多いですが，これらの大部分は韓国語のみで構成されています。

　税法及び一部の申告様式を除いた専門的な資料は，ほとんどが韓国語で提供されているため，多くの外資系企業は会計事務所や法律事務所からのアドバイスを受けながら実務を行っているのが現状です。

(12) 香港

　税務当局のサイト：Inland Revenue Department（https://www.ird.gov.hk/eng/welcome.htm）

　税務局のWebサイトでは，最新の税務動向，各手続に係る申請フォームやガイドライン，FAQが確認でき，英語及び中国語で構成されています。

(13) 台湾

　税務当局のサイト：Ministry of Finance（https://www.mof.gov.tw）（Taxation Agency：https://www.dot.gov.tw/English）

　税務当局のサイトには最新の税制改正の案内や，申告期限が近づいている手続きの案内，各種申請に関する具体的な申請書類やQ&Aが掲載されており，かなり有用な情報源となりますが，最新の情報は全て繁体字中国語で記載されているため，台湾で実務を行っていくうえでは，ある程度の中国語読解力が必要となります。

(14) 中国

税務当局のサイト：State Taxation Administration（http://www.chinatax.gov.cn/EN）

国家税務総局（State Administration of Taxation（chinatax.gov.cn））は通常，税務関連情報（法令，情報開示，プレスリリース，税務サービス，双方向交流など）に関する問い合わせに利用されます。また，地方のe-Tax局を通じて，税務情報の照会，申告・納税，優遇税制の申告が行われます。さらに，行政許可，行政処分，経営異常，違法な背任行為，公表事項など，本籍企業の一般的な情報照会は，国家企業信用情報公表システム（National Enterprise Credit Information Publication System（gsxt.gov.cn））を通じて行うことができます。

なお，納税者は全国統一税務ホットライン12366を通じて税務問題を相談することもできます。

一部の1線・2線都市では，WeChatを利用したスマートカウンセリングや納税関連手続のオンライン受付を導入しており，書類の写真をアップロードすることにより，税務関連業務を直接申請できるようになっています。

Ⅲ　税制改正

税制改正については，①定期的な改正が行われる国と②不定期な改正が行われる国とに大別されます。日本と同様に①の定期的な改正が行われる国では，改正内容の公表時期とともに，施行時期もある程度決まっていることが多く，改正への対応も比較的スムーズにいくケースが多いです。注意が必要なケースとしては，例えばベトナムやフィリピンに代表されるように，②改正が不定期に行われている国で，改正の公表から施行までの期間が短いために，現場での混乱が起きやすい傾向にあります。

日本の担当者としては，どちらのケースにしても，現地担当者からのレポートラインを確保しておき，改正の重要度に応じて，正確な情報が把握できるように準備をしておくことが大切です。

（1）インド

税制改正は毎年，定期的に行われます。毎年2月に公布され，国会で議論を経て，4月に施行されることが多いです。大規模な税制改正は2月に発表となりますが，特定の手続きの変更などは年間を通して通達されるため，現地会計

事務所等から定期的に情報を入手するよう心がける必要があります。さらに，政権交代や総選挙等の政治的な事情によって，税制改正のタイミングが変更となることがあります。

（2）インドネシア

税制改正の時期は不定期であり，急に公布されることが多いです。また，政権（大統領）交代に起因して改正されることもあります。

（3）オーストラリア

税制改正は毎年，定期的に行われます。毎年5月に連邦政府予算案にて発表され，オーストラリアの会計年度初めである7月から施行されることが多いです。税制改正は政治的要因や経済状況，社会的要求など様々な要因により影響を受け，決定されます。実際の税制改正は発表から施行まで一定の期間が設けられるため，新しい税制に対応するまでに情報の入手や対応による混乱は割と少ないと考えられます。

（4）カンボジア

税制改正の時期は不定期です。実務上，重要な改正は不定期に公布される通達によることが多く基本的にクメール語での公表となります。公布される通達は実務上不明確な点を含むことが多く，実務上の運用面で混乱することがしばしばあります。

なお，2023年5月に，これまでの税法を整理するかたちで新しい税法を公布しています。それに伴い，1997年公布のカンボジア税法及び2003年公布の改正カンボジア税法は廃止となっています。

（5）シンガポール

税制改正は毎年，定期的に行われます。毎年2月の予算発表のタイミングで税制改正も発表されます。税制改正の発表から施行までに時間を空けることにより，経済にマイナスの影響（たばこ税，不動産購入印紙税等）が出てしまうものに関しては，公表と同時に効力が発生することが多いのも1つの特徴です。

380　第5章　税　務

（6）タイ

　税制改正時期は不定期です。他のアセアン諸国の後進国に比べると税制は比較的安定的であり改正頻度はそこまで高くなく，急に大幅な改正が行われることもそれほどありません。

（7）フィリピン

　税制改正時期は不定期です。税制については，随時通達や覚書などが公布されることで，細かな実務上の取扱いの調整が行われます。直近では，2018年1月に施行された通称TRAINといわれる改正と，2021年4月に発効された通称CREATEといわれる実に20年ぶりとなる大きな税制改正がありました。

（8）ベトナム

　税制改正時期は不定期です。良くも悪くも改正のスピードが速く，実務面では対応に困難を強いられることがあります。近年では，コロナ禍以降の経済回復のため，2022年度から2023年度において，付加価値税率の減税がたびたび行われましたが，2023年7月からの減税については，減税が適用開始される1日前に減税決定に係る政令が発行され，企業側は，大変な実務対応に追われるなどの経緯がありました。

（9）マレーシア

　税制改正は毎年，定期的に行われます。毎年11月頃に国家予算案とともに発表されます。ただ，マレーシアにおいては予定されていた制度改正が直前になって世論の反対を受け，施行が延期されたり，撤回されることも頻繁に起こり，不安定な一面もあります。直近では，2023年の税制改正がその直後の政権交代により撤回され，新たな税制改正として発表されることがありました。

（10）ミャンマー

　税制改正は毎年，定期的に行われます。毎年，基本的には各年度の期首前後（3〜4月）に発表されます。その他，適宜，個別通達によってその取扱いが変更されることもありますが，個別通達が適用開始日よりも遅れて公表されることも多いです。

(11) 韓国

税制改正は毎年，定期的に行われます。毎年8月頃に税法改正案を発表後，12月頃に確定し，施行令が翌年2月頃に改正されることが多いです。したがって，実務上は翌年3月以降の適用を開始する傾向にあります。また，政権が交代しても，一方的で大幅な改正案や施行令は国民の同意を得られないため，社会的合意のないまま，世論を無視しながら無理に国会や内閣の議決で実行されるケースはほとんどないといえます。

(12) 香港

税制改正時期は不定期です。税務体系がシンプルであり，法人に関しては中国大陸を含むクロスボーダー取引が多い点が前提となることから，税制改正は経済環境や各国動向等に併せて都度実施されます。

(13) 台湾

税制改正時期は不定期です。急激な経済発展に伴い，税務上の適切な対応要請に応えるかたちで，台湾における税制改正はこれまでも頻繁に実施されていますが，改正のタイミングは特に決まっていません。

(14) 中国

税制改正は不定期であり，一般的には国家税務総局が公布する公告や通達に基づき，各地方政府が省や直轄市内での具体的な運用についてブレイクダウンした通達を公布します。

Ⅳ　税務調査

税務調査については，シンガポールや香港のように，机上調査のみで実地調査がほとんど行われない国もありますが，それ以外の国では，実地調査が3～5年に1度のケースで行われるのが一般的です。ただし，所得金額や会社の規模などの状況により，税務調査が1度も入っていないというケースもあります。

また，後進国における税務調査では，いまだに，賄賂的な金銭を要求されるケースや，税法に依拠しない強引な課税が行われることもあります。特に外資系企業ということで，法外な課税額を通知されるケースもあり，事業運営に支障をきたすこともあるため，その国の税務調査の動向や日系企業への課税事例

382　第5章　税　務

は事前に把握しておく必要があります。

　各国の税務調査の頻度とプロセスを以下に記載したので，税務調査の一連の流れを理解する参考としていただき，実際の会社の状況については，現地会計事務所と事前の打ち合わせをしておくと良いでしょう。

（1）インド

①　税務調査の頻度

　平均的に3～5年に1度程度で実施されます。

②　税務調査のプロセス等

　インドの税務調査は直接税と間接税に大別され，直接税は直接税中央局（Central Board of Direct Tax：CBDT）が管轄する機関，間接税は間接税関税中央局（Central Board of Indirect Taxes & Customs：CBIC）が管轄する機関が調査を実施します。直接税に関しては，非対面型の調査スキームが導入されており，重大な申告漏れや悪質な租税回避行為に該当しない限りでは，Eメールまたはポータルサイトを通じて，調査対応を進めることができます。非対面型の調査スキームの導入は，調査官の属人的な判断や，贈収賄等の不正行為に対する防波堤の役割を果たしています。

（2）インドネシア

①　税務調査の頻度

　平均的に3～5年に1度に実施されますが，10年以上全く税務調査を受けないという会社もあります。

②　税務調査のプロセス等

　税務調査を受ける際にはまず，調査実施通知書（SPP：Surat Perintah Pemeriksaan）を受け取ります。SPPには，調査目的，調査対象年度，税務調査官名等が記載されており，SPP発行日より1ヶ月以内に資料の提出を行わなくてはなりません。資料提出後，通常，1～3ヶ月間待つことになりますが，税務コンサルタントを窓口とした場合，調査担当官からの不明点等の照会，調査経過報告は税務コンサルタントが受けます。

　調査担当官との質問対応，追加資料の提出といったやり取りを続け，税務調

査の結果報告である追徴計算書（SPHP：Surat Pemberitahaan Hasil Pemerik-saan）の発行を受けます。SPHPを受けた時，反論がある場合にはSPHP受取日付から7営業日以内に反論レターを提出しなければなりません。反論レターを提出しなかった場合，その後の異議申立ての手続きに進むことができなくなる点に留意が必要です。

　SPHPに対する反論レター提出後，調査担当官と会社側との間で最終討論会議（Closing Conference）が通常，持たれます。この最終討論会議において，会社は税務指摘事項に対する意見を再主張し，関連証拠書類を提出することができます。

　税務調査終了時には，税務査定書（SKP：Surat Ketetapan Pajak）と税務追徴書（STP：Surat Tagihan Pajak）を受け取ります。納税不足により発行される支払不足税務査定書（SKPKB：Surat Ketetapan Pajak Kurang Bayar）の内容を受け入れる場合，SKPKBに記載されている不足納税額をSKPKB発行日より1ヶ月以内に納付することで税務調査は終了します。

　SKPに不服な場合，SKP発行日より3ヶ月以内に，国税総局（DGT：Direc-torate General of Taxes）に対し異議申立てができます。DGTは異議申立書受領日より12ヶ月以内に決定を下す必要があります。

　異議申立てへのDGTの審査決定の全部または一部に不服な場合，異議申立てへの審査決定受領日から3ヶ月以内に会社は税務裁判所に提訴をすることができます。

（3）オーストラリア

① 税務調査の頻度

　平均的に3～5年に1度程度実施されます。

② 税務調査のプロセス等

　税務当局による税務調査は電話にて最初のミーティングの日程調整から始まります。電話の際に，税務調査の大まかな内容を伝えますが，詳細についてはレターに記載され後日届きます。税務当局とのミーティングにて，調査対象期間，調査完了予定日，リスク仮説とその評価に関する情報，関連ガイドラインなどが話し合われます。

　この最初のミーティングのあと，監査対象会社担当者は必要とされている情

384　第5章　税　務

報を期限までに税務当局に提出します。提出後は税務当局の監査人により情報の精査を行い，必要があれば会社担当者へ電話，メールなどで問い合わせをします。調査最終段階では納税者に対して調査結果を調査終了から7日以内に書面で報告します。

（4）カンボジア

① 税務調査の頻度

平均的に2年に1度程度実施されます。

納税者の規模により税務調査の平均的な頻度は異なりますが，比較的資本の大きい納税者であれば同事業年度に対して下記の限定調査と包括調査が並行して実施される場合もあり，税務調査手続自体，数ヶ月から1年を超えて実施されることから頻繁に税務調査が入るという認識を持たれている納税者も多いです。一方で規模が比較的小さい場合は数年経過しても税務調査が入らない事例も少なからずあります。

② 税務調査のプロセス等

税務調査は机上調査と実地調査に分けられ，机上調査は通常，書面等のやり取りのみで実施されます。基本的にイレギュラーな取引や不明瞭な点にフォーカスして実施されますが，税務リスクが高いとみなされた場合など実地調査に切り替わる可能性もあります。実務上目にする税務調査は実地調査になります。実地調査は限定調査と包括調査に区分されます。

税務調査の基本的な流れとしては，まず税務調査通知に関するレターが発行され，納税者が当該レターを受領した時点から10日以内に税務調査が開始されるものとされています。正当な理由がある場合は，口頭や書面提出で最大30日未満の延期を要請することができます。

税務調査開始時点及び調査中に税務調査官から必要書類や追加の補助書類を提出するよう求められます。納税者はこの要請から7日以内に資料を提出する必要があります。書類の提出後，税務調査官の書類確認や納税者側からの説明，数回の面談を経て更正決定手続に進みます。更正決定通知受領後，納税者側には異議申立を行う権利が付与されており30日以内に異議申立書を提出するか，更正決定通知に従い納付する必要があります。

納税者が異議申立書を提出した場合税務調査側からは60日以内に回答を行う

ものと定められています。納税者側が必要書類を速やかに提出したとしても税務調査官が多忙であるなどなかなか手続きが進捗しないケースも多く，税務調査手続が完了するまでは通常数ヶ月から，長いケースで2年以上かかるケースもあります。

（5）シンガポール
① 税務調査の頻度

　税務調査の対象者は，売上や利益，それに対する納税額などの状況からシステマティックに選定されることが多く，そのほとんどが机上調査により行われます。机上調査の頻度は多くないものの，不明瞭な取引や異常値と思われる取引があった場合は，税務当局から質問状が届くことも少なくはないといえます。

② 税務調査のプロセス等

　調査手順としては，税務当局が納税者に対して，レターを送付し，調査対象に選ばれた旨，調査対象年度，調査対象項目，提出資料，回答期日を伝えます。そのあと，納税者は回答期日までに基本的にメールで回答を行います。基本的には，机上調査のみですが，TP Audit というステータスに発展した場合，税務当局との対面ミーティングが実施される可能性があります。賦課課税方式であるため，税額等に修正がある場合は，税務当局からNotice of Assessment（NOA）が発行されて調査完了となります。

（6）タイ
① 税務調査の頻度

　会社の業績，納税状況，還付の有無により大きく異なります。

　毎年安定的に利益を獲得し法人税を納税している会社に対してはほとんど税務調査が実施されないこともあります。一方で，国内サービス売上が多く毎年源泉税（法人税）の還付申請をする会社や輸出売上が多く経常的にVATの還付申請をする会社については毎年税務調査が実施されることになります。

② 税務調査のプロセス等

　（a）通常の税務調査　　歳入局は申告書をレビューし税務調査対象を選定します。利益率が大きく変動していることなどが選定のきっかけになることが

386　第5章　税　務

あるようですが，明確な基準が公表されているわけではありません。

　対象となった会社に対しては歳入局から文書や電話による通知がなされます。その際に，税務調査官から資料提出や税務署への出頭が要請されます。これらへ対応するなかで申告の誤りなどの指摘事項があった場合は，基本的には修正申告が求められます。

　（ｂ）召喚状による本格的な税務調査　　重大な問題が発見された場合や会社が修正申告に応じなかった場合には召喚状が発行され，より広範かつ本格的な税務調査に発展します。本格的な税務調査の結果，更正通知が発行された場合で，その内容に納得できない場合には異議申立てや租税裁判による解決を図るプロセスもあります。大手日系企業では実際に租税裁判まで行っているケースもあるものの，実務的には本格的な税務調査や租税裁判に対応するにはコストがかかるため，通常の税務調査において修正申告に応じるケースが多くなります。

　（ｃ）還付申請に伴う税務調査　　上述の税務調査とは別に，会社が源泉税（法人税）やVATの還付申請を行った場合には，原則として税務調査が実施され，通常は税務調査が完了するまでは還付金は支払われません。一般に，還付申請を行った税目に限らず幅広い税目が調査対象となります。特に還付申請額が多額である場合には税務調査期間が長期（３年〜）に及ぶことも少なくなく，また，税務調査により大きな指摘事項が見つかれば還付金額以上の追加納税が求められる可能性もあることから，あえて還付申請をしないというケースもよく見受けられます。

（7）フィリピン

① 税務調査の頻度

　全く税務調査が入らない会社もあれば，毎年実施される会社もありケースバイケースです。新規設立時で売上が立っていなくても，源泉税の徴収漏れで税務調査が入ることがあるため，源泉税には注意が必要です。

② 税務調査のプロセス等

　（ａ）電子通知（Electronic Letter of Authority）の発行　　税務当局BIRによる税務調査を開始する意思を示す最初の公式の通知です。この通知を受けて対象になっている年度の会計データなど所定の書類を提出することで税務調査

が開始します。

（ｂ）Notice of Discrepancy（NOD）　　Notice of Discrepancy（BIRから
の指摘事項の通知）受領後，5日以内にRDO（管轄税務署）と直接協議が可
能です。難しければ30日間を超えない期間延長の要求を行う旨の通知をRDO
に提出することで，30日以内に証憑書類等の提出が認められるようになります
が，延長通知はBIRの承認が必要となります。また，正式な評価通知である
PAN発行前に調査官との協議が可能となります。

（ｃ）Preliminary Assessment Notice（PAN）の発行　　入手した資料が追
徴課税の指摘根拠として十分と判断した場合，PANが発行されることとなり
ます。

　PAN発行後，15日以内にさらに証憑資料やExplanation Letterを用いたRDO
への返答が必要となります。15日以内に返答がなかった場合や，15日以内に返
答できてもRDOが受け入れなかった場合，RDOから15日以内に最終通知とな
るFANが発行されることとなります。

（ｄ）Final Assessment Notice（FAN）の発行　　FAN発行から30日以内
に以下どちらかの方法の反論が必要となります。

　① Request for Reconsideration（再考依頼）―30日以内に追加書類の提出
　　が必要。

　② Request for Reinvestigation（再調査依頼）―60日以内に追加書類の提
　　出が必要。

（ｅ）Final Decision on Disputed Assessment（FDDA）の発行　　上記
（ｄ）の反論を行った後，BIRから否認された場合は，最終決定通知となる
FDDAが発行されることとなります。

（8）ベトナム

① 税務調査の頻度

　通常5年に1回は発生すると言われている税務調査ですが，実際には不定期
で，5年以上税務調査が入っていない会社もかなり多く存在します。そういっ
た会社は，税金コンプライアンスへの意識も低下する傾向にあり，税務調査と
なった場合，調査対象として遡及される期間が長期間にわたり，また追徴課税
額も多大になる可能性があります。

388　第5章　税　務

②　税務調査のプロセス等

ベトナムにおける税務調査は，厳密には2種類あります。

> 1）「税務検査」：KIỂM TRA THUẾ（Tax examination）：調査範囲が税務調査に
> 　比べると限定的（例えば，法人税のみ）なケースが多く，また調査期間も短い。
> 2）「税務調査」：THANH TRA THUẾ（Tax inspection）：調査範囲が広く（ほぼ
> 　全ての税金），調査期間も長期にわたる。

　1）は，サンプリングにより，ある程度ランダムに対象となる企業が抽出されますが，2）は最初からターゲットを絞って計画されることが多いです。例えば，すでに脱税や違反についての情報を税務署が非公式に握っており，その情報を基にターゲットとして選定されることが多く，非常にリスクが高いと疑われている企業が選定されます。

　通常のケースは1）の税務検査ですが，税務検査であっても，検査が入れば間違いなく追徴課税が行われ，会社のコンプライアンス遵守状況や調査対象期間によっては，多額の追徴課税をされてしまう企業もあります。

（9）マレーシア

①　税務調査の頻度

　税務調査が定期的に行われることは少ないですが，税務当局は一定の基準をもってシステム的に調査対象会社を選定している面があります。例えば売上や原価，利益率の大幅な変動があるケースや，恒常的に損失を計上しているケースなどが対象になりやすいようです。一般的に調査の対象となった場合は過去3〜5年分の税務申告が対象となります。一方で長期間にわたり税務調査の対象となっていない会社もあります。

②　税務調査のプロセス等

　税務調査は定期的な調査であるTax Auditと，強制力を伴うTax Investigationの2種類があります。Tax AuditについてもDesk Audit（机上調査）とField Audit（実地調査）の2つの調査方法がありますが，通常の税務調査の場合には机上調査にて実施されます。机上調査はまず，税務当局から納税者に対してレターが発行され，会計帳簿や監査済決算報告書，税額計算明細書，証憑書類などの資料の提出がレターの発行日から一定期間内に求められます。提

出された資料をもとに税務当局が調査を行い，最終的な税務調整，追加納税額が記載された査定通知書（Notice of Assessment）が納税者に発行されます。

ただし，一般的には査定通知書の発行前に当局から検出事項に関する修正税額の提案（Proposed Tax Adjustment）が通知され，納税者はその通知日から18日以内に反証を行う必要があります。反証をもとに改めて当局と協議を行い，そのうえで査定通知書が発行されます。査定通知書に不服がある場合は，納税者は通知書を受領してから30日以内に所定のフォーム（Form Q）にて税務当局に対して異議申立てを行うことができます。しかしながら，納税遅延に伴う追加のペナルティが課せられることを避けるため，いったん上記の期限内に納税を済ませる必要があります。

(10) ミャンマー

① 税務調査の頻度

2022年頃から，外資企業を対象とした税務調査が本格的に開始されています。全体の調査状況としては，まだ1度も税務調査に選定されていない外資企業のほうが多く，また，すでに2回以上選定された企業はほとんど無いとの状況から，現時点では平均的な実施頻度は明らかになっていません。

IRD（Internal Revenue Department：内国歳入局）が税務調査の対象企業を選定し，通知レターによって企業に（メールで）通知されることになりますが，選定理由は開示されません。

今までは主に高額納税ランキングの上位であるミャンマー内資企業が中心に選定される傾向であったものの，2022年以降，納税額の大小を問わず，かつ日系企業を含む外資企業が選定される事例が急増しています。

② 税務調査のプロセス等

IRDから送付される通知レターに，税務調査の対象年度，提出資料の一覧，資料の提出期日及び税務監査部門との初回面談日が記載されます。資料の提出期日及び初回面談日がレター発行日から約1週間後に設定されていることに加えて，原本を提出しなければならない資料も多く含まれていることが，選定された企業にとって大きな負担になります。

初回面談及び最初の依頼資料提出後，税務監査部門による調査が開始されますが，多くのケースでは複数回の追加資料提出や対面での質疑応答が行われた

のち，税務調査による査定結果が記載された通知書が税務署から発行されます。税務調査による追徴税額がある場合は，オンラインでの納税手続を経てプロセスの完了となります。

(11) 韓国
① 税務調査の頻度
　平均的に5年に1度程度実施されます。

② 税務調査のプロセス等
　韓国では，国税庁が恣意的に税務調査を乱用することを防ぐため，国税基本法に税務調査選定基準を設けています。(i)課税資料等を考慮した申告誠実度電算分析の結果，不誠実な申告をした可能性があると判断した場合，(ii)直近4四半期以上税務調査を受けていない納税者のうち，業種等を考慮して申告内容の適正性を検証する必要があると判断した場合，(iii)無作為抽出によりサンプル調査の対象となった場合，定期税務調査を行うことができます。その他，(i)納税者が税法に定める申告及び納税協力義務を履行しない場合，(ii)証憑のない取引や加工が疑われる取引等がみられる場合，(iii)脱税情報があった場合には不定期税務調査の対象となることがあります。また，国税庁の調査対象選定基準によれば，原則として5年ごとの定期調査対象となるのは年間収入金額がKRW150B以上（専門的サービス提供法人の場合はKRW50B以上）かつ資産KRW200B以上の法人納税者です。
　小規模事業者については，脱税の疑惑があるか，あるいは申告誠実度電算分析の結果下位グループに属すると評価された場合，不定期税務調査の対象となる可能性が高くなります。
　国税庁の申告誠実度電算分析は，300項目余りの評価要素で構成され，所得・支出分析，クレジットカード使用分析，交際費や人件費，輸出入及び外国為替取引分析，適格証憑分析，不良取引先比率分析，源泉徴収効率分析，納税義務協力履行度分析，金融情報分析院（Financial Intelligence Unit：FIU）資料分析等を用いて実施されます。

(12) 香港
① 税務調査の頻度
　監査報告書を添付のうえ，毎年税務申告を行う前提となるため調査の頻度は少ないものの，財務情報を基礎に，調査対象会社が抽出され，基本的に税務局による机上調査となります。選定理由は開示されません。

② 税務調査のプロセス等
　納税・申告後に税務局が申告内容を確認のうえ，調査対象者に質問内容，提出資料を含むレターが発行されます。当レター内には回答期限が記載されており（一般的には30日以内），申請により期限延長も可能となっています。書面，メール等で回答期日までに回答のうえ，税額修正があった場合は，税務局から改訂納付通知書が発行されます。

(13) 台湾
① 税務調査の頻度
　台湾においては法人税の申告後に，例外なく国税局による申告内容の確認が行われ，申告内容について国税局が疑義を抱いたり，詳細の確認が必要と判断された場合に，書面形式による税務調査が行われます。

② 税務調査のプロセス等
　一般的な税務調査のプロセスは，以下のとおりです。

納税及び申告　⇒　国税局による申告内容の確認（この時点では納税者への通知は特になされない）　⇒　書面による質問状の発行（追加提出資料のリクエスト）　⇒　納税者による回答　⇒　税額確定通知書の発行

　当初の申告内容に特段の疑義がない場合，質問状の発行はなされず，原則として国税局のWebサイトにて確定通知書が発行された旨の公告が行われます。
　質問状が発行された場合，その回答期限についても質問状に記載され，期限までの回答が求められます。
　回答期限は質問状の発行日から通常30日となりますが，回答内容の準備が間に合わない等の場合は，回答期限の延長申請も可能です。
　納税者からの回答に基づき，さらに詳細の確認が必要と判断された場合は追

加の質問状の発行，それに対する納税者による回答という手順を繰り返し，最終的に税額確定通知書が発行されます。

税務調査の結果，当初の申告内容と相違がない税額確定通知書が発行されるか，あるいは相違がある箇所について調整がなされた税額確定通知書，及び追加納税額がある場合にはその通知も行われ，追加納税が発生した場合には，税額確定通知書の発行から30日以内に納付が必要となります。

税務調査の所要期間は初回の質問状発行からおおよそ2〜6ヶ月程度となりますが，申告書の提出後すぐに質問状が発行されるわけではなく，1年近く経過してから発行されるケースも実務上は散見されます。

通常，税額確定通知書の発行は申告完了から半年程度かかり，たとえ国税局から質問状を受領していなくとも，各申告年度の税額確定通知書が発行されるまでは国税局での内容確認が終わっていないというステータスとなります。

したがって，実際に税額確定通知書が発行されるのが申告を終えてから数年後になる，という状況もあり得ます。

(14) 中国

① 税務調査の頻度

外資企業を対象にした税務調査は実施されていますが，3年に1度くらい定期的に税務調査が入る会社もあれば，設立後1度も税務調査を受けていないという会社も多く，一概に平均的な年数を提示することが難しい状況です。

② 税務調査のプロセス

税務局は「金税四期」という税務管理システムを用い，企業の財務・税務データをビッグデータ解析しています。システムが企業のデータに異常があると指摘した場合，管轄税務局の担当官は企業の財務担当者に連絡し，企業に対してまず自己検査を行うとともに指定した資料・情報を税務局に提出し，問題点などを説明するよう要求します。提出された資料が問題無いと判断された場合，企業にはそれ以上の連絡はありません。ただし，企業が異常な状況を説明できないと税務局が判断した場合，追加情報を求めたり，直接企業に行って精査を行うこともあります。

帳簿精査の結果，法律違反が発覚した場合には，税務局は調査範囲を拡大して証拠を収集し，必要に応じて銀行預金の凍結，物品の差し押さえなどの納税

保全措置を実施します。調査の過程で企業が立件基準を満たすと税務担当官が判断した場合，関連規定に基づいて立件されます。案件が提出された後，税務局内の専門組織と専任職員が案件の審理を行い，審理報告書と税務処理に関する決定書を発行し，罰則決定の事実，理由，根拠，及び企業が有する権利を通知します。税務処理に関する決定書が企業に交付された後，その履行が監督されます。

394　第5章　税　務

第3節　法人税

I　概要

　下表は各国法人税を概括したものです。なお，概要となりますので，各種特例の有無については個別に確認が必要な点は留意が必要です。

	法人税率	キャピタルゲイン課税	連結納税制度の有無	欠損金繰越期限	繰戻還付の有無
インド	・原則：31.20%〜34.94% ・新税率：25.17%（17.16%）[*1]	あり	なし	8年	なし
インドネシア	22%	あり	なし	5年	なし
オーストラリア	30% or 25%（小規模会社）	あり	あり	無期限（株主継続要件等あり）	あり（2019年〜2023年まで）
カンボジア	20%	非課税[*2]	なし	5年	なし
シンガポール	17%	非課税	あり	無期限（株主継続要件等あり）	1年間の繰戻還付が可能
タイ	20%	あり	なし	5年	なし
フィリピン	25% or 20%（中小企業）	あり	なし	3年	あり
ベトナム	原則20%	あり	なし	5年	なし
マレーシア	24%	一部あり[*3]	あり	10年，ただし未使用の税務上の減価償却費（キャピタルアローワンス）の繰越期限はない	なし
ミャンマー	22%	あり	なし	3年（SEZ認可企業は5年）	なし
韓国	9％〜24%累進税率	あり	あり	15年	あり（中小企業の場合）
香港	8.5%〜16.5%の累進税率	非課税	なし	無制限	なし
台湾	原則20%	有価証券：非課税[*4] 固定資産：課税	なし	10年（青色申告に限る）	なし
中国	25% or 20%（中小企業）	あり	実質的になし	5年	あり

第3節　法人税　395

（＊1）インド法人の法人税率は原則30％で，サーチャージ及び健康教育目的税を加えた法人税実効税率は31.20％～34.94％となる。しかし，下記のような特例も設けられているため，どの法人税率が適用されているかは個社ごとに確認が必要となる。
- 最低代替税：会計上の利益×15％ ＋ サーチャージ ＋ 健康教育目的税
　　　　　　　（法人税額が会計上の利益の15％未満となる場合）
- 中小企業：26.00％ ～ 29.12％
- 新税率：25.17％（新設製造業は17.16％）

（＊2）改正により2025年1月1日から課税とされる予定あり。仮に予定通りに導入された場合，個人及び外国法人が稼得する不動産，リース資産，投資資産，のれん，知的財産，外国通貨等に係るキャピタルゲインが課税対象となる。

（＊3）非上場のマレーシア法人株式の譲渡から生じる譲渡益に対しては，原則として課税対象（10％）となる。また，不動産譲渡益に対しては，その保有期間に応じて10％～30％の税率で課税される。

（＊4）株式については，株券が発行されている場合は免税となるが，株券が未発行の場合は財産取引とみなされ課税の対象となる。なお，株券が発行されている場合は証券取引とみなされ，キャピタルゲインは免税となるが，取引価額の0.3％が証券取引税として課税される。

（1）留意点

　海外子会社所在地国の優遇税制や損金算入等の細かい規定を全て本社で把握して，海外子会社に指示するというのは実務上困難です。特に海外子会社の数が多い場合には，ある程度現地担当者や現地で委託している会計事務所等からの報告に依拠せざるを得ないところがあります。

（2）法人税率（会計上の利益と実効税率の差異）

　上表では一般的な法人税標準税率を記載しましたが，アジア諸国では多様な優遇税制や非課税所得の規定が設けられていますので，各法人の実効税率を確認する必要があります。まずは会計上の税引前当期利益と法人税等の金額を確認し，標準税率と比較して著しく高いまたは低い法人税率となっている場合には，本社としてもどのような理由で差異が生じているのか，またその差異は一時差異と永久差異のどちらなのかといったことは最低限把握しておきたい論点です。減価償却費等の典型的な一時差異から生じた際であれば，税効果会計を検討するか否かといった会計上の論点となりますが，書類不備や対価性のないグループ会社への支払いなどの理由で費用が損金として認められていない状況においては，本社も含めて何らかの改善策を検討する余地があるといえます。

　また，日本の親会社側の税務論点として，外国子会社合算税制の観点から租

396　第5章　税　務

税負担割合が20％未満となるかを確認する作業も必要になります。法人税標準税率が20％未満であるシンガポール，香港については，注意して見ている企業は多いように見受けられますが，同税制はいわゆる実効税率によって判定することになります。上表のように法人税率が20％ちょうどまたは20％台前半である国も多くありますので，こういった国は少額でも非課税所得が発生した場合には租税負担割合が減少し，部分合算課税の対象となることが懸念されます。また，優遇税制の適用を受けることによって低い実効税率の恩恵を享受している会社についても注意が必要です。

　さらに，グループ全世界での年間総収入金額がEUR750M以上の多国籍企業グループ（一定の適用免除基準に該当する企業グループ等を除く）には，2024年4月1日以後に開始する事業年度において国ごとに税負担が15％に至るまで日本親会社に対して課税を行う制度（いわゆるグローバル・ミニマム課税）が導入されました。この観点から今後は15％という基準税率にも注意を要する必要があります。

（3）キャピタルゲイン

　キャピタルゲイン（固定資産や株式等の売却益）に対しては，日本を含めて課税される国が多いですが，シンガポール，香港，マレーシア，カンボジアといった旧英国領の国を中心にキャピタルゲインが非課税とされている国も少なくありません。ただし，これらの国でも資産の譲渡であれば全て非課税というわけではなく，短期的な売買目的資産から生じた売却益であれば基本的に課税対象となりますし，譲渡益課税ではなく印紙税や証券取引税といった他の税目での課税についても留意が必要です。

　また，現地でキャピタルゲインが非課税となる場合には，法人税実効税率を引き下げますので，外国子会社合算税制の租税負担割合にも注意が必要です。

　近年の動向としては，シンガポール，マレーシア，カンボジアは，これまで非課税としてきたキャピタルゲインを一部課税することが公表されています。株式等の資産売却を検討する場合には，これらの改正状況を確認する必要があるでしょう。

（4）繰越欠損金

　海外子会社の繰越欠損金は，比較的簡単に確認することができます。期限切

れで使い切れない繰越欠損金がどの程度あるかは本社でまとめて管理しておくと良いでしょう。期限切れとなりそうな繰越欠損金がある法人に関しては，合併等の組織再編を検討する余地もありますし，移転価格税制のプランニングも繰越欠損金を考慮すると違った視点が見えてくることもあります。

（5）複数法人がある国の調整

　1ヶ国に複数の法人がある場合，これらの法人を全て考慮した最適な税務戦略は，現地では見えづらい視点ですので本社管理部門が取りまとめてみる必要があります。典型的な論点としては，連結納税制度等の活用が挙げられます。例えば，同国内に2社の法人があり，一方は利益，もう一方は立ち上げ時期で当面赤字が見込まれるといった場合には，連結納税制度等の適用を検討することになります。こういった税制の適用にあたっては各国に資本関係の取り決め（例えば現地で直接の親子関係があること等）があることが一般的ですので，こういった論点も考慮して日本から出資する資本関係を検討する必要もあるでしょう。

　また，M&A後の組織再編等もやはり税務が重要な論点となり得る分野です。M&Aによって1ヶ国に複数の法人が存在することは，典型例の1つです。特にM&Aの直接的な対象会社ではなく，そのグループ傘下に小規模な海外子会社がある事業グループを買収した場合には，これらの小規模子会社の検討にも注意を払う必要があります。例えば，買収前から当該国に既存子会社があれば，その既存子会社と買収により取得した子会社を合併する（または事業譲渡して清算する）等の効率化は検討することが望ましいでしょう。

（6）新規事業や設備投資等

　新規事業，設備投資，M&A，人員増強といったイベントに関連して，各国で優遇税制や補助金を享受できる可能性があります。優遇税制や補助金には，それらを享受するにあたって一定の要件を満たす必要があることが一般的です。もともとの事業計画が要件を満たしていれば良いのですが，商流や建付けを変更したり，支出額を増やしたりするといった少しの工夫で優遇税制等の適用有無が変わってしまうこともあり得ます。そのため，事業計画段階から利用できる優遇税制や補助金等がないか確認しておくことで，必要に応じて計画段階で事業担当者と協議して要件に合致するような調整も可能となります。

398　第5章　税　務

　もちろん各国の細かい優遇措置を全て事前に確認しようとするのは無理がありますが，少なくとも新規事業や設備投資といった大きな支出や組織変更等のタイミングでは，本社管理部門でも十分な検討ができているか事業担当者と一緒に確認しておきたいところです。

Ⅱ　申告納付

（1）概説

　アジア諸国の申告・納付に関連して日本本社でも押さえておくべき主なポイントは，下記のように挙げられます。

①　確定申告・納付

　確定申告は，事業年度終了後3〜5ヶ月程度を申告納付期限としている国が多いように見受けられます。国ごとに申告期限の延長制度が設けられていることもありますので，最終的な申告納付期限は現地専門家に確認し，申告期限までに適切に手続きが行われているかは本社でも確認しておきたい項目です。

　申告期限までの期間が比較的長い国として，シンガポール，香港，マレーシア，インド，オーストラリアが挙げられます。特にシンガポールの申告期限は決算期末の翌年11月末とされていることから，最短でも12月決算の翌年11月末で事業年度終了後11ヶ月後となり，3月決算の場合には翌年11月末ですので事業年度終了後1年8ヶ月後が申告期限となります。さらにシンガポールでは賦課課税方式が採用されていますので，最終的な税額確定は申告後に税務当局からの賦課通知が届いたタイミングとなります。

　また，外国子会社合算税制では，海外子会社の事業年度終了の日の翌月から2ヶ月を経過する日を含む日本親会社の事業年度において合算課税されることになります。例えば，海外子会社が12月決算，日本親会社が3月決算という場合には，海外子会社の2024年12月期分を日本親会社の2025年3月期で検討することになります。日本親会社で事業年度終了後2ヶ月以内（2025年5月末）に法人税額計算をしようとしても，上記に挙げたような申告期限が事業年度終了後5ヶ月超と設定されている国では現地確定申告書が未作成という状況が考えられます。

　このような場合には，現地子会社及び委託先会計事務所等とも協議して，日本の申告スケジュールに間に合うように課税所得金額を試算してもらえないか

検討することが必要になるでしょう。

② 予定（中間）申告・納付

　アジア諸国においては，事業年度の中途において法人税等の前払いを求められる国がほとんどですが，シンガポールでは期中の中間申告納付を求められていません。また，中間納付が求められる場合において，前年度実績に基づいて税務当局が計算した金額を納税する国と，進行事業年度の実績値に基づき計算した中間申告に基づいて納税額が決められる国とがあります。納税のタイミングや納付額計算は，国によって違いがありますので，財務的な観点から現地納税資金を確保しておくことには注意が必要となります。

　さらに，インドネシアやフィリピンなどでは，国内の法人間取引に関して多くの取引で源泉徴収課税の対象となっています。これは納税者による申告納税方式に対する信頼性の低さから，当局が徴収実務を徹底する観点から源泉徴収制度の網が張り巡らされているといえます。つまり，国内払いに係る源泉徴収税額の性格としては法人税中間納付と同様であるといえます。

③ 還付申告

　中間納付や国内源泉税と併せて意識しておいたほうが良いのが，還付申告をした場合にスムーズに還付金を受け取ることができるのかという問題です。中間申告や国内源泉税は，法人税の前払的性格であることから，法人税確定申告で既納付額が確定法人税額よりも多ければ，当然還付金が戻ってくると考えます。しかし，アジア諸国の還付申告の実務では，還付金を返金してもらうことは難しい国や，税務調査のトリガーになる国など，還付申告を行った場合のリスクも各国ごとに認識しておかなければなりません。

④ 事業年度

　多くの国では法人税申告上の課税期間（会計上の事業年度）を自由に設定することができます。

　しかし，アジアの国では特に下記の国の事業年度には留意が必要となります。
- インド：3月決算に統一
- オーストラリア：原則6月決算ですが変更も可能
- ミャンマー：3月決算に統一

400　第5章　税　務

● 中国：12月決算に統一

（2）国別の留意事項

①　インド

（a）確定申告・納付　　インドの特徴として，事業年度・課税期間が4月
1日から3月31日と指定されていることが挙げられます。確定申告・納付の期
限は翌年度の10月31日（国際取引がある場合には11月30日）となります。なお，
税務上の年度をAssessment Yearと呼び，会計年度が終了した年の1年後を指
すことになります。例えば，会計年度で2024年3月に終了する事業年度は，会
計上はFY2023-24となりますが，税務上Assessment Year 2024-25（AY2024-
25）と呼ばれます。

インドの法人税申告の留意点としては，インド法人に限らず日本法人を含む
外国法人も，インド源泉所得を有する場合，インドで法人税の申告書を提出す
る必要があります。例外的に，外国企業が以下の2点にいずれも該当する場合
は，申告書の提出が免除されます。

● 源泉所得が配当，役務提供，特定の利息，ロイヤリティのみで構成されている。
● 源泉所得税が，インド国内法で規定されている税率以上で源泉徴収されている。

そのため，日印租税条約の税率で源泉徴収が行われ，かつ，その税率がイン
ド国内法より低い場合は，外国企業は法人税の申告が義務付けられます。

また，租税条約を適用する企業は，Form 10Fと呼ばれる申請書を，オンラ
イン上で提出する必要があります。Form 10Fを提出する際は，居住国の証明
書（Tax Residency Certificate：TRC）を添付する必要があります。

（b）予定申告・納付　　インドでは四半期ごとに法人税の予定納税が必要
となります。その事業年度通期の見積法人税額をベースとして，6月15日まで
に15％，9月15日までに45％，12月15日までに75％，翌年3月15日までに
100％に達するまでの税額をそれぞれ納税することになります。例えば，当年
度の見積法人税額がINR1Mの場合，6月15日までにINR150Kを，9月15日ま
でにINR300K（450K-150K）を予定納付することになります。

なお，予定納付した税額は，確定申告時に精算され，超過支払額は還付され，
不足額は納税するとともに延滞利息が発生します。予定納付及び確定納付のス
ケジュールをまとめると下記表のとおりです。

名称	英語名称	期限
予定納付	Advance Tax	6月15日（見込税額×15％） 9月15日（見込税額×45％） 12月15日（見込税額×75％） 翌年3月15日（見込税額×100％）
確定納付	Self-Assessment Tax	翌年10月31日（国際取引に係る証明書の提出を要する場合には11月30日）

② インドネシア

（a）確定申告・納付　　事業年度終了日から4ヶ月以内に納税申告をする必要があります。

また，当該事業年度に発生した源泉徴収税額及び予定納付額の合計が，最終的な法人税額を上回る場合，確定申告時に当該差額分を還付申請することが認められています。しかしながら，還付請求を行うとほぼ必ず税務調査が実施されるため，還付請求額と税務調査対応に係るコストを比較検討する必要があります。場合によっては，税務調査で多くの指摘を受け還付請求額以上の追徴課税が発生するケースもあるため，検討には注意が必要です。

（b）予定申告・納付　　納税期限は毎月15日，申告期限は毎月20日となっています。予定納付額の具体的な計算は以下のとおりです。

- 前年度の法人所得税計算における偶発的に発生した収益費用を課税標準額から控除する。
- 上記で計算した修正後の課税標準額に法人所得税率を乗じて修正法人所得税額を算出する。
- 前年度に支払った前払法人税額を修正法人所得税額から減額する。
- 減額後の修正法人所得税額を前年度の月数で除して，翌期の予定納付額を計算する。

予定納付のほか，物品の輸入時には，源泉所得税が課され，原則として，輸入業者識別番号を保有している場合はCIF価格プラス輸入関税の合計額に対し2.5％，当該番号を保有していない場合は7.5％の税率にて輸入通関時に課されます。この税金は，法人所得税額の前払的性格を有するため，確定申告の際に法人所得税額から控除することができますが，上述のとおり，確定申告での還

付申請は税務調査の引き金となります。

③　オーストラリア

（a）確定申告・納付　　オーストラリアの法人税申告はその会計年度や会社規模，前年度の納税状況などにより期限が変わり複雑になっています。オーストラリアの会計年度は 7 ～ 6 月ですが，親会社の会計年度に合わせるために会計年度を変更する場合は原則支払期限は決算期末から 6 ヶ月後，申告期限は 7 ヶ月目の15日までとなります（支払期限が先になります）。オーストラリアでは以前は賦課課税方式が採用されていましたが，1989年に賦課課税方式から申告納税方式に改正されています。

（b）予定申告・納付　　オーストラリアでは予定納付制度がとられています。予定納税額は前年度の納付額をもとに計算され，四半期ごとに法人税の前払いを行います。予定納付は四半期ごとの消費税申告書内にて計算し，申告納付します。予定納付金額は 2 つのオプションから選択可能となります。

> 1．税務当局により計算された金額をそのまま支払う方法
> 2．税務当局が算出したレートにその四半期の課税所得を乗じた金額を支払う方法

　このオプションは年度最初の四半期にどちらかを選び，選んだ方法でその年の残りの予定納付額を計算します。上記 2 に関しては妥当な理由があればレートの変更が可能ですが，変更した金額が最終的な納付額の85％未満である場合は罰金が科せられる可能性があるので，注意が必要です。

　予定納付の頻度は，原則四半期ごとになります。予定納付の期限は，Tax Agent（現地会計事務所等）を通して行っていない場合は期間終了日から21日以内，Tax Agentを通している場合には期間終了日から 2 ヶ月目の25日が申告期限となります。前述のとおり予定納付は消費税申告書内で計算し申告をするため，消費税申告などの計算で，期限に間に合わないことが見込まれる場合は事前に延長申請をすることも可能です。延長申請は過去の申告状況などが考慮され決定されますが，原則延長申請は承認されます。四半期の申告書の延長であれば 3 週間の延長申請が可能です。

第3節　法人税　**403**

④　カンボジア

（a）**確定申告**　　事業年度終了日から3ヶ月以内に納税申告をする必要があります。また，当該事業年度に発生した源泉徴収税額及び予定納付額の合計が最終的な法人税額を上回る場合，次年度以降に繰り越されることとなります。申告内容に誤りがある場合申告書の提出から3年以内であれば修正申告が可能です。

（b）**予定申告・納付**　　VATを除く収益（Turnover）の1％を毎月前払法人税として納付する必要があります。Turnoverは毎年事業活動に係る税金として納付する事業税（Patent）の証明書に記載された事業活動から生じる収益及び補助的な収入が含まれることとされています。月次税務申告書は毎月対象となる月の翌月20日（電子申告の場合，翌月25日）までに提出することが求められます。この申告書内にある「収益に係る取引の明細」に該当する取引を記載し前払法人税を計算することとなります。また，税務調査ではこの月次税務申告書で記載している収益と年次の法人税申告書で記載している収益とで金額に差異がある場合，前払法人税または法人税及び収益に係るVATの申告漏れを指摘される可能性があります。

なお，適格投資プロジェクト等によって法人税が免税とされている期間中は，この前払法人税の納付は法人税同様免除されることとなります。

⑤　シンガポール

（a）**確定申告・納付**　　多くのシンガポール法人は会計監査を受ける義務があり，法定期限のスケジュールに基づくと，会計監査が完了し，株主総会によって決算が確定するのは決算期末から6ヶ月後となります。それを踏まえて，確定申告の税額計算を行うことを考慮して，確定申告期限は決算期末の翌年11月末と長めの期限が設定されています。

また，シンガポール法人税は賦課課税方式ですので，納税は申告時ではなく税務当局が発行する納税通知書（NOA：Notice of Assessment）の受領後となります。そのため，最終的な納税額は，確定申告書に記載されている金額とは異なる可能性がありますので，納税通知書（NOA）を確認したほうが良いという点にも併せて留意が必要です。

法人税申告書は，その売上規模に応じてForm C/ From C-S/ Form C-S（Lite）の3種類があります。それぞれの申告書の売上金額基準は下記のとお

りです。

> Form C ：Form C-S/C-S（Lite）を提出しない法人 [*]
> Form C-S ：年間売上SGD5M以下の法人
> Form C-S（Lite）：年間売上SGD200K以下の法人

* Form C-S/Form C-S（Lite）では，優遇税率，外国税額控除やGroup Reliefといった一部の制度の適用が受けられないため，売上基準額以下でもForm Cを提出することがある。

　なお，税務上の年度をYear of Assessment（YA）と呼び，会計年度（FY）の翌年を指します。例えば，会計年度で2022年12月期（FY2022）の税務申告は，税務上YA2023と呼ばれます。

　（b）予定申告・納付　　予定納付はありませんが，免除要件に合致しない場合，事業年度終了日から3ヶ月以内に見積課税所得（Estimated Chargeable Income（ECI））の見込申告が求められています。確定申告と同様に，見込申告後に税務当局から発行される税額通知を基に納付を行うことになります。なお，一般的な納付期限は，税額通知を受領後1ヶ月以内となります。

　なお，無申告や支払遅延によるペナルティは厳格に科されますが，過少申告によるペナルティの有無は状況によります。しかし，見積課税所得の金額が確定申告税額より著しく過少である場合には税務当局からの追及も想定されるため，見込申告後に見積課税所得の金額が少なかったことが判明した場合には，確定申告前に見積課税所得を修正する例もみられます。

⑥　タイ

　（a）確定申告・納付　　法人税の確定申告書（PND50）は，事業年度終了日から150日以内（電子申告の場合には158日以内）に提出する必要があります。

　また，当該事業年度に発生した源泉税（仮払法人税に相当）及び予定納税額の合計が結果的に法人税額を上回る場合，確定申告時に還付申請を行うことができます。ただし，タイでは還付申請を行うと必ず税務調査が実施され，場合によっては税務調査で多くの指摘を受け，想定よりも還付額が少なくなる，または還付額以上に追徴課税が発生するなどのおそれもあります。税務調査に対応するために社内の人的リソースを割く必要もあることから，還付申請を行う際にはその合理性を精査する必要があります。

なお，還付申請可能期間は申告期限から 3 年間で，還付申請を行わないと判断した場合，会計上は還付申請可能期間経過後に損失処理することが一般的です。

　（b）予定申告・納付　　事業年度開始から 6 ヶ月目の月末を基準日として 2 ヶ月以内（電子申告（e-filing）の場合には 2 ヶ月と 8 日以内）に，法人税の中間申告書（PND51）を提出する必要があります。基本的には当該事業年度通期での見込課税所得を基に計算した想定法人税額の半額を申告・納付します。この通期見込課税所得は中間申告書にも記載されますが，中間申告書に記載した通期見込課税所得が実際に発生した通期課税所得より著しく少なかった場合には合理的な理由がない限り延滞税が発生します。

　この点，前年度の年間税額の半額以上を中間申告で納税していれば合理的な理由があるとして取り扱われます。一方で，上述のとおり，確定申告での還付申請は税務調査の引き金となるため，中間申告額の決定に際しては前年度の年間税額や当期通期見込課税所得，源泉税などを総合的に考慮し慎重に対応することが重要です。

⑦　フィリピン

　（a）確定申告・納付　　法人税は四半期及び年次で申告が必要となっており，年次法人申告書（BIR Form 1702）は事業年度末日より数えて 4 ヶ月目の 15 日までに提出する必要があります。

　フィリピンの申告方法はeFPSと呼ばれるオンライン納税システムもしくはeBIRフォームと呼ばれるオフラインでの電子申告を通じて行います。eFPSの場合は，会社の銀行口座と納税システムをリンクさせることでオンラインネットバンキングを通じて納税が可能ですが，eBIRフォームの場合は，BIR認定の銀行代理店における納税が必要になります。また，年次法人税申告書を提出する際には監査済財務諸表の添付が必要です。

　（b）予定申告・納付　　四半期法人申告（BIR Form 1702Q）は，課税年度の第 4 四半期を除いた四半期ごとに申告書を通じて各四半期末までの課税所得を累積ベースで計算し，累積課税所得に対する税額を算出します。申告期限は各四半期末より60日以内となっており，また，四半期法人税申告においては監査済財務諸表の添付は不要です。

406　第5章　税　務

⑧　ベトナム

（a）確定申告・納付　　法人税の確定申告は，会計年度末から3ヶ月目の末日までに実施する必要があります。

具体的な提出書類は，以下のとおりです。

- Form 03/TNDN 　　　：法人税の確定申告書　＜日本でいう別表四（一）＞
- Form 03-1A/TNDN：会計上の損益計算書
- Form 03-2/TNDN 　：繰越欠損金の計算表（もし該当ある場合）
- Form 03-3A/TNDN：優遇税制に係る情報（もし該当ある場合）
- Form 01/GLDK 　　　：関連当事者に係る情報

法人税申告は，年度末の確定申告のみですが，法令上は四半期ごと（各四半期末の翌月30日まで）の予定納付を実施することが求められています。しかしながら，実務上は，第1，2，3四半期には仮納付は行わず，第4四半期の予定納付期限にその年度の全額分を納税するケースが散見されます。この背景として，予定納付に係るペナルティは，第4四半期までの納付額が年税額の80％分に足りなかった場合にのみ発生するためです。

予定納付額と確定申告額の差額について，納付不足であれば追加納税を，納付過多であれば超過分の還付が実施されます。しかしながら，超過分の還付については，実務上は還付申請がなかなか認められづらいことから，翌会計年度の法人税計算上での税額控除という処理が取られることが多いです。

⑨　マレーシア

（a）確定申告・納付　　マレーシア法人は課税年度の末日から7ヶ月以内（通常は電子申告による1ヶ月の延長措置が認められるため，8ヶ月以内）に法人税申告書（Form C）をオンラインにて税務当局に対して提出する必要があります。なお，申告書の提出時には監査済決算報告書や税額計算書の添付は求められていません。また確定申告額と，下記に記載する見積納税額の差額を，上記の申告期限までに納税する必要があります。

税務上の年度をYear of Assessment（YA）と呼び，課税年度の末日に当たる暦年がそのYAとなります。例えば会計年度が2023年1月1日〜2023年12月31日である場合は，課税年度の末日である2023年がYAとなるため，その期間にかかる税務年度はYA2023となります。また1暦年中に必ず1税務年度末を

設ける必要があるため，例えば期末日の変更を行う場合，会計年度と税務年度が一致しないケースも発生することに留意が必要です（例えば2023年において期末日を3月31日から12月31日に変更する場合，2022年4月1日～2023年3月31日がYA2023となり，2023年4月1日～2024年12月31日の21ヶ月をYA2024として法人税申告を行います）。

（ｂ）予定申告・納付　　事業年度開始30日前（設立初年度は営業開始後3ヶ月以内）までに，翌事業年度の見積納税額を申告する必要があります（法人税の見込申告）。その見積納税額を12等分した金額を，事業年度開始後，毎月納税することになります。なお，見積納税額は事業年度の6ヶ月目・9ヶ月目及び11ヶ月目に修正可能ですが，見積納税額が実際の法人税額を30％以上下回った場合，30％を超える部分に対し10％のペナルティが科されます。

⑩　ミャンマー

（ａ）確定申告・納付　　ミャンマーの全ての会社は事業年度・課税期間が4月1日から3月31日と指定されており，確定申告の期限は課税年度の末日から3ヶ月以内の6月30日までに確定申告書をオンラインで提出する必要があります。

　確定申告書上で年間の法人税額を計算し，期中に納付した法人税額を記載する形式になっていますが，確定申告の税務査定を経て最終確定した法人税額が期中に納付した税額を超える場合は，不足額に10％の遅延ペナルティが追加で納付することになります。

- 年度末の確定申告書上で年間の法人税額を計算し，期中に納付した法人税額を記載する（納付証を申告書に添付して提出する）。
- 確定申告の税務査定を経て法人税額が最終確定し，期中に納付した税額が不足した場合は不足額に10％の遅延ペナルティとともに追加納付する。

（ｂ）予定申告・納付　　四半期ごとに前払法人税を納付することが求められており，納付期限は各四半期末から10日以内と比較的短く設定されています。なお，税額計算の根拠資料等の提出は不要です。

　課税年度の納付額が過払いとなった場合は確定申告書上で現金還付（税務署が発行する小切手を受領）もしくは次年度への繰越を選択することができますが，実務上，現金還付の場合は税務署による調査及び小切手発行手続に時間を

408 第5章 税 務

要することから次年度への繰越のほうがスムーズに手続きが完了します。

⑪ 韓国

（a）確定申告・納付　　法人税の確定申告は，事業年度終了日から3ヶ月以内に提出する必要があります。また，当該事業年度に発生した源泉徴収税および予定納税額の合計が結果的に法人税額を上回る場合，確定申告時に還付申請を行うことができます。

　日本の税法と類似しており，決算利益から税務調整を経て税額を算出します。税法が定めた特定の書式を使用する必要があり，電子申告を原則としています。税務調整を行うためには専門的な知識が必要であるため，ほとんどの企業は外部専門家である公認会計士や税理士を通じて申告しています。なお法定監査の対象企業であったり，税額控除を受けようとしたりする場合には，必ず外部専門家を通じた電子申告を行わなければなりません。

（b）予定申告・納付　　予定納付は必須であり，原則的には半期末日から2ヶ月以内に予定申告・納付をしなければなりません。一般的には前年度実績基準で申告を行います。ただし，新設法人及び直前年度実績基準での納付税額がKRW500K未満の中小企業については申告納付が免除されます。前年度の実績がない場合や，会社が希望する場合には仮決算方式で申告することができますが，予定納付負担軽減のため故意に虚偽の中間決算を行った場合には加算税追徴対象となります。

⑫ 香港

（a）確定申告・納付　　香港法人（支店・駐在事務所除く）は，監査報告書を添付のうえ，決算期に応じた申告期限までに納税する必要があります。原則として翌年4月末が申告期限となりますが，およそ下記の表のとおり決算期に応じた延長申請が認められています。なお，実際の申告期限は各年度及び電子申告の有無によって異なりますので，現地会計事務所に確認が必要となります。

　申告書を税務局に提出後，通常は3ヶ月以内に納税通知書が発行されますので，納税通知書に記載されている納税額及び納税期限に沿って納付します。納付期限は2回に分けて記載されており，初回で75％，2回目に25％を納税することが一般的です。

事業年度末	申告期限
4月～11月決算	翌年4月末
12月決算	翌年8月下旬
1月～3月決算	同年の11月15日 （課税所得がゼロなら翌年1月末）

（b）予定申告・納付　　香港は予定納税制度を採用しており，納税時には当期確定納税額と翌期予定納税額を合計した金額を納付します。なお，翌期予定納税額の算定は，当期法人税額と同額として計算されます。つまり，毎期の確定納付の際には下記算式により計算した金額を納付することになります。ただし，翌期以降の納税額が減少すると見込まれる場合には，翌期予定納税額の免除申請を行うことができます。

当期法人税額－当期予定納税額（前年に納付済）＋翌期予定納税額

⑬　台湾

（a）確定申告・納付　　確定申告はその事業年度終了日から5ヶ月目の月に行う必要があり，申告期限までに確定申告の税額から中間納付額を控除した金額を納付します。確定申告の税額より中間納付額が多い場合は，還付を受けます。これまでは国税局へ確定申告書を提出した後，1年ほどの審査期間を経て「確定通知書」と呼ばれるレターが発行され，これにより税額が確定していましたが，法改正により，一部優遇税制の適用申請を行った場合や税務監査による欠損金の繰越が発生する場合などを除き，「確定通知書」の郵送は行われず，国税局Webサイトにて確定通知書が発行された旨の公告を行い，必要に応じて納税者が自ら証明資料をダウンロードするという運用に変わりました。

　また，台湾には未処分利益課税という制度があり，前年度利益の配当等を行わず会社に留保している場合，この未処分利益に対して5％の課税が行われます。実際の計算では，過年度累積欠損を有している場合の欠損補塡や法定積立金の積立等，各種調整後の配当可能額が課税対象となります。そのため，当年度の法人税申告と併せて前年度の未処分利益に関する申告を行います。

　例えば，2023年12月決算法人における法人税確定申告書は，2024年5月末までに提出することになりますが，この際に2022年12月期における未処分利益課

税の申告も同時に行います。また，2023年12月期に係る未処分利益課税の申告は，2024年12月期の法人税申告と併せて2025年5月末までに申告することになります。

台湾の申告書は，売上金額，売上原価，営業費用の各科目別金額，営業外損益の各科目別金額等規定された各科目につき，会社の帳簿金額と税務調整後の金額を併記するフォーマットとなっています。申告書フォーマットには，粗利率や営業利益率，経常利益率等の割合が算出される欄があり，この割合が国税局が設定している同業他社の標準利益率と大きく乖離がある場合は，税務調査の対象となるリスクが高まるといわれています。

（ｂ）予定申告・納付　　予定納付については，通常，その事業年度開始の日から9ヶ月目に，前年度法人税額の半額を中間納付として支払います。一方，青色申告適用事業者または税務監査を受ける事業者については，上半期（6ヶ月）の期間で計算した所得金額に法定税率を乗じて計算した金額をもって予定納付税額とすることも認められています。

予定納付額が過大であったこと等の理由により，還付申請となる場合は，還付小切手が郵送されますが，事前申請により会社の口座へ直接送金を受けることも可能です。

⑭　中国

（ａ）確定申告・納付　　企業所得税（EIT）の確定申告では，納税者がEITに関する税法，規定，規則及びその他の規定に従って，当年度の納付または還付すべき税額を計算し，EIT年次確定申告書に記入し，管轄税務当局にEIT年次確定申告書を提出します。課税年度末から5ヶ月以内または実際の事業運営終了日から60日以内に年次EITを申告する必要があります。

（ｂ）予定申告・納付　　企業所得税の前納は，前納企業所得税申告書を税務当局に提出することにより，月または四半期の末日から15日以内に行わなければならないとされています（月または四半期ごとのどちらかになるかは税務当局が査定のうえで決定しますが，一般的には四半期ごと）。12月または第4四半期の納税者の企業所得税予納申告は課税年度終了後15日以内に完了し，予納の後，当年の企業所得税の確定申告をしなければなりません。

2021年度以降の確定申告において，納税者の予納税額が当該年度の確定申告納税額を上回る場合，納税者は適時に還付を申請しなければならず，担当税務

第3節　法人税　411

当局は，関連規定に基づき速やかに還付処理を行うこととされています。

Ⅲ　優遇税制

　政策的な観点等から各国において様々な優遇措置が設けられています。これらを類型すると下記4つの種類に大別できると考えられます。適用にあたっては，確定申告書に記載があれば良いものや，事前に管轄税務当局の承認を得る必要があるものなど様々です。

---

① 免税・軽減税率（例：特定の事業や収入に対する免税または軽減税率の適用）
② 損金算入の先取り（例：加速度減価償却）
③ 追加的損金算入（例：研究開発等に対する支出額以上の損金算入）
④ その他（例：コロナ禍における時限的繰戻還付）

　各国税制を細かいところまで全て日本本社で確認するということは現実的ではなく，現地担当者または現地会計事務所等からの情報に頼らざるを得ません。しかし，現地会計事務所に申告業務を委託していたとしても，「適用の意思表示や根拠資料提出がないので優遇税制は適用していませんでした」となってしまうケースは少なくないように思います。そのため，多くの企業が適用している優遇税制は，自社でも適用の余地がないか確認することが望ましいでしょう。

　特に下記のような事象が生じる場合には，影響額が大きくなる可能性がありますので，何か適用できる優遇税制がないか確認したいところです。

● 新規法人等の設立，新規事業の開始，M&Aの実施等
● 設備投資や人員増強等による大幅な支出
● 研究開発の実施
● 災害・金融危機・景気対策等の重大な外的要因の発生

　ここでは全ての優遇税制を紹介することはできませんが，各国において比較的広く利用・検討されている優遇税制の例を紹介します。

（1）インド
① 適格スタートアップ企業
　2024年3月31日までに設立されたスタートアップ企業は，設立年から起算して10年間のうち連続する3年間に対して，利益全額を免税とすることができま

412　第5章　税　務

す。

②　国際金融サービスセンター（International Financial Service Center：IFSC）

　2005年経済特区法に基づくIFSCに拠点を置く，一定の条件を満たした企業は，金融関連法の登録を取得した年から起算して，15年間のうち10年間，特定の所得に対し100％の免税措置を受けることができます。

③　雇用促進企業

　従業員を雇用し，人件費が増加した企業のうち，期限までに確定申告書を提出した企業は，一定の条件のもと，連続する3年間，追加の人件費の30％の控除が認められます。

④　輸出品に対する関税及び課税免除制度

　インドに居住する輸出事業者が，一定の条件のもと，これまで還付されていなかった関税等の中央，州，地方税の還付を受けることができる制度です。制度の適用を希望する輸出事業者は，各輸出品目に係る運送状または輸出手形を通じて，適用の申請を行う必要があります。

（2）インドネシア

①　マスターリストによる輸入関税／VATの免除

　マスターリストとは，新規投資時に輸入する資本財，または生産能力を30％以上拡張させる投資の際に輸入する資本財，生産開始から2年分の原材料について，関税が免除となる認可リストです。一定の要件を満たし，通関処理をする時点でBKPM（投資省）からの認可を受けている必要があります。

　また，製造機械の輸入時にマスターリストの認可を受けていることを前提として，さらに事前に所轄税務署よりVAT免除認可を受け，輸入申告書作成時に当該認可証を提出することで，VATの免税措置も受けることができます。

（3）オーストラリア

①　小規模ビジネス税制

　小規模企業は，減価償却資産の即時償却などの優遇措置を利用できます。

② R&Dインセンティブ

　特定の研究開発活動に対して税金控除を受けることができます。これにより，企業は新製品やプロセスの開発に投資することを推奨されます。

③ 個人年金積立金の損金計上

　個人事業主などで自身の年金ファンドに積み立てることで，事業の損金として計上が可能です。上限の金額は毎年変更しているため注意が必要です。

（4）カンボジア

① 適格投資プロジェクト

　カンボジア開発協議会（The Council for the Development of Cambodia）から適格投資プロジェクト（Qualified Investment Project）として認可されたプロジェクトについては，認可された免税期間は最長9年間の法人税及び前払法人税の免税に加えて輸入関税等に係る優遇措置を享受することができます。

　2021年10月に質の高い投資を効果的かつ実効的に誘致・促進するための透明性・予測可能性の高い法的枠組みの確立を目的とした新投資法が制定され，2023年6月には新投資法の認可手続及び優遇措置の具体的内容等を定めた政令139号が公表されています。政令139号の中では投資活動の種類に応じて基本的優遇措置を享受できる期間が当該投資活動の技術レベルに応じて3つのグループに分けられています（技術レベルが高いほど優遇措置の期間が長い）。新投資法では投資プロジェクトを適格投資プロジェクト（QIP），適格投資プロジェクトの拡大プロジェクト（EQIP），投資保証のみを受ける投資プロジェクト（GIP）に区分していますが，そのうちEQIPについて2024年5月にさらなるガイドラインが発表されるなど徐々に新投資法の具体的な実施に係る情報が明らかになっています。

（5）シンガポール

① パイオニア・インセンティブ（PC），開発・拡張インセンティブ（DEI）

　PCはシンガポールの発展に寄与する技術力の高い製品の製造・サービスの提供を奨励することを目的として，パイオニア・ステータスの認定を受けた企業の適格所得に対して5〜15年間の法人税の免税措置が適用されます。DEIは，過去にPCの認定を受けた企業やPCの認定を受けられなかった企業を対象とす

414　第5章　税　務

る制度であり，新規プロジェクトの実施・シンガポールにおける事業の拡張や増強などを行う企業の適格所得に対して5～15%の法人税の軽減税率が適用されます。いずれの制度も経済開発庁（Economic Development Board of Singapore：EDB）による認定が必要となります。

②　投資控除（IA）

製造業，認定建設業事業を実施する企業，研究開発プロジェクトを対象としたインセンティブで，オートメーション機器，認定プロジェクト用の新規生産設備，ノウハウや特許権の取得に関する認定資本支出について，通常の資本控除に加えて，30%や50%の追加控除の税制優遇を受けることができます。

③　企業イノベーションスキーム（EIS）

シンガポールで実施される研究開発プロジェクト，知的財産の登録，知的財産権の取得・ライセンシング，従業員研修，適格パートナー機関との共同イノベーションプロジェクトの5つの適格活動に係る適格支出について400%の所得控除が適用できます。また，適格事業者については，所得控除に代えて適格支出の20%の現金支給オプションの選択も可能となります。

④　知的財産開発インセンティブ（IDI）

研究開発活動から生じる知的財産の利用や商業化を促進する制度であり，認定を受けた場合には，特定の知的財産の商業化から得られる適格所得の割合に応じて5～15%の法人税の軽減税率が適用されます。EDBによる認定が必要となります。

⑤　国際化スキームにおける二重控除（DTDi）

企業のさらなる国際化の支援を目的として，国際市場拡大や投資開発活動のために支出した費用について，年間SGD150Kを限度として二重控除を認める制度です。ただし，SGD150Kを超える場合や一定の費用についてはEnterprise Singapore（ESG）またはSingapore Tourism Board（STB）の承認が必要になります。

⑥　認定ファイナンス＆トレジャリーセンター（FTC）

　シンガポールに拠点を持ち域内の関連会社に財務・資金調達のサービスを提供する会社は，EDBやシンガポール通貨金融庁（Monetary Authority of Singapore：MAS）の認可を得ることを条件として，法人税の軽減税率や源泉税の免除等の優遇措置を享受することができます。

⑦　グローバルトレーダープログラム（GTP）

　シンガポールに設置された貿易活動拠点機能に対する優遇税制であり，認定を受けた場合には，特定商品のオフショア貿易などから生じる所得に対して5〜15％の法人税の軽減税率が適用されます。ESGによる認定が必要となります。

（6）タイ

①　BOIステータス

　タイにおける主な投資奨励制度であるBOIステータスを有している場合は，法人税の減免（最長8年間）や輸送費・光熱費の追加損金算入，機械設備や輸出生産用の原材料に対する関税の免除が適用可能なケースがあります。具体的な免税の内容は業種ごとに段階的に定められています。

　法人税申告書では，法人税の減免対象事業とそれ以外の事業について損益や課税所得を分けて記載する必要があります。

②　中小企業向けの減税・免税

　中小企業（資本金THB5M以下かつ年間収益がTHB30M以下）に対して，課税所得THB300Kまでは法人税が免税，THB300K超3Mまでは税率が15％に軽減されます。

　なお，1度上記の中小企業の定義に該当しない事業年度があると，その後も中小企業としての減税・免税を適用することはできなくなります。

③　設備投資や教育訓練費

　一定の要件を満たす設備投資や教育訓練のための支出について，追加の損金算入が可能です。

416   第5章　税　務

④　障碍者・高齢者・元受刑者等の雇用追加損金算入

一定の要件を満たす障碍者・高齢者・元受刑者等を雇用し賃金を支払った場合，追加の損金算入が可能です。

（7）フィリピン
①　PEZA

代表的な優遇税制としてエコゾーンと呼ばれる経済特区に立地している会社（PEZA登録企業）は業種によって異なりますが特定の期間の法人税免税の恩恵があります。一方で，2021年の税制改正（CREATE法）によりPEZA登録企業に対する優遇税制が一部縮小されました。

②　SIPP

PEZAの優遇税制に代わって，投資促進機関（IPA）が定めた戦略的投資優先計画（SIPP）に該当する新規事業に対して税制優遇措置が与えられることとなり，該当する業種においては個別に確認が必要となります。

③　BOI

国内事業で政府として優先的に取り組みたい分野に対して，BOI登録を通じて税務インセンティブが付与されます。2023年時点では，再生エネルギー関連，農業等の分野が選定されています。

（8）ベトナム
①　ソフトウェア開発企業の優遇税制

ソフトウェア開発に従事する企業で条件を満たす企業（プログラミングやテストだけを実施している企業は対象外）は，合計15年間の法人税の優遇税率（10％）が適用され，さらには当該期間の中の最初の4年間は免税，その後の9年間は50％の減税を享受できます（現地では「4免9減」と呼ばれています）。

これに関して，IT関連企業であれば全て優遇の対象となると誤解している会社もありますが，決してそんなことはなく，ベトナムの法令で規定されているソフトウェア開発事業の条件を満たす企業のみが対象になりますので，注意が必要です。

第3節　法人税　　417

②　その他の優遇税制

　上記のソフトウェア開発企業の優遇税制が実務上最も適用されていますが，その他にも法人税率の優遇措置が受けられる事業（奨励業種）としては，教育・ハイテク・環境保護・農水産業の加工等があります。

　また，上記のように政府が奨励する特定の「事業」に対する優遇だけではなく，「活動拠点」に対する優遇措置もあります。つまり，インフラが良く整備された都市部ではなく，困難な経済・社会条件を持つ地域で事業活動を実施する企業に対しても，同様に優遇措置が適用されます。

（9）マレーシア

①　パイオニア・ステータス

　投資奨励の対象となる産業への投資に対し与えられ，法人税が5年間一部免除となります。

②　投資税額控除

　パイオニア・ステータスの代わりに申請することができる制度で，最初に適格資本的支出（工場，プラント，設備等に対する支出）が発生した日から5年以内に発生した適格資本的支出の60％に相当する控除額が得られ，各税務年度の課税所得の70％と相殺することができます。

③　再投資控除

　製造業で操業開始から最低36ヶ月を経ており，生産設備の近代化，自動化のため再投資を行う会社が対象となります。適格資本的支出の60％に相当する控除額を，最初の資本的支出が行われた税務年度から15年度以内の課税所得と相殺することができます。

④　投資税額控除

　新産業マスタープラン2030に基づき，再投資控除の適用期間が終了した既存企業の高成長・高価値分野への投資を奨励するため，2024年度の税制改正において70％もしくは100％の投資税額控除が導入されました。2024年1月から2028年12月までの間にMIDA（マレーシア投資開発庁）が申請を受理したものが対象となります。

418   第5章 税 務

(10) ミャンマー
① 投資法に基づく優遇税制
　ミャンマー投資委員会（MIC）が，事業内容，投資規模，指定された場所（ゾーン1～3）での事業実施，国内における雇用・技術供与・市場活性化等への寄与等の項目を勘案して，優遇税制が付与されるかが決定されます。
　優遇税制の内容は多様であり，法人税の免税，加速度償却，輸入関税の免税等があります。

② 経済特区法（SEZ法）に基づく優遇税制
　SEZ管理委員会（Management Committee）の認可を受けて外国企業が投資を行う場合には，管理委員会の審査の後に様々な税務上の優遇措置が与えられます。優遇税制の内容は，上記投資法の優遇税制の内容と同様に多様であり，法人税の免税・軽減，商業税や輸入関税の免税等があります。

(11) 韓国
① 中小企業税額控除
　中小企業として製造業など法律で定めている業種を営む事業で発生する所得に対して，規模，所在地域，業種によって算出税額の5～30%を税額を減免します。

② 投資税額控除
　機械装置，研究・試験，訓練，エネルギー節約，環境保護，勤労者福祉のための事業用資産などに投資した場合，会社の規模，投資資産の種類によって投資額の1～25%の税額控除を受けることができます。

③ 雇用増大税額控除
　該当課税年度の常時勤労者数が直前課税年度の常時勤労者数より増加した場合，会社の規模，増加した勤労者の種類（青年・障碍者・高齢者と一般）によって一人当たりKRW4.5M～12Mを税額控除します。

④ 研究人材開発費税額控除
　研究開発及び人材開発のための費用を支出した場合，支出金額の一定比率を

税額控除する優遇制度です。特に新成長・源泉技術研究開発費と国家戦略研究開発費の場合はその控除比率が高いです。

(12) 香港

① CTC財務統括拠点の優遇税制

香港に，Corporate Treasury Centre（CTC：財務統括拠点）を設立している法人は，香港外のグループ会社の財務活動から生じる所得に対して，標準税率（16.5％）の半分となる8.25％の優遇税率が適用されます。財務統括拠点とは，多国籍企業におけるグループ内部資金管理を目的とした法人であると定義されています。

② 研究開発の優遇税制

一定の条件を満たした研究開発費（Research and Development Expenditure）については，税額控除の適用が可能です。具体的には，支出額HKD2Mまでは300％控除，HKD2Mを超える支出については200％控除可能です。また，法人に限らず，大学や研究所等の団体にも適用されます。

(13) 台湾

① 産業創新条例（研究開発）

研究開発費用を支出している法人に対して，研究開発費につき「当年度に支出額15％の税額控除」または「当年度より3年間にわたって支出額10％の税額控除」を選択適用できます。また，先進的な研究開発については，別途優遇税制が設けられています。

② 産業創新条例（IT投資）

自社で使用するスマート機械，5G関連のシステム導入，情報セキュリティ関連のハードウェア，ソフトウェア，技術サービス等に投資を行っており，かつ，投資額が年間TWD1M以上1B以下であることを要件に，これらのIT投資額につき「当年度に支出額5％の税額控除」または「当年度より3年間にわたって支出額3％の税額控除」を選択適用できます。

420　第5章　税　務

(14) 中国
①　中小企業の優遇税制
　中小企業に対しては，所得金額に応じた軽減税率が適用されます。中小企業とは，年間課税所得がCNY3M以下，従業員数が300人以下，総資産がCNY50M以下という3つの条件を満たす企業を指します。

②　企業の研究開発費に対する追加控除
　研究開発活動とは，科学技術に関する新たな知識を獲得するため，科学技術に関する新たな知識を創造的に応用するため，あるいは技術，製品（サービス），プロセスを大幅に改善するために，企業が明確な目的をもって継続的に行う体系的な活動を指します。
　製造企業が研究開発活動を行う際に実際に発生した研究開発費は，実際に発生した税引前額の100％が損金になります。無形資産となる場合は，2021年1月1日以降，無形資産の取得原価の200％償却されます。
　なお，いわゆる製造企業とは，製造業を主な事業とし，優遇措置を享受する年度の総収入の50％以上を主な事業収入とする企業を指します。製造業の範囲は国民経済産業分類に従って決定され，総収入は企業所得税法第6条に従って判断されます。

③　科学技術を基盤とする中小企業の研究開発費に対する追加控除
　科学技術型中小企業が研究開発活動を行う際に実際に発生した研究開発費のうち，無形資産を形成していないものについては，実際に発生した額の100％に相当する額が損金になります。無形資産となる場合は，2022年1月1日以降，無形資産の取得原価の200％に相当する額を償却します。
　なお，科学技術型中小企業とは，一定数の科学技術人材を有し，科学技術研究開発活動を行い，自主的な知的財産権を取得し，ハイテク製品やサービスに転換することで，持続可能な発展を実現する中小企業です。科学技術型中小企業の条件と管理は，「科学技術型中小企業評価弁法」に基づいて実施されます。

④　農業，林業，畜産業，漁業プロジェクト
　国が支援する公共インフラ・プロジェクトの投資及び運営からの収入，対象となる環境保護，エネルギー及び水の保全プロジェクトに従事することによる

収入は，法人税が免除されます。

⑤ 技術移転による収入

　税法にいう技術移転による適格所得に対する企業所得税の免除または減免とは，居住企業の技術移転による所得のうち，1会計年度においてCNY5Mを超えない部分は企業所得税が免除され，CNY5Mを超える部分は企業所得税が50％軽減されます。なお，国境を越えた技術移転は，省レベル以上の商務部門によって承認され，登録される必要があります。

Ⅳ　実務上頻出の税務調整項目

（1） 概説

　多くの国で減価償却費，交際費，支払利息などの損金不算入規定が設けられており，日本と似通った考え方で理解しやすいものが多いと思います。下記の項目は，多くの国で調整の対象とされているものですので，簡単にそれぞれの典型的な考え方を記載します。

① 資本取引

　旧イギリス領系の国を中心に資本取引に関する損益を課税所得に影響させないという考え方があります。ここでいう資本取引とは，増資や減資といった純資産の部に関連する取引に限らず，のれん償却や長期で保有する固定資産や株式のキャピタルゲイン・ロス及びこれらの取引に関わる専門家報酬といった関連費用も含めて益金・損金不算入となります。

② 国外源泉所得の課税

　日本では全世界所得課税が採用されており，日本法人が稼得する所得はどの国で生じたものかにかかわらず日本で法人税課税の対象となります。一方で，シンガポールや香港など，国外源泉所得（簡単に言えば，自国外の業務に関わるもので自国外の銀行口座で受け取るもの）は自国に送金されるまでは非課税とされている国もあります。

③ 減価償却

　減価償却費に関しては，日本のように会計と税務の差異を調整するというよ

りは，会計上の減価償却費を全額否認し，そのうえで税務上の減価償却費を全く別の税務用固定資産台帳で管理するというような考え方を採用している国も数多くみられます。

④　支払利息

　多くの国で支払利息の損金算入制限の規定があります。これは本来資本として出資するはずの資金をグループ会社からの借入金で賄った場合には，借入国側で支払利息という損金を計上して課税所得を減額することができることに鑑みて，一定の制限を設けたものです。もちろん全ての支払利息を認めないというわけではなく，一定の条件で過度な支払利息を認めないという考え方になります。

　そのため，海外子会社にグループローンで多額の資金注入をしてしまうと，子会社側では支払利息が損金として認められず，貸し手側では受取利息が益金算入されるという二重課税の状況が懸念されます。いわゆる過少資本税制（Thin Capitalization）と呼ばれる制度です。このため，グループローンを検討するにあたっては，借手側で損金算入制限を超過していないかどうかも確認が必要です。

⑤　その他政策的な調整

　シンガポールは国土が狭いため車両関連費用は原則損金不算入，インドではマネーロンダリング防止の観点から一定額以上の現金取引は損金不算入，といった各国の事情を考慮した税務調整項目が設けられています。こういった調整を網羅的に確認することは難しいので，現地専門家に任せるしかないという側面がありますが，政策的な調整項目はその国の事情を反映していて興味深いものです。

　ここでは全ての税務調整を紹介することはできませんが，国ごとに頻出の税務調整項目の一部を紹介します。

（2）国別の留意事項
①　インド
（a）減価償却費

　インド所得税法では，減価償却は定率法のみが採用されており，所定の償却

率で減価償却が行われます。また，当該税務年度で税務上の赤字を計上している場合，当期減価償却費を損金として計上せず，将来にわたって繰り延べることが可能です。

（b）支払利息

支払利息は基本的に損金算入項目ですが，INR10M以上が非居住者の関連会社に支払われる場合は，EBITDAの30％までに損金算入が制限されます。損金算入が否認された超過額は，翌期以降8年間にわたって繰り越すことができます。

（c）CSR活動

2013年インド会社法で義務付けられる企業の社会的責任活動（CSR）にかかった費用については，損金不算入となります。

（d）のれんの償却費

2021年度の税制改正以降，買収やその他の目的によって生じたものにかかわらず，のれんの償却費は損金不算入となります。

（e）現金取引

一定の金額を超える現金取引は，損金不算入となります。

②　インドネシア

（a）支払利息（過少資本税制）

負債と資本の比率について，4：1の比率を超えた負債がある場合，その超過した負債から発生する支払利息は損金として認められないとされています。さらに当該負債により生じる為替差損についても損金性を否認されると考えられています。

（b）ロイヤリティの否認

以前は，税務調査にてロイヤリティの損金性につき全額否認されたという例がありましたが，現在はインドネシアの移転価格税制そのものが整備されてきており，比較的適切な対応がされる体制となってきています。しかしながら，ロイヤリティ設定における移転価格税制上の検討は重要です。

（c）親会社へのマネジメントフィーの否認

会社間の契約書を用意しておくことは当然ですが，サービスが実際に行われているか，その金額の妥当性に関する説明資料を税務調査の際には求められます。

424 第5章 税 務

③ オーストラリア

（a）交際費

通常は損金計上が認められませんが，FBT（フリンジベネフィット税）の支払いをした交際費に関しては損金計上が認められています。FBTは雇用主が従業員に対して金銭以外の便宜を付与した場合にそのベネフィットに対して課せられる税金となります。

（b）減価償却費

一括損金計上などの優遇措置が適用されるため，適用可否，損金算入限度など毎年のように確認が必要な税務調整事項となります。

（c）支払利息

オーストラリアでは過少資本税制の規定により，有利子負債額が制限されています。借入金が限度額を超えた場合，一定の支払利息計上額に制限されます。

オーストラリア政府は2023年7月から始まる会計年度より一般クラス投資家向けに現行のセーフハーバーテストを置き換え，利益ベーステストの適用を提案しています。利益ベーステストは 1. Fixed Ratio Test（FRT），2. Group Ratio Test（GRT），3. Third Party Debt Testがあり，まずFRTのテストを適用します。当該規定ではEBITDAの30％を超過した支払利息に関しては，一時差異として損金不算入処理をしますが，翌年以降に支払利息がEBITDAの30％を下回る場合は，損金算入をすることが可能です（最大15年間の繰越が可能）。

④ カンボジア

（a）交際費

交際費（娯楽，レクリエーション，エンターテインメントやその他の関連費用）は，全額損金不算入となります。

（b）支払利息

損金算入限度額を超過する支払利息は損金不算入となり，超過額は5年間繰り越されます。

損金算入限度額＝受取利息及び支払利息を除く課税所得×50％＋受取利息

（c）減価償却費

固定資産の減価償却費は会計上の減価償却費を加算し，税務上計算した減価償却費を減算します。

第3節　法人税　425

（d）関連会社への支払い

　関連会社へのマネジメントフィーやコミッション等の費用については，当該費用が生じた事業年度の末日から180日以内に支払われなかった場合には，過去に遡って損金算入が否認されます。ただし，事業年度の末日から180日後から30日以内に当該費用について自主的に年次申告の修正を行う場合，遅延税や延滞利子税の納付は免れます。

⑤　シンガポール

（a）資本取引

　増資・株式取得に係る専門家報酬（弁護士費用，会計士費用），賃貸借契約に係る印紙税等は，資本取引として損金不算入となります。

（b）車両関連

　社用車のリース料，購入代金等を含む車両費は，原則として損金不算入となります。

（c）医療費・医療保険料

　従業員の総報酬額の1％（または2％）を超える医療費，医療保険料は損金不算入となります。

（d）支払利息

　収益に関連しない資産（子会社株式，遊休固定資産等）を取得するための借入金に係る支払利息は損金不算入となります。

⑥　タイ

（a）無償または低廉譲渡

　資産譲渡，役務提供または資金貸付の対価が正当な理由なく無償または市場価格より低い場合は，税務当局職員が対価を市場価格に修正できるとされています。

　この規定により，個々の取引単位，製品単位などで赤字取引（原価割れ価格での販売）を行っている場合，会社としては事業上の合理性がある（もともと他の取引と合わせて利益を獲得することを想定しているなど）と考えていても税務当局からは理解を得られず，一定の利益率になるように販売価格を修正する（売上を追加計上する）ことが求められ，法人税やVATの追徴課税につながるケースは非常に多くみられます。

426 第5章 税 務

また，無利息で貸付を行っている場合，当該貸付金に係るみなし受取利息が認定されることがあります。

（b）引当金

原則として，引当金の繰入額は損金算入できません。

（c）資産の廃棄損

通常，棚卸資産の廃棄損の損金算入にあたっては以下の要件があります。

- 会社内での検査と承認
- 会計監査人による廃棄への立会と廃棄証明の作成
- 税務当局への事前通知（税務当局職員が立ち会うこともある）

なお，固定資産の廃棄損の損金算入時にも上記の手続きを実施することが望ましいです。

（d）交際費

交際費の損金算入限度額は総収入と資本金のいずれか大きい額の0.3%（THB 10Mが上限）です。

（e）支払利息

税法上，支払利息の損金算入に対する直接的な限度額等はありません。ただし，BOIステータスを申請する場合などで資本に対する借入金の比率を一定以内にする必要があるケースがあります。

（f）出向者給与

出向元である日本本社が日本で出向者本人に立替払いした給与について，日本本社からタイ子会社に出向負担金等の名目で請求する場合，タイ子会社でその出向負担金が損金不算入とされるケースがあります。もしくは，日本本社が当該出向者の存在をもってタイでPE認定され，タイ子会社からの支払いが給与ではなくサービス費用の支払いとみなされ源泉税及びVATの対象となる懸念があります。

⑦　フィリピン

（a）交際費・慰安費用

事業上必要と認められる交際費や慰安費用に関して，販売業／製造業は総売上高の0.5%，サービス業は総サービス収入の1%を上限，さらに販売業／製造業とサービス業とを兼営する場合には，総売上高の0.5%と純サービス収入

の１％の合計を上限として損金算入が可能となります。

（ｂ）寄附金

寄附金税においては，一般寄附金（政府，政府関係機関，活動内容が宗教，科学，青少年スポーツ振興，文化，教育に限定された団体，社会福祉団体への寄附）と指定寄附金（国家優先計画に基づき政府に対して行うもの，条約などに基づき特定の外国機関または国際組織に対して行うもの，特定の非政府機関に対して行う寄附）によって損金算入可能な金額が異なります。

一般寄附金については，課税所得の５％が上限，指定寄附金においては，全額の損金算入が認められています。

（ｃ）支払利息

支払利息は，①対応する債務が存在し，②当該債務が事業に関連したものであり，③課税年度中に発生または支払われたものであることを条件として，損金算入が認められています。ただし，分離課税の対象となる利息収入がある場合には，当該利息収入額×20％の額を控除した金額を限度として，支払利息を損金算入できます。なお，利息の支払者と受領者が内国歳入法第34条（Ｂ）項に規定する特別利害関係にある場合は損金不算入となります。事業用資産の取得に関連して発生した利息については，法人の選択により損金算入，もしくは資本的支出のいずれかとして取り扱うことが可能ですが，滞納税金の延滞利息は，損金算入が不可能となります。

⑧　ベトナム

（ａ）インボイス不備

厳格なインボイス制度を適用しており，インボイスが会社運営上最も重要な書類といえます。サプライヤーから受領したインボイス，接待を行った際に飲食店から受領したインボイスなど，宛名や住所が間違えていただけで損金性を否認されることもあるため，正確な内容のインボイスの入手が重要となります。

（ｂ）債権債務相殺の書類不備

債権債務の相殺は，それを証明する契約書等を整備していないと，債務側の費用について損金不算入とされるケースが散見されます。なお，当該否認扱いになった費用に関しては仕入VATの控除も認められません。特にグループ会社間での債権債務の相殺に関する書類不備は多くみられますので注意が必要です。

428　第5章　税　務

（c）支払利息

支払利息の損金算入にあたっては限度額があり，現行規制ではEBITDAの30％が限度額です。EBITDAの30％と超過した支払利息に関しては，当年度は一時差異として損金不算入処理しますが，翌年度以降に支払利息／EBITDA比率が30％を下回る場合には，損金算入をする（最大5年間の繰越が可能）ことが可能です。

⑨　マレーシア

（a）減価償却費

原則として減価償却費は損金算入が認められていませんが，政策的な理由により一部の資産に対してはキャピタルアローワンスという名目で減価償却費の損金算入が認められています。ただし，事務所用建物など資本的支出とされるものは対象とはなりません。

（b）交際費

交際費については既存顧客との飲食費は50％損金算入となるものの，見込み顧客との飲食費は損金不算入となるなど，収益を獲得するために直接要した費用でない場合は損金不算入となります。

（c）資本取引

マレーシアにおいては資本取引から生じるキャピタルゲイン，キャピタルロスは原則として課税の対象となりません（不動産，非上場株式等の譲渡によるキャピタルゲインは別途課税）。そのため，有形資産や無形資産を取得するために要した費用や，事業開始前の創業費，開業費といった費用は損金不算入となります。

（d）支払利息

事業とは関係のない資産（不動産等）を取得するための借入金に係る支払利息は損金不算入となります。

⑩　ミャンマー

（a）資本的支出等

原則として，課税年度における事業遂行上必要な全ての費用が税務上の損金となりますが，資本的支出及び事業に関連しない個人的支出，事業規模に比例しない費用などは損金として控除することができません。

第3節　法人税　　429

（b）支払利息

支払利息は基本的に損金に算入されますが，中央銀行の事前認可を取得していないオフショアローンの支払利息は損金算入が認められません。

（c）減価償却費

IRD（内国歳入局）が認めた償却率で計上することができ，それを超える減価償却費は損金算入が認められません。

（d）寄附金

IRDより認められた慈善団体や財団への寄附金は損金算入が認められます。ただし，寄附金は課税所得の25％を限度として損金算入が認められています。

⑪　韓国

（a）交際費（企業業務推進費）

法定証憑（コーポレートクレジットカードのレシート，税金計算書など）を受け取っていないKRW30K超過交際費及び年間一定金額（基本（中小企業KRW36M，大手企業KRW12M）＋ 売上高×一定％）以上の交際費は損金として認められません。

（b）退職給付引当金

社内内部に引当金として積立した退職給与は損金として認められず，実際退職金を支払った時期に損金算入されます。ただし，退職年金に加入して外部積立をした場合は，損金算入します。

（c）業務用乗用車関連費用

法人名義で購入または賃借した高価の乗用車を役職員が私的に利用し関連費用を会社の費用と損金算入した場合，課税官庁がこれに対して摘発・立証することが難しかったため実質的に税金漏れになっていました。韓国政府はこれを補完するために2016年より業務用乗用車の取得，リース・レンタル費用及び維持管理費用に対する損金不算入規定を導入しました。

まず，会社名義の乗用車に対しては役職員限定業務専用自動車保険に加入すべきであり，加入しなかった場合関連費用は全額損金不算入になります。保険に加入したとしても乗用車関連費用が１台当たり年間KRW15Mを超過した場合は，運行記録簿を作成する必要があります。また，運行記録簿上，業務使用比率に相当する金額のみ損金として認められます。また，乗用車の減価償却は５年定額法の適用が義務付けられており，年KRW8Mを超過する減価償却費

（または減価償却費相当額）は損金不算入になります。

⑫　香港

　原則として，香港で課税所得を生み出すための事業運営上必要な費用は，税務上損金算入されます。交際費や寄附金，支払利息等支出についても，上記原則に即している限り，損金算入が可能です（寄附金は課税所得35％の上限規定あり）。

　一方で，上記原則に即さない損金不算入例としては，株式売却損（キャピタルロス）や，香港に課税所得を生み出さない香港外会社への支払利息等が挙げられます。株式売却益（キャピタルゲイン）が非課税であることはよく知られていますが，それらを生業としない限り，資本取引については税務上益金・損金算入されません。

⑬　台湾

（a）経費發票への統一番号の不記載

　経費の發票に自社の統一番号の記載がされていない場合，その経費は損金の額に算入することができません。なお，發票の発行が免除されている小規模店での経費に関しては，發票の代わりにレシートが証憑となり，年間営業費用額の３％相当額までの範囲で損金算入が認められます。

（b）交際費

　売上額や仕入額等の項目によって算出された損金算入限度額があり，その金額を超過する場合は，その超過部分について損金の額に算入されません。損金算入限度額は，税務監査の有無及び売上金額・仕入金額によって一定の計算式により算定されます。

（c）寄附金

　寄附金については，一部の寄附金を除き，損金不算入とされます。ただし，政府や特定の団体に対する寄附金は，個別に規定される損金算入限度額まで損金として認められます。

（d）標準利益率による調整

　台湾では各法人の主要な営業項目に紐づく，業種ごとの標準利益率が定められています。申告した会社の売上総利益率（粗利率）が，規定の標準利益率よりも低く，かつ，当期欠損として申告をした場合，計上された売上原価の妥当

性について厳しく調査される可能性が高くなります。この場合，売上原価の妥当性を証明するための資料として，毎月の在庫受払表の提出を求められるケースが多く，会計帳簿と合致した在庫受払表の作成，提出ができないと，最終的に業種ごとの標準利益率に基づく売上総利益が計算され，追加納付が必要という査定がなされてしまう事例が散見されます。

（e）支払利息

台湾では過少資本税制の規定があり，関連当事者からの支払利息を有する要弁済資金の合計額が純資産額の3倍を超える場合，当該超過部分の負債に関して発生した支払利息については，損金不算入となります。ただし，総収入や支払利息の金額が一定額以下である場合には，過少資本税制の適用が免除されます。

⑭　中国

（a）接待交際費

生産・営業活動に関連して発生した接待交際費は，その年の売上（営業）所得の5％を上限として，発生額の60％を損金算入することができます。その年の売上（営業）所得には，企業所得税法実施規則第25条に規定されるみなし売上（営業）所得が含まれます。

株式投資業を営む企業（グループ会社の本社，ベンチャーキャピタル企業等を含む）については，その配当，賞与及び投資先企業から分配される株式譲渡所得を，所定の割合に従って交際費控除限度額の計算に使用することができます。

（b）寄附金

当年度または過年度から繰り越された公益寄附金については，年間利益総額の12％まで損金算入することができます。また，年間利益総額の12％を超える部分は，翌年以降3年間の課税所得の計算において繰越控除が認められます。

（c）支払利息

非金融企業から非金融企業への貸付金の支払利息は，同期間に金融企業が行った同様の貸付金の利率に従って計算された金額を超えない範囲で控除することができ，超過分の控除は認められません。

関連企業に支払う支払利息は，一定の算式により計算した金額を限度として損金算入が認められます（限度超過額の翌期繰越はありません）。

Ｖ　PE認定

（1）概説

　PE（Permanent Establishment：恒久的施設）とは，ある国における事業を行う一定の場所等をいいます。例えば，日本法人の従業員がシンガポールでオフィスを構えて業務に従事している状況は，支店PEがシンガポールにあると考えて，当該日系企業はシンガポールで法人税申告や源泉徴収義務など様々な課税上の論点に対応する必要が生じます。一方で，その国にPEを有していない企業に対しては，その事業から生じる所得を課税しないという「PEなければ課税なし」というルールが古くから国際課税の原則とされてきました。

　しかしながら，PEの定義は複雑で，かつ，国によっても少しずつ範囲も異なっています。そのため，PEの判定は実務上難しいケースも多く，PE認定リスクをゼロにすることが難しいケースもあります。そういった場合には，保守的に現地でPEがあるものとして税務申告を行うこともあります。反対に，理論的にはPE認定が疑われるケースであっても，実務上はPE認定されていない期間が長期間にわたるケースもあります。実務上は，多額のコンプライアンスコストをかけて厳密な対応をすることが，必ずしも正しいとは限りません。理論的な考え方を正しく理解しつつ，国ごとに実務的なリスクを理解して，ある程度の潜在的なリスクを許容して現実的な対応策を講じていくのがPE認定リスクへの対応であるといえます。

　ここで重要となる実務的なPE認定リスクを理解するにあたっては，下記３つのポイントから抑えていくのが良いでしょう。

①　理論的な理解

　まずは理論的に考えて，対象国での活動がPEに該当するかを確認することが重要でしょう。ここではPEの理論的な説明は省略しますが，PE関連の規定は，各国国内法のみならず，租税条約及びBEPS防止実施措置条約（MLI）を確認する必要があります。しかし，これらの規定はおよそ表面的なことしか書かれておらず，論点を正しく理解するにはOECDコメンタリーや解説書籍なども精読する必要があります。そのため，PEは理論的に理解するのが非常に難解で，例外や事実認定によるところも大きいため，結果として明確な答えが出しにくい論点です。それでもPE認定リスクの問題に直面している場合には，

まずは基本的な議論ができるように一度は関連書籍などで基礎的な理解をしたいところです。

② PE認定された場合の影響額

PE認定は，PE認定されるリスクがあるかというYes or Noの議論もさることながら，PE認定された場合にどのくらいの金額的な課税リスクがあるかということも重要になります。例えば，PE認定されたとしても現地スタッフが1人で売上も発生しておらず，本社からコスト＋マークアップ（いわゆるコストプラス）で計算された収入のみを認識すれば良いということであれば，税務上のPE認定リスクが顕在化したとしても，そこまで重大なリスクはないと考えることもできます。

ただし，PE認定リスクは，法人税のみならず所得税や間接税等のその他税目や，就労ビザや支店登記といった幅広い論点に影響を及ぼしかねない点には留意が必要となります。

③ 国ごとの特徴

PE認定は，租税条約を締結している国の間では，租税条約，MLI及びOECDコメンタリー等に基づいて判断されるべきであり，理論上はどの国でも同じような基準に基づいてPE認定を判断することになります。しかしながら，PE認定は，国によってかなり実務の温度差があるように感じます。ほとんどPE認定事例を聞いたことがないような国がある一方で，積極的にPE認定を絡めて指摘を行う国もあります。その例として，インドと中国について詳しくみていきます。

（2）国別の留意事項

アジア諸国におけるPE認定に関して，特に注意が必要な国として，インドと中国が挙げられます。これらの国で実務上の指摘が多い典型事例は以下のとおりです。

① インド

インドでは，PEの中でも代理人PEに関する指摘が多いことが特徴です。例えば，最終的にインド顧客と契約を締結するのは日本本社ですが，インド子会

社がインド国内で営業活動を行っており，日本本社はインド子会社に対して販売手数料を支払っているというケースです。こういった場合において，インド子会社が顧客との交渉や契約締結に積極的に関与している場合には，正式な契約代理権限が子会社に付与されていなかったとしても，インド子会社が日本親会社の代理人PEと認定され，日本本社は当該インド顧客からの売上をインドで法人税申告しなければならないということになります。

　また，もう1つ典型的な論点として駐在員の出向にも気を付ける必要があります。日本本社からインド子会社に出向している従業員は，出向先のインド子会社の業務に従事しており，出向期間中はインド法人の従業員であると考えることが一般的です。しかし，駐在員の真の雇用者は日本本社であると認定し，日本本社のPEを認定されることがあります。このようなPE認定をされた場合には，日本親会社からインド子会社に請求される出向負担金等が，実質的には技術的役務提供の対価であると考えて，当該出向負担金等の支払いに関してインドで源泉税が課税されます（技術役務の提供に対する源泉税については，第4節Ⅱ（1）インドを参照）。そのため，駐在員の出向を行う際は，PE認定されないように出向契約書（Secondment Agreement）等の関連資料を精査することが必要になります。

② 　中国

　派遣企業である外国法人が派遣人員の業務成果に関する責任とリスクの一部または全部を負い，通常，派遣人員の業務成績を評価・査定する場合，派遣企業は中国国内に労働サービスを提供するための機関または場所を設置したものとみなされます。派遣企業が租税条約の締約国の企業に属し，労働サービスを提供する機関または場所が比較的固定的かつ恒久的である場合，その機関または場所は中国国内のPEに該当します。

　具体的には，現地法人が海外に送金する場合，銀行及び税務局に申告情報を提供する必要がありますが，その際，PEとみなされるケースが散見されます。2013年国家税務総局公告第19号によると，恒久的施設のPEとみなされる場合として，以下のケースを列挙しているので参考にしてください。

第3節 法人税 **435**

> A) 労働サービスを受ける国内企業（以下，「受入企業」という）が非居住者企業（以下，「派遣企業」という）に対して行う管理料及びサービス料の性質を有する支払いがある場合
>
> B) 受入企業が派遣企業に対して行う，派遣人員のために支払う賃金，給与，社会保険料及びその他の費用の額を超える支払いがある場合
>
> C) 派遣企業が，受入企業が派遣要員に対して支払う関連料金の全額を支払わず，当該料金の一定額を留保する場合
>
> D) 派遣企業が負担した派遣人員の給与が，中国において個人所得税の課税対象になっていない場合
>
> E) 派遣企業が派遣人員の人数，資格，報酬基準及び中国国内での勤務地を決定している場合

Ⅵ 移転価格税制

（1）概説

　国境を越えたグループ会社間取引を行う場合には，移転価格税制により独立企業間価格（第三者間取引に準じた価格）によって取引することが税務上求められます。移転価格税制は各国の国内法によって定められていますが，基本的なルールはOECDが公表するガイドラインに基づいているものが多く，どの国でも似たような取扱いとなります。移転価格税制に関しては，それだけで専門的な書籍も多数出版されているため，詳細な説明は割愛しますが，本社側の管理として下記のような事項に注意すると良いでしょう。

① 対象取引の確認

　移転価格税制の対象となる取引，つまりグループ会社との取引はどのようなものがあるか，またそれはどの程度の取引規模か，今後は拡大する予定があるのかといった取引の確認を行います。日本本社が商流に絡む取引であれば把握していることが多いと思いますが，海外子会社同士の取引については本社で認識していないケースもありますのでグループ全体の移転価格リスクの観点からは海外子会社同士の取引確認も必要となります。

　また，対象取引の確認は，年度が終わった後の税務申告用に事後的に行うのではなく，日頃から事業担当者と連携して，取引開始前に情報を入手して検討を行うことが重要となります。

② 価格設定や検証方法の一貫性

　移転価格税制の対応は各国の現地担当者や現地会計事務所に任せているため，日本本社では各国の整理をよく理解できていないというケースが散見されます。こういった場合，現地担当者がそれぞれの事情で個別に取引価格を設定しており，全体としてみると一貫性が取れていないということがよくあります。また，移転価格税制の観点から適切な価格設定がされているかを検証する方法はいくつかありますが，相対する取引であっても両国で整合性の取れていない整理をしてしまっていることや，取引相手国側からみると税務リスクの高い整理をしてしまっているケースなどもあります。

　すでに述べたように，移転価格税制はどの国でも基本的に同じ制度体系となっていますので，本来は日本本社で一貫性のあるグループ価格設定ポリシーを策定し，それを基本形として各国の移転価格税制の整理をすることが望ましいでしょう。もしくは，すでに各国で移転価格文書等の作成を行っている場合には，それらを取りまとめて整合性の取れた価格設定ポリシーや検証方法を整理する方法も考えられます。

③ リスクの把握

　移転価格税制は，リスクを全くのゼロにするということが難しい分野です。細かい取引までみていくとイレギュラーなケースは多々ありますし，事業実体の微妙な変化によって結果が異なるということもあります。そのため，事前に会計事務所等と相談して整理していたとしても，税務当局との見解が相違するということがあり得ます。

　そこで，重要なのはリスクの度合いを正しく把握することになります。具体的には，影響額が大きいが全く検証できていない取引や，営業利益率の異常水準である海外子会社等については，潜在的なリスクが大きい可能性がありますので何らかの整理・検証をすることが望ましいでしょう。反対に，少額でイレギュラーな取引等については，検証に係るコスト・工数や事業のスピードを重視してある程度リスクを受容するといった対応も一般的であるといえます。

④ 文書化等のコンプライアンス

　海外子会社との取引が独立企業間価格で行われているかどうかの検証を行い，一定の記載事項とともにその検証結果を記した文書（移転価格文書）の作成が

多くの国で求められています。移転価格文書は，一般的に下記の3つの文書を指します。

> ① ローカルファイル
> 　具体的なグループ内取引に対して，価格設定が移転価格税制の観点から適切に行われているかを検証するための詳細な情報を記載した文書。一般的に各国ごとに決められている取引額を超えた場合には，各国で求められる形式や検証方法に沿って作成した文書を作成する必要がある。
> ② マスターファイル
> 　グループ全体の事業内容，構成会社，取引内容，無形資産の所在等をまとめた全体像を説明する文書。各国で提出が求められる場合には，一般的に最終親会社で作成した文書（英語）を各国の税務当局に提出することになる。
> ③ 国別報告書（CbCR，Country by Country Report）
> 　国別の活動状況を報告するために所定フォームに沿って，具体的な数値や情報を集計した資料。一般的に最終親会社所在地国の税務当局に提出することになる。

　日本では，一の国外関連者との取引の合計額が50億円以上（無形資産取引は3億円以上）の場合には，ローカルファイルの作成（同時文書化）が求められています。ただし，これに満たない場合であってもローカルファイルに相当する書類の提出義務はあります。

　また，直前会計年度の連結総収入金額1,000億円以上の法人は，マスターファイル（事業概況報告事項）と国別報告書（CbCR）を提出することが求められています。

　アジア諸国においても，一定額以上の売上規模や取引金額がある場合には，各国法令に準じた移転価格文書の作成及び提出・保管義務があります。各国ごとの作成免除の基準について以下に記載しています。基準額を超える場合には，現地で適切な文書が作成されているか本社から確認することが望ましいでしょう。

　さらに，現地で移転価格文書を作成している場合には，日本本社でも取り寄せて本社側の整理と整合性が取れているかの確認は，最低限行うと良いでしょう。

（2）国別の留意事項

　日本を含む海外グループ会社との取引がある場合，その取引価格の妥当性を

各国税務当局に説明するために，多くの国で移転価格文書の作成が求められています。ただし，重要性を鑑みて，一定額以下の取引しかない法人については，各国で作成免除規定が設けられています。各国の移転価格文書作成の免除基準はそれぞれ下記のとおりです。

① インド

(ローカルファイル)

ローカルファイルに関しては，年間の関連会社取引の金額がINR10M以下の場合には作成義務が免除されています（ただし，簡易な説明文書の作成は必要）。インドにおける留意点としては，2023年4月1日以降，税務当局がローカルファイルの提出を要請した場合，要請日から10日以内に提出することが求められています。提出期限が非常に短いため，自社がローカルファイルの作成義務に該当するか，前もって確認と対応を行うことが推奨されます。

(マスターファイル)

次の要件を全て満たす納税義務者に限って提出義務があります。なお，マスターファイルの提出期限は11月30日となります。

- 当該税務年度の多国籍企業グループにおける連結収入がINR5B超
- 国際取引総額がINR500M超または無形資産関連取引がINR100M超

(その他)

インドの移転価格税制では，インド国内に所在する法人を全てまとめてインド税務当局に提出する必要がありますが，この提出主体は任意のインド法人となります。したがって，複数のインド子会社がある場合には，提出主体の決定，提出する情報収集やその正確性については，日本本社も一緒に検討する必要があるでしょう。

また，インドでは，ローカルファイル以外にも，独自の制度として移転価格報告書（Form 3CEB）が存在します。これは金額の多寡に関係なく，関連会社取引が少額でも存在する場合は，当該年度に発生した関連会社取引について，11月30日までに税務当局に対しオンライン提出の必要があります。

② インドネシア

（ローカルファイル）

　下記の全ての要件を満たす場合には，作成が免除されます。

- 会社の年間総収入IDR50B以下
- 関連会社間取引が有形資産取引IDR20B以下，かつ，その他取引IDR5B以下
- インドネシアの税率より低い税率を設定する国に所在する関連会社との取引がない

（マスターファイル）

　ローカルファイルと同様です。

③ オーストラリア

（ローカルファイル）

　グループ全体の年間連結売上がAUD1B未満の場合，ローカルファイルの提出義務はありません。

（マスターファイル）

　ローカルファイルと同様です。

④ カンボジア

（ローカルファイル）

　作成義務はありません。

（マスターファイル）

　作成義務はありません。

⑤ シンガポール

（ローカルファイル）

　下記いずれかの要件を満たす場合には，作成が免除されます。

1) シンガポール国内取引の場合（同じ税率の法人間での取引）
2) シンガポール国内でのローン取引の場合（一定の要件を満たすものに限る）
3) SGD15Mを超えないローン取引で，IRASが公表するスプレッド（Indicative Margin）を適用した取引
4) ルーティンサービスの提供で5％コストマークアップを採用している場合
5) 事前確認制度を利用している場合

6）関連会社間取引が，取引種類ごとに一定の金額（棚卸資産取引はSGD15M，その他の取引はSGD1MまたはSGD2M）を超えない場合

また，総収入金額がSGD10M以下であり，かつ，その過去2事業年度において移転価格文書化義務がない場合もローカルファイルの作成は必要ありません。

（マスターファイル）

グループレベル情報の作成をローカルファイルと同様の基準で求められます。

⑥　タイ

（ローカルファイル）

年間総売上がTHB200M未満のタイ法人は，ローカルファイルの作成義務が免除されます。

（マスターファイル）

作成義務はありません。

⑦　フィリピン

（ローカルファイル）

下記全ての要件を満たす場合には，作成が免除されます。

- 年間の総収入がPHP150M以下，かつ，関連者間取引金額がPHP90M以下
- 有形資産の関連者間取引金額がPHP60M以下
- 役務提供取引，金融取引，無形資産取引及びその他の関連者間取引金額がPHP15M以下

（マスターファイル）

作成義務はありません。

⑧　ベトナム

（ローカルファイル）

下記のいずれかの条件を満たす場合には，作成が免除されます。

a）国内の関連者間取引のみを有し，関係者に同率の法人税が適用されている場合

b）年間売上高がVND50B未満であり，かつ関連者間取引の総額がVND30B未満である場合

c）移転価格事前確認が締結されており，これに基づく年次報告書を提出している場合

d）ベトナム子会社が単純な機能のみを有し，無形資産の開発や使用による収益計上や費用の発生がなく，年間売上高がVND200B未満であり，純売上高に対する利払い前・税引き前の営業利益に対する割合（営業利益率）が一定率（販売業5％，製造業10％，加工業15％）を上回る場合

（マスターファイル）

ローカルファイルと同様です。

⑨　マレーシア

（ローカルファイル）

関連者取引を行う全ての納税者が移転価格同時文書化の義務があり，作成免除規定は特段設けられていません。

（マスターファイル）

連結グループ収入MYR3B未満である場合は，提出義務はありません。

⑩　ミャンマー

（ローカルファイル）

作成義務はありません。

（マスターファイル）

作成義務はありません。

⑪　韓国

（ローカルファイル）

下記いずれかの要件を満たす場合には，作成が免除されます。

① 国外関連取引の合計額がKRW50B以下
② 売上がKRW100B以下

（マスターファイル）

ローカルファイルと同様です。

442 第5章 税 務

⑫ 香港

（ローカルファイル）

　下記の事業規模基準と関連者取引額基準のいずれかの要件を満たす場合には，作成が免除されます。

○事業規模基準：以下の3つの基準のうち，2つに該当すれば免除されます。
- 年間収入：HKD400M以下
- 総資産　：HKD300M以下
- 従業員数：100人以下

○関連者取引額基準：関連者取引額が以下のいずれかに該当すれば免除
- 商品販売：HKD220M以下
- 金融取引：HKD110M以下
- 無形資産：HKD110M以下
- その他　：HKD44M以下

（マスターファイル）

　ローカルファイルと同様です。

⑬ 台湾

（ローカルファイル）

　年間収入総額に応じて，下表のそれぞれの場合には作成が免除されます。

年間収入総額	作成義務
TWD300M未満	免除
TWD300M～500M	以下のいずれかに該当する場合には免除 • TWD2Mを超える税制上の優遇措置の適用がなく，TWD8M以上の繰越欠損金を利用していない。 • 台湾域外関連会社との取引がない。
TWD500M以上	関連会社との取引総額がTWD200M未満の場合には免除

（マスターファイル）

　以下のいずれかに該当する場合には免除されます。

- 収入総額要件：TWD3B未満
- 関係会社間取引総額要件：TWD1.5B未満

---

⑭　中国

（ローカルファイル）

　年間の関連者間取引額が，取引の種類に応じて，それぞれ下記の金額以下である場合には，作成が免除されます。

- 有形資産取引額：CNY200M以下
- 金融資産取引額：CNY100M以下
- 無形資産の所有権譲渡金額：CNY100M以下
- その他：CNY40M以下

（マスターファイル）

　年間の関連者間取引総額がCNY1B以下

第4節　源泉税

I　概要

　源泉税は，各国の確実な税収確保のために，支払者が支払時に決められた税額を源泉徴収し，受益者に代わってこれを税務当局に納付するものです。国内取引の源泉徴収は，税金の前払的性格が強く，一般的には申告納税制度の実務が成熟していない国では，税務当局としても確実な徴収のために源泉課税の対象となる税目を広く設定する傾向があります。反対に，シンガポールのように管理が行き届き徴税手続に不安が少ない国は，国内取引に係る源泉徴収の範囲を少なく設定することが一般的です。

　一方で，外国法人または非居住者が受益者となる海外取引に関しては，受益者である外国法人等がその国で所得を得たとしても，この所得を自らその国の税務当局に申告し納税するには相当な手間がかかります。また，税務当局側としても申告納付義務を怠っている外国法人等に対して，海外まで追いかけて徴税するというのは余程金額が大きくなければ費用対効果が悪いことは容易に想像できます。そのため，自国内の法人が外国法人等に送金する際に源泉税を差し引いて納付することを支払者に義務付けることは合理的な制度であるといえます。

　源泉徴収制度は，上記のような制度趣旨から比較的各国で似通った制度が設けられています。特に，国外払源泉に関しては，後述の租税条約の制限を受けることから各国ではほぼ同様の制度となっています。下記に源泉税の基本的な考え方を記載しましたので，これらの考え方を押さえたうえで，具体的な取引に関して各国専門家等と話をするとスムーズでしょう。

（1）国内払源泉と国外払源泉

　源泉税には，国内での支払いに対して課税される源泉税と，国外の外国法人や非居住者への支払いに対して課税される源泉税があります。

　国内払源泉税は，日本でも給与や専門家報酬等の個人に対する支払いは源泉徴収の対象になるものが多いと思いますが，海外では国内の法人への支払いに関しても源泉対象となる項目が多い国もあるため注意が必要です。また，国内

払に係る源泉税に関しては，源泉対象項目が多様な国とほとんどない国との差が大きいので，特定の国に絞って注意を払うことになります。しかしながら，国内払源泉徴収は，その多様性と複雑性から日本本社で各国子会社の所在地国の源泉課税判定を行うことは難しいと思います。したがって，国内払源泉について確認すべき点は，主に下記のようなポイントになるかと思われます。

> a）国内払源泉税の項目が多様な国とそうでない国の認識と現地担当者への注意喚起
> b）社内確認体制の整備（新規支払に対するチェック体制等）
> c）金額規模・頻度・取引先数等の観点から重要性の高い支払いの確認

　次に，国外払に係る源泉税についてですが，これはある程度どの国でも共通した支払いが源泉対象になります。具体的には，配当，利子，使用料（ロイヤリティ）といった所得で，源泉対象となる支払いの目星が付けやすいため，日本本社からも比較的確認しやすいでしょう。これは国外払源泉の判定には，租税条約による軽減税率や免税が認められているため，租税条約を締結している国同士の取引においては，概ね租税条約の枠組みに沿った内容で源泉課税が行われることになるためです。

　また，事業内容にもよりますが，一般的に海外送金は国内送金に比べて頻度や内容が限定的であり，本業に関わって金額が大きくなることも多いので，日本本社としても取引が把握しやすいということもあります。特に，グループ内の取引であれば，支払側で源泉徴収される場合には受益者側で外国税額控除等の検討も行う必要がありますので，日本本社が主導して最適なグループ間商流を構築できるのが理想です。

（2）国内法と租税条約

　日本法人が海外の法人から金銭を受領する場合，当該海外法人の所在地国の法令（国内法）に基づいて源泉税が課されることがあります。まずは，対象の支払いについて，相手国側で源泉徴収の対象となっているかを確認することになります。典型的な源泉徴収課税の対象所得として，配当，利子，使用料があります。そもそも国内法で源泉徴収の対象にならないということであれば，原則として租税条約等の検討をするまでもなく源泉徴収は不要となります。

　国内法で源泉徴収が必要となった場合には，租税条約によって軽減税率また

446　第5章　税　務

は免税の措置が設けられていないかを確認することになります。原則として，国内法よりも租税条約が優先されることになりますので，国内法よりも低い税率や免税となる旨が租税条約で定められている場合には，所定の手続きを行うことで，これらの軽減税率または免税措置の恩恵を享受することができます。なお，例えば，外国法人への使用料の支払いについて，国内法では10％で源泉徴収することが義務付けられていたとして，租税条約では20％を限度に課税するとされているような場合には，軽減措置には影響がないため，結局国内法どおりに源泉徴収することになります。

（3）グループ会社間

例えば，海外子会社から日本本社に何らかの支払いを行おうとする場合，海外子会社側と日本本社側の両方で税務上の取扱いや手続きを押さえておく必要があります。

①　海外子会社側の留意点

（a）源泉徴収の有無・税率

国内法・租税条約を考慮して源泉課税されるか否かを検討することになります。配当と利子の判定は比較的単純な場合が多いですが，使用料は判定が難しいケースも散見されます。特に，初めての取引には時間に余裕をもって検討することが望ましいでしょう。

（b）租税条約による税率軽減／免税の手続等

租税条約による恩典を受けるために手続きが必要な場合があります。期限までに所定の書類の提出が求められる場合も多いため，見落とさないように手配が必要です。

（c）源泉徴収した場合の申告納付

最終的に源泉徴収が必要な場合には，源泉した金額を期限までに税務当局に申告納付する必要が生じます。海外子会社の現地担当者と連携して漏れがないように手配しましょう。

②　日本本社側の留意点

（a）受領した収益の課税関係

利子，使用料は，一般的には通常の法人税の課税対象となります。

一方で，海外子会社からの配当については，外国子会社配当の益金不算入（25％以上の株式を6ヶ月以上保有する子会社からの配当）によって日本では95％免税となる代わりに外国税額控除の適用が受けられないケースが多いと思います。この場合には，海外子会社側で配当支払に対して源泉徴収されてしまうと，その全額が税負担となりますので予め確認しておいたほうが良いでしょう。さらに，海外子会社からの配当には，外国子会社合算課税の課税済所得からの配当や，配当の簿価減額特例等の特例的な取扱いにも適用がないか注視しておく必要があります。

（b）外国税額控除

海外子会社との取引において，日本親会社の益金として認識される収益に対して支払国側で源泉税が課税されている場合，当該源泉税額は日本側で外国税額控除を適用することによって二重課税を排除することになります。しかしながら，日本親会社で赤字であること等を理由に十分な控除限度額が確保できないケースもありますので留意が必要です。

また，本来は租税条約によって免税となるにもかかわらず，租税条約を適用しなかったことによって相手国側で源泉課税されているような場合には，本来租税条約によって課税されなかった部分の金額は外国税額控除の対象とはできず，損金算入することになります。

また，租税条約を適用できる取引においても，例えばベトナムや台湾のように租税条約に定められている軽減税率や免税措置の適用が実務上極めて煩雑かつ困難であるという理由から，国内法による源泉課税を受け入れている場合もありますので，このような場合には留意が必要です。

（c）納税証明書

日本側で外国税額控除の適用を受けようとする場合には，現地税務当局が発行する納税証明書等を保存することが求められており，支払者である海外子会社等から入手しておかなければなりません。

納税証明書等の形式，言語，発行までに要する期間等は国ごとに異なります。日本側では有効な証明書等をタイムリーに受け取ることができるように手配が必要となります。

（4）源泉税の負担者とグロスアップ

支払側で源泉徴収をしなければならないという場合に，源泉税の負担者が支

払者と受益者のどちらになるかという論点があります。一義的には，源泉税は支払額から控除して受益者に支払うことになりますので，例えば使用料100の支払いに関して，10％の源泉税が課税される場合には，支払者は90を受益者に支払うとともに源泉徴収した10を受益者に代わって現地税務当局に納税することになります。これは受益者が源泉税を負担するケースになります。

　一方で，支払者と受益者との間の契約上で，支払額は100として現地で源泉税等の税金が課される場合には支払者が別途これを負担するとしている場合もあります。税務上の考え方としては，もともと取引総額は111であり，これに10％を乗じた11が源泉税額となり，111から11を控除した100が差引支払額となると考えることになります。このような計算方法をグロスアップと呼びます。

　グループ会社間での契約に関しては，契約上で特段の定めはなく受益者が源泉税を負担する計算方法で処理をしていることが多いと思いますが，海外の第三者との取引においてはグロスアップ計算によって源泉税の支払者負担を求める契約も少なくありません。特に第三者との契約を締結する場合には，源泉課税されるか否かの確認とともに，それをどちらが負担するのかという観点から契約書を確認しておく必要があるでしょう。

Ⅱ　各国の源泉徴収税率

　国外払源泉の対象となる所得は限定的です。基本的には租税条約を締結している相手国への支払いであれば，租税条約適用後の軽減税率で源泉されることになりますが，一般的な事業所得は「PEなければ課税なし」の原則に基づいて課税されないため源泉税が課されることもありません。したがって，租税条約で所得源泉地国にも課税権が認められている限定的な所得の支払いについてのみ源泉徴収を行うことになります。

　租税条約が締結されていない国への支払いや，特殊な条項が定められている租税条約がある場合など例外は少なくありませんが，特に源泉徴収の対象となることが多い所得として，利子，配当，使用料の3つが挙げられます。この3つの所得を外国法人等に支払う場合における各国の原則的な源泉税率をまとめたものが下記の表となります。

	利子		配当		使用料	
	国内法	対日租税条約	国内法	対日租税条約	国内法	対日租税条約
インド	20%	10%	20%	10%	20%	10%
インドネシア	20%	10%	20%	10% または15%（出資比率25%未満）	20%	10%
オーストラリア	10%	10%	30%	0/5/10%	30%	5%
カンボジア	14%	N/A	14%	N/A	14%	N/A
シンガポール	15%	10%	0%	5%（25%以上・6ヶ月以上保有）/15%（それ以外）	10%	10%
タイ	15%	25%	10%	15%/20%	15%	15%
フィリピン	20%	10%	25%	10%（10%以上・6ヶ月以上保有）/15%（それ以外）	25%	10%/15%
ベトナム	5%	10%	0%	10%	10%	10%
マレーシア	15%	10%	0%	5%/10%	10%	10%
ミャンマー	15%	N/A	0%	N/A	15%	N/A
韓国	22% （債券15.4%）	10%	22%	5%（25%以上・6ヶ月以上保有）/15%（それ以外）	22%	10%
香港	0%	10%	0%	5%（10%以上・6ヶ月以上保有）/10%（それ以外）	2.475% /4.95%	5%
台湾	20% （社債15%）	10%	21%	10%	20%	10%
中国	10%	10%	10%	10%	10%	10%

（1）インド

① 国内払源泉税

　インドでは国内払い及び国外払いの両方で源泉徴収税が適用されます。源泉徴収税には，TDS（Tax Deducted at Source）とTCS（Tax Collected at Source）の2種類が存在しており，源泉徴収対象の取引の性質により，そのどちらかが適用されます。

　（a）TDS（Tax Deducted at Source）　ロイヤリティや利息，役務提供，給与などに適用されます。支払者側が，支払額から一定額を控除する方式であり，日本でイメージされる源泉徴収税と同様です。

　（b）TCS（Tax Collected at Source）　所定の物品の販売に適用されます。TDSと異なる点としては，徴収義務は売り手側に発生します。売り手は買い手から代金を受け取る際に，その商品代金に加え，TCSを追加徴収し，納税します。

② 国外払源泉税

　インド国外への支払いに係る源泉税は，国内払いと同様，TDSとTCSの2種類が存在します。一方で，国内払いとは別に課税対象及び税率が定められているため，事前に確認する必要があります。また，年次の税制改正により，税率が大きく変更する場合があるため，支払時には変更の有無を確認することが推奨されます。直近の事例としては，2023年4月1日の税制改正の施行により，非居住者へのロイヤリティ及び技術サービス料の支払いに係る基本源泉税率が，従来の10%から20%へ大幅に引き上げられました。

　その他の留意点として，インド法人から日本法人に提供されたコンサルティングサービス等の役務提供は，日本の国内税法とは異なり，原則的に源泉徴収の対象となります。日印租税条約に基づくと，技術役務提供は，その役務がどこで行われたかにかかわらず，報酬の支払者が日本法人である場合は，日本の源泉徴収の対象取引となります。この取扱いは，インド法人が日本法人に対して技術役務提供の対価を支払う場合も同様で，インドで源泉徴収が必要となります。なお，租税条約の恩典を受けた場合の源泉税率は，10%となります。

（2）インドネシア

① 国内払源泉税

　インドネシアにおいては，課税対象取引が多く，国内役務取引は原則全て課税されます。所得税法の条文番号に基づき，以下のとおり各種源泉所得税が設けられています。

　（a）21条源泉所得税　　会社が従業員へ給与支払をする際に徴収する源泉所得税であり，5〜35%の累進課税となっています。従業員以外の個人（弁護士，会計士等）への報酬に対しても適用されます。会社は12月に年末調整（従業員所得税申告）を行い，1月から12月までの21条源泉所得税の再計算を行い，源泉徴収票（Form 1721-A1）を発行します。従業員は当該源泉徴収票をもって個人所得税申告を行う必要があります。

　（b）22条源泉所得税　　輸入時に課される前払法人税であり，原則として輸入業者識別番号（API）を保有している場合はCIF価額及び輸入関税の合計額に対し2.5%，保有していない場合は7.5%の税率にて輸入通関時に課されます。

　（c）23条源泉所得税　　国内役務提供に対し課される源泉所得税です。基

本税率は2％であり，利子（銀行以外），国内法人への配当，ロイヤリティ，報奨に対しては15％となっています。

（d） 4－(2)条源泉所得税　　主に，土地建物の賃貸などの役務提供に対して課される源泉所得税であり，Final Tax（源泉分離課税）の性格を有します。銀行預金利息は20％，土地・建物の譲渡は5％，土地・建物の賃貸は10％の税率です。源泉徴収をされた役務提供会社は，源泉徴収をした会社より源泉徴収票を取り寄せ，源泉分離課税を受けます。そのため，この役務収益に対する法人所得税は別途課されません。

② 国外払源泉税

26条源泉所得税　　海外からの役務提供に対する源泉所得税であり，技術支援料，レンタル料，借入金利子，ロイヤリティ，配当金等といった役務提供を行った非居住者に対する支払いが課税対象となります。

基本税率は20％ですが，インドネシアとの租税条約締結国の居住者との取引の場合，租税条約の条件を満たすことで，その税率の軽減が認められています。

（3）オーストラリア
① 国内払源泉

国内払いに対する源泉徴収が求められるケースは限定的です。例えば，下記のような国内払いに対して源泉徴収義務が生じますので注意が必要です。

（a）ABNの非提示　　国内で源泉対象となる場合はオーストラリア国内の事業者がAUD75以上の販売を行った際にABN（オーストラリアビジネス番号）を提示しなかった場合，買い手は支払金額の45％を源泉しATO（Australian Taxation Office）へ納付する必要があります。

（b）所得税　　通常給与は従業員の給与額に対してATOによって決められたレートで源泉が必要です。しかしTFN（納税者番号）を雇用主に提示しない場合は47％の源泉徴収がされることがあります。

② 国外源泉

オーストラリア法人が外国法人または非居住者へ支払いをする際には源泉の対象になります。主な源泉対象となる支払いは以下のとおりです。

（a）配当　　国外への配当は原則源泉の対象となり税率は30％となります

が，租税条約締結国への支払いに関しては税率の減免が適用されることがあります。またオーストラリア企業から支払われる配当が課税済配当である場合は源泉義務は発生しません。

（b）利子　　国外への利子の支払いは源泉対象となり，税率は原則10％となります。

（c）使用料　　オーストラリア国外への使用料の支払いは源泉対象となり，通常は30％，租税条約締結国は5％となります。

（d）非居住者のオーストラリア物件売却　　非居住者がオーストラリア国内にある物件の売却を行う際，物件の売却額がAUD750Kを超える場合は，買い手が売却額の12.5％を源泉しATOへ納付する義務が発生します。この源泉は最終税率とはならないため，売り手は所得税申告を行い，累進課税で課税され，最終税額から源泉税額を控除します。

（4）カンボジア

①　国内払源泉

　カンボジアでは，カンボジア国内の法人及び個人への支払いについても，多くの項目が源泉徴収の対象となっています。利子，ロイヤリティ，不動産賃料に加えて，カンボジア居住者またはカンボジア法人に対して国内で支払うマネジメントサービス・コンサルティングサービスも源泉徴収の対象になります。カンボジアで源泉税の対象となる所得は多岐にわたるため，税務調査でも指摘の多い税目です。

②　国外払源泉

　カンボジアでは，利息，配当，カンボジアで行われたサービスなどの一般的な項目について，国外払源泉徴収の対象とされています。国外払源泉税率は一律で14％となります。ただし，定義が不明瞭なものもあり解釈に委ねられる場合，税務調査官側の見解が優先されることが多いため，事前に税務当局や専門家に確認することも検討の余地があります。

　なお，現時点でカンボジアと日本との間で租税条約は締結されていませんので，外国法人等に対して源泉徴収の対象となる支払いをする場合には，国内法の一律14％で源泉税が課されます。多くの国では免税や軽減税率の取り決めのある配当やサービスに関しても，カンボジアでは源泉税が課税される点には注

意が必要です。

（5）シンガポール
① 国内払源泉
　原則として，国内払いに係る源泉徴収義務はなく，外国法人・非居住者に対する支払いのみが源泉税の対象となります。また，シンガポール支店（外国法人）に対する支払いも実務上の簡便性等の関連から源泉税の対象となっていません。

② 国外払源泉
　国外払いに係る主な源泉対象項目としては，利子，ロイヤリティ，取締役報酬，技術支援料，マネジメントフィーなどが挙げられます。

（6）タイ
① 国内払源泉
　タイでは，国内払いのサービス費用等にも広く源泉徴収義務があります。そのため，タイ国内向けのサービス売上が多い会社では売上から多額の源泉税（仮払法人税に相当）が発生し，確定申告が還付ポジションとなることも珍しくありません。

項目	税率
配当金	10％
資産の賃貸料	5％
サービスフィー	3％
支払利息（金融機関向けを除く）	1％
請負報酬	3％／5％
運送料	1％
ロイヤリティ	3％
広告費用	2％

※　e-withholding taxシステムを利用して納税する場合には，上記の税率より低い税率が適用されるケースがある。

② 国外払源泉

　外国法人・非居住者向けの支払いに関しては，他国と比較して一般的な項目が並んでいますが，ロイヤリティの範囲を広く捉える傾向にあるといえます。

　例えば，日本本社からタイ子会社の工場に技術者を派遣して技術指導を行い，サービスフィーという役務提供の対価を請求したとします。タイ税務当局は，これを役務提供の対価ではなく，ノウハウという無形資産の提供であるとして，ロイヤリティと認定するケースが散見されます。結果として，人的役務提供であれば日タイ租税条約で免税となりますが，ロイヤリティとなればタイ側で15％源泉課税の対象となりますので，源泉税の徴収漏れとして指摘されることになります。

（7）フィリピン

① 国内払源泉

　フィリピンは他国に比して幅広く各種取引において源泉徴収が設定されており，大きく分けて下記2種類の源泉税に区分されることとなります。

> 1．所得源泉税（国内源泉所得が対象）
> 2．拡大源泉税（国内で発生した取引が対象）

　2．については，源泉徴収を行った支払者は税務署の所定フォーム（BIR Form 2307）を取引先に発行することが必要となっており，当該フォームの入手をもって拡大源泉徴収税の納付を行ったことを証明することとなります。

　取引先が発行する請求書には源泉徴収の要否が記載されていないため，支払者が源泉徴収を行うか判断を行います。また，税務署よりTop Withholding Agents（TWA）に認定されると，原則は物の購入時に1％，サービスに対して2％の源泉徴収を行う必要がありますが，実務的に源泉徴収できないこともあり，その場合にはグロスアップを行って納税することがあります。

② 国外払源泉

　主に利子，配当金，ロイヤリティの支払時に源泉徴収を行います。金額が大きい場合には，租税条約の申請を併せて検討します。

（8）ベトナム

① 国内払源泉

　国内取引の場合には，B2B取引の場合には基本的には源泉税は発生しません。

　B2C取引の場合には，例えば従業員への給与支払時，個人への業務委託時等には，個人所得税の源泉義務が発生します。

② 国外払源泉

　ベトナムでは，外国法人等への支払いに係る源泉税を，外国契約者税（Foreign Contractor withholding Tax：略称FCT）というベトナム特有の税制で整備しています。外国契約者のベトナム源泉所得に対して課税することを目的としており，みなしVAT（付加価値税）とみなしCIT（法人税）から構成されます。対象取引は一般的なサービス取引だけでなく，ロイヤリティや借入利息の支払い，サービスの提供を伴う物品売買など多岐にわたります。主な対象項目及び税率は下表のとおりです。

業種	みなしVAT率	みなしCIT率
サービスが付随する物品販売，内地輸出入取引	－	1％
サービス一般，機械設備リース	5％	5％
レストラン，ホテル，カジノのマネジメントサービス	5％	10％
利子	－	5％
ロイヤリティ	－	10％
建設・据付（資材もしくは機械設備の供給を伴わない)	5％	2％
建設・据付（資材もしくは機械設備の供給を伴う）運輸サービス	3％	2％
有価証券の譲渡	－	0.1％
デリバティブ取引	－	2％
その他事業	2％	2％

（9）マレーシア
①　国内払源泉

　マレーシア法人からマレーシアの居住者である個人（前年のそのマレーシア法人からのコミッション受取り額がMYR100Kを超える個人に限る）に対してマレーシア国内で支払われる一定の販売コミッションについては２％の源泉税の課税対象となります。その他の国内払いに対して、源泉徴収義務は求められていません。

②　国外払源泉

　外国法人等に対して支払われる利子、ロイヤリティ、マレーシア国内で役務提供が行われるサービスの対価等については源泉税の課税対象となります。

　なお、サービスの対価等については通常、マレーシアにおいてサービスを提供した外国法人がマレーシアにおいてPEを持っていない場合、租税条約に基づきマレーシアにおいて源泉税の対象とならないはずですが、マレーシア税務当局はそのような解釈をしておらず、実務的にはマレーシア国内法に基づき10％の源泉税を納税する取扱いが行われていることに留意が必要です。

（10）ミャンマー
①　国内払源泉

　ミャンマー居住者（ミャンマー国民、居住外国人、居住法人）がミャンマー国内での物品の販売やサービスの提供などによる代金を受け取る場合、国内法の源泉税率は下表になります。

項目	税率
ロイヤリティ	10％
支払利息	－
配当金	－
物品販売の対価	政府系機関による支払いの場合、２％の源泉徴収が必要。ただし、１課税年度における支払総額がMMK1Mを超えない場合、源泉徴収不要。
サービス提供の対価	

② 国外払源泉

　ミャンマー非居住者（非居住外国人，非居住法人，外国法人の支店）がミャンマー国内での物品の販売やサービスの提供などによる代金を受け取る場合，国内法の源泉税率は下記になります。なお，本稿執筆時点において，日本とミャンマーの間に租税条約は締結されていませんので，外国法人に対して物品購入やサービス提供の対価として支払いを行う場合には，2.5％の源泉税が課税されることになります。なお，非居住者との取引における源泉税は取引通貨で納付しなければならず，オンライン納税システムを利用できないことから，ミャンマー国内にある米国ドル口座からの送金による納付手続（使用する取引銀行での事前登録が必要），もしくは米国ドルや日本円などの外貨現金を準備して国営銀行の窓口で手続きをする手間が発生します。

項目	税率
ロイヤリティ	15％
利子	15％ [※]
配当金	－
物品販売の対価	－
サービス提供の対価	2.5％

※　外国法人がミャンマーに設立した支店に対する利息の支払いには源泉税が課されません。

(11) 韓国
① 国内払源泉

　利子，配当，使用料，勤労，退職等の一般的な項目に源泉税が課税されます。

② 国外払源泉

　海外支給に対しては租税条約に基づいて軽減税率が適用されます。
　国内・国外（日韓租税条約の場合）の主な対象項目と源泉徴収率は下表のとおりです。

(12) 香港
① 国内払源泉

　原則として，国内払いに係る源泉徴収義務はありません。

458 第5章 税 務

② 国外払源泉

国外払いに係る源泉対象項目としてロイヤリティが挙げられます。

(13) 台湾
① 国内払源泉

台湾居住個人への支払いに対する源泉税は幅広く設定されていますが，国内法人に対しては利子のみが源泉徴収の対象となります。台湾域内に固定営業所がある営利事業，つまり台湾域内の法人や支店に対する支払いについては，原則として統一發票が発行される取引となり，営業税賦課の対象となることから，源泉徴収は不要となります。例としては，オフィスの賃借料を支払う際，賃貸契約を締結した大家が台湾居住者個人であり，かつその支払いが毎月TWD20Kを超過している場合は源泉徴収が必要となりますが，大家が台湾域内の法人である場合は，大家から営業税が賦課された統一發票が発行される事になるため，源泉徴収が不要となります。

また，法律事務所や監査法人等，特定の士業事務所への支払いはその設立形態の特性上，弁護士や公認会計士個人への支払いとなるため，源泉徴収の対象となる点についても留意が必要です。

項目	居住者個人への支払い	台湾域内に固定営業所がある営利事業への支払い
配当金	N/A	N/A
給与，賞与	原則5％ [※1]	N/A
利子	10%	10%
ロイヤリティ	10%	免除
賃借料	10% [※2]	免除
業務執行報酬	10% [※2][※3]	免除
その他台湾国内源泉所得	N/A	N/A

（※1）：2024年6月末現在，月額TWD88.5Kを超過する給与，賞与の支払いについては原則5％，あるいは給与所得源泉徴収弁法で規定されている源泉徴収税額表による源泉徴収が必要
（※2）：2024年6月末現在，該当する個人への支払いがTWD20Kを超えない場合は源泉不要
（※3）：法律事務所や監査法人等への支払いについても対象となる。

第4節 源泉税 459

② 国外払源泉

　配当，利子，ロイヤリティ，賃借料，役員報酬，その他台湾域内源泉所得に対して源泉税が課税されます。その他台湾域内源泉所得については，主に海外法人からの役務提供が該当しますが，その対象範囲は比較的広範にわたるため，留意が必要です。

　「所得税法第8条に規定される台湾源泉所得の認定に係る原則」によると，以下のいずれかに該当する場合は台湾域内源泉所得と判断されることになります。

---

(1)　労務を提供する行為はすべて台湾域内で行われ完了する。

(2)　労務を提供する行為は台湾域内及び外国で行われて，初めて完了する。

(3)　労務を提供する行為は外国で行われるが，台湾域内の居住者個人または営利企業の参加と支援によって，初めて完了する。

　なお，日本本社が台湾子会社の代わりに日本国内の取引先に業務委託し支払った費用を，台湾子会社に立替経費として請求するケースは実務上頻繁に見られます。このような立替払いであっても，当該取引先が提供したサービスが台湾法人向けのものであり，台湾法人の費用として計上される場合には，源泉徴収税の申告納付の対象となる点についても留意が必要です。

項目	非居住者への支払い
配当金	21%
給与，賞与	原則18%（※4）
利子	20%（※5）
ロイヤリティ	20%
賃借料	20%
業務執行報酬	20%（※6）
その他台湾国内源泉所得	20%

（※4）：月額支払額が台湾政府が定める月額最低給与額の1.5倍以下の場合は6％，1.5倍を超過する場合は18％となる。

（※5）：短期債権，社債，金融債権の利息は15％となる。

（※6）：個人の原稿料，印税，楽譜，作曲，脚本，漫画及び講演料の収入は，1回につきTWD5Kを超えない場合は源泉不要

460 第5章 税 務

(14) 中国

中国における国内払源泉徴収及び国外払源泉徴収税率は以下のとおりです。

① 国内払源泉

項目	居住者個人への支払い	中国域内に固定営業所がある営利事業への支払い
配当金	20%	25%
給与，賞与	累進税率を適用	―
利子	20%	―
ロイヤリティ	累進税率を適用	―
賃借料	20%	―
業務執行報酬	累進税率を適用	―
その他国内源泉所得	20%または累進税率を適用	―

② 国外払源泉

配当金，給与，賞与，利子，ロイヤリティ，賃借料，業務執行報酬，その他中国国内源泉所得を非居住者に支払った場合には，一律10%の源泉税が課税されます。

Ⅲ 申告納付

海外子会社の源泉徴収の申告納付は，現地担当者または委託先会計事務所に任せることが一般的かと思いますが，日本本社からも申告納付期限を遵守できているか，多額の源泉課税が生じる場合には，キャッシュフローに問題がないかといった観点からは確認しておいても良いでしょう。

国別の留意事項は以下のとおりです。

(1) インド

TCSは，売り手が毎月徴収した分を，翌月の7日までに納付する必要があり，四半期ごとに申告書を提出する必要があります。売り手が納付したTCSは所得税の前払いの性質を持つため，買い手は法人税申告の際に，未払法人税額と相殺することができます。TDSは，TCSと同様に，翌月の7日までに納付する

必要があり四半期ごとに申告を行うことが必須とされています。

　源泉税に係る具体的な申告期限は，下表のとおりです。

対象期間	申告期限
4月1日〜6月30日	7月31日
7月1日〜9月30日	10月31日
10月1日〜12月31日	1月31日
1月1日〜3月31日	5月31日

（2）インドネシア

　取引日を含む月の翌月10日までに納税，20日までに申告を行う必要があります。

（3）オーストラリア

　源泉税額は支払いもしくは源泉徴収を行った月の消費税申告書もしくは源泉徴収申告書に含めて支払う必要があります。源泉徴収申告は毎月もしくは四半期ごととなりますが，毎月の場合は月末より21日以内，四半期の場合は2ヶ月目の25日が支払期限となります。

（4）カンボジア

　毎月の月次税務申告（翌月20日（電子申告の場合翌月25日））の中で源泉税の申告手続を行います。

（5）シンガポール

　原則として，非居住者に対する支払日の2ヶ月後の日が属する月の15日までに，IRASに申告・納付しなければなりません。例えば，非居住者への支払日が2024年6月16日の場合，源泉税の申告・納付期限は原則として2024年8月15日となります。

（6）タイ

　課税対象となる支払いがなされた月の翌月7日までに申告書の提出と納税が必要です。e-filingで電子申告する場合には翌月15日まで期限が延長されます。

462　第5章　税　務

（7）フィリピン

1．所得源泉税 月次：翌月10日まで 年次：翌年1月31日まで
2．拡大源泉税 月次：翌月10日まで 四半期：各四半期終了後の翌月末まで 年次：翌年の3月1日まで
3．最終源泉税 月次：翌月10日まで 四半期：各四半期終了後の翌月末まで 年次：翌年の1月31日まで

　eFPSと呼ばれるオンライン納税システムに登録を行っている法人については，業種別に異なりますが通常の申告期限より数日間の猶予が与えられます。

（8）ベトナム

　取引後（外国契約者への支払い後），10日以内に源泉税の申告・納付が求められます（例外として，外国契約者との取引が多い企業は，税務署へ通知を行うことで，月次ごとにまとめて申告・納付が可能です）。

　他国と比較しても期限が非常に短いため，注意が必要となります。特に外国契約者税の範囲が広く，他国では源泉対象にならない項目も課税対象となりますので，海外送金を伴う取引が発生した場合には事前に源泉徴収の要否を検討しておくことが必要となるでしょう。

（9）マレーシア

　支払日から30日以内に税務当局に対し源泉税を納税する義務があります。

（10）ミャンマー

　源泉税の納付期限は，支払日（源泉徴収日）から15日以内となります。

(11) 韓国

当月支給分については翌月10日までに届出及び納付を行います。

(12) 香港

4月1日から3月31日までの1年分をまとめて申告します。申告に基づいて確定した税額通知書を用いて納付を行います。

(13) 台湾

① 台湾域内への支払い

源泉税納付が必要となる支払いの都度，支払日が属する月の翌月10日までに，源泉税を納付する必要があります。

台湾居住者及び台湾法人に支払った源泉対象所得については，暦年1年間で支払った源泉対象所得及び源泉税額の総額を，翌年1月末までに申告することが義務付けられ，当該申告の結果発行される源泉徴収票が個人所得税確定申告の基礎情報になります。

なお，台湾居住者への支払いで，TWD20Kを超える支払いについては，源泉徴収義務があると同時に，一般的に二代健保と呼ばれる，補充健康保険料についても徴収義務があります。2023年現在，二代健保の料率は2.11％となっており，該当するものがある場合は，支払日が属する月の翌月末までに納付する必要があります。例えば駐在員の住居契約を会社名義で行った場合で，当該住居の大家が個人である場合には，毎月の大家への家賃支払時に源泉徴収10％及び二代健保2.11％を控除した金額での支払いが必要となり，実務上頻繁に発生する事項となりますので，特に留意が必要です。

② 台湾域外への支払い

支払日（源泉徴収日）から10日以内に源泉税の納付及び申告が必要となります。期日が非常にタイトであるため，留意が必要となります。

(14) 中国

源泉徴収義務者が源泉徴収した各税金は，源泉徴収日から7日以内に国庫に納付し，源泉徴収義務者の所在地の税務当局に企業所得税の源泉徴収及び納付に関する報告書を提出する必要があります。

464 第5章 税 務

Ⅳ 租税条約の手続き

租税条約による軽減税率や免税の適用を受けようとする場合，税務当局としては対価の受領者が実質的な受益者であるか，また，その受益者が本当に当該租税条約の適用相手国の税務上の居住者であるかを確認することになります。そのため，対価の受領者の情報を所定のフォームで提出することを求めることがあります。さらに，権限のある税務当局が発行する居住者証明を提出させることを条件に租税条約の恩典を付与することとしている国も珍しくありません。こういった手続きは，支払国側の規定に沿って粛々と進めることになりますが，支払前に提出が必要なのか，承認まで必要なのか，もしくは年度末に後から提出すれば良いのかといったタイミングが各国によって異なりますので，所定の期限までに手続きを失念しないように注意が必要となります。

さらに，ベトナムや台湾といった国では，租税条約の規定にかかわらず実務上は所得によって免税等がなかなか認められない国もあります。金額の大きさと実務上の煩雑さ及び外部専門家を利用する場合のコスト等を天秤にかけて，どのような対応をするのかを個別に検討していく必要があるでしょう。

(1) インド

日本企業が租税条約を適用する際は，次のコンプライアンス手続きを経る必要があります。当該手続は，下記に記載している法人税申告に合わせて，実施・取得する必要があります。

項目	概要
Form 10 F	Form 10 F とは，納税者が租税条約の締結国に居住する旨を，自己申告する形式の書類。租税条約を適用する企業は，毎年Form 10 F をオンライン上で提出する必要がある。
居住者証明書	インドでは，租税条約を適用する企業は居住者証明書の取得が義務付けられている。こちらも，Form 10 F と併せて，オンライン上で提出する必要がある。
納税者番号 (Permanent Account Number：PAN)	PANとは，インドにおける，納税者個別の納税者番号を指す。租税条約を適用する企業は，PANを取得し，その番号をForm 10 F に記載する必要がある。

租税条約の優遇税率の適用を受けた所得をインドから稼得した外国企業は，PEの有無にかかわらず，原則的にインドでの法人所得税の申告義務が発生します。当該年度の源泉所得額と，納付すべき源泉税，実際に源泉徴収義務者により納付された源泉税を考慮して，未払／過払税額を算出します。留意点として，インドの法人所得税の申告書を提出する際は，PANと紐付いたDSC（Digital Signature Certificate）による署名・承認が必要となります。

DSCとは，インド企業省が発行するデジタル署名であり，法人ではなく個人が取得するものです。したがって，DSCに紐付くPANは法人ではなく個人のものである必要があり，初めてインドで申告を行う企業は，自社の従業員1人が個人PAN及びDSCを取得する必要があります。外国企業の従業員は一般的にインド非居住者であり，非居住者がPAN及びDSCを取得する際の手続きは，約2ヶ月と見積られます。

（2）インドネシア

取引日の属する月の翌月20日が源泉所得税の申告期限であり，源泉徴収義務者（役務提供を受けたインドネシア法人）は，原則的に当該申告期限までにインドネシアの定型フォーマット（Form DGT）にて居住者証明書を準備する必要があります。

Form DGTは相手国の税務署にて証明をしてもらう手続きを踏む必要がありますが，シンガポールの税務当局など，Form DGTへの署名等の対応を行っていない場合には，Form DGT内における当局の署名等が必要な部分を，Certificate of Residence（シンガポール当局のフォーマット）の提出をもって代替し，Form DGTのその他部分をシンガポール法人が記載をしたうえでインドネシア税務当局へ提出します。

また，Form DGTの証明期間は1年間と定められており，通常，先の取引に備えて前もってForm DGTを準備するケースが多いですが，日本の税務署は通常，証明期間に将来にわたる期間を含む場合には納税者本人による宣誓書の提出を求めます。

申請にあたって，相手国の税務署から認証を得たForm DGTをインドネシアの税務署システムにアップロードすると同時に，Form DGTの内容をシステムに入力をします。通常，申請から時間を要することなく承認されます。

月次税務申告において，税務署システムから発行される受領書に基づき，租

税条約を適用したうえで行います。Form DGTのアップロード自体は証明期限内（1年間）に1度限りで問題ありませんが，減免を受ける取引の都度，減免後の月次源泉所得税の申告は必要です。

（3）オーストラリア
　租税条約適用のための申請は特に必要ありません。

（4）カンボジア
　カンボジアと日本の間で租税条約は締結されていません（本書執筆時点）。ただし，シンガポールや中国，マレーシアなどすでに複数の国と二国間租税条約を締結しており今後の拡大も期待されています。
　租税条約の恩典を享受するために，納税者は締約国の管轄当局から発行された居住文書（例えば居住証明証）及び租税条約の恩典を享受するに足る者と証明する関連文書を備え置く必要があります。協定締約国の居住納税者に支払われる配当金，利子，ロイヤリティまたはテクニカルフィーを支払う際の源泉税率を適用するためには，租税総局の法務部門，税務政策部門及び国際税務部門からの事前承認が必要になります。

（5）シンガポール
　租税条約の軽減税率や免税を適用する場合には，源泉税の申告に加えて，相手国の居住者証明書の提出が必要となります。居住者証明書のソフトコピーを税務当局のポータルサイトにアップロードすることにより行われ，ポータルサイト上のステータスがReceivedになれば申請手続完了となります。提出期限は，当年の所得に係る源泉税は翌年3月末までに，前年以前の所得に係る源泉税は源泉税申告日から3ヶ月以内と定められています。

（6）タイ
　租税条約を適用する場合の事前申請や居住者証明の提出手続はありません。納税者自身が租税条約を適用できる取引であると判断すれば，減免された税率で計算した源泉税で納税することが可能です。
　ただし，将来の税務調査において租税条約の適用要件を満たしていたかどうか検証されることがあります。

(7) フィリピン

　申請方法や手続きが頻繁に変更されるため，常に最新の手続きを確認する必要があります。また，従来は申請を実施してから税務署の承認を得るまで１～２年程度を要していましたが，直近では半年程度で承認されることが多くなっています。主に配当金，支払利子，ロイヤリティ等の取引において発生する最終源泉税に対し租税条約の適用が行われています。

　また，租税条約適用には，支払時において，（ａ）租税条約適用後の税率で源泉徴収（または免税）する手続きと，（ｂ）国内法の税率にて源泉徴収を行い，後に還付申請を行う手続きの２通りが認められています。これらの手続きのいずれを採用するかによって，申告義務者，手続き及び要件が異なりますが，一般的には（ａ）の方法をするケースが多いように見受けられます。（ｂ）の方法は新しく設定された方法であり，事例が多くないため注意が必要です。

　（ａ）と（ｂ）の手続概要は下記のとおりです。

手続き	申請義務者	申請期限	提出書類
（ａ）　軽減税率で源泉	支払者であるフィリピン法人	支払日後または課税年度終了の日から４ヶ月以内	Request for Confirmation及びその他必要書類
（ｂ）　全額源泉後に還付申請	受益者である外国法人またはその代理人	還付請求の申請は該当する税金の支払後２年以内	Tax Treaty Relief Application（TTRA），BIR Form 1913（還付請求申請書類）及びその他必要書類

(8) ベトナム

　ベトナムでは外国契約者税（FCT）に基づく源泉徴収が行われますが，当税目はCIT（所得に係る源泉税）とVAT（付加価値税相当の源泉税）から構成されています。国際課税の原則に鑑みれば，国内法よりも租税条約が優先されるべきで，所得に係る税金であるCITは租税条約による軽減または免除の適用を受けて然るべきです。しかしながら，実務上は国内法で規定されているCITの源泉税率に対して，租税条約による軽減または免除の措置を受けることは難しく，国内法に規定される税率で源泉徴収されることが一般的です。したがって，有効な租税条約の届出書を提出する機会は基本的にありません。

468　第5章　税　務

（9）マレーシア

　租税条約に定められた免税または軽減税率の適用を受ける場合であっても，実務上は居住者証明等を税務当局に対して提出する手続きは求められていません。一方で軽減税率または免税の適用による還付を税務当局に対して求める場合は，居住者証明や源泉税を納税したことを称する書類等を添えて，税務当局に対して還付申請を行う必要があります。

（10）ミャンマー

　ミャンマーと日本の間で租税条約は締結されていません（本書執筆時点）。

（11）韓国

　軽減税率の適用を受けるためには，受益者である外国法人が，源泉徴収義務者（支払者である韓国法人）に制限税率適用申請書を提出する必要があります。外国法人が提出した「制限税率適用申請書」は，最初に提出された日から3年間の間は再提出が不要であり，仮にその内容に変動がある場合は，変動事由が発生した日以降最初に国内の源泉所得が支給されるまでに再提出しなければなりません。なお，源泉徴収義務者は，当該申請書等を受領し保存する義務がありますが，韓国税務当局への提出は税務調査等で求めがあった際にのみ行えば良いこととされています。

（12）香港

　租税条約を適用する場合の事前申請や居住者証明の提出手続はありません。納税者自身が租税条約を適用できる取引であると判断すれば，毎年税務申告時に，租税条約適用取引に係る関連証憑を追加提出し，税務局が内容確認後に納税通知が発行されます。

（13）台湾

　租税条約の適用による減免措置を申請し，台湾国税局の認可を得た後に初めて，当該減免措置を享受することが可能となります。申請にあたって必要な提出書類は所得によって異なりますが，いずれにしても受益者の居住者証明を提出することが求められます。事前に租税条約適用の認可を受けた取引であれば，支払時点で減免後の源泉税率にて納付及び申告を行うことが可能となりますが，

支払時点において租税条約の適用認可がない場合，いったん国内法の税率にて源泉を行い，後日租税条約の適用申請を経て，認可を得た後に還付を受ける方法が推奨されます。これは，海外への支払いに係る源泉税については，支払日から10日以内に納税及び申告が必要となることに起因する実務上の取扱いとなります。

なお，租税条約の適用申請は契約書単位での申請及び認可がなされることとなりますが，実際の支払いが行われる都度，租税条約の適用を行う旨の申請が必要となります。

配当金，ロイヤリティ，利息に係る租税条約適用申請は，比較的容易に適用認可を得られるケースが多いですが，平均的な査定期間は1.5ヶ月から3ヶ月程度を要するため，余裕を持った申請を行うことが推奨されます。一方で，サービス等の事業所得に係る租税条約の適用については，税務当局の査定は非常に慎重に行われ，査定期間は半年から1年半，もしくはそれ以上を要することもあります。また，長期間にわたる審査の結果，その適用が認められない場合もあります。したがって，金額的重要性が低い場合には，租税協定による免税措置を諦めるケースも実務上は散見されます。なお，その場合には，受益者側で外国税額控除による二重課税排除措置が受けられない可能性がある点には留意が必要です。

(14) 中国

租税条約の軽減税率や免税の適用にあたっては，自己判断，自己申告，関連資料の自己保管と事後的審査の方式を採用しています。

具体的には，「国家税務総局公告2019年第35号：非居住者納税者が協定待遇を享受するための行政措置を発布することに関する国家税務総局の公告」には以下のように規定されています。

- 第5条：非居住者納税者が自己申告を行い，協定による待遇を享受する条件を満たし，協定による待遇を享受する必要があると自ら判断した場合，申告時に「非居住者納税者が協定による待遇を享受するための情報報告書」（公告付属資料）を提出し，本弁法第7条に基づき，関連情報を収集・保管し，検査を受けなければならない。
- 第6条：源泉徴収及び指定徴収の場合において，非居住者である納税者が，協定に基づく待遇を享受する条件を満たし，かつ協定に基づく待遇を享受す

る必要があると自ら判断する場合には，非居住者である納税者が協定に基づ
く待遇を享受するための情報申告書に正直に記入し，率先して源泉徴収義務
者に提出し，かつ，本取扱いの第7条に基づき，当該情報を収集し，保管し，
審査に付さなければならない。
　協定に基づく非居住者納税者の待遇享受に関する情報報告書を受領した場合，
源泉徴収義務者は，非居住者納税者から報告された情報の完全性を確認し，
国内税法及び協定の規定に従って源泉徴収を行い，協定に基づく非居住者納
税者の待遇享受に関する情報報告書を源泉徴収申告書の別表として担当税務
当局に正直に報告しなければならない。
　非居住者納税者が率先して源泉徴収義務者に「非居住者納税者が協定に基づ
く待遇を享受することに関する情報報告書」を提出しない場合，または記入
に不備がある場合，源泉徴収義務者は国内租税法規の規定に従って支払いを
源泉徴収する。

- 第7条：本措置にいう保有情報には，以下のものが含まれる。
  （a）非居住納税者が所得を得た本年度または前年度における非居住納税者の
　　　納税者資格を証明する協定締約国の所轄税務当局発行の納税者身分証明書。
　　　なお租税協定または国際運輸協定の国際運輸規定の待遇を享受している者
　　　については，納税者身分証明書の代わりに協定の規定に準拠していること
　　　を証明する証明書を使用することができる。
  （b）契約書，合意書，取締役会または株主総会の決議書，支払証明書，その他
　　　当該所得の取得に関連する所有権を証明する書類。
  （c）納税者が配当，利子，ロイヤリティに関する契約上の取扱いを享受して
　　　いる場合，「受益者所有者」の身元を証明する関連情報を保持する必要があ
　　　る。
  （d）その他，非居住者である納税者が，協定に基づく待遇を享受する条件を
　　　満たしていることを証明できると考える情報。

第5節 付加価値税

I 概要

各国の付加価値税の制度をまとめると下表のようになります。

	税目	標準税率	申告頻度	申告期限	還付申請	リバースチャージ有無
インド	GST	各品目ごとに5％，12％，18％，28％	毎月	• GSTR-1：翌月11日（仮受GSTの申告） • GSTR-3B：翌月20日（月次GST納付額） • GSTR-9：12月31日（年次申告）	原則不可	あり
インドネシア	VAT	11%	毎月	翌月末日	緩和傾向	あり
オーストラリア	GST	10%	原則四半期（売上AUD20M以上の場合は毎月）	四半期：翌月21日 • 毎月：翌月21日（Tax Agentによる申告は2ヶ月後の25日）	可能	あり
カンボジア	VAT	10%	毎月	翌月25日（e-Filing）	可能（調査あり）	あり
シンガポール	GST	9％	原則四半期（月次も選択可）	四半期ごとの課税期間の翌月末まで	可能	あり
タイ	VAT	7％	毎月	翌月15日	困難（調査あり）	あり
フィリピン	VAT	12%	四半期	四半期ごとの課税期間終了後25日以内	困難（調査あり）	なし
ベトナム	VAT	10%	毎月または四半期	• 月次申告の場合：翌月20日 • 四半期申告の場合：四半期末の翌月末	可能（調査あり）	なし
マレーシア	SST	Sales Tax:10%（一部は5％），Service Tax：8％	原則として隔月	課税期間の翌月末	原則不可	Imported Service Taxとして適用あり
ミャンマー	商業税	原則5％	納付は毎月，申告は四半期	• 月次納付：翌月10日 • 四半期申告：四半期末から1ヶ月以内 • 年次申告：年度末から3ヶ月以内	可能（調査あり）	なし
韓国	VAT	10%	四半期	対象期間の翌月25日	可能	あり

香港	制度なし					
台湾	営業税	5％	隔月	奇数月の15日	条件付で可能	あり
中国	増値税	取引内容により13％，9％，6％，0％	一般納税者は月次申告，小規模納税者は四半期	対象期間の翌月15日	条件付で可能	類似制度あり

（1）留意点

①　付加価値税の税目

　日本の消費税（Consumption Tax）と類似制度が諸外国でも制定されています。いわゆる付加価値税と呼ばれるもので，英語表記ではVAT（Value Added Tax）やGST（Goods and Services Tax）と国によって呼称が異なりますが，日本の消費税，VAT，GSTは基本的に同様の制度と考えて差し支えありません。また，台湾では営業税，中国では増値税と呼ばれますがこれらも基本的に同様の制度です。つまり，売上額に付加価値税率を乗じた金額を仮受けする一方で，支払額に付加価値税率を乗じた金額を仮払いして，仮受額と仮払額を相殺した金額を税務当局に納付または還付申請する多段階課税の仕組みを取っている税目となります。

　ただし，現状のアジア諸国において，マレーシアは売上税（Sales Tax）とサービス税（Services Tax）という制度（これらを合わせてSSTまたはSales and Services Taxという）を採用しており，これは若干考え方が異なります。米国の売上税と同様ですが，最終消費者に対する売上等に対して1度だけ課税が生じる単段階課税を採用しています。

　なお，これらの付加価値税はいわゆる所得に対する課税ではない（取引額に対して一定料率を乗じて計算される）ため，租税条約の適用対象からは除かれています。また，制度としても国ごとに完結しているものですので，A国で受け取った仮受額とB国で支払った仮払額を相殺することはできません。

②　海外の付加価値税の考え方

　多段階課税である付加価値税は，日本の消費税と同様にいったんは仮払額として負担するものの，最終的な申告で仮受額と相殺されることになるため実質的な負担は原則としてありません。加えて，付加価値税申告は申告頻度も月次や四半期と多く，集計処理が現地でルーティン業務化していく傾向にあるため，

現地担当者及び委託先会計事務所に任せきりになることが多いように思います。実際毎回の申告ごとに日本本社でレビューすることは必ずしも必要ではないと思いますが，下記のような点については日本本社でも把握しておく必要があるでしょう。

- 売上額が閾値以下であるため申告不要としているケースでは，売上額の定期的なモニタリングを行っているか。
- 還付申告を選択できるのに，売上額が一定額以下である等の理由から申告不要として還付申請できていない状況となっていないか。
- 付加価値税の還付申請が実務上困難な国があり，そういった国では付加価値税はコストになるので商流を変更する等の回避策を十分に検討できているか。
- クロスボーダー取引では，課税と免税の判定が難しいものがあり，金額の大きい主要取引だけでも正しい判定ができているか。

③ 外国法人の納税義務

　日本法人から各国顧客に対して直接販売している場合，当該日本法人が販売先国側で対応すべき付加価値税の手続きがないかという論点があります。特にサービスやデジタル製品に関しては，特別な取扱いが設けられていることが多いため留意が必要です。

（2）国別の留意事項

① インド

　インドの付加価値税は，GST（Goods and Service Tax）と呼ばれます。GSTは登録制が採用されていますが，GSTの支払義務があるインドの各州及び準州ごとに，個別にGST登録を行う必要があります。さらに，物品やサービスごとに異なる税率が規定されており，自社製品・サービス及びベンダーへの支払いについても，どの税率が適用されるかを確認する必要があります。

　また，インドのGSTは仕入税額控除の制度が導入されており，ITC（Input Tax Credit）と呼ばれます。仕入税額控除の適用にあたっては，インドの場合は，仕入先のコンプライアンス遵守意識を適宜確認することが推奨されます。理由としては，仕入先にGSTを含む代金を支払ったのち，仕入先がGSTの申告を適切に行っていない場合は，その仮払GSTは仕入税額控除の適用を受けることができないためです。そのため，コンプライアンス遵守を仕入先に促すこと

474 第5章 税 務

や，状況によっては今後の取引の見直しを検討する必要が発生する可能性があります。

② インドネシア

インドネシア国内にて付加価値が生じた取引に対してVAT（付加価値税）が課されます。税率は増税傾向であり，2022年4月に10％から11％へ引き上げられ，現行の規定では遅くとも2025年1月までに12％へ引き上げられる予定です。基本的にインドネシア国内での課税対象物品の引き渡しや課税対象の役務提供の際に課税されますが，物品を海外よりインドネシア国内に輸入する際にもVATが課されます。

さらに，海外への役務提供対価の支払い，コミッションやロイヤリティの支払いに対してもVATが課されますが，これをSelf-assessed VATと呼びます。これらの海外よりの課税対象役務提供に対する課税は，インドネシアにてその付加価値が生じているという考え方に基づきます。

③ オーストラリア

GSTはほとんどの商取引に適用され，税率は10％となります。しかし一部の商品やサービス（生鮮食品，教育，医療サービスなど）はGSTの対象外（GST Fee Supply）となります。また，住宅用不動産や金融商品といった特定の商品やサービスに適用される非課税（Input taxed）も設けられており，GST非課税収入に関連して支払った商品やサービスのGSTは仕入税額控除の対象になりません。

④ カンボジア

カンボジアの付加価値税（VAT：Value Added Tax）は日本の消費税制度と同様に物品やサービスの提供及び物品の輸入に対し課税されます。

製造及び流通の各段階で課税されますが，販売時点で顧客から徴収したVAT（Output VAT）を，仕入れや経費支払などで業者に支払ったVAT（Input VAT）と相殺して超過した金額を納付するものです。

⑤ シンガポール

日本と同様に仮受（Output GST）から仮払（Input GST）を控除した金額

で計算されます。シンガポールは1ヶ国が1つの行政地区にされているため，州税等はありません。なお，GST税率は2024年から9％に引き上げられています。

また，シンガポールでは，医療費や自動車関連の費用に係るInput GSTを控除できないといった政策的な取扱いも設けられているため留意が必要になります。

⑥　タイ

毎月，国内売上の7％の仮受VAT（輸出売上は0％課税）から課税仕入の7％の仮払VATを差し引いた差額を納税します。税率は歳入法では10％とされていますが，時限立法により7％に軽減された状態が継続しています。

⑦　フィリピン

日本と同様に仮受（Output VAT）から仮払（Input VAT）を控除した金額で計算されます。仮払VATについては，領収書発行者の情報（事業名及び納税者番号）を取引先別に手入力で記入して申告する必要があるため，申告作業は他国と比較して煩雑な手続きといわれます。また，減価償却する資産についてVATを期間按分して計上する必要があります。

2006年2月に10％から12％のVATの引上げが行われましたが，それ以降のVAT増税は実施されていません。PWD（Person with Disabilities）や60歳以上の高齢者に対し特別にVATが免税となる優遇措置があります。

⑧　ベトナム

ベトナムの標準税率は10％ですが，社会的に必需品や必需サービスと考えられるものに対しては，5％が適用されます。例えば，水，生鮮食品，本，医療用品，特定の文化・芸術・スポーツ関連のサービス等です。さらに，社会政策的に配慮されている財やサービスや，税の性質上課税されることは妥当ではないと判断されている医療サービス，教科書販売，身体障碍者用の製品販売等は非課税取引となり，非課税売上に係る仕入VATは仕入税額控除の対象になりません。

また，日本同様，輸出品や輸出サービスは原則として免税となります。しかし，輸出サービスの概念は「当該サービスがベトナム国外で消費されるもの」

476 第5章 税 務

と規定されていますが，実務上その立証が難しく，またベトナムの税務署としても，曇りなく証明できない場合には課税する姿勢を見せる傾向にあります。特に無形のコンサルサービスなどは，どのような内容のコンサルティングを行ったのか，なぜ国外消費に該当するのか，契約書やその他補助書類を整備する必要があります。

⑨　マレーシア

2024年6月末時点において，付加価値税であるGSTは廃止されており，SST（Sales and Service Tax）と呼ばれる制度で運用されています。SSTはSales TaxとService Taxの総称となります。

売上税（Sales Tax）はモノの輸入については輸入時に，マレーシア国内で製造されたモノに対してはその販売時，もしくは製造業者が廃棄した時に1度だけ課税されます（単段階課税）。税率は特に指定のない限り，原則10%となります。また，売上税の免除対象となるものについては，別途定められています。

一方，サービス税（Service Tax）は課税対象となるサービスが課税事業者によってマレーシア国内において提供されたときに課税されます。サービス税の税率は8%（一部サービスについては6%）となります。

売上税，サービス税のいずれも，過去または将来における12ヶ月間の課税物品の売上高がMYR500Kを超える事業者は，登録事業者として登録する必要があります。

⑩　ミャンマー

ミャンマーの商業税（Commercial Tax）は，日本の消費税及び他国の付加価値税に類似する税です。ミャンマーで供給される幅広い物品，サービス，輸入品ならびに特定の輸出品目を対象としています。基本税率は5%ですが，SIMカードの購入1枚当たりMMK20K，インターネットデータサービスに対しては15%など特定の取引については別途課税額が定められています。

なお，商業税は，他国と同様に多段階課税方式ではありますが，仮受税額から控除できる仕入税額の範囲が限られており，土地，建物，設備代金などの設備投資（資本的支出）に係る商業税については，仕入税額控除の対象外になります。

⑪ 韓国

日本と同様に仮受（Output VAT）から仮払（Input VAT）を控除した金額で計算されます。付加価値税は事業者が国内で財貨または役務を供給する取引と財貨の輸入に対して課税されます。ただし，消費税の逆進性を緩和するために一部の品目（未加工食料品，医療保険役務，旅客運送役務など）に対しては付加価値税を免除します。

⑫ 香港

香港には，消費税あるいは付加価値税に相当する税目はありません。

⑬ 台湾

台湾には営業税として，売上の付加価値に基づいて賦課される付加価値型営業税（VAT）と売上高に対して賦課される非付加価値型営業税（GBRT）の2種類があります。

VATは日本の消費税と同様の一般的な付加価値税で，標準税率は5％となります。なお，台湾ではいわゆる輸出免税等の免税取引を完全免税（Full exemption）と呼び，金融取引や土地譲渡などの非課税取引を通常免税（Normal exemption）と呼びます。Normal exemptionに係る仕入税額は，一定の条件下で仕入税額控除の対象になりません。

GBRTは一般的な付加価値税とは異なり，特定の業種を営む法人に対して，その売上高に対し規定された税率に基づいて計算される外形標準課税的な性格を有するものになります。特定の業種とは，銀行業，保険業，投資信託業等の金融業に加えて，質屋業やナイトクラブ業そして小規模営業者もこれに該当します。

⑭ 中国

増値税の納税者は，年間課税売上高に応じて，一般納税者と小規模納税者に分けられます。納税者が商品，サービス，役務，無形資産，不動産を販売した場合，売上金額と税法に規定された税率に従って計算された増値税額が課税されます。

中国では1979年からVATが導入され，2012年以降，一部の地域や産業で営業税をVATに変更するパイロットプロジェクトが実施されてきました。2016

478 第5章 税 務

年5月1日以降，営業税をVATに変更するパイロットプロジェクトが全国で展開され，全面的に実施されています。2019年1月1日より，小規模VAT納税者のVAT免除政策が実施され，2020年3月1日より，小規模VAT納税者の税率優遇政策が実施され，小規模納税者のVATが段階的に減免されています。また，2017年7月1日以降，一般VAT納税者の適用税率が数回にわたり引き下げられ，大幅なVAT減税が推進されています。

Ⅱ　申告納付

　前述のとおり，現地で体制が整えば，毎回の申告ごとに日本本社で確認する必要は必ずしもないでしょう。しかしながら，新規進出時や事業拡大における付加価値税申告の体制整備の段階においては，現地で十分な会計税務人材がいないことも多いと思います。その場合，ある程度日本本社が現地会計事務所に相談して整理する必要があるかもしれません。

　申告納付に関しては，まずコンプライアンスとして申告書を適切なタイミングで，漏れなく申告できているかがポイントになります。繰り返しになりますが，付加価値税の場合には最初の申告や新規事業開始できちんと検討することが最も重要であるといえます。また，事後的になりますが，少なくとも遅延金等の税金関連のペナルティを支払っている場合には，その内容を確認し，然るべき対応策を検討することは必要でしょう。加えて，特に納税のタイミングについては，キャッシュフローの観点からも注意が必要でしょう。

　もう1つ気を付けたいのが還付申告についてです。売上額が一定額以下であること等の理由から付加価値税申告は義務ではないケースであっても，還付申告を選択できるのであれば積極的に申告することを検討しても良いでしょう。また，付加価値税申告を行っても還付金を受け取るのが実務上困難な国もあります。そういった国では付加価値税はコストになりますので商流を変更する等の代替策を含めて検討しても良いでしょう。

（1）インド

　申告・納付は月次で実施する必要があります。留意点としては，前述のとおりインドでは支払義務がある各州及び準州で個別にGSTを登録する必要があり，申告と納付に関しても，各州及び準州で個別に実施する必要があります。GSTの申告には様々なフォームが存在しますが，一般的には次の3つを提出します。

第5節 付加価値税 **479**

> GSTR-1：翌月11日までに提出。仮受GST（Output GST）の申告を行う。
> GSTR-3B：翌月20日までに提出。仮受GST（Output GST）及び仮払GST（Input GST）の両方を申告し，月次のGST納付額を確定させる。
> GSTR-9：年次申告にあたり，12月31日までに提出。

　仮受GSTを上回った仮払GSTは，仕入税額控除残高にプールされるため，原則的には還付申請をすることはできません。例外的に還付申請が可能となる事例としては，下表のとおりとなります。

項目	概要
インド国外への物品・サービスの輸出取引	一定の要件を満たした物品・サービスの輸出取引に関しては，GSTが免税となる。GSTの免税を受けるためには，関係当局に対し，事前に申請書を提出し，免税許可証（Letter of Undertaking：LUT）を取得する必要がある。事前に申請を行っていない場合は，いったんGSTを納付し，その後GST申告書を通じて還付申請を行う。
経済特区（Special Economic Zone：SEZ)	インド国内企業がSEZに所在する企業にサービスを提供した場合，輸出取引として扱われる。またSEZに所在する企業が，他のSEZ内の企業に販売する場合においても，GSTの適用対象外となる。そのため，当該取引の支払いでGSTが納付されていた場合，還付申請が可能である。

（2）インドネシア

　VATは月次ベースでOutput VATとInput VATを毎月相殺し，納税ポジションの場合には翌月末日までに納税申告を行う必要があります。一方で，還付ポジションとなる場合には会社の事業年度末から1ヶ月以内に還付申請をすることが認められています。

　なお，Input VATについてはVATインボイスの日付の翌月末までに申告をすることが原則となっていますが，VATインボイスの日付の属する月の翌3ヶ月以内の月を対象として申告をすることが認められています。

　還付申請を行うと原則的には税務調査が実施されますが，税務調査で無理な指摘を受けることも多く，特に以前は操業開始前のInput VATの控除は要件も厳しく規定が明確ではなかったことから，税務裁判に進むケースも見受けら

れました。現在では操業開始前のInput VATの控除について要件が緩和され，さらに規定も整備されてきており，無理な指摘を受けることは比較的少なくなってきました。

(3) オーストラリア

　申告・納付は売上額により毎月か四半期ごとになるかが異なります。年間売上がAUD20M以上の場合は毎月の申告・納付が必要になり，それ以外は四半期となります。Tax Agent（現地会計事務所等）を通して申告を行わない場合には期間終了日から21日以内，Tax Agentを通している場合には期間終了日から2ヶ月目の25日が申告期限となります。期限に間に合わない場合は延長申請をすることも可能です。延長申請は過去の申告状況などが考慮され決定されますが，原則延長申請は承認されます。四半期の申告書の延長であれば3週間の延長，毎月の申告書の延長であれば2週間の延長申請が可能です。

　還付申告は通常問題なく還付がされます。ただGSTの還付額が大きい場合などはGSTの監査が入ることがありますが，その際はその期間の取引の金額が大きなもの5点ほどのインボイスを求められることが多いため，金額の大きいインボイスは大切に保管することが重要です。なお，オーストラリアでは原則電子インボイスの保管が認められています。

(4) カンボジア

　毎月の月次税務申告（翌月20日（電子申告の場合，翌月25日）が提出期限）の中でVATの申告手続を行います。カンボジアでは仕入税額控除を受けるためには適切なインボイスの受領が必要となります。したがって，各仕入先からは申告期日に間に合うよう適切なインボイスを入手する必要がありますが，要件を満たしていないインボイスを受け取ることも珍しくなく，申告期限までに修正を依頼しなければならないため時間的余裕をもってインボイスを入手するよう心がける必要があります。

　カンボジア税法上，輸出業者や投資企業としての要件を満たす企業である場合，毎月超過したVAT Inputの還付申請が可能で，それ以外の中規模及び大規模納税者は3ヶ月以上VAT Inputが繰り越されている場合，還付請求が可能となります。通常還付申請手続の中ではVAT還付に関連する項目について税務調査が行われますが，納税者が還付請求の対象となるVATに関連する適

切な書類（インボイスだけでなく輸入時通関書類なども含む）を提出する必要があるため保管しておく必要があります。書類の提出が遅れた場合，還付申請手続全体が遅延する可能性があるため留意が必要となります。

　Input VATがOutput VATを上回る場合，3ヶ月以上繰り越したうえで税務当局に還付申請を行うことができるとされていますが，実務上VATの還付手続は税務署内での関連書類の確認手続に時間がかかることが多く，通常相当程度時間を要します。また，近年カンボジア政府が一定期間以前から繰り越されているVATについては還付を行わないとの声明を発出しており，納税者側との協議が行われるという事例が発生しています。VATの還付が認められない代表的な例は，インボイスの記載内容が要件を満たしていないことや，電子申告システム上での入力誤り，売り手側で適切に税務申告を行っていない場合が挙げられます。

　さらに，最近では一定期間よりも以前から繰り越されているVATについては還付が認められない事例が頻出しています。VATの繰越可能期間を明記する条文はないため実務的には制限なく繰越可能と認識されていましたが，租税総局側の見解としては，まず税務調査に関する規則の中で種々の税務調査が定義されており，VAT還付に係る税務調査は限定的税務調査という形式で行われるものと規定されています。この限定的税務調査は現在の課税事業年度の期間（N）及び現在の課税事業年度の前の課税事業年度（N−1）に対して実施するものと規定しているため，それ以前より繰り越されているVATについてはVAT還付手続内で税務調査が実施できない，つまりVAT還付手続ができないものとの見解を示しています。また，電子申告システム導入以前（2020年度以前）は紙で税務申告書を提出していましたが，当時の税務申告書と関連書類を遡って確認することは困難であるとのことが理由として挙げられています。カンボジア租税総局から新たに発行されたインストラクションでは過去の繰越VATが蓄積した場合，税務署側でのチェックやレビューの工数が増加するため，税務署側での過度な負担を避ける目的から最長1年を超過しない範囲でVAT還付申請手続を行うことを求めており，1年を超過してVAT還付手続を行う場合，予定されている正規のタイムフレームは適用されずVAT還付手続に遅延が生じることも示唆されています。

　また，カンボジアではタックスコンプライアンスステータスとして，各社ごとにゴールド，シルバー，ブロンズといったステータスを付与され，それぞれ

税務上の恩典が定められています。このステータスに応じて一定金額までの
VAT還付は，税務調査を経ず還付が可能と定められています。

（5）シンガポール

　GSTの課税期間は原則3ヶ月ごとで，決算月に応じて決定され（e.g. 決算月
が3月，6月，9月，12月の場合，1〜3月，4〜6月，7〜9月，10〜12
月），申告期限は各課税期間の翌月末となります。申告が1日でも遅延すると，
自動的に遅延金が科されます。また，還付申告は比較的容易であり，還付申告
後，調査が入らない限り，還付確定後7日以内に還付されます。

（6）タイ

　毎月課税売上・課税仕入の取引全件をリストアップし精緻に計算することが
求められます。申告・納付期限は原則翌月15日，電子申告を利用している場合
は翌月23日です。月次申告において仮受VATを上回る仮払VATがある場合に
は差額は翌月に繰り越して翌月以降の仮受VATから控除することができます。
繰越期限はありません。

　輸出取引が多いなどの理由により経常的に仮払VATが仮受VATを上回る場
合には繰越額が増加する一方となるため，これを資金化するには申告期限から
3年以内に還付申請を行う必要があります。一般に，還付申請すると税務調査
が実施されますが，税務調査の完了まで長期間（数年以上）かかることや
VAT以外の税目（法人税等）も調査対象となり結果的に多額の追徴課税を受
けてしまう可能性があることから還付申請の難易度はかなり高いといえます。
ただし，一定の要件を満たす場合には簡便的な手続きで還付を受けられるケー
スもあります。

（7）フィリピン

　2022年12月までは月次の簡易申告と四半期申告の両方が必要だったものの，
2023年1月から四半期ごとの申告に変更されました。申告期限は，四半期末の
翌月25日までとなっています。なお，四半期ベースで3ヶ月分を1度に払うと
負担が大きいため，自主的に月次でVATを納税する会社もあります。

　VATに限らず，税務署に還付申請を行うと税務調査が行われることがよく
あるので，還付請求に代わり仮払VATの計上を継続する会社も散見されます。

なお，PEZA登録企業向けに施工を行う建設会社は材料の調達で仮払VATが発生するものの，PEZA登録企業はVATが無税のため，売上時に仮受VATを受けることができず，多額の仮払VATが蓄積する問題が従前より発生しています。やむを得ず還付申請を行う企業もあるようですが，税務調査が入ることで他項目の税金での不備等で税務署から指摘が入り，思うように還付手続が進められない実情があります。

（8）ベトナム

申告納付の頻度は，前年の売上金額により四半期・月次と異なります。なお，法人税や個人所得税のように，年度末の確定申告は無いため，毎四半期（もしくは毎月）の申告をより注意して正確に行う必要があります。

前年の売上金額	申告納付頻度	期限
VND50B以下	四半期	四半期終了後の翌月末
VND50B超	月次	翌月20日

仮払VATの控除後，控除しきれない仮払VATが残っている場合には，当該残高がVND300Mを超える輸出企業等，一定の要件を満たしている企業であれば還付申請が可能です。また，還付申請が認められない場合であっても，無期限に将来への繰越が可能で，将来発生する売上仮受VATとの控除が可能です。

ベトナムでのVAT還付は，地域や時期にもより実務対応にバラつきがありますが，基本的には初めての還付申請では，税務調査が行われます。2回目以降の還付申請であれば，地域によって調査なしで還付を受けられるケースもありますが，近年の事例を踏まえますと，2回目以降であっても税務調査に入られるケースが増加しています。調査なしで還付を受けられるケースであれば，申請してから着金までは短期間ですが，調査がある場合はその調査期間に応じて還付金の受領が遅れることになります。調査担当者によっては，不合理な理由で調査を長引かせて還付が遅れるケースは散見されます。

企業としては，必要な根拠書類を適切に準備し，調査担当者のリクエストに応じてすぐに必要書類を提出できる体制を整えておくことが非常に重要で，これができていない企業は調査も長引くことになります。VAT還付申請に関して言えば，具体的に最低限整備しておくべき書類は下記となります。

- 仕入れに係る契約書や発注書等
- 仕入れに係るVATインボイス（内容まで正確に合っていることが重要）
- 支払根拠書類（特にVND20M以上であれば，銀行送金明細は必須）
- 輸出売上に係る通関書類

（9）マレーシア

申告は2ヶ月ごとで，課税期間の翌月末までに申告，納税をする必要があります。なお，登録事業者は納税がゼロである場合でも2ヶ月ごとに申告を行う必要があります。

消費税やGSTのように仮受と仮払の差額を納付する仕組み（多段階課税）ではなく，課税ポイントは1度きりの単段階課税の仕組みを取っているため，一部例外を除き，還付申告となることはありません。

（10）ミャンマー

- 納付期限（月次）：売上計上月の翌月10日
- 申告期限（四半期）：四半期末から1ヶ月以内
- 申告期限（確定申告）：年度末から3ヶ月以内

法人税と同様，課税年度の納付額が過払いとなった場合は確定申告書上で現金還付（税務署が発行する小切手を受領）もしくは次年度への繰越を選択することができますが，実務上，現金還付の場合は税務署による調査及び小切手発行手続に時間を要することから次年度への繰越のほうがスムーズに手続きが完了します。

（11）韓国

事業年度にかかわらず，下記の1期，2期が課税期間となり，各期開始から3ヶ月間がそれぞれ予定申告期間とされています。

1期：1月1日～6月30日（予定申告期間：1月1日～3月31日）
2期：7月1日～12月31日（予定申告期間：7月1日～9月30日）

VATの申告及び納付は，各対象期間の翌月25日とされています。すなわち，

１期予定（４月25日），１期確定（７月25日），２期予定（10月25日），２期確定（１月25日）と年４回の申告・納付を行うことになります。

　法定適格税金計算書を受け取っており，かつ仕入税額不控除（事業と直接関係のない支出，乗用車の購入やレンタル，維持に関する費用，交際費，免税事業関連仕入税額）に該当しない限り，還付は容易です。

(12) 香港
　制度なし。

(13) 台湾
　１〜２月，３〜４月，５〜６月，７〜８月，９〜10月，11〜12月と，各２ヶ月間が申告対象期間となります。申告納付期限は，申告対象期間が終了した翌月の15日までとなります。遅延の場合，現地銀行業の１年定期預金利率の遅延利子がかかり，かつ２日遅れるごとに１％の延滞税がかかります。また，過少申告等の場合はケースにより未申告税額の１倍から10倍の罰金が科せられます。
　台湾におけるインボイスは統一發票と呼ばれます。最近では電子統一發票による發票の発行を行う会社が増えてきてはいますが，実務上は手書きの統一發票を利用している会社も多く存在します。この手書き統一發票については，発行された統一發票の原本を会社が取得しておく必要があることに加え，手書きの統一發票の発行方法，記載方法には厳格で細かな規定が定められており，その内容に不備がある場合は記載ミスをした發票を破棄のうえ，新しい統一發票を交付する必要もあります。
　上記のとおりVAT申告のスケジュールがかなりタイトであることに加え，会社が購入した物品，サービスに対する統一發票を毎回のVAT申告までに全て入手できているか，また入手した手書き統一發票の内容が規定に沿った正しいものかどうかを確認し，不備があった場合は発行元の会社と連絡を取り合い統一發票の修正作業が必要となるため，毎回のVAT申告は企業にとって負担が大きいものとなっています。
　還付が認められるのは原則として以下のものに限られます。

```
①　ゼロ税率適用の商品またはサービスの販売に関する仕入税額
②　固定資産購入時の仕入税額（ただし，小型自動車に関するものは除く）
```

486　第5章　税　務

---

③　合併，解散等の場合

　上記以外についての仕入税額は原則として仕入控除方式で売上税額から控除
し，控除しきれない額は翌期に繰り越し，翌期以降の営業税申告時に仕入控除
として充当します。なお，仕入税額は原則として台湾域内でVAT登録を行っ
た事業者のみが請求できます。

(14) 中国
　増値税の課税期間は，1日，3日，5日，10日，15日，1ヶ月または1四半
期に設定されています（実務上は1ヶ月が大多数）。納税者の具体的な課税期
間は，納税者の納税額の大小に応じて，管轄税務当局が個別に承認することに
なります。

　納税期間が1ヶ月または四半期の場合，期間満了日から15日以内に申告する
ことになります。また，納税期間が1日，3日，5日，10日または15日の場合，
期間満了日から5日以内に前納し，翌月1日から15日以内に申告し，前月分の
納税額を精算することになります。納税者が商品を輸入する場合，税関が輸入
関税専用納付書に記入した日から15日以内に納付しなければならないとされて
います。

Ⅲ　インボイス制度

　日本でも2023年10月からインボイス制度が導入されていますが，アジアのほ
とんどの国でインボイス制度が導入されています。インボイス制度が導入され
ている国では，原則として適切なインボイスを受領し，保存していなければ仕
入税額控除の適用を受けることはできません。現地で適切な管理体制を構築で
きているか定期的に確認することが望ましいでしょう。

　さらに，いくつかの国では紙ではなく電子的に請求書を発行することが義務
付けられていたり，さらにその電子請求書を政府の指定するシステム上で登録
することが求められる場合もあります。海外子会社から請求書を発行する場合
にはこれらの規定に則ったものを作成する必要があります。

	インボイス方式	電子請求書
インド	あり	あり
インドネシア	あり	なし
オーストラリア	あり	あり
カンボジア	あり	なし
シンガポール	あり	あり
タイ	あり	あり
フィリピン	あり	限定的
ベトナム	あり	あり
マレーシア	あり	あり（2024年8月以降）
ミャンマー	なし	なし
韓国	あり	あり
香港	N/A	N/A
台湾	あり	あり
中国	あり	あり

（1）インド

　インドではインボイス方式が採用されています。日本における適格請求書にあたる，Tax Invoiceと呼ばれる請求書形式が使用されており，これには各事業者のGST番号（GST Identification number：GSTIN）が記載されています。また，インドでは電子請求書システム（E-invoicing）が導入されており，発行された電子請求書はGSTポータルサイトへ連携され，オンライン上で請求書情報が記録される仕組みとなっています。電子請求書システムは年間売上高がINR100M以上の企業に適用されています。2022年10月1日までは，適用要件が年間売上高INR200M以上であったことを鑑みると，段階的に適用対象が拡大されており，現時点で対象外の企業も，前もって制度概要を押さえておくことが推奨されます。

（2）オーストラリア

　オーストラリアでは，2023年7月からPeppolネットワークを利用した電子請

求書システムが段階的に導入されています。すでにオーストラリアでは電子請求書が一般的で，保管や税務調査対応も電子請求書が用いられます。

（3）カンボジア

　カンボジアでは定められた要件に沿ったインボイスの発行が義務付けられています。中規模及び大規模課税納税者である課税事業者が他の課税事業者である買い手と取引を行う場合は「Tax Invoice」を，他の非課税事業者である買い手と取引を行う場合は「Commercial Invoice」を発行しなければなりません。また，小規模納税者が物品販売やサービス提供を行う場合はCommercial invoiceを発行する必要があります。それぞれの以下のような内容を含む必要があります。

- 使用言語は原則としてクメール語を使用し外国語を使用する場合はクメール語の下に記載します。また合計金額については現地通貨であるクメールリエルでの金額も記載する必要があります。連番は1年単位で附番し発行されたインボイスは中規模及び大規模納税者は10年間，小規模納税者は3年間保管する義務があります。
- 適切なインボイスがない場合Input VATとして仕入税額控除やVAT還付が認められないため仕入業者等からも適切なインボイスを入手する必要があります。また中規模及び大規模納税者は小規模納税者からチャージされたInput VATは仕入税額控除として申告できません，ただし，年次法人税申告上は損金として扱うことが可能です。

（4）タイ

　タイではVATの登録事業者は課税取引となる物品販売およびサービス提供時にTax Invoiceを発行することが義務付けられています。Tax Invoiceの記載要件は詳細に決められており，それを満たさないものは仕入VATの税額控除に利用できません。

　サービス提供会社の場合，実務上はサービス提供後に請求書としてのInvoiceを発行し，対価の受領時にTax Invoiceを発行するケースが多いです。そのため，Tax Invoiceは請求書ではなく領収書に当たることとなり誤解を招くことがあるため注意が必要です。

　なお，電子請求書（e-Tax Invoice）の制度は導入されていますが，利用要

件が厳しいため現時点ではあまり普及していない状況といえます。

（5）フィリピン

物品販売業もしくはサービス業の業種問わず，VATが記載されたSales Invoice（請求書）を税務署に登録し，税務署が認可する印刷会社でのみ請求書を印刷することが認められています。フィリピン税務当局は，要件を満たした請求書のみ仮払VATの有効な証憑として取り扱うこととしています。

なお，電子請求書（e-Tax Invoice）の制度は，大規模な通信事業者等の限定的な導入となっています。

（6）ベトナム

国内調達の仕入インボイスに関しては，各企業が適法にベトナム税務署に登録している「VATインボイス or レッドインボイス＊」を入手する必要があります。VATインボイスが無い場合には，仮払VAT（インプットVAT）として控除ができないだけでなく，法人税法上の損金不算入の扱いとなってしまいます。

また，単にVATインボイスを入手するだけでなく，その内容が正確に記載されていることが必須です。会社名，住所，税コードなどに記載誤りがあった場合，損金性を否認されることもあるので，インプットVATの確認は非常に重要です。さらに，インプットVATの控除及び損金算入の要件として，VND20M以上の支払いに関しては，銀行送金の支払証憑が必要となります。つまり，VND20M以上の支払いを現金で行った場合，VATの控除対象にもならず，損金にも算入できません。

なお，ベトナムでは2022年7月から電子請求書が義務化されています。納税者は，電子請求書のサービスプロバイダーを選定し，税務当局に登録したうえで事務運営を行うことが求められます。

> ＊　電子化される以前の紙のインボイスでその用紙が赤色だったことから，レッドインボイスと呼ばれたこともあり，未だにその呼び名が使われることも多い。

（7）韓国

韓国では電子税金計算書制度を導入しています。電子税金計算書とは，国が認定する公認認証を受けた事業者が，国税庁長が定める電子的方法でインターネットを通じて発給し相手のコンピュータに送信する請求書及び領収書のこと

をいいます。その発給明細は国税庁にリアルタイムで送信されるため，別途出力は不要であり，課税当局や企業双方の業務処理が迅速に行われるというメリットがあります。

（8）台湾

　台湾における付加価値税である営業税はインボイス方式で管理されており，このインボイスに該当するものが，財政部認定の公的領収書である統一發票となります。

　台湾でビジネスを行う会社（法人，支店）は，自社の商品やサービスの販売を行う際に，統一發票の発行が義務付けられており，この統一發票を商品やサービスの販売元から取得していることが，購入者側の法人税申告上の損金算入要件にもなっています。

　現在，以下のような種類の統一發票が使用されています。

---

① 三聯式統一發票：台湾域内の営利事業者（法人）に対して発行
② 二聯式統一發票：台湾域外の営利事業者，または個人等の非営利事業者に対して発行
③ 特殊統一發票：銀行業，保険業，特殊飲食業など特殊税額営業者で発行
④ 收銀機統一發票：店舗等の専用レジスターで発行
⑤ 電子用計算機統一發票：コンビニを始め多くの店舗で発行

　政府は電子用計算機統一發票（以下「電子發票」）への切り替えを推奨しており，2023年度に発行された全ての發票のうち，約86%が電子發票であったというデータが示すとおり，現在では，電子發票を利用する企業が多くなっていますが，手書きの三聯式統一發票や二聯式統一發票もまだ多く利用されています。これらの手書き發票を発行する際や受領した際の規定が細かく定められているため，規定の概要を理解しておくことは台湾でビジネスを行ううえでは必要不可欠なものとなります。

　なお，個人への売上計上漏れや不正を防止する目的で，統一發票に記載されている番号を利用し，2ヶ月ごとに政府による宝くじが実施されており，統一發票は台湾におけるVAT制度の根幹を担うと共に，脱税防止という機能も果たしているものとなります。

（9）中国

　中国の流通税の一種である増値税は，インボイス制度が採用されており，取引においては税務領収書（中国語で「発票」）の授受が行われます。商品を販売し，サービスを提供し，その他の事業活動に従事する企業及び個人は，対外的な事業活動の代金を受け取る際，支払人に発票を発行する必要があります。生産及び事業活動に従事する全ての単位（事業体）及び個人は，物品を購入し，役務の提供を受け，その他の事業活動に従事する場合，対価の受取人から発票を入手する必要があります。発票を入手する際，商品の名称及び金額を実際の内容から異なるものに変更することを要求するのは禁止されています。また，規定に従わない発票は，経費精算証憑として使用してはならず，いかなる企業または個人も，違法な発票の受領を拒否する権利を有しています。発票は指定された期限，順序に従って発行され，紙の発票には，発票専用の印鑑を押印する必要があります。

　増値税発票は，媒体として紙の発票のほか，電子発票（PDF形式）及びデジタル発票があります。デジタル発票（中国語では全電発票・数電発票）は完全にデジタルデータ化された発票であり，紙の発票と同じ法的効力を持ち，紙や他の媒体による裏付けも必要なく，使用時の用紙取得も不要な全く新しい発票となっています。

　また，発票はその性質により以下の種類（一般的に使用される発票の一部のみを掲載）があります。

- 専用発票：商品の販売または課税サービスの提供のために増値税納税者が発行する発票であり，買い手は仕入税額控除が可能となる。
- 普通発票：商品の販売または課税サービスの提供のために増値税納税者が発行するインボイスであり，買い手は仕入税額控除はできない。
  - ※　専用発票と普通発票の違いは上記のとおり，専用発票は購入者と販売者の間の代金受領証書であるだけでなく，購入者（一般増値税納税者）の増値税仕入税額控除証明書としても使用できるため，商業証明書としての機能だけでなく，納税証明書としての機能も有している。普通発票は，税法に規定されている業務項目を除き，仕入税額控除はできない。
- 自動車販売統一発票：2006年8月1日以降，自動車小売業を営む全ての事業体及び個人が，自動車販売（中古自動車販売を除く）の代金を徴収する際に発行する発票。
- 中古車販売統一発票：中古車ディーラー，ブローカー，オークショニアが，中

492　第5章　税　務

古車の販売，仲介，オークションの代金を徴収する際に，発票発行ソフトを通じて発行する。

Ⅳ　輸出免税

　付加価値税の中でも理解が難しいのが，国を跨いで行われる取引に係るいわゆる輸出免税の判定になります。モノの場合には，付加価値税の輸出免税の判定は，モノの引き渡しが行われた場所で判断されることが原則になりますので，契約条件等から引き渡しが行われた時点に所在していた場所を確認していくことになります。もちろん話はそこまで簡単ではなく，国ごとに特殊な取扱いが定められていることもありますし，保税地域や優遇税制等も論点になります。

　一方で，サービスに関しては，ある国の国内で提供されたサービスで当該国内の法人または個人に請求されるものであれば，基本的に課税取引になります。また，当該国内で提供されたサービスであっても，外国法人または非居住者に対して請求されるものであれば，免税取引として付加価値税が課税されない国が多いかと思います。これは仕向地主義あるいは消費地主義と呼ばれる考え方に基づくもので，多くの国で付加価値税の基本的な考え方になっています。

　しかしながら，この仕向地主義の捉え方を日本とは異なって考えている国も多いため留意が必要となります。外国法人に対する請求が免税となるのは，当該サービスの消費地が国外であるということが前提となります。したがって，外国法人等に対する請求であっても国内で消費されるサービスに関しては免税とならないわけです。この考え方は日本でも同様ですが，日本では外国法人等に対する請求を国内消費と考えるケースは限定的ですが，アジアでは国によってこの国内消費の概念を拡大解釈することによって，外国法人等に対するサービス提供であっても国内取引とみなして付加価値税を課税する国は珍しくありません。

　ここでは現地子会社が日本本社に対してサービス提供した場合において，各国でどのように免税取引を考えるのかを中心に見ていきます。

（1）インド

　上記「Ⅱ申告納付」に記載のとおり，一定の要件を満たしたインド国外への物品・サービスの輸出取引は，GSTの免税対象となります。

（2）インドネシア

　物品の輸出時にはVATは課されません。

　インドネシア法人が国外企業へ役務提供を行う場合（輸出サービス），原則的にはVATが課されますが，輸出サービスのうち一定の要件を満たす場合はVATが課されません。一定の要件として，インドネシア国外で利用される動産に関連するサービス，または，当該サービスの成果物がインドネシア国外で利用されるものといったサービスの範囲が規定されており，その他，契約書や支払いを証明する書類等を準備するといった文書要件があります。

（3）オーストラリア

　日本本社等海外法人への役務提供に係る付加価値税は原則免税となります。ただ契約会社が日本本社ではあるものの，実際の役務提供先がオーストラリア子会社である場合などは課税対象となります。また海外法人がオーストラリア国内で保有する投資物件などオーストラリア不動産に係る法人税申告などは課税対象となります。

（4）カンボジア

　物品の輸出取引，国外でのサービス提供，国際運送サービスは０％課税となります。カンボジア国外への役務提供について，カンボジア居住法人がカンボジア非居住者に国外で消費されるサービスを提供した場合には０％の税率が適用されます。ただし，当該サービスがカンボジアに関連する事業目的や経済的便益である場合，カンボジア国外での消費とはみなされず通常の10％の税率が適用されることに注意が必要です。

　少なくとも国外での消費を証明するために，役務提供契約書においてサービスの料金や種類，役務提供が消費される場所等を明記し，国外からカンボジアへの送金書類，請求書の原本，適切な会計記録を保持している必要があります。

（5）シンガポール

　海外法人への役務提供については，受益者がシンガポール法人でない限り，原則として，免税扱いとなります。

　ただし，シンガポールにあるホテルの宿泊代等のシンガポールの土地と密接に関わるサービスは契約者主体が海外法人であっても，課税対象取引となりま

す。

　また，海外法人への製品の輸出については，インボイスの発行から60日以内に出荷手続ができない場合を除き，基本，免税扱いとなります。

（6）タイ

　海外法人への役務提供についての税法上の取扱いは以下のとおりです。

- タイ国内で提供され，タイ国内で消費された役務提供については国内売上と同様に7％課税。
- タイ国内で提供され，タイ国外で消費された役務提供については輸出売上と同様に0％課税。
- タイ国外で提供され，タイ国外で消費された役務提供については非課税。

　ただし，消費地の判定基準は明確ではなく，歳入局による税務調査での実務としては，役務の内容がタイに関係する場合にはタイ国内で消費されたとみなすという運用がみられ，幅広い取引が7％課税取引とされることがあります。

（7）フィリピン

　原則としてフィリピン国内で提供されたサービスはVATの対象ですが，対価の支払者である非居住外国法人がフィリピン国内に恒久的施設を有しておらず，フィリピンペソ以外の外貨にて請求書が発行され，かつフィリピン国外からフィリピンペソ以外の外貨でBSP登録がなされている銀行（Authorized Agent Bank）にて入金がなされていることを条件にVAT免税が認められる可能性があります。しかし，税務調査で指摘の対象となる可能性も否定できないため，実務上はフィリピン法人が非居住外国法人に対して役務提供を行う場合には，保守的にVAT課税を行うケースは散見されます。

（8）ベトナム

　海外法人向けのサービスは，当該サービスの消費地がベトナム国外であり，「輸出サービス」に該当すると証明できる場合には，VATは0％となります。

　しかしながら，サービスの内容によっては消費地がベトナム国内なのか国外なのかを合理的に示すことが難しいこともあり，特に昨今はデジタルサービスも多く，特定の場所でしか使用しないというサービスは少なくなってきており，サービスの消費地という概念そのものを再考すべき時に来ていると考えられま

す。サービスの実態をいかに声高らかに説明しても税務署は納得しない可能性があるので，形式的な対応（特に書類の作成）が重要になり，慎重な対応が必要になります。

　０％取引だと思って取引を進めていたにもかかわらず，数年後の税務調査で10％課税だと指摘された場合，過去に遡って追徴されますので非常に高額になる恐れがあります。特にグループ間取引ではない場合には，過去に遡って顧客に請求することはおそらく困難であるため（もともと確認を行っていたベトナムの売り手側に過失があると考えられる），多額のコスト負担になり経営的にも大打撃を受ける可能性があります。

　取引の内容に応じて，事前に専門家に相談するか，オフィシャルレター等で政府の直接見解を聞くことなどをお勧めします。

（9）マレーシア

　Sales Taxの課税対象となる製品を輸出する際には，Sales Taxは輸出免税となります。

　Service Taxについては，一般的に輸出サービスについては課税対象外となります。ただし，サービスの受益者が外国法人である場合でも，マレーシアにある物品や土地，またはマレーシア国内の事柄に関連したサービスについては課税対象となります。

　なお，一般的なコンサルティングやマネージメントサービスを50％超の資本関係があるグループ法人に対してのみ提供している場合は，グループ免税制度が適用され，サービス税は免除されます。

(10) ミャンマー

　ミャンマー国外に物品を輸出する場合，商業税は非課税となりますが，例外として電力の輸出は８％課税，原油の輸出は５％課税になります。サービス提供に係る商業税の課税は役務提供地による判定となり，ミャンマー国外で提供されるサービスは商業税の対象外になります。

(11) 韓国

　国内から非居住者にサービスを供給する場合，一定の要件（①法律で定める財貨またはサービスについて国外事業者と直接契約を締結すること，②その対

価を，外国為替銀行を通じて受け取ること，③国内事業者が専門サービス業，事業支援サービス業，投資諮問業であるときには，相手国においても免税が適用されること）を満たせば，ゼロ税率が適用されます。売上高にゼロ税率を適用した場合，売上税額は"0"となり仕入税額全額の還付を受けることができます。

(12) 香港

制度なし。

(13) 台湾

物品の輸出に関しては，ゼロ税率VATの対象となり，書類要件を満たすことで完全免税となります。

輸出関連の役務，または台湾域内で提供され台湾域外で使用される役務については，外貨の受領証の写し等が証憑となり，ゼロ税率VATに必要な証憑書類となります。

ただし，役務の提供先が台湾域外法人／個人であるかどうかのみでゼロ税率の適用が可能というわけではなく，取引の性質や商流に基づき判断が求められる事項であるため，専門家に相談，確認のうえでゼロ税率の適用可否を判断することが推奨されます。

(14) 中国

海外法人に対する役務提供は，その内容に応じて0％課税と免税に区分されます。0％課税は，当該売上に関して支払った増値税額の仕入控除を認めるもので，免税は対応する仕入控除を認めないものです。

Ⅴ　サービス輸入（デジタルサービス）

日本でも電気通信利用役務の提供については特殊な取扱いが求められているように，いわゆるデジタルサービスには多くの国で特別な取扱いが設けられています。ここでは，そのような各国の取扱いを概括します。

(1) インド

一定の要件を満たしたうえで，日本本社等の海外法人がインド法人に対して

役務提供を行うサービスの輸入取引の場合は，支払者がサービスの提供者に代わってGSTを納付する，リバースチャージ方式が適用されます。サービスの提供者である日本法人はインドでGST登録を行っていないため，代理で支払者であるインド法人に納付義務が課せられる方式となります。リバースチャージ方式で支払うGSTは仮払GSTに該当するため，仕入税額控除残高との相殺が行えず，全額現金で納付の必要があります。この場合，現金で納付したGSTは仕入税額控除残高に組み入れられ，将来の仮受GSTと相殺することができます。

（2）インドネシア

海外から役務提供を受けた場合においても，Self-assessed VATが課されます。

税務規定上，インドネシア国外から電子システムを通じて提供される特定のサービスの利用等について，一定の取引規模を超える外国企業に対し，税務当局が当該国外企業をVATコレクターとして任命し，課税することが可能となっています。事業活動が下記のいずれかの基準を満たす場合，税務当局は事業者をVATコレクターとして指定し，VATコレクターは顧客から徴収したVATを毎月納税し，四半期ごとにオンラインシステムを通じて税務当局に報告する必要があります。

- インドネシア顧客との取引額が年間でIDR600M，または月でIDR50Mを超える。
- インドネシアのプラットフォームへのアクセスが年間で 12,000，または月1,000を超える。

（3）オーストラリア

2017年7月1日より海外のデジタル製品やサービスの輸入に対してGSTの課税を拡大しており，デジタル製品やサービスの提供者もオーストラリアの消費者に対してGSTを請求するようになりました。また2018年7月1日からはAUD1K以下の低価格輸入物品に対してもGSTが課せられるようになりました。制度施行後は特に規則の設備状況など変更はありません。

（4）カンボジア

2022年4月以降，カンボジア国内で消費される電子商取引（e-Commerce）を通じたデジタル商品及びデジタルサービスの供給に係るVATの適用がなさ

れています。VAT登録をしているカンボジア法人が支払者となる場合，リバースチャージ方式により当該カンボジア法人が10％のVATをカンボジア税務署へ納税します。

（5）シンガポール

① B2C取引：Overseas Vendor Registration（OVR）

2020年1月1日以降，シンガポール向けに輸入デジタルサービスを提供する海外事業者がシンガポールB2C向けの売上高がSGD100Kを超え，全世界売上がSGD1Mを超える場合，GST登録と納税が義務付けられました。さらに，2023年1月1日以降，リモートサービス（非デジタル）に対してOVRの対象が拡大しました。

② B2B取引：Reverse Charge

2020年1月1日以降，Input Taxを全額控除できない金融業界等の場合，輸入サービスに対してリバースチャージ方式の適用が開始されました。

（6）タイ

海外事業者によるタイ国内へのサービス提供について，VAT登録しているタイ法人が支払者となる場合には，デジタルサービスを含む広範なサービスに関して当該タイ法人がリバースチャージ方式により納税します。

海外事業者がタイ国内の個人またはVAT登録していない法人に対してデジタルサービスを提供し，タイ国内で年間THB1.8M以上の収入がある場合は，当該海外事業者がタイで税務登録を行い直接納税する必要があります。

（7）フィリピン

現時点でデジタルサービス業者に対する課税制度はありませんが，2022年8月にGAFAと呼ばれるGoogle，Apple，Facebook，AmazonといったIT大手への国内でのデジタル事業収入に対しVATを課税するための法案が下院まで承認され，2022年11月，上院に付託されました。現時点で上院の承認がなされたとの発表はありません。

（8）ベトナム

国外からのサービス輸入に関しては，「外国契約者税」という名目でVATが課され，サービス提供を受けるベトナム法人はVATを控除した金額を，海外事業者に支払うことになります（「外国契約者税」については，前述の「源泉税〔本章第4節Ⅱ（8）〕」を参照）。

（9）マレーシア

海外事業者によるデジタルサービス提供に対してはサービス税の納税義務が生じます。そのため，外国企業であってもマレーシアにおけるデジタルサービスの年間売上高がMYR500Kを超える場合は，登録事業者となる必要があります。デジタルサービスとはオンデマンド映像配信サービス等に代表されるインターネット等により提供，配信されるサービスで，マレーシア国内の消費者に提供されるものです。

また輸入サービスについては，いわゆるリバースチャージ制度が導入されており，役務提供者ではなく役務提供を受けた側がサービス税を都度，納税する必要があります。

（10）ミャンマー

現時点で，ミャンマーで法人登記がされていない国外事業者からのサービス輸入に関する課税制度はなく，リバースチャージ方式も採用されていません。ただし，国外事業者が提供するサービスがミャンマー国内における役務提供かつ商業税の課税対象取引と判定される場合には，国外事業者は当該取引に係る申告納税手続を目的に税番（Taxpayer Identification Number）を取得し，申告及び納税手続を行います。

（11）韓国

国内消費者が国内事業所のない国外事業者から海外オープンマーケット上で購入するゲーム，音声，動画ファイルまたはソフトウェアなどの電子的サービスに対して付加価値税を課税するため，国外事業者に対して簡便事業者登録を行ったうえで付加価値税を申告・納付するよう規定しています。

また，国内事業所のない非居住者や外国法人からサービスの供給を受け，その代価を支払う場合，サービスの供給を受ける者がサービスの供給者に代わっ

て付加価値税を徴収して納付する制度があります。

(12) 香港

制度なし。

(13) 台湾

2017年5月1日以降，台湾域内に固定の事業所を有しない国外電子商取引事業者が電子役務に該当するサービスを台湾域内個人消費者に提供する場合で，かつ年間でTWD480Kを超える台湾域内売上がある場合は，海外法人として税籍登記を行い，2ヶ月に1度のVAT申告及び，年に1度の法人所得税申告が必要となります。

なお，税籍登記を行った場合は，台湾域内個人消費者への販売に対し，台湾政府が規定する正式な売上証憑である統一發票を発行する必要があります。

また，外国事業者における営業税申告等の対応については，各種対応事項が発生することから，多くの場合は台湾の専門家等に委託し「納税代理人」を通じて申告対応等を行っていくことになるかと思われます。

第6節　個人所得税

Ⅰ　概要

各国の個人所得税を大別すると，3つのグループに分けられます。

> ①　全世界所得課税，40％台までの累進課税など，日本と同様，先進国として一般的な所得税の課税システムを導入している国
> ②　富裕層等の取り込みなども視野に入れて政策的に低税率としている国（シンガポール，香港）
> ③　発展途上国的な位置づけで，税制上の取扱いに不透明な部分が多い国（カンボジア，ミャンマー）

個人所得税としては30〜45％までの累進税率を採用している国が多いなか，シンガポール，香港，カンボジア，ミャンマーは所得税率を20％程度までにとどめるなど，低い税率水準となっています。

日系企業については，特に海外赴任者の現地での所得税申告を，現地の会計事務所に依頼しているケースと，赴任者自身に一任しているケースに分けられますが，どちらの場合でも，日本払い給与の所得の申告漏れ，現地での現物給与，必要に応じてグロスアップ計算を考慮する点で留意が必要となります。

また，現地での個人所得税だけでなく，海外赴任時・帰任時の日本の個人所得税や源泉税の取扱いも合わせて対応する必要があるため，双方の国において可能な限り税務専門家に相談することが望ましいと考えられます。

各国の個人所得税の概要をまとめると下表のとおりです。

タイトル	所得税率	課税範囲	源泉徴収義務	居住者判定（現地国内法における主な判定要素）
インド	居住者：累進税率0〜30％（高所得者には別途0〜25％までの追徴課税率が適用）非居住者：10〜20％	居住者：全世界所得非居住者：インド国内で発生受領した（または，発生・受領したとみなされる）所得	毎月	日数（182日以上），過去の滞在日数
インドネシア	居住者：累進税率5〜35％非居住者：20％	居住者：全世界所得非居住者：国内源泉所得	毎月	日数（183日超），住所等

タイトル	所得税率	課税範囲	源泉徴収義務	居住者判定（現地国内法における主な判定要素）
オーストラリア	居住者：19〜45% 非居住者：30〜45%	居住者：全世界所得 非居住者：国内所得 一時居住者：国内所得及び全世界給与所得	毎月	総合判定（日数183日以上を含む）
カンボジア	居住者： ①給与税：0〜20% ②付加給付税：20% 非居住者：一律20%	居住者：全世界所得 非居住者：国内源泉所得	なし（月次確定申告）	住居，居所，日数（183日）のうちいずれか
シンガポール	居住者：13〜24% 非居住者：15%と居住者と同様の累進24%とのいずれか高い方 （非居住役員は22%）	居住者：国内源泉所得 非居住者：国内源泉所得	なし	永住権，過去の滞在日数等
タイ	居住者：0〜35% 非居住者：0〜35%	居住者：国内源泉所得＋タイに持ち込んだ国外源泉所得 非居住者：国内源泉所得	毎月	日数（180日）
フィリピン	居住者：15〜35% 非居住者：25%	フィリピン国籍の居住者：全世界所得 フィリピン国籍の非居住者：フィリピン国内源泉所得 外国籍の居住者：フィリピン国内源泉所得 外国籍の非居住者：フィリピン国内源泉所得	毎月	ビザの取得，住所の有無
ベトナム	居住者：給与所得は5〜35% 非居住者：給与所得は一律20%	居住者：全世界所得 非居住者：国内源泉所得	毎月	日数（183日以上），住居
マレーシア	居住者：0〜30% 非居住者：30%	居住者：原則，国内源泉所得 （国内源泉所得のうちマレーシアで受領したものについては2026年12月まで免税） 非居住者：居住者と同様	毎月	日数（182日以上），過去の滞在日数等
ミャンマー	居住者：累進税率0〜25% 非居住者：累進税率0〜25%	居住者：全世界所得 非居住者：国内源泉所得	毎月	日数（183日超）

第6節　個人所得税　　503

タイトル	所得税率	課税範囲	源泉徴収義務	居住者判定（現地国内法における主な判定要素）
韓国	居住者：6〜45% 非居住者：19%	居住者：全世界所得。ただし，韓国での居住期間の合計が5年以下の外国人居住者の場合は，国外源泉所得のうち国内で支払われるか，国内に送金された金額に対してのみ。 非居住者：国内源泉所得	毎月	日数（183日以上），住所その他
香港	居住者：給与所得税標準税率15% or 2〜17%との選択制 非居住者：15% or 居住者の累進税率とのいずれか高い方	居住者：国内源泉所得 非居住者：国内源泉所得	なし	日数（180日以上），過去の滞在日数
台湾	累進税率5〜40% 非居住者：18%（例外あり）	国内源泉所得。ただし，台湾源泉所得と国外源泉所得及び一定要件を満たす特定保険給付，寄付，従業員特別報酬により付与される株式の時価の額面超過分の合計がTWD6.7Mを超過する場合は，超過部分について20%の課税がなされる。	毎月	日数（183日以上）
中国	居住者：3〜45% 非居住者：3〜45%	居住者：全世界所得 非居住者：国内源泉所得	毎月	日数（183日以上）

Ⅱ　申告納付

　個人所得税について，暦年での課税期間を設定している国が多いですが，インド（4月1日〜3月31日）やオーストラリア（7月1日〜6月30日）など課税期間会計年度が暦年でないケースや，カンボジアのように，月次申告で完結するケースもあります。

　基本的には，現地の会計事務所に申告を依頼するにあたって，日本払い給与などの日本本社に依頼すべき情報を確定申告時期の前に準備できるように，事前のスケジューリングをしておくことがポイントとなります。

504 第5章 税 務

（1）インド

個人所得税の課税期間は，4月1日〜翌年3月31日，申告期限7月末日となっています。また，予定納税は，年4回で，段階的に見積税額を納付するというシステムになっています。

（2）インドネシア

1月から12月までの所得について，翌年3月末日までに年次の納税申告を完了させる必要があります。

（3）オーストラリア

個人の所得税申告は，7月1日〜6月30日の会計年度をもとに個人に申告義務があります。申告日期限は個人の状況により変わり以下のとおりです。

申告期限	説明
10月31日	6月30日時点で過年度の申告が未申告になっている。
翌年3月31日	直近の申告済の納付額がAUD20K以上となっている。
翌年6月5日	その他の納税者

＊ 上記はTax Agentを通した場合の申告期限となります。自身で行う場合は10月31日が期限となります。

（4）カンボジア

個人所得に対する課税は，個人所得税というくくりではなく，①給与に対する給与税，②付加給付に対する付加給付税，③その他個人の事業所得に分かれます。

給与税及び付加給付税の申告については月次申告となっており，原則として給与等支給時に給与税・付加給付税の源泉徴収を行い，翌月20日（電子申告の場合翌月25日）までに申告・納税を行うこととなります。これらの所得税は月次申告で完結するため，年次の確定申告制度はありません。

実務上は給与税等の源泉徴収を行わず法人が追加的に負担するかたちで納税するケースも多くみられます。その場合，損益計算書上で計上された給与税等費用は損金不算入となるため留意が必要です。また，昨今法人が負担した給与税は付加給付であるものとして，当該給与税に対してさらに付加給付税を計算

第6節　個人所得税　　505

される事例もみられます。そのため給与税については原則どおり従業員負担として給与金額から源泉徴収するかたちで納付するほうが望ましいといえます。

（5）シンガポール

賦課課税方式となっており，暦年での課税期間について，翌年4月15日（電子申告の場合4月18日）までに確定申告を行った後，税務当局からの賦課決定通知書（Notice of Assessment）が発行されます。賦課課税方式であることから，納付期限は賦課決定通知書が発行されてから30日以内となります。

（6）タイ

個人所得税の課税期間は暦年で，原則として翌年3月末（e-filingで電子申告をする場合には翌年4月8日）までに確定申告を行います。

（7）フィリピン

個人所得税については，暦年課税で，翌年4月15日までに給与所得その他の所得を合算して確定申告の申告及び納税をする必要があります。不動産の売却など一定のキャピタルゲインについては，取引日から30日以内に申告をする必要があります。

（8）ベトナム

原則，個人所得税の課税期間は暦年で，申告納付は，期中申告（月次ごともしくは四半期ごと）及び年度末の確定申告の義務があります。

期中申告の期限は，月次毎の場合は翌月20日まで，四半期ごとの場合は四半期の翌月の末日までに申告・納付を行う必要があります。

年度末確定申告の期限は，給与支払元である会社が実施する場合には翌年3月31日までに，個人が実施する場合には翌年4月30日までとなります。

（9）マレーシア

暦年（1月〜12月）の所得をもとに確定申告を行う必要があります。申告期限は課税年度の翌年の4月30日ですが，例年，電子申告による5月15日までの申告期限の延長措置が与えられています。

506　第5章　税　務

(10) ミャンマー

　課税期間は4月1日〜3月31日，確定申告期限は課税期間末から3ヶ月の6月末日となります。なお，2024年度税制改正により，前年度までは現地通貨（ミャンマーチャット）であった居住者の納税通貨が，得ている所得の通貨に変更されています。

(11) 韓国

　総合所得税は毎年1月1日〜12月31日を課税期間とし，翌年5月1日から5月31日までをその申告納付期間としています。なお，源泉徴収を通じて課税が完結する場合には，総合所得税申告を必要としません。

(12) 香港

　課税期間は4月から翌年3月となります。毎年4月頃に，雇用主が左記期間に係る支払給与を税務局に申請し，当申告内容を基礎に，5月から6月頃に個人宛てに申告書が届きます。申告期限は原則申告書の発行日から1ヶ月以内となり，当申告内容を基礎に，7月から8月頃に，納税期限が記載された納税通知書が届き，納税する流れです。

(13) 台湾

　課税対象期間は暦年となり，暦年の所得を毎年5月1日〜31日までの申告期間中に個人が確定申告を行う必要があります。留意点としては，課税対象期間における所得は，各申告義務者が受領した所得である，という点です。例えば前年12月度の給与を当年1月に会社から本人に支給した場合，当該給与は当年の課税対象となります。逆に，当年12月の給与を会計上は未払計上したものの，翌年1月に会社から本人に支給する場合，当該給与は翌年の課税対象となります。

(14) 中国

　中国の個人所得税は源泉徴収と自己申告を組み合わせて徴収されますが，源泉徴収に重点が置かれています。個人所得税は月単位または暦年単位で徴収され，個人事業主の生産・経営による所得，企業・機関への請負・賃貸による所得，特定業種の給与所得，中国国外からの所得は年単位で課税され，その他

の所得は月単位で課税されます。

　個人所得税の源泉徴収と前納は，個人所得税の課税所得が発生した時に行う必要があり，通常は毎月または給与の支払いの都度行います。確定申告時期は個人所得税の課税年度終了後で，翌年の3月1日から6月30日までの間に確定申告書を提出する必要があります。

Ⅲ　給与の源泉等に係る雇用主の義務

　雇用主における給与等に係る源泉や源泉徴収票に相当する書類の提出・申告義務は，日本と同様に，各国のおいて定められています。それぞれの国でその制度は異なるため，特に現地の給与の承認者は，その概要とスケジュールについては，把握をしておく必要があります。

　ほとんどの国において，①毎月の源泉等の手続きと②年次での税務当局への申告，個人の年間給与等の情報提供のための書類の作成が必要となります。また，これらの手続きは駐在員等の外国人の個人所得税の税務調査につながるものになるため，月次処理の中で，個人所得税における税務論点が確認できると良いでしょう。

　国別の留意事項は以下のとおりです。

（1）インド

　雇用主は，毎月の給与支払時に，源泉税を徴収する必要があります。インドの給与所得にかかる源泉税は，年間の給与額から年間見積税額を算出します。

　雇用主は，従業員から徴収した源泉税を，翌月の7日までに納付する必要があります。個人所得税に関しては，源泉徴収税以外に，前払納税の制度が存在しています。駐在員の場合は，インド側給与を源泉徴収し，日本側で支給された給与に関しては四半期ごとに前払納税を行う傾向にあります。前払納税に係る納付スケジュールは下表のとおりです。

6月15日まで	年間見積税額の15%
9月15日まで	年間見積税額の45%
12月15日まで	年間見積税額の75%
3月15日まで	全額を納付

　その後，給与所得者は，翌年度の7月31日までに確定申告を行うスケジュー

508 第5章 税 務

ルとなっています。

　また，通常の個人所得税とは別に，プロフェッショナル税（Professional Tax）と呼ばれる税金が存在しています。プロフェッショナル税は，職業に限らず，一定の所得以上の従業員全てが対象となります。税率は各州で個別に定められています。

（2）インドネシア

　月次ベースで給与支給の際に21条源泉所得税といわれる所得税の徴収及び納税申告が行われ，12月末に年末調整（従業員所得税申告）にて1月から12月までの給与所得税の再計算が行われます。また，21条源泉所得税以外に，25条所得税という月次予定納付制度があります。海外法人負担の給与等を対象に，前年度の個人所得税申告における不足納税額に基づき計算された予定納付額（25条所得税）を毎月，納税者個人が納付する必要があります。

（3）オーストラリア

　雇用主は給与の支払い時にSingle Touch Payroll（STP）と呼ばれるレポーティングシステムにて税務当局（ATO）へ給与額，源泉額の報告を行い，毎年7月14日までに前年1年間の給与，源泉額の総額を確定した報告を行う必要があります。これにより従業員は遅くても7月14日までにはタックスリターンを開始することができます。また雇用ではなく，個人事業主で清掃業，配送業，ITサービス，セキュリティサービスなど特定の業種とコントラクト契約を行っている場合はその金額をATOへ報告する義務があります（Taxable Payments Annual Report（TPAR））。

（4）カンボジア

　毎月の月次税務申告（翌月20日期日〔電子申告の場合25日〕）の中で給与所得税の申告手続を行います。

（5）シンガポール

　給与に対する源泉徴収はないため，源泉徴収関連の手続きはありません。雇用者は，従業員の1暦年における給与所得を集計した Form IR8A及び関連書類を，その翌年3月1日までに各従業員に通知，または電子申告しなければな

りません。

（6）タイ

通常は毎月会社が給与等について源泉徴収・納税を行います。会社は従業員等に対して翌年2月末までに源泉徴収票を発行します。

（7）フィリピン

フィリピンの現地法人から給与を受け取っている場合は，雇用者が月次で所得税の源泉徴収を行い，税務署への報告を行わなければなりません。源泉徴収については，毎月末日から10日以内に源泉徴収申告書と一緒に徴収税額を納付する必要があります。また，翌年の1月31日までに各従業員の年末調整を実施し，年次での所得税源泉徴収申告と従業員別の源泉徴収票の提出を行います。

（8）ベトナム

年度末に，会社の義務としては，従業員に代わって年末調整としての確定申告を行う必要があります＊。

その場合，従業員が会社に確定申告を委任する旨が記載された委任状（Power of Attorney）を作成し，従業員から署名を入手する必要があります。

＊　従業員が年度の途中で退職した場合や，複数社から収入がある場合等，会社ではなく従業員個人で確定申告を行う必要があるケースもありますが，詳細は割愛します。
　なお，駐在員の場合も，通常はベトナム法人だけでなく日本法人から収入を得ているケースが多く，その場合には，会社が年末調整を行うのではなく，従業員自らが確定申告を行う必要があります。

（9）マレーシア

会社は毎月，源泉所得税を申告・納付する必要があります。雇用者が源泉徴収し，翌月15日までに納付する必要があります。

また会社は暦年の給与支給額，納税額等を記載したフォーム（Form EA）を従業員に対して発行する必要があります。

（10）ミャンマー

会社は，毎月の給与支給時に個人所得税を源泉徴収し，徴収後15日以内に納付したのち，オンラインシステム上で申告手続をする必要があります。また，

課税年度の最終月の納付手続完了後には，税務署に確定申告書類を提出するほか，給与支給額，納税額等を記載したフォーム（WaNga-15（a））を従業員に対して発行する必要があります。

(11) 韓国

勤労所得の場合，毎月の源泉徴収及び1年に1度の年末精算（3月10日まで）を行う必要があります。

(12) 香港

源泉徴収の仕組みはありませんので，個人所得税は個人の確定申告が必要となります。個人確定申告の基礎情報となる毎年4月から3月の支払給与等の税務局申告が雇用主の義務となります。

(13) 台湾

毎年，原則1月31日までに前年度の各種源泉徴収票の作成及び税務機関への届出が必要となります。

また，毎年，原則2月10日までに源泉徴収票を納税義務者に交付する必要があります。

(14) 中国

個人所得税法では，個人所得税は所得者が納付するものと規定されており，所得を支払う企業または個人が源泉徴収義務者となります。源泉徴収義務者は，個人に対して給与等の支払を行う場合，個人所得税法及び関連規定に従って源泉徴収を行い，期限内に納税し，記録を作成するとともに，検査に応じなければなりません。

源泉徴収義務者は源泉徴収を行った月の翌月15日までに，所得を支払った全ての個人に関する情報，支払った所得の金額，控除された金額及び総額，源泉徴収された税金の具体的な金額及び総額，その他の関連する税務情報を所轄税務当局に申告する必要があります。

第6節 個人所得税 511

Ⅳ 居住者判定

　原則，183日ルールでの日数で居住者の判定をするケースが大半です。日数のカウントについて，暦年や最初の入国日から計算する場合，過去数年間の滞在日数を基準にする場合など，国によって基準が異なるケースが多いため，各国ごとの留意が必要となります。

　また，形式的に住所や永住権の有無で判断できる場合もあれば，実質的な居所があるのかという実質判定のケースもあり，判断が難しいケースがあります。

　また，長期出張者などで，現地法人に長期間滞在をする場合に，海外現地での納税や恒久的施設の認定が行われる可能性がある点も留意する必要があります。実際の居住者の判定や現地での納税については，租税条約の確認や実務慣行も考慮する必要があるため，外部専門家に相談するのが良いでしょう。

　外国人が居住者の認定を受ける場合について，国別の留意事項は以下のとおりです。

（1）インド

　インドでは，非居住者に加えて，居住者は，非通常の居住者（Non Ordinary Resident：NOR）と通常の居住者（Ordinary Resident：OR）に区分されます。その判定にあたっては，パスポートの渡航記録などをベースにインド滞在日数を判断し，自身がどの種別に該当するのかを確認する必要があります。判定の基準は下表のとおりです。

項目	概要
居住者の判定	以下のいずれかに該当した場合，居住者となる。 ● 税務年度中に182日以上インドに滞在 ● 税務年度中に60日以上インドに滞在しており，当該税務年度前の過去４年間で，通算365日以上インドに滞在している者
居住者の区別	居住者に該当したうえで，次の両方に該当する者は通常の居住者（Ordinary Resident：OR）となる。 ● 当該税務年度以前の過去10年間のうち，少なくとも２年間以上は居住者である者 ● 当該税務年度以前の過去７年間のインド滞在日数が730日以上の者

512　第5章　税　務

　留意点としては，通常の居住者に該当した場合，全世界所得が課税対象となります。そのため，確定申告の際は，外国資産及び所得を申告する必要があります。インドと日本は租税条約に基づく共通報告基準（CRS：Common Reporting Standard）に則り，二国間で金融機関等の口座情報を交換しています。そのため，外国資産及び所得を申告する必要性が生じた際は，証憑となる書類を揃え，正確な金額を申告する必要があります。

（2）インドネシア

　規定上，以下の要件を満たす者が居住者とされています。

---

① 　インドネシアに住所を持つ者，もしくは
② 　12ヶ月以内に183日を超えてインドネシアに滞在している者，もしくは
③ 　課税年度内にインドネシアに滞在し，かつインドネシアに居住する意思のある者

　実務上はインドネシアで滞在許可（ITAS）を取得した時点で居住者とみなされます。

（3）オーストラリア

　居住者判定は居住条件，居住地条件，183日条件，年金基金条件などいろいろな事項を考慮したうえで判定されます。たとえ183日以上オーストラリア国内に居住していたとしても居住条件などで居住が国外であると判断される場合にはオーストラリア非居住者と認定されることもあります。2021-22年度の連邦政府予算案で個人居住者ルールの簡素化（183日以上オーストラリア国内に居住しているものは原則税務上の居住者として認定）の方針を発表しましたが，2024年9月時点ではまだ法律とはなっていません。

（4）カンボジア

　カンボジア税法上，以下の3つの基準のうち少なくとも1つを満たす自然人は居住者とみなされます。

---

a）カンボジアに住居がある場合
　使用可能で通常滞在または占有している建物の部屋，寮，借家などの所有，

賃借，リースがある場合。

b）カンボジアに主な居所がある場合

経済拠点，滞在期間，滞在の性質，家族の滞在場所，銀行口座，社会活動への参加場所などの実態に基づきます。

c）カンボジアに182日を超えて滞在している場合

カンボジアに少しでも滞在した場合は1日とカウントされるため，入出国日はそれぞれ1日とカウントされます。

一方で，上記a）及びb）の要件が不確実な場合，c）の要件が最終的な要件となると規定されています。

　実務上，外国人がカンボジアに赴任する時期や帰任する時期については，居住者か否か論点になりやすいポイントです。

　例えば，カンボジア現地法人から帰任した後も本社からカンボジア現地法人へサポートを行い，カンボジア現地法人から給与所得を稼得しカンボジア非居住者としてカンボジア国内所得のみを申告していたとしても税務調査で十分な説明資料を提出できない場合，カンボジア居住者として本社での給与所得を含めた全世界所得で申告するよう指摘されるケースがあります。したがって，出向契約や本社帰任の辞令，パスポートでの入出国状況の提示を行うなど赴任や帰任のタイミングを説明する資料を保管しておく必要があります。

（5）シンガポール

下記のいずれかに該当した場合には居住者となります。

居住者（外国人の場合）：

a）シンガポール永住権を保有し，シンガポールに居住する者

b）永住権を保有していない外国人で，下記のいずれかに該当する者
- その課税年度の前年（暦年）におけるシンガポールでの滞在／就労日数が183日以上である者
- もしくは，3年に跨る連続した期間シンガポールでの滞在／就労した者

c）2年に跨る連続した期間シンガポールで就労し，合計滞在期間が183日以上の者

　就労ビザを取得して就労している場合，翌年も引き続き就労し183日以上となると想定されるため，初年度から居住者として取り扱われますが，61日以上

183日以下で就労ビザをキャンセルすると，非居住者に該当します。

（6）タイ

滞在日数のみの判定基準となっており，暦年で180日以上タイに滞在する場合にタイ居住者となります。

（7）フィリピン

有効な労働ビザを取得せず，出張ベースでフィリピンに滞在している（フィリピン国内にて住所を有しない）場合には，非居住者扱いとなり，180日以上滞在している者は居住者に準じて15～35％の累進課税が適用される一方で，180日未満滞在している者は，一律25％が適用されます。一方で，労働ビザを保有している場合は，ビザを取得した段階で滞在日数に関係なく居住者扱いとなります。なお，外国人は居住者，非居住者問わず，フィリピン国内源泉所得において，納税を行う義務があります。

（8）ベトナム

居住者に該当するか，非居住者に該当するかで，税額計算方法に大きな相違点があるため，この理解は非常に重要です。非居住者で申告していたものの，実際には居住者に該当したと認定されたために，多額の追徴を課されたケースもあります。

法令上，下記のいずれかに該当した場合は居住者となります。

1．暦年もしくは初めての入国日から起算して12ヶ月間の間にベトナムに183日以上滞在している者
2．ベトナムに恒久的住居[*1]を有しており，かつ他国の税務上の居住者であることを証明[*2]できない者

[*1]　恒久的住居とは，一時滞在許可証（Temporary Residence Card：通称TRC）上に記載登録されている住所や，183日以上の賃貸期間で借家している場合における当該借家が該当します。
[*2]　証明にあたって，他国の税務局発行の居住証明書を取得する必要があります。

ベトナムで数年間勤務される駐在員や現地採用の方であれば特に難しい判定もなく居住者に該当しますが，183日は超えないものの年に何度もベトナムに

出張に来られる方などは，長期で賃貸契約を結んでいる場合もあり，その場合には日本の居住者証明書を用意しないとベトナムで居住者として認定される可能性があるため，注意が必要です。

（9）マレーシア

暦年でのマレーシア滞在日数が居住者・非居住者の判定基準となります。原則，暦年での滞在日数が合計182日以上（連続している必要はありません）になると，居住者となります。一方で，暦年での滞在合計日数が182日未満であっても以下の場合には居住者となります。

- 当暦年の直前もしくは直後の暦年において連続して182日以上滞在しており，当該直前もしくは直後の滞在期間と当暦年における滞在が継続している場合
- 当暦年における滞在日数合計は90日以上であり，直前4暦年のうち3暦年において，居住者である，または合計滞在日数が90日以上である場合
- 直近3暦年かつ直後の暦年で居住者である場合

(10) ミャンマー

ミャンマー国内で就労する個人は，ミャンマー国民も外国人も，国内滞在日数に応じて居住者または非居住者に区分され，居住区分に応じて個人所得税を納付する義務を負います。

	居住者	非居住者
滞在日数	183日超	183日以内
課税対象所得	全世界所得	国内源泉所得

(11) 韓国

居住者とは国内に住所がある，または183日以上滞在する個人（国籍不問）となります。

国内に住所を有するものとみなす場合としては，①引き続き183日以上国内に居住することを通常必要とする職業を持つとき，②国内に生計を共にしている家族がおり，職業及び資産の状態に照らして引き続き183日以上国内に居住すると認められるときです。

また，会社役員の場合，韓国現地法人が負担した給与等は韓国滞在日数にか

516　第5章　税　務

かわらず課税対象となります。

(12) 香港

　居住者とは，香港に通常居住しており，年間180日を超えて滞在する，または連続する 2 年間に300日を超えて滞在する者と定義されています。年間とは，課税年度を指しており，毎年 4 月から 3 月となります。

(13) 台湾

　下記は外国人を対象とした居住者，非居住者の判定基準となります。

在台日数 (暦年合計)		税金納付時	課税形態	
			台湾域内払給与	台湾域外払給与
A	～90日 (非居住者)	毎月給与支払後	6 ％または18％（源泉徴収）	―
		確定申告時	―	―
B	91～182日 (非居住者)	毎月給与支払後	6 ％または 8 ％（源泉徴収）	―
		確定申告時	18％（確定申告）	18％（確定申告）
C	183日～ (居住者)	毎月給与支払後	5 ％または源泉徴収税率表による（源泉徴収）	―
		確定申告時	累進税率（確定申告）	累進税率（確定申告）

　原則，台湾居留日数が183日以上であり当年度の所得が課税基準に達している場合，源泉徴収及び確定申告義務が発生します。したがって，就労ビザや配偶者ビザなど，台湾において労働可能なビザもしくは労働許可証を保持していることが前提となります。また，台湾居留日数が91日以上182日以下の場合，非居住者として台湾を源泉とする所得の源泉徴収については，納税義務が発生し，また納税に際し確定申告も必要となります。

　台湾居留日数が90日以下の場合，非居住者として台湾を源泉とする所得の源泉徴収については，納税義務が発生します。典型的な海外駐在員のケースは，台湾に91日以上182日以下もしくは183日以上居住しており且つ日本でも給与の

支払いが発生しているケースです。この場合，台湾源泉所得の範囲内に日本受領所得が含まれる点は注意が必要となります。

(14) 中国

中国に住所を有する個人，または住所を有さず課税年度に183日間中国に居住した個人は居住者と判定されます。また住所を持たず中国に居住していない個人，または住所を持たず課税年度において中国に居住した日数が183日未満の個人は非居住者に分類されます。

居住日数を計算する際には，課税年度において実際に中国に居住していた日数によって判断されます。つまり中国に居住地を持たない個人は，出国の回数に関係なく，課税年度において中国に183日居住していれば，居住者と判定することになります。 中国での滞在時間が24時間以上の場合は中国での居住日数としてカウントされ，24時間未満の場合は中国での居住日数としてカウントされません。

Ⅴ　現物給与の範囲

基本的には，各現物給与による課税対象額を個人所得税の課税所得に加算をして課税を行っています。福利厚生に係るものについて比較的広範囲に課税がされることが多いため，個人所得税の申告時にチェックリストなどがないと課税漏れが起きる可能性が高くなります。

駐在員に係る項目で高額なものとしては，社宅，車両費，一時帰国費用などがあります。また国にもよりますが，細かい項目としては，個人に係る保険料や現地での会費，日本での社会保険料個人負担分などがあり，判断に迷う項目も多いですが，現地社員と比較して，日本人駐在員に特別に付与されている手当について確認を行うと良いでしょう。

(1) インド

給与やボーナスに加えて，雇用主が従業員のために支給した手当等も課税対象となります。また，雇用主が家賃を負担し，現物給与として支給している場合や，自動車を支給している場合も，課税対象に含まれます。

（2）インドネシア

特定の従業員に支給される，住居費，車両費など，個人の福利厚生に係る項目が広く現物給与として課税されます。

（3）オーストラリア

オーストラリアの現物給与は従業員の課税所得になるか，雇用主のフリンジベネフィット税（FBT）としての取扱いに分かれます。

> 社宅：FBTとして会社に納税義務あり
> 出張手当：従業員の課税所得
> 赴任手当：従業員の課税所得
> プライベート保険：FBTとして会社に納税義務あり
> 一時帰国費用：FBTとして会社に納税義務あり

（4）カンボジア

カンボジアでは付加給付税（フリンジベネフィット税）として，雇用者が従業員に直接的または間接的に労働の対価として支給した物品またはサービスや経済的利益の付与を含む付加給付に対し課税する税目が存在します。

このフリンジベネフィット税は支給された付加給付に対し一律20％を乗じて計算するものとしており，主に以下のような項目があります。

> 駐在員のビザ費用の負担，駐在員の家賃手当，会社が負担した従業員の給与所得税，従業員への食事手当，海外旅行保険

（5）シンガポール

現物給与は非課税と定められているものを除き，原則課税がされます。課税対象となる現物給与は主に，下記のとおりです。

> 社宅の家賃，赴任手当，社会保険料，一時帰国費用，子女教育手当，海外旅行保険，出張手当（非課税枠を超えるもの），通勤費

第6節　個人所得税　　519

（6）タイ

社宅（光熱費等含む），社用車（私用分），一定額を超える出張手当，日本の会社負担分の一部の社会保険料，帯同家族向けのビザ，一時帰国費用，子女教育費，海外旅行保険等，駐在員及びその家族向けに提供される便益の多くは課税対象となります。

一方，就業規則等で規定があり，タイ人従業員にも同様に提供されている福利厚生については非課税となるものもあります。

（7）フィリピン

フィリピン現地法人が負担する住宅（コンドミニアムを含む），車両，カントリークラブや日本人会に係る会費，国外渡航費，ハウスキーピング・運転手費用等が現物給与税の対象となります。

（8）ベトナム

非常に広範囲のものが課税所得として取り扱われます。主なものとしては下記のとおりです。

（1）家賃手当，（2）VISA/TRC取得に係る外部委託費用（WP（労働許可証）取得に係る委託費用は非課税），（3）個人所得税計算申告に係る外部委託費用（個人でなく会社全体に対する委託費用は非課税），（4）引越費用（ベトナム赴任時の引越費用のみ非課税），（5）健康診断費用（会社全体で受診する場合及びWP取得のための場合は非課税），（6）駐在員の2回目以降の一時帰国費用（年1回までは非課税），（7）駐在員の家族が一時帰国する際の航空券代，（8）駐在員が私用及びその家族が使用するレンタカー代，（9）駐在員の子女の教育費用（学校に支払う学費以外の費用：入学金，スクールバス代等），（10）ゴルフプレー費用

（9）マレーシア

会社契約の社宅家賃，社用車の貸与（私用にも使えるもの）などが課税対象となります。現物給与はマレーシア内国歳入庁（IRB）が定めた計算式により課税所得を計算しますが，一般的には社宅家賃は家賃全額が課税対象となります。また社用車についても一般的には車種や年式により設定された簡易的な表を用いて課税対象額を計算します。その他に費用を会社が負担した場合に課税

対象となるものの例としては，水道光熱費，日本人会の会費，ゴルフクラブなどの会員権，入会金，月会費や，会社負担の教育費（子息の日本人学校学費，駐在員本人の語学研修費など），家族分を含む一時帰国（帰省）費用があります。なお一時帰国費用のうちマレーシア～日本間のフライト代は，1年に1回，MYR3Kまでは非課税とされます。

(10) ミャンマー

現物給与については原則，個人所得税の課税対象となりますが，会社が所有または賃貸している住居に従業員を宿泊させる場合や，従業員の福利厚生のために雇用主が直接支払った医療費等については，非課税対象となります。

(11) 韓国

出資役員以外の者に提供する社宅については一般的に非課税となりますが，それ以外の会社負担分は所得税課税対象となり，グロスアップの対象となる可能性があります。

(12) 香港

香港を源泉とする場合，現物給与は課税対象となります。社宅（住宅手当）については，住宅手当以外給与の10%が，みなし家賃として給与所得に加算される優遇措置があります。

(13) 台湾

現物給与については原則，個人所得税の課税対象となりますが，以下のものについては，非課税対象となります。

---

① 転居費用（配偶者及び扶養家族分も含む）
② 荷物の輸送費の償還（雇用契約書に基づいて支払われる場合）
③ 駐在の一時帰国に係る航空券代。ただし，駐在員の配偶者及び扶養家族の航空券代には適用されない。
④ 雇用主が駐在員のために会社名義で借りたアパート及び車に係る費用
⑤ 雇用主が購入した駐在員が使用するためのアパート（固定資産）
⑥ 台湾への赴任前に駐在員に与えられた給付
⑦ 毎月TWD3Kの食事手当（伙食費）

第6節　個人所得税　521

　上記のうち，⑦は台湾域内で給与を受領している全員に適用可能ですが，①〜⑥までは一定の要件を満たす外国籍専門人材である場合にのみ適用可能なものです。

(14) 中国

　現物給与については原則，個人所得税の課税対象となりますが，規定により，以下の所得については個人所得税が免除または一時的に免除されます。

> ①　個々の外国人が現金以外のかたち，または弁済の形で受け取る住宅手当，食事手当，移転費，洗濯代
> ②　駐在員が取得する往復の出張手当（適正な基準の範囲内）
> ③　外国人個人が取得する家族訪問費，語学研修費，子どもの教育費等（現地税務当局が妥当な部分と認めたもの）

　2019年1月1日から2027年12月31日まで，居住者個人の条件を満たし，上記3項目の所得を得る外国人個人は，個人所得税の特別追加控除，住宅補助金，語学研修費，子どもの教育費などの手当の優遇税制免除を選択することができますが，同時に享受することはできません。選択を行った外国人個人は，1課税年度内に選択を変更することはできません。

Ⅵ　非居住者である取締役・従業員への報酬・給与の取扱い

　非居住者である取締役・従業員への報酬・給与については，基本的には，その国の国内源泉所得に対して，課税が行われることになります。課税の方法としては，原則，給与等の支払いに対して源泉徴収が行われ，その後，確定申告をするケースがほとんどです。

　ただし，その適用については，その国の国内法だけでなく，租税条約の適用を都度確認する必要があります。特に，従業員給与に対して租税条約の短期滞在者免税の適用がある場合は，現地国での課税が免除されるケースもあるため，その適用要件を確認する必要があります。短期滞在者免税の適用要件の1つである日数のカウントについては，暦年でカウントするケースや，最初の入国日から1年間の期間でカウントするケースなど，租税条約による異なるため留意する必要があります。

　また，非居住者の取締役については，日本親会社の取締役が，現地の役員を

522　第5章　税　務

兼務し，現地法人から給与の支払いがあるケースもよくみられます。租税条約において，非居住者の取締役への給与については，現地国での課税を認めているケースが多いため，まずは，その支払時に源泉徴収が必要でないかを現地の会計事務所などに確認するのが良いでしょう。

（1）インド

非居住者であっても，インドで発生・受領した（または，発生・受領したとみなされた）給与は，インドで課税対象となります。適用税率は，インド国内法の個人所得税率を適用し納税（源泉または前払い）および7月末期限の申告もインド国内法と同じ取扱いとなります。

（2）インドネシア

非居住者に給与等を支払う際には，会社が20％の税率にて源泉所得税を徴収し，翌月に納税申告を行う必要があります。

（3）オーストラリア

非居住者である取締役や従業員に給与を支払う場合は非居住者税率での源泉を行い，非居住者は所得税の申告が必要になります。申告時も非居住者として申告することになり，税率も非居住者として居住者に与えられる優遇税率はありません。

（4）カンボジア

非居住者である取締役または従業員に雇用契約に基づいてカンボジア現地法人から給与を支給した場合，カンボジア国内源泉所得のみが対象となるため，カンボジア現地法人より支給されている給与所得のみが課税対象となります。非居住者の給与所得税率は一律20％で計算されます。

一方で，委任契約等により取締役に役員報酬を支給した場合，給与所得税ではなく非居住者へのサービス料の支払いとして14％の源泉税が課されることとなります。

（5）シンガポール

取締役報酬に対しては支払時に源泉税が課税されます。税率は個人所得税の

最高税率24％が適用されます。

　非居住者の従業員に関する源泉税は規定されていないため，会社として特に源泉徴収は必要なく，その給与所得について個人所得税としてシンガポールで課税されるかどうかを租税条約による居住者の判定，短期滞在者免税などを考慮して決めることとなります。

（6）タイ

　非居住者へタイの国内源泉所得となる報酬・給与を支払う場合には，累進税率（0〜35％）または15％の源泉徴収の対象となります。

（7）フィリピン

　非居住者取締役に対する報酬は最終源泉税（25％）の対象になります。一方で，当該報酬においては源泉徴収のみで確定申告は不要です。フィリピンにて就労を行う従業員については，短期間であってもビザを取得する必要があるため，個人所得税は原則，居住者と同様の扱いとなります。

（8）ベトナム

　ベトナム法人から，非居住者である役員や従業員に給与を支払った場合は，非居住者のため，税率20％が課され，会社が四半期ごとに申告及び納税を行う必要があります。

　役員であろうと従業員であろうと，課税関係に違いは生じません。

（9）マレーシア

　非居住者である取締役や従業員に給与を支払う場合は非居住者税率（30％）での源泉徴収を行い，居住者と同様，翌年4月30日（電子申告による延長により5月15日）までに所得税の確定申告が必要になります。申告時も非居住者として申告することになり，居住者に与えられる所得控除等の適用はありません（なお，就労ビザを持たない非居住者に対し報酬・給与を支給することは不法就労とみなされるリスクがある点に留意が必要です）。

（10）ミャンマー

　ミャンマー国内の滞在日数が183日以内である非居住者の取締役と従業員は，

524　第5章　税　務

ミャンマー源泉所得が課税対象になります。

> **＜非居住者の外国人＞**
> ● 納税通貨：得ている所得の通貨
> ● 税率：居住者と同様，5〜25％の累進税率
>
> **＜非居住者のミャンマー国民＞**
> 　非居住者のミャンマー国民が国外で得た給与所得以外の外貨収入は，一律
> 10％の税率で，外貨で個人所得税を納税する必要がある。

　非居住者のミャンマー国民が国外で得た給与所得は，以下（a）（b）の計
算方法のうち，いずれか低い金額で，外貨で個人所得税を納税する必要があり
ますが，居住地国で納付した個人所得税の金額は控除することができます。

> （a）所得控除を適用し，通常の所得税率（0〜25％）によって計算される個人
> 　　所得税額
> （b）所得控除を適用せず，一律2％の所得税率によって計算される個人所得税
> 　　額

(11) 韓国

　原則として居住者と同様に課税され，申告を要します。なお，韓国の非居住
者でも暦年1年間で183日を超過し韓国で勤務する場合は，その勤労に対する
対価は韓国で課税されます。また，非居住者の役員については，韓国現地法人
が負担した給与は韓国滞在日数と関係なく韓国で課税されます。

(12) 香港

　香港を源泉とする場合，居住・非居住，名称を問わず課税対象となります。
ただし，年間60日未満の短期滞在者の場合，非課税扱いとなります。
　香港法人から非居住者に報酬・給与を支払った場合，居住者と手続・税率・
納付期限は同じになります。

(13) 台湾

　源泉税申告が必要となり，非居住者の給与に係る税率は原則18％となります。
しかし，給与額が台湾行政院の定める毎月の最低基本給与額の1.5倍以下であ

第6節　個人所得税　525

る場合，税率は6％となります。

　留意点として，非居住者への支払いに対する源泉税については，支払日から10日以内に税務当局に納付し，源泉徴収票を作成し，源泉徴収税額を税務当局に申告したうえで，納税義務者に源泉徴収票を渡す必要があります。

(14) 中国

① 滞在期間が通算90日を超えない場合

　課税年度（1月1日から12月31日）において合計90日を超えない期間，中国内に滞在する役員は，中国子会社が負担する給与及び賃金について個人所得税を計算し，納付することになります。一般職員は免税となります。

　中国子会社が支払わない，または負担しない給与及び賃金（国外源泉・国外支払所得）は，個人所得税の対象とはなりません。

② 累積滞在日数が90日以上183日未満の場合

　課税年度に合計90日を超え183日未満，中国に滞在する役員は，中国国外での勤務に起因し，かつ，中国子会社が負担しない所得を除き，その者が受け取る賃金及び給与について個人所得税を計算し，納付することになります。一般職員は免税となります。

③ 累積滞在日数が183日以上の場合

　課税年度に合計183日以上，中国に滞在する役員及び一般職員は，中国国外での勤務に起因し，かつ，中国子会社が負担しない所得を除き，その者が受け取る賃金及び給与について個人所得税を計算し，納付することになります。

〔編者紹介〕

SCS-Invictus

国際的に活躍する日本人公認会計士が中心となって設立された会計事務所。シンガポールを本社として，アジア，欧州，北中米など19ヶ国に自社拠点を有し，500人超の専門家が現地に根付いて業務を提供している。各国における進出支援・記帳代行・会計監査・税務申告はもとより，企業買収・評価・組織再編・国際税務・内部監査などのコンサルティング業務も数多くの実績があり，これらの業務をクロスボーダーで一気通貫して提供している。

著者一覧〔敬称略〕

氏　名	資　格	主な所属法人名	主な拠点地国
洞 大輔	公認会計士（日本）	SCS-Invictus Holdings Pte Ltd	シンガポール
村山 晋平	公認会計士（日本）	SCS国際コンサルティング株式会社	日本
八田 拓三	公認会計士（日本）	SCS国際有限責任監査法人	日本
野口 覚司	公認会計士（日本）	SCS国際有限責任監査法人	日本, インド
山林 貴裕	公認会計士（日本）	SCS国際有限責任監査法人	日本
中瀬 和正	税理士（日本）	SCS国際税理士法人	日本
船津 博之	税理士（日本）	SCS国際税理士法人	日本
杉浦 徳行	公認会計士（米国）	PT. SCS Global Consulting	インドネシア
中里 真也	公認会計士（豪州）	SCS Global Consulting Australia Pty Ltd	オーストラリア
竹井 丈了	公認会計士（豪州）	SCS Global Consulting Australia Pty Ltd	オーストラリア
宮田 智広	公認会計士（日本）	SCS Global Consulting (Cambodia) Co., Ltd.	カンボジア
三谷 誠敏	公認会計士（日本）	SCS Global Professionals (S) Pte Ltd	シンガポール
原田 晃佑	公認会計士（日本）	SCS Global Professionals (S) Pte Ltd	シンガポール
田村 陽一	公認会計士（日本）	Invictus Consulting (Thailand) Co., Ltd.	タイ

濱野 吉宏	公認会計士（日本）	Invictus Consulting (Philippines) Inc.	フィリピン
小早川 彩	-	Invictus Consulting (Philippines) Inc.	フィリピン
尾崎 士朗	公認会計士（日本）	SCS Global Consulting (Vietnam) Co., Ltd.	ベトナム
門口 正和	-	SCS Global Consulting (M) Sdn. Bhd.	マレーシア
西野 洋一	公認会計士（日本）	SCS Global Consulting Myanmar Ltd.	ミャンマー
金 玟成	公認会計士（韓国）	SCS Global Consulting (Korea) Corp.	韓国
石井 雅規	公認会計士（米国）	SCS Invictus Consulting (HK) Limited	香港
小西 秀朋	-	SCS Global Consulting (Taiwan) Limited	台湾
三好 高志	公認会計士（日本）	SCS Global Consulting (Shanghai) Limited	中国
曹琪	公認会計士（中国）	SCS Global Consulting (Shanghai) Limited	中国
朱静	公認会計士（中国）	SCS Global Consulting (Shanghai) Limited	中国
江莉娜	公認会計士（中国）	SCS Global Consulting (Shanghai) Limited	中国
夏静	-	SCS Global Consulting (Shanghai) Limited	中国

アジア子会社管理実務ハンドブック

2024年12月1日　第1版第1刷発行

編　者　SCS-Invictus

発行者　山　本　　　継

発行所　㈱中　央　経　済　社

発売元　㈱中央経済グループ
　　　　パ ブ リ ッ シ ン グ

〒101-0051　東京都千代田区神田神保町1-35
電話　03 (3293) 3371 (編集代表)
　　　03 (3293) 3381 (営業代表)
https://www.chuokeizai.co.jp
印刷／三英グラフィック・アーツ㈱
製本／誠　　製　　本　　㈱

© 2024
Printed in Japan

＊頁の「欠落」や「順序違い」などがありましたらお取り替えいた
しますので発売元までご送付ください。(送料小社負担)

ISBN978-4-502-51201-8　C3032

JCOPY〈出版者著作権管理機構委託出版物〉本書を無断で複写複製 (コピー) することは,
著作権法上の例外を除き,禁じられています。本書をコピーされる場合は事前に出版者
著作権管理機構 (JCOPY) の許諾を受けてください。
　JCOPY〈https://www.jcopy.or.jp　eメール：info@jcopy.or.jp〉

〈書籍紹介〉

国際ビジネス用語事典
国際商取引学会編
A5判・270頁・ソフトカバー

国際取引法講義〔第3版〕
久保田 隆著
A5判・312頁・ソフトカバー

国際取引における
準拠法・裁判管轄・仲裁の基礎知識
大塚 章男著
A5判・220頁・ソフトカバー

ヨーロッパ会社法概説
高橋 英治著
A5判・376頁・ハードカバー

ヨーロッパの会計規制
本田 良巳著
A5判・408頁・ハードカバー

中央経済社